IBK기업은행

최신기출유형 + 모의고사 6회 + 무료NCS특강

KB210886

시대에듀

2025 최신판 시대에듀 All-New IBK기업은행
최신기출유형 + 모의고사 6회 + 무료NCS특강

Always **with you**

사람의 인연은 길에서 우연하게 만나거나 함께 살아가는 것만을 의미하지는 않습니다.
책을 펴내는 출판사와 그 책을 읽는 독자의 만남도 소중한 인연입니다.
시대에듀는 항상 독자의 마음을 헤아리기 위해 노력하고 있습니다. 늘 독자와 함께하겠습니다.

합격의 공식 ▶
시대에듀

자격증 · 공무원 · 금융/보험 · 면허증 · 언어/외국어 · 검정고시/독학사 · 기업체/취업
이 시대의 모든 합격! 시대에듀에서 합격하세요!
www.youtube.com ➔ 시대에듀 ➔ 구독

머리말 PREFACE

IBK기업은행은 '글로벌 경쟁력을 갖춘 초일류 금융그룹'을 비전으로 기술력과 미래 가능성 중심의 여신관행 혁신, 모험자본 공급 확대, 성장단계별 맞춤형 지원체계 구축 등을 통해 혁신 금융의 기반을 확립하여 새로운 미래를 만들고자 한다.

IBK기업은행은 인재를 채용하기 위해 필기시험을 시행하여 지원자가 업무에 필요한 역량을 갖추고 있는지 평가한다. 신입행원 필기시험은 NCS 직업기초능력과 직무수행능력으로 구성되어 있다.

이에 시대에듀에서는 IBK기업은행 필기시험을 준비하는 수험생들이 시험에 효과적으로 대비할 수 있도록 다음과 같은 특징을 가진 본서를 출간하게 되었다.

도서의 특징

❶ 2024년 하반기 기출복원문제를 수록하여 최근 출제경향을 한눈에 파악하도록 하였다.

❷ NCS 직업기초능력 출제영역별 대표기출유형과 기출응용문제를 수록하여 체계적인 학습이 가능하도록 하였다.

❸ 직무수행능력(경제 · 경영 · 금융 + 시사상식 + IT · 디지털)의 빈출키워드별 이론 더하기 및 기출응용문제로 필기시험을 완벽하게 준비하도록 하였다.

❹ 최종점검 모의고사와 온라인 모의고사 5회분(직무별 2회+NCS 통합 1회)을 수록하여 시험 전 자신의 실력을 스스로 평가할 수 있도록 하였다.

❺ IBK기업은행 실제 면접 기출 질문을 수록하여 한 권으로 채용 전반에 대비하도록 하였다.

끝으로 본서가 IBK기업은행 필기시험을 준비하는 여러분 모두에게 합격의 기쁨을 전달하기를 진심으로 기원한다.

SDC(Sidae Data Center) 씀

IBK기업은행 기업분석

◇ **미션**

최고의 서비스를 혁신적으로 제공하는
글로벌 초일류 금융그룹

◇ **경영방향**

가치금융
관련된 모두의 가치를 높임

튼튼한 은행		반듯한 금융	
시장선도	**내실경영**	**고객신뢰**	**사회책임**
• 中企 성장지원 강화 • 미래성장동력 확보 • 기술 생태계 활성화 • 그룹 시너지 제고	• 선제적 리스크 관리 • 지속적 균형성장 • 최고의 디지털 경쟁력 • 실질적 글로벌 성과	• 고객 최우선 경영 • 금융소비자 보호 • 내부통제 고도화 • 금융사고 제로	• 포용적 금융 • 금융접근 편의성 제고 • 기업시민 역할 수행 • 글로벌 ESG 실천

행복하고 보람 있는 조직

공정한 인사	균등한 기회	역량 있는 인재	일과 삶의 균형	신뢰와 화합	활기찬 조직

◇ **핵심가치**

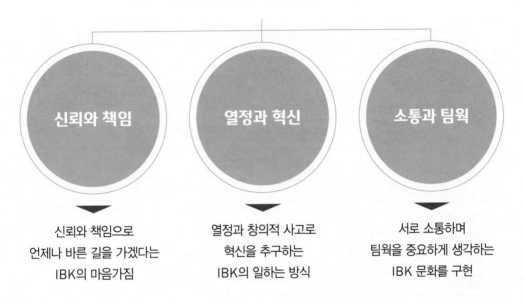

고객과 함께
늘 고객과 함께 성장하겠다는 IBK의 약속

신뢰와 책임

열정과 혁신

소통과 팀웍

신뢰와 책임으로
언제나 바른 길을 가겠다는
IBK의 마음가짐

열정과 창의적 사고로
혁신을 추구하는
IBK의 일하는 방식

서로 소통하며
팀웍을 중요하게 생각하는
IBK 문화를 구현

◇ **인재육성**

글로벌 역량을 갖춘 핵심인재 육성

다양한 분야의 전문인력 육성

자기주도의 경력개발 지원

국내 최고의 연수시설 및 Infra 구축

IBK기업은행 기업분석

◇ **Symbol Mark**

◇ **CI 의미**

1 사각형이 기울어진 것은 정적인 형태에서 벗어나 앞으로 나가고자 하는
역동성과 진취성을 표현
• Young IBK의 정신 중 바로 '도전정신'을 의미

2 **사각형 내부는 IBK를 도형화하여 디자인한 것**
• 기업은행이 고객과 함께 하늘을 열어가는 큰 새의 날개처럼 밝은 미래를 열어간다는 약속을 의미
• 파란색의 하늘과 구름은 기존 CI의 장점을 보존한 것으로 성공, 희망, 미래를 의미하며, Young IBK의 정신 중 바로 '창의'를 의미

3 **'I'자는 바로 고객 자신을 의미**
• 지금까지의 고객 개념이 3인칭이었다면 이제부터는 바로 "나"인 1인칭이라는 신개념 창조
• 모든 것에 우선하는 바로 "나", 즉 고객을 최우선으로 하겠다는 IBK의 철학을 상징
• 국민 4천 8백만 명의 눈높이에 맞춰 '나를 위해 존재하는 은행', '나의 성공을 약속하는 은행'으로 거듭나겠다는 의미

4 가운데의 'B'자는 하늘 높이 날면서 먼 곳까지도 두루 살피는 큰 새를
형상화한 것으로 'Win-Wing'이라는 애칭을 보유
• "Win-Wing"(심벌의 가운데에 있는 날개)
• "Win"은 고객의 성공, 희망, 미래를 열어가는 '성공 날개'가 되겠다는 IBK의 약속을 상징
• "Wing"은 Global Leading Bank로서 고객과 함께 힘차게 비상하겠다는 기업은행의 약속을 상징
• "Win-Wing"의 가운데 붉은색 삼각형은 끊임없는 고객과 은행의 교류와 발전, 전진을 의미하며, Young IBK의 정신 중 바로 '열정'을 상징

◇ **브랜드 슬로건**

'금융으로 만나는 새로운 세상'은 IBK의 전문성을 바탕으로
변함없이 고객과 함께, 꿈을 실현하여, 더 나은 세상으로 바꾸어 나가겠다는 의지를 표현

방법		지향점
금융으로	**만나는**	**새로운 세상**
60년간 쌓아온 전문성을 바탕으로	변함없이 고객과 함께	꿈을 실현하여 더 나은 세상으로 바꿉니다.

◇ **IBK 대표 캐릭터**

▸ 기은센

▸ 기운찬 가족

신입행원 채용 안내

◈ 지원방법

❶ IBK기업은행 홈페이지(www.ibk.co.kr)

❷ 채용 전용 홈페이지(ibk.incruit.com)

◈ 지원자격

❶ 해외여행에 결격사유가 없는 자로 남성의 경우 병역필 또는 면제자

❷ 당행 인사규정 「채용의 제한」 대상자 등이 아닌 자

※ 분야별 복수지원자는 일괄 불합격 처리 📵 금융일반 ↔ 디지털 분야 복수지원

◈ 채용절차

| 서류심사 | 필기시험 | 실기시험 | 면접시험 | 최종합격자 발표 |

◈ 필기시험

채용공고	접수기간	서류발표	필기시험	필기발표
2024.08.28	2024.08.28~09.19	2024.10.04	2024.10.19	2024.10.24
2024.03.12	2024.03.12~03.27	2024.04.11	2024.04.27	2024.05.02
2023.09.05	2023.09.05~09.19	2023.10.06	2023.10.21	2023.10.31
2023.03.21	2023.03.21~04.04	2023.04.20	2023.05.13	2023.05.18
2022.09.07	2022.09.07~09.27	2022.10.18	2022.11.05	2022.11.10

❖ 자세한 채용절차는 직무별 채용방침에 따라 변경될 수 있으니 반드시 채용공고를 확인하기 바랍니다.

2024년 하반기 기출분석

총평

2024년 하반기 IBK기업은행 필기시험은 상반기에 변경된 문항 수 그대로 출제되었다. 그러나 상반기 시험보다 난도가 높아져 시간이 부족했다는 평이 지배적이었다. 직업기초능력은 의사소통능력·문제해결능력·조직이해능력·자원관리능력·수리능력·정보능력 6가지 영역이 객관식 40문항으로 출제되었다. 직무수행능력은 금융 일반/디지털/IT 분야에 따라 상이한 범위가 출제된 한편, 객관식 30문항과 더불어 주관식 5문항이 출제되었다. 직업기초능력의 경우 문제해결능력·자원관리능력이 결합된 도표 문제와 수리능력의 계산 문제 위주로 출제되어 답을 도출해내는 데 시간이 소요된 편이었다. 그러나 직업기초능력의 배점이 직무수행능력보다 높기 때문에 직업기초능력에서 고득점을 받는 것이 필기시험 합격의 당락을 가르는 요인이었다.

◇ 영역별 출제비중

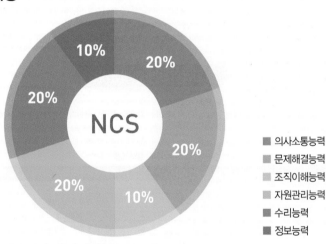

- 의사소통능력
- 문제해결능력
- 조직이해능력
- 자원관리능력
- 수리능력
- 정보능력

◇ 영역별 출제특징

구분	출제특징
의사소통능력	• ESG, 통화정책, 대출심사, 비이자수익 다각화 방법에 대한 지문이 출제됨 • IBK기업은행 금융상품 설명서를 읽고 일치/불일치하는 내용을 찾는 문제
문제해결능력	• 제시된 조건에 따라 자리배치를 하는 문제 • 창의적 문제해결 기법 중 하나인 고든법 관련 문제
조직이해능력	• 문제해결능력 및 자원관리능력과 결합한 자료/도표 문제가 출제됨

자원관리능력	• 각 직원의 성과에 따라 받게 될 성과급을 계산하여 순위를 추론하는 문제
	• 연구실에 각기 다른 기체(화학용품)가 들어 있는 5가지 통을 제시한 지문
	  – x% 비워진 통에 기체를 충전하는 데 필요한 최소 비용을 구하는 문제
	  – 제시된 조건에 따라 오래된 통을 검사하는 데 필요한 비용을 구하는 문제

수리능력	• 삼각비를 구하는 문제 • 환율, 우대금리를 구하는 응용수리 문제 • 밀가루와 설탕을 섞은 비율을 구하는 문제 • 제시된 표를 분석하여 정기예금 가입률을 구하는 문제 • 5가지 등산코스 중 최단 거리/시간을 찾는 문제 • 팀 회의 시 빈 좌석에 앉을 수 있는 경우의 수를 구하는 문제
정보능력	• 파이썬 등 코딩 결괏값을 도출해 내는 문제 • 제시된 암호코드를 해석하여 암호를 변환하는 문제

IBK기업은행

2024년
적중

의사소통능력 ▶ 내용일치

※ 다음 글의 내용으로 적절하지 않은 것을 고르시오. [1~3]

01

많은 사람들은 소비에 대한 경제적 결정을 내리기 전에 가격과 품질을 고려한다. 하지만 이러한 결정은 때로 소비자가 인식하지 못한 다른 요소에 의해 영향을 받는다. 바로 마케팅과 광고의 효과이다. 광고는 제품이나 서비스에 대한 정보를 전달하는 데 사용되는 매개체로 소비자의 구매 결정에 큰 영향을 끼친다.

마케팅 회사들은 광고를 통해 제품을 매력적으로 보이도록 디자인하고 여러 가지 특징들을 강조하여 소비자들이 해당 제품을 원하도록 만든다. 예를 들어 소비자가 직면한 문제에 대해 자사의 제품이 효과적인 해결책이라고 제시하거나 유니크한 디자인, 고급 소재 등을 사용한다고 강조하는 것이다. 이렇게 광고는 소비자들에게 제품에 대한 긍정적인 이미지를 형성하게 하여 구매 욕구를 자극해 제품의 판매량을 증가시킨다.

그러므로 현명한 소비를 하기 위해서는 광고에 의해 형성된 이미지에 속지 않고 실제 제품의 가치와

2024년
적중

자원관리능력 ▶ 비용계산

※ 다음은 I은행의 지난해 직원별 업무 성과내용과 성과급 지급규정이다. 이어지는 질문에 답하시오. [16~17]

〈직원별 업무 성과내용〉

성명	직급	월 급여(만 원)	성과내용
임미리	과장	450	예·적금 상품 3개, 보험상품 1개, 대출상품 3개
이윤미	대리	380	예·적금 상품 5개, 보험상품 4개
조유라	주임	330	예·적금 상품 2개, 보험상품 1개, 대출상품 5개
구자랑	사원	240	보험상품 3개, 대출상품 3개
조다운	대리	350	보험상품 2개, 대출상품 4개
김은지	사원	220	예·적금 상품 6개, 대출상품 2개
권지희	주임	320	예·적금 상품 5개, 보험상품 1개, 대출상품 1개
윤수연	사원	280	예·적금 상품 2개, 보험상품 3개, 대출상품 1개

수리능력 ▶ 금융상품 활용

03 A대리는 새 자동차 구입을 위해 적금 상품에 가입하고자 하며, 후보 적금 상품에 대한 정보는 다음과 같다. 후보 적금 상품 중 만기환급금이 더 큰 적금 상품에 가입한다고 할 때, A대리가 가입할 적금 상품과 상품의 만기환급금이 바르게 연결된 것은?

〈후보 적금 상품 정보〉

구분	직장인사랑적금	미래든든적금
가입자	개인실명제	개인실명제
가입기간	36개월	24개월
가입금액	매월 1일 100,000원 납입	매월 1일 150,000원 납입
적용금리	연 2.0%	연 2.8%
저축방법	정기적립식, 비과세	정기적립식, 비과세
이자지급방식	만기일시지급식, 단리식	만기일시지급식, 단리식

적금 상품   만기환급금

NH농협은행 6급

의사소통능력 ▶ 내용일치

2024년 적중

06 농협은행 교육지원팀 과장인 귀하는 신입사원들을 대상으로 청렴교육을 실시하면서, 사내 내부제 보준칙에 대하여 설명하려고 한다. 다음은 내부제보준칙 자료의 일부이다. 귀하가 신입사원들에게 설명할 내용으로 옳지 않은 것은?

> **제4조** 임직원 및 퇴직일로부터 1년이 경과하지 않은 퇴직 임직원이 제보하여야 할 대상 행위는 다음과 같다.
> ① 업무수행과 관련하여 위법 · 부당한 행위, 지시 또는 직권남용
> ② 횡령, 배임, 공갈, 절도, 금품수수, 사금융 알선, 향응, 겸업금지 위반, 성희롱, 저축관련 부당행위, 재산국외도피 등 범죄 혐의가 있는 행위
> ③ 「금융실명거래 및 비밀보장에 관한 법률」 또는 「특정금융거래정보의 보고 및 이용 등에 관한 법률」 위반 혐의가 있는 행위
> ④ 제도 등 시행에 따른 위험, 통제시스템의 허점
> ⑤ 사회적 물의를 야기하거나 조직의 명예를 훼손시킬 수 있는 대내외 문제
> ⑥ 그 밖에 사고방지, 내부통제를 위하여 필요한 사항 등

수리능력 ▶ 거리 · 속력 · 시간

2024년 적중

01 K씨는 오전 9시까지 출근해야 한다. 집에서 오전 8시 30분에 출발하여 분속 60m로 걷다가 늦을 것 같아 도중에 분속 150m로 달렸더니 오전 9시에 회사에 도착하였다. K씨 집과 회사 사이의 거리가 2.1km일 때, K씨가 걸은 거리는?

① 1km
② 1.2km
③ 1.4km
④ 1.6km
⑤ 1.8km

문제해결능력 ▶ 문제처리

2024년 적중

02 K은행은 A, B, C, D 각 부서에 1명씩 신입사원을 선발하였다. 지원자는 총 5명이었으며, 선발 결과에 대해 다음과 같이 진술하였다. 이 중 1명의 진술만 거짓으로 밝혀졌을 때, 다음 중 항상 옳은 것은?

> • 지원자 1 : 지원자 2가 A부서에 선발되었다.
> • 지원자 2 : 지원자 3은 A 또는 D부서에 선발되었다.
> • 지원자 3 : 지원자 4는 C부서가 아닌 다른 부서에 선발되었다.
> • 지원자 4 : 지원자 5는 D부서에 선발되었다.
> • 지원자 5 : 나는 D부서에 선발되었는데, 지원자 1은 선발되지 않았다.

① 지원자 1은 B부서에 선발되었다.
② 지원자 2는 A부서에 선발되었다.
③ 지원자 3은 D부서에 선발되었다.
④ 지원자 4는 B부서에 선발되었다.
⑤ 지원자 5는 C부서에 선발되었다.

주요 금융권 적중 문제

KB국민은행

의사소통능력 ▶ 주제·제목찾기

※ 다음 글의 주제로 가장 적절한 것을 고르시오. [1~2]

01
금융당국은 은행의 과점체제를 해소하고, 은행과 비은행의 경쟁을 촉진시키는 방안으로 은행의 고유 전유물이었던 통장을 보험 및 카드 업계로의 도입을 검토하겠다고 밝혔다.

이는 전자금융거래법을 개정해 대금결제업, 자금이체업, 결제대행업 등 모든 전자금융업 업무를 관리하는 종합지급결제사업자를 제도화하여 비은행에 도입한다는 것으로, 이를 통해 비은행권은 간편결제·송금 외에도 은행 수준의 보편적 지급결제 서비스가 가능해지는 것이다.

특히 금융당국이 은행업 경쟁촉진 방안으로 검토 중인 은행업 추가 인가나 소규모 특화은행 도입 등 여러 방안 중에서 종합지급결제사업자 제도를 중점으로 검토 중인 이유는 은행의 유효경쟁을 촉진시킴으로써 은행의 과점 이슈를 가장 빠르게 완화할 수 있을 것으로 판단되기 때문이다.

이는 소비자 측면에서도 기대효과가 있는데, 은행 계좌가 없는 금융소외계층은 종합지급결제사업자 제도를 통해 금융 서비스를 제공받을 수 있고, 기존 방식에서 각 은행에 지불하던 지급결제 수수료가 절약돼 그만큼 보험료가 인하될 가능성도 기대해 볼 수 있기 때문이다. 보험사 및 카드사 측면에서도 기존 방식에서는 은행을 통해 진행했던 방식이 해당 제도가 확립된다면 직접 처리할 수 있게 되어 방식이 간소화될 수 있다는 장점이 있다.

하지만 이 또한 현실적으로 많은 문제들이 제기되는데, 그중 하나가 소비자보호 사각지대의 발생이다. 비은행권은 은행권과 달리 예금보험제도가 적용되지 않을 뿐더러 은행권에 비해 규제 수준이

문제해결능력 ▶ 순서추론

01
카드게임을 하기 위해 A ~ F 6명이 원형 테이블에 앉고자 한다. 다음 〈조건〉에 따라 이들의 좌석을 배치하고자 할 때, F와 이웃하여 앉을 사람은?(단, 좌우 방향은 원탁을 바라보고 앉은 상태를 기준으로 한다)

> **조건**
> • B는 C와 이웃하여 앉지 않는다.
> • A는 E와 마주보고 앉는다.
> • C의 오른쪽에는 E가 앉지 않는다.
> • F는 A와 이웃하여 앉지 않는다.

① B, D
② C, D
③ C, E
④ D, E

수리능력 ▶ 확률

03
S부서에는 부장 1명, 과장 1명, 대리 2명, 사원 2명 총 6명이 근무하고 있다. 새로운 프로젝트를 진행하기 위해 S부서를 2개의 팀으로 나누려고 한다. 팀을 나눈 후 인원수는 서로 같으며, 부장과 과장이 같은 팀이 될 확률은 30%라고 한다. 대리 2명의 성별이 서로 다를 때, 부장과 남자 대리가 같은 팀이 될 확률은?

① 41%
② 41.5%
③ 42%
④ 42.5%

하나은행

의사소통능력 ▶ 내용일치

08 다음은 H은행의 직장인 월 복리 적금에 대한 자료이다. 행원인 귀하가 이 상품을 고객에게 설명한 내용으로 적절하지 않은 것은?

〈가입현황〉

성별		연령대		신규금액		계약기간	
여성	63%	20대	20%	5만 원 이하	21%	1년 이하	60%
		30대	31%	10 ~ 50만 원	36%	1 ~ 2년	17%
남성	37%	40대	28%	50 ~ 100만 원	22%	2 ~ 3년	21%
		기타	21%	기타	21%	기타	2%

※ 현재 이 상품을 가입 중인 고객의 계좌 수 : 138,736개

〈상품설명〉

상품특징	급여이체 및 교차거래 실적에 따라 우대금리를 제공하는 직장인재테크 월 복리 적금상품

수리능력 ▶ 자료추론

04 다음은 하반기 월별 USD, EUR, JPY 100 환율에 대한 자료이다. 이에 대한 설명으로 옳은 것은?

〈하반기 월별 원/달러, 원/유로, 원/100엔 환율〉

구분	7월	8월	9월	10월	11월	12월
원/달러	1,110.00	1,112.00	1,112.00	1,115.00	1,122.00	1,125.00
원/유로	1,300.50	1,350.00	1,450.00	1,380.00	1,400.00	1,470.00
원/100엔	1,008.00	1,010.00	1,050.00	1,050.00	1,075.00	1,100.00

① 유로/달러 환율은 11월이 10월보다 낮다.
② 12월 원/100엔 환율은 7월 대비 10% 이상 상승하였다.
③ 8월부터 11월까지 원/달러 환율과 원/100엔 환율의 전월 대비 증감 추이는 동일하다.
④ 한국에 있는 A가 유학을 위해 학비로 준비한 원화를 9월에 환전한다면 미국보다 유럽으로 가는 것이 경제적으로 더 이득이다.

문제해결능력 ▶ 문제처리

02 다음은 A직원의 퇴직금에 대한 자료이다. 이를 참고하여 A직원이 받을 퇴직금을 구하면?(단, A직원은 퇴직금 조건을 모두 만족하고, 주어진 조건 외에는 고려하지 않으며, 1,000원 미만은 절사한다)

〈퇴직금 산정 기준〉

• 근무한 개월에 따라 1년 미만이라도 정해진 기준에 따라 지급한다.
• 평균임금에는 기본급과 상여금, 기타 수당 등이 포함된다.
• 실비에는 교통비, 식비, 출장비 등이 포함된다.
• 1일 평균임금은 퇴직일 이전 3개월간에 지급받은 임금총액을 퇴직일 이전 3개월간의 근무일수의 합으로 나눠서 구한다.
• 1일 평균임금 산정기간과 총근무일수 중 육아휴직 기간이 있는 경우에는 그 기간과 그 기간 중에 지급된 임금을 평균임금 산정기준이 되는 기간과 임금의 총액에서 각각 뺀다.

도서 200% 활용하기

2024년 하반기 기출복원문제로 출제경향 파악

2024 | 하반기 기출복원문제

※ 정답 및 해설은 기출복원문제 바로 p.025에 있습니다.

01 NCS 직업기초능력

01 다음 글의 내용으로 가장 적절한 것은?

> 대출심사는 금융기관이 대출 신청자의 신용도와 상환 능력을 평가하는 중요한 과정으로 이 과정에서는 신청자의 소득, 직업, 자산, 부채, 신용 이력 등 다양한 요소를 종합적으로 고려한다. 최근에는 인공지능(AI)과 빅데이터 기술을 활용하여 더
> 술의 도입으로 과거에는 파악하기 어려웠던 비
> 가 크게 향상되었다.
> 대출심사의 주요 목적은 금융기관의 리스크
> 다. 심사 결과에 따라 대출 승인 여부, 대출
> 높고 안정적인 소득이 있는 신청자는 더 유리
> 신용점수 외에도 소득대비 대출비율(LTI: Lo
> Income ratio) 등 다양한 대안적 지표들을
> 많은 금융기관들은 대출심사 과정에서 신청자
> 기도 한다. 면담 과정을 통해 신청자의 재무
> 일부 기관에서는 비대면 화상 면담 시스템을
> 대출심사는 금융기관뿐만 아니라 대출 신청자
> 을 객관적으로 평가받고, 적절한 대출 상품을
> 관에서는 대출 거절 시 그 이유를 상세히 설명
> 상을 돕고 있다.
> 최근에는 환경, 사회, 지배구조(ESG) 요소를
> 는 기업의 지속가능성과 사회적 책임을 평가
> 이다.

① 대출심사에서 신용점수는 여전히 유일한
② 모든 금융기관은 대출 거절 시 그 이유와
③ ESG 요소의 반영은 대출심사의 객관성을
④ 일부 금융기관에서는 비대면 화상 시

2 · IBK기업은행

2024 | 하반기 기출복원문제 정답 및 해설

01 NCS 직업기초능력

01	02	03	04	05	06	07	08	09	10
④	②	③	②	④	②	③	④	④	①
11	12	13	14	15	16	17			
②	①	③	①	③	③	③			

01 정답 ④

세 번째 문단의 마지막 부분에 따르면 일부 기관에서 비대면 화상 면담 시스템을 도입하여 신청자의 편의성을 높이고 있다고 하였으므로 적절하다.

오답분석
① 두 번째 문단에서 최근에 신용점수 외에도 LTI, DTI 등 다양한 대안적 지표를 활용한다고 하였으므로 적절하지 않다.
② 네 번째 문단에서 일부 금융기관에서 대출 거절 시 그 이유를 상세히 설명하고 개선 방안을 제시하고 있다고 하였으므로 모든 금융기관에서 서비스를 제공하고 있는 것은 아니다.
③ 마지막 문단에서 ESG 요소를 대출심사에 반영하는 것은 기업의 지속가능성과 사회적 책임을 평가하여 장기적인 리스크를 관리하기 위함이라고 하였으므로 ESG 요소 심사는 대출심사의 객관성을 높이는 요인으로 작용한다.

02 정답 ②

세 번째 문단에서 지급준비율의 비율을 높이면 은행의 대출 여력이 줄어들어 통화량이 감소하고, 낮추면 대출 여력이 늘어나 통화량이 증가한다고 하였으므로 ③은 제시문의 내용으로 적절하지 않다. 지급준비율을 높이면 오히려 은행의 대출 여력이 줄어들어 통화량이 감소한다.

03 정답 ③

IBK2024특판중금채에서 적용받을 수 있는 최대 금리는 가입기간에 따른 최대 기본 금리인 연 3.74%에 우대금리 이율인 연 0.2%p를 더한 연 3.94%이다.

오답분석
① 가입 가능한 계좌 수의 제한은 없으나, 가입 가능한 금액은 계좌당이 아닌 1인당 1백만 원 이상 10억 원 이내이다.
② 법인사업자의 가입은 불가하지만, 외국인 중 거주자의 경우 가입이 가능하다.
④ 최초 상품 가입일에 마케팅을 미동의 하였더라도 다른 2가지 조건 중 하나를 만족한다면 최대 우대금리 혜택을 적용받을 수 있다.

▶ 2024년 10월 19일에 시행된 IBK기업은행 필기시험의 기출복원문제를 수록하였다.
▶ 'NCS 직업기초능력 + 직무수행능력'의 최근 출제경향을 파악할 수 있도록 하였다.

대표기출유형&기출응용문제로 영역별 체계적 학습

대표기출유형

01 문장삽입

| 유형분석 |

- 논리적인 흐름에 따라 글을 이해할 수 있는지 평가한다.
- 한 문장뿐만 아니라 여러 개의 문장이나 문단을 삽입하는 문제가 출제될 가능성이 있다.

다음 글에서 〈보기〉의 문장이 들어갈 위치로 가장 적절한 곳은?

스마트시티란 ICT를 기반으로 주거·교통·편의 인프라
쾌적한 삶을 누릴 수 있는 똑똑한 도시를 말한다. (가)
삶의 질을 개선할 수 있는 지속가능한 도시발전 모델로
드, 빅데이터, AI 등 4차 산업혁명 기술을 활용한 스
(다) K시는 행정중심복합도시 전체를 스마트시티로 조
며, 특히 K시 중심의 일원 2.7km² 면적을 스마트시티
을 집약한 미래형 스마트시티 선도 모델인 K시티 국가
입하여 도시 공간을 조성하고 혁신적인 스마트인프라

보기

이에 발맞춰 K시 역시 해외사업 지속 확대, 남북협력
로 정했다.

① (가)
③ (다)

정답 ③

보기에서 K시는 '이에 발맞춰' 스마트시티를 주요 미래사업 분야
분야로 정하게 된 원인이 되어야 한다. 따라서 보기는 세계 각국에
뒤인 (다)에 들어가는 것이 가장 적절하다.

유형풀이 Tip

- 보기를 먼저 읽고, 선택지로 주어진 빈칸의 앞·뒤 문장을
어색하지 않은 위치를 찾는다.
- 보기 문장의 중심이 되는 단어가 빈칸의 앞뒤에 언급되어

대표기출유형 01 기출응용문제

※ 다음 글에서 〈보기〉의 문장이 들어갈 위치로 가장 적절한 곳을 고르시오. [1~4]

01

(가) 불행이란 사물의 결핍 상태에서 오는 것이 아니라, 결핍감을 느끼게 하는 욕구에서 온다. 현실 세계에는 한계가 있지만 상상의 세계에는 한계가 없다. 현실 세계를 확대할 수는 없는 일이므로 상상의 세계를 제한할 수밖에 없다. 왜냐하면 우리를 진정으로 불행하게 하는 모든 고통은 오직 이 두 세계의 차이에서만 생겨나는 것이기 때문이다. 체력과 건강과 스스로가 선한 사람이라는 확신을 제외한 그 밖의 인간 생활의 모든 행복은 모두 사람들의 억측에 불과한 것이다. 신체의 고통과 양심의 가책을 제외한 그 밖의 모든 불행은 공상적인 것이다.

(나) 인간은 약하다고 하는데 그것이 무엇을 뜻하는 것이겠는가? 이 약하다고 하는 말은 하나의 상대적 관계를, 즉 그 말이 적용되는 자의 어떤 관계를 나타내는 것이다. 능력이 모든 욕구보다 넘치고 있는 경우에는 곤충이든 벌레든 간에 모두 강자임에 틀림이 없다. 욕망이 그것을 능가할 경우에는 그것이 코끼리든 사자이든, 또는 정복자든 영웅이든, 심지어 신이라 할지라도 모두 약자이다. 자신의 본분을 깨닫지 못하고 반항한 천사는 자신의 본분에 따라서 평화롭게 산 지상의 행복한 인간보다 더 약한 존재였다. 인간은 지금 있는 그대로 만족할 때 대단히 강해지고 인간 이상이고자 할 때 대단히 약해진다.

(다) 그리고 마치 거미가 거미줄 한가운데 있듯이 그 범위의 중심에 머물러 있도록 하자. 그렇게 하면 우리는 항상 우리 자신에게 만족하고 자신의 약함을 한탄하는 일이 없게 될 것이다. 왜냐하면 허약하다는 것을 새삼스레 느끼게 되는 일이 없을 것이기 때문이다.

(라) 모든 동물들은 자기 보존에 필요한 만큼의 능력만을 지니고 있다. 인간만이 오직 그 이상의 능력을 가지고 있다. 그 여분의 능력이 인간의 불행을 만들어 내고 있으니 참으로 기이한 일이 아닌가? 어느 나라에서나 인간의 팔은 생활필수품 이상의 것을 만들어 낼 수 있다. 만약 인간이 상당히 현명하여 이 여분의 능력이란 것에 무관심해진다면, 결코 지나치게 많은 것을 손에 넣지 않게 될 것이니 때문에 항상 필요한 것만을 갖고 있게 될 것이다.

보기

그러므로 여러분의 욕망을 확대하면 여러분의 힘도 확대될 수 있다고 생각하지 말라. 만약에 여러분들의 오만이 힘보다도 더 확대되는 경우에는 오히려 힘이 줄어드는 결과가 될 것이다. 우리들의 힘이 미칠 수 있는 범위의 반경을 재어보자.

① (가)
② (나)
③ (다)
④ (라)

▶ '의사소통·문제해결·조직이해·자원관리·수리·정보능력'의 대표기출유형과 기출응용문제를 수록하였다.

▶ 출제영역별 유형분석과 유형풀이 Tip을 통해 체계적인 학습이 가능하도록 하였다.

도서 200% 활용하기

직무수행능력까지 완벽 대비

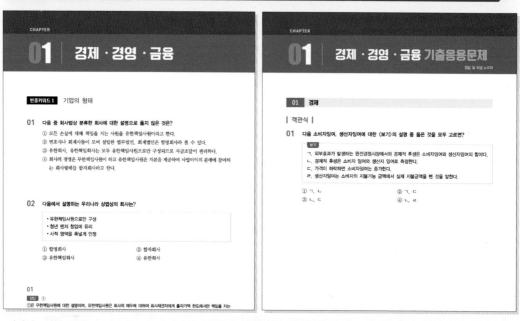

▶ '경제 · 경영 · 금융 + 시사상식 + IT · 디지털' 이론 및 기출응용문제를 수록하여 필기시험을 완벽히 준비하도록 하였다.

최종점검 모의고사로 실전 연습

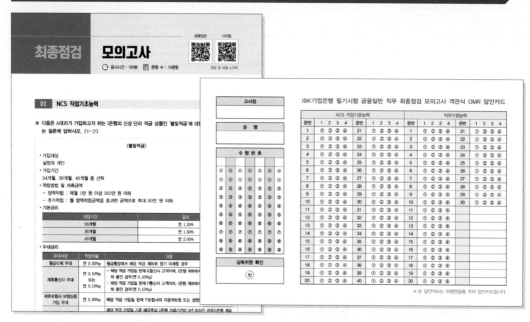

▶ 최종점검 모의고사와 OMR 답안카드를 수록하여 실제 시험처럼 최종 마무리 연습을 할 수 있도록 하였다.

Easy&Hard로 난이도별 시간 분배 연습

Easy 02

※ 다음 ... 으로 적절하지 않은 것을 고르시오. [2~3]

...(이하 연준)가 고용 증대에 주안점을 둔 정책을 입안한다 해도 정책이 분배에 미치는 ...하지 않는다면, 그 정책의 거품과 불평등만 부풀릴 것이다. 기술 산업의 거품 붕괴로 ... 침체에 대응하여 2000년대 초에 연준이 시행한 저금리 정책이 이를 잘 보여준다. ... 상황에서는 금리 변동이 투자와 소비의 변화를 통해 경기와 고용에 영향을 줄 수 있다. 하지 ...만 다른 수단이 훨씬 더 효과적인 상황도 있다. 가령 부동산 거품에 대한 대응책으로는 금리 인상보 다 주택 담보 대출에 대한 규제가 더 합리적이다. 생산적 투자를 위축시키지 않으면서 부동산 거품 을 가라앉힐 수 있기 때문이다.

경기 침체기라 하더라도, 금리 인하는 은행의 비용을 줄여주는 것 말고는 경기 회복에 별다른 도움 이 되지 않을 수 있다. 대부분의 부문에서 설비 가동률이 낮은 상황이라면, 대출 금리가 낮아져도 생산적인 투자가 별로 증대하지 않는다. 2000년대 초가 바로 그런 상황이었기 때문에, 당시의 저금 리 정책은 생산적인 투자 증가 대신에 주택 시장의 거품만 초래한 것이다.

금리 인하는 국공채에 투자했던 퇴직자들의 소득을 감소시킨다. 노년층에서 정부로, 정부에서 금융 업으로 부의 대규모 이동이 이루어져 불평등이 심화되었다. 이에 따라 금리 인하는 다양한 경로로 소비를 위축시킨다. 은퇴 후의 소득을 확보하기 위해, 혹은 자녀의 학자금을 확보하기 위해 사람들 은 저축을 늘렸다. 연준은 금리 인하가 주가 상승으로 이어질 것이므로 소비가 늘어날 것이라고 주 장했다. 하지만 2000년대 초 연준의 금리 인하 이후 주가 상승에 따라 발생한 이득은 대체로 부유층 에 집중되었으므로 대대적인 소비 증가로 이어지지 않았다.

2000년대 초 고용 증대를 기대하고 시행한 연준의 저금리 정책은 노동을 자본으로 대체하는 투자를 증대시킨다. 인위적인 저금리로 자본 비용이 낮아지자 이런 기회를 이용하려는 유인이 생겨난다. 노동력이 풍부한 상황인데도 노동을 절약하는 방향의 혁신이 강화되었고, 미숙련 노동자들의 실업 률이 높은 상황인데도 기계들을 해고하고 자동화 기계를 들여놓는다. 경기가 회복되더라도 실업이 덜어지지 않는 구조가 만들어진 것이다.

① 2000년대 초 연준의 금리 인하로 국공채에 투자한 퇴직자의 소득이 줄어들어 금융업으로부터 정부로 부가 이동하였다.

② 2000년대 초 연준은 고용 증대를 기대하고 금리를 인하했지만, 결과적으로 고용 증대가 더 어려 워지도록 만들었다.

③ 2000년대 초 기술 산업 거품의 붕괴로 인한 경기 침체기에 설비 가동률은 대부분의 부문에서 낮은 상태였다.

④ 2000년대 초 연준이 금리 인하 정책을 시행한 후 주택 가격과 주식 가격은 상승하였다.

---

06 1은행은 사내 직원들의 친목 도모를 위해 산악회를 운영하고 있다. A~D 중 최소 1명 이상이 산악회 회원이라 할 때, 다음 내용에 따라 항상 옳은 것은?

- C가 산악회 회원이면 D도 산악회 회원이다.
- A가 산악회 회원이면 D는 산악회 회원이 아니다.
- D가 산악회 회원이 아니면 B가 산악회 회원이 아니거나 C가 산악회 회원이다.
- D가 산악회 회원이면 B는 산악회 회원이고 C도 산악회 회원이다.

① A는 산악회 회원이다.
② B는 산악회 회원이 아니다.
③ A~D 중 산악회 회원은 2명이다.
④ B와 D의 산악회 회원 여부는 같다.

Hard 07

...연수가 1년씩 높아질수록 사용할 수 있는 여름휴가 일수가 하루씩 늘어난다. I회사에 ... E사원은 각각 서로 다른 해에 입사하였고, 최대 근무 연수가 4년을 넘지 않는다고 ... 내용에 따라 항상 옳은 것은?

- 올해로 3년 차인 A사원은 여름휴가로 최대 4일을 사용할 수 있다.
- B사원은 올해 여름휴가로 5일을 모두 사용한다.
- C사원이 사용할 수 있는 여름휴가 일수는 A사원의 휴가 일수보다 짧다.

▶ Easy&Hard 표시로 문제별 난이도에 따라 시간을 적절하게 분배하여 풀이하는 연습이 가능하도록 하였다.

면접까지 한 권으로 준비

CHAPTER 01 ┃ 면접 유형 및 실전 대책

01 면접 주요사항

면접의 사전적 정의는 면접관이 지원자를 직접 만나보고 인품(人品)이나 언행(言行) 따위를 시험하는 일로, 흔히 필기시험 후에 최종적으로 심사하는 방법이다.

최근 주요 기업의 인사담당자들을 대상으로 채용 시 면접이 차지하는 비중을 설문조사했을 때, 50~80% 이상이라고 답한 사람이 전체 응답자의 80%를 넘었다. 이와 대조적으로 지원자들을 대상으로 취업 시험에 서 면접을 준비하는 기간을 물었을 때, 대부분의 응답자가 2~3일 정도라고 대답했다.

지원자가 일정 수준의 스펙을 갖추기 위해 자격증 시험과 토익을 치르고 어학시험과 자기소개서까지 쓰다 보 면 면접까지 챙길 여유가 없는 것이 사실이다. 그리고 서류전형과 인적성검사를 통과해야만 면접을 볼 수 있기 때문에 자연스럽게 면접은 취업단계 과정에서 뒷전으로 밀리게 된다. 하지만 아이러니하게도 실제 채용 과정에서 면접이 차지하는 비중은 절대적이라고 해도 과언이 아니다.

기업들은 채용 과정에서 토론 면접, 인성 면접, 프레젠테이션 면접, 역량 면접 등의 다양한 면접을 실시한다. 1차 커트라인이라고 할 수 있는 서류전형을 통과한 지원자들의 스펙이나 능력은 서로 엇비슷하다고 판단되 기 때문에 서류상 보이는 자격증이나 토익 성적보다는 지원자의 인성을 파악하기 위해 면접을 더욱 강화하 는 것이다. 일부 기업은 의도적으로 압박 면접을 실시하기도 한다. 지원자가 당황할 수 있는 질문을 던져서 그것에 대한 지원자의 반응을 살펴보는 것이다.

면접을 다르게 생각해본다면 '나는 누구인가'에 대한 물음에 해답을 줄 수 있는 가장 현실적이고 미래적인 경험 이 될 수 있다. 취업을 속에서 자격증을 취득하고 토익 성적을 올리기 위해 앞만 보고 달려온 지원자들은 자신에 대해 고민하고 탐구할 수 있는 시간을 평소 쉽게 가질 수 없었을 것이다. 자신을 잘 알고 있어야 자신에 대해 자신 있게 말할 수 있다. 대체로 사람들은 자신에게 관대한 편이기 때문에 자신에 대해서 어떤 기대와 환상을 가지고 있는 경우가 많다. 하지만 면접은 제삼자에 의해 개인의 능력을 객관적으로 평가 받는 시험이다. 어떤 지원자들은 다른 사람에게 자신을 표현하는 것을 어려워한다. 평소에 잘 사용하지 않는 용어를 내뱉으면서 거창하게 자신을 포장하는 지원자도 많다. 면접에서 가장 기본은 자기 자신을 면접관에 게 알기 쉽게 표현하는 것이다.

이러한 표현을 바탕으로 자신이 앞으로 하고자 하는 것과 그에 대한 이유를 설명해야 한다. 최근에는 자신감 을 향상시키거나 말하는 능력을 높이는 학원도 많기 때문에 어느 정도 자신의 단점을 극복할 수 있다.

CHAPTER 02 ┃ IBK기업은행 실제 면접

'인재를 중시하는 IBK기업은행'은 세계인·책임인·창조인·도전인을 갖춘 전문인을 인재상으로 하여 시장 경쟁력을 갖추고, 고객을 감동시키게 하며 성과를 창출하는 인재를 추구한다. IBK기업은행 면접은 원래 합 숙면접을 본 후 최종적으로 임원 면접을 보았으나, 2020년 상반기부터는 코로나19의 영향으로 합숙 없이 하루 동안 면접을 진행한다. 면접 프로그램은 협상 면접, 팀 프로젝트(PT), 세일즈 면접, 마인드맵 PT 면접, 인성 면접 등이 있는데 이는 최근 변화하는 면접으로도 적용되었다.

1. 1차 면접

(1) 아이스 브레이킹 & IBK 챌린지

처음 만난 조원들과 어색함을 없애고 친목을 도모하는 일에고 팀워크를 위해 여러 가지 게임을 진행하는 면접이다. 조별로 지정된 좌석에 앉아서 조장, 진행보조자, 구호 등을 정한 다음 자기 소개, 난센스와 퀴즈 맞히기, 볼나운딩, 몸짓 퀴즈 등의 IBK 챌린지를 진행한다. 조원과의 협동심과 순발력이 있어야 하는 것들로 구성되며, 리더십과 적극성으로 조원들의 호응을 끌어내는 것이 중요하다.

(2) 팀 프로젝트(PT 면접)

스케치북에 하나의 주제를 주고 팀이 한마음이 되어 문제를 해결하는 형식으로 팀원끼리 토론하고, 스 케치북에 키워드 등을 적어 PT를 준비한다. 면접 시간은 약 1시간 30분으로 준비가 끝나면 10분 휴식 후 발표(20분)한다. 팀별로 발표한 후에 2~3개의 질의응답을 갖는다.

> **Tip**
> 결과물을 만드는 과정에서 적극적인 모습과 팀과 융화되는 모습이 중요하며 리더의 기질을 보여주는 것도 좋다.

▶ 면접 전략과 IBK기업은행 실제 면접 기출 질문을 수록하여 한 권으로 채용 전반에 대비할 수 있도록 하였다.

학습플랜

1주 완성 학습플랜

본서에 수록된 전 영역을 단기간에 끝낼 수 있도록 구성한 학습플랜이다. 한 번에 전 영역을 공부하지 않고, 한 영역을 집중적으로 공부할 수 있도록 하였다. 필기시험에 대한 기초 학습은 되어 있으나, 학습 계획 세우기에 자신이 없는 분들이나 미리 시험에 대비하지 못해 단시간에 많은 분량을 봐야 하는 수험생에게 추천한다.

ONE WEEK STUDY PLAN

	1일 차 ☐	2일 차 ☐	3일 차 ☐
Start!	_____월_____일	_____월_____일	_____월_____일

4일 차 ☐	5일 차 ☐	6일 차 ☐	7일 차 ☐
_____월_____일	_____월_____일	_____월_____일	_____월_____일

STUDY CHECK BOX

구분	1일 차	2일 차	3일 차	4일 차	5일 차	6일 차	7일 차
기출복원문제							
PART 1							
PART 2							
최종점검 모의고사							
다회독 제1회							
다회독 제2회							
오답분석							

스터디 체크박스 활용법

1주 완성 학습플랜에서 계획한 학습량을 어느 정도 실천하였는지 표시하여 자신의 학습량을 효율적으로 관리한다.

구분	1일 차	2일 차	3일 차	4일 차	5일 차	6일 차	7일 차
PART 1	의사소통 능력	✕	✕	완료			

이 책의 차례

Add+

합격의 공식 시대에듀 www.sdedu.co.kr

2024년 하반기
기출복원문제

※ 기출복원문제는 수험생들의 후기를 통해 시대에듀에서 복원한 문제로 실제 문제와 다소 차이가 있을 수 있으며, 본 저작물의 무단전재 및 복제를 금합니다.

※ 정답 및 해설은 기출복원문제 바로 뒤 p.025에 있습니다.

01 NCS 직업기초능력

01 다음 글의 내용으로 가장 적절한 것은?

> 대출심사는 금융기관이 대출 신청자의 신용도와 상환 능력을 평가하는 중요한 과정으로 이 과정에서는 신청자의 소득, 직업, 자산, 부채, 신용 이력 등 다양한 요소를 종합적으로 고려한다. 최근에는 인공지능(AI)과 빅데이터 기술을 활용하여 더욱 정확하고 신속한 심사가 가능해졌으며, 이러한 기술의 도입으로 과거에는 파악하기 어려웠던 비정형 데이터까지 분석할 수 있게 되어, 심사의 정확도가 크게 향상되었다.
>
> 대출심사의 주요 목적은 금융기관의 리스크를 관리하고 건전한 대출 포트폴리오를 유지하는 것이다. 심사 결과에 따라 대출 승인 여부, 대출 한도, 이자율 등이 결정되며, 일반적으로 신용점수가 높고 안정적인 소득이 있는 신청자는 더 유리한 조건으로 대출을 받을 수 있다. 그러나 최근에는 신용점수 외에도 소득대비 대출비율(LTI; Lone To Income ratio), 총부채상환비율(DTI; Debt To Income ratio) 등 다양한 대안적 지표들을 활용하여 신청자의 상환 능력을 평가하는 추세이다.
>
> 많은 금융기관들은 대출심사 과정에서 신청자의 상환 의지와 능력을 판단하기 위해 면담을 실시하기도 한다. 면담 과정을 통해 신청자의 재무 상황과 대출 목적에 대해 더 자세히 파악할 수 있으며, 일부 기관에서는 비대면 화상 면담 시스템을 도입하여 신청자의 편의성을 높이고 있다.
>
> 대출심사는 금융기관뿐만 아니라 대출 신청자에게도 중요한 과정이다. 신청자는 자신의 재무 상황을 객관적으로 평가받고, 적절한 대출 상품을 선택하는 데 도움을 받을 수 있다. 또한, 일부 금융기관에서는 대출 거절 시 그 이유를 상세히 설명하고 개선 방안을 제시하여 신청자의 재무 건전성 향상을 돕고 있다.
>
> 최근에는 환경, 사회, 지배구조(ESG) 요소를 대출심사에 반영하는 금융기관들이 늘어나고 있다. 이는 기업의 지속가능성과 사회적 책임을 평가하여 장기적인 리스크를 관리하고자 하는 노력의 일환이다.

① 대출심사에서 신용점수는 여전히 유일한 평가 기준으로 사용되고 있다.

② 모든 금융기관은 대출 거절 시 그 이유와 개선 방안을 상세히 제공하고 있다.

③ ESG 요소의 반영은 대출심사의 객관성을 떨어뜨리는 요인으로 작용하고 있다.

④ 일부 금융기관에서는 비대면 화상 면담 시스템을 도입하여 신청자의 편의성을 높이고 있다.

02 다음 글의 내용으로 적절하지 않은 것은?

> 통화정책은 중앙은행이 경제 안정과 성장을 위해 통화량과 금리를 조절하는 정책이다. 통화정책의 주요 목표는 물가안정, 고용 증대, 경제성장 촉진 등이다. 이를 위해 중앙은행은 기준금리 조정, 지급준비율 변경, 공개시장조작 등의 수단을 활용하여 통화정책을 실행한다.
>
> 기준금리 조정은 가장 대표적인 통화정책 수단이다. 금리를 낮추면 대출이 늘어나고 소비와 투자가 증가하여 경기가 활성화되지만, 인플레이션이 발생할 위험이 있다. 반대로 금리를 올리면 대출과 투자가 줄어들어 경기가 위축되지만, 물가안정에 도움이 된다.
>
> 지급준비율은 은행이 예금의 일정 비율을 중앙은행에 예치해야 하는 비율이다. 이 비율을 높이면 은행의 대출 여력이 줄어들어 통화량이 감소하고, 낮추면 대출 여력이 늘어나 통화량이 증가한다.
>
> 공개시장조작은 중앙은행이 국채 등을 매매하여 시중 통화량을 조절하는 방법이다. 국채를 매입하면 시중에 유동성이 공급되어 통화량이 늘어나고, 매각하면 통화량이 줄어든다.
>
> 최근에는 전통적인 통화정책 수단 외에도 양적완화, 포워드 가이던스 등 비전통적 수단도 활용되고 있다. 양적완화는 중앙은행이 대규모로 자산을 매입하여 시중에 유동성을 공급하는 정책이며, 포워드 가이던스는 중앙은행이 미래의 통화정책 방향을 미리 제시하여 시장의 기대를 관리하는 정책이다.
>
> 통화정책의 효과는 즉각적으로 나타나지 않고 시차를 두고 나타나며, 그 영향력은 경제 상황에 따라 다르게 나타날 수 있다. 따라서 중앙은행은 경제 지표를 면밀히 분석하고 미래 전망을 고려하여 신중하게 정책을 결정해야 한다.

① 양적완화와 포워드 가이던스는 비전통적 통화정책 수단의 예시이다.

② 지급준비율을 높이면 은행의 대출 여력이 늘어나 통화량이 증가한다.

③ 통화정책의 주요 목표에는 물가안정, 고용 증대, 경제성장 촉진 등이 포함된다.

④ 기준금리를 낮추면 대출과 투자가 증가하여 경기가 활성화되지만, 인플레이션 위험이 있다.

03 다음은 IBK기업은행의 채권 상품인 'IBK2024특판중금채'에 대한 상품설명서이다. 이에 대한 설명으로 옳은 것은?

<IBK2024특판중금채>

구분	세부사항
상품특징	• 우대조건이 쉬운 특판 거치식 상품 • 중소기업금융채권
상품과목	• 일시예치식, 채권
가입금액	• 1인당 1백만 원 이상 10억 원 이내(원 단위)
가입대상	• 실명의 개인(법인사업자, 외국인 비거주자 제외) ※ 계좌 수 제한 없음
계약기간	• 1년, 2년, 3년
금리	• 기본금리 　- 12개월 : 연 3.74% 　- 24개월 : 연 3.62% 　- 36개월 : 연 3.62% • 우대금리 : 아래 조건 중 하나 이상을 충족하고 만기해지하는 경우 최대 연 0.2%p 　(1) 최초신규고객 　　ㄱ. 실명등록일로부터 3개월 이내 　　ㄴ. 가입일 직전월 기준 6개월간 총수신평잔 0원 　(2) 마케팅 동의 　　가입 시점에 상품서비스 마케팅 문자 수신이 동의 상태인 경우(기존 미동의 고객이 계좌신규 이후 동의한 경우는 불가) 　(3) 'IBK청년희망적금' 만기해지고객 　　가입 시점에 IBK청년희망적금 만기해지 이력을 보유한 경우(중도해지 및 특별중도해지 인정 불가)
이자지급방법	• 만기일시지급식 • 만기(후) 또는 중도해지 요청 시 이자를 지급
가입방법	• 영업점, i-ONE 뱅크
유의사항	• 비과세종합저축 가입 가능 • 계약기간 만료일 이후의 이자는 과세됨

① 가입 가능한 계좌 수의 제한은 없으며, 가입 가능한 금액은 계좌당 1백만 원 이상 10억 원 이내이다.
② 해당 상품은 법인사업자와 외국인의 가입은 불가능한 상품이다.
③ 해당 상품에 가입 시 적용받을 수 있는 최대 금리는 연 3.94%이다.
④ 최초 상품 가입일에 마케팅을 미동의한 고객은 최대 우대금리 혜택을 적용받을 수 없다.

04 다음은 IBK기업은행의 적금 상품인 'IBK청년도약계좌'에 대한 상품설명서이다. 이에 대한 설명으로 옳은 것은?

〈IBK청년도약계좌〉

구분	세부사항
상품특징	• 청년의 중장기 자산형성을 지원하는 적금 상품으로, 정부기여금과 비과세 혜택을 제공
상품과목	• 자유적립식
가입금액	• 신규금액 : 최소 1천 원 이상 • 납입한도 : 매월 70만 원 이하(천 원 단위) 　※ 연간 납입한도 : 840만 원
가입대상	• 실명의 개인인 거주자로서 다음 ①~②의 요건을 모두 충족하는 자 　① 가입일 기준 만 19~34세 이하인 자 　② 아래 소득요건 중 어느 하나에 해당하는 자 　　– 직전 과세기간의 총급여액이 75백만 원 이하 　　– 직전 과세기간의 종합소득과세표준에 합산되는 종합소득금액이 63백만 원 이하 　　※ 전 금융기관 1인 1계좌 　　※ 청년희망적금 보유자 계좌개설 불가(단, 청년희망적금 해지 전 가입신청은 가능)
계약기간	• 5년제
금리	• 기본금리 : 4.5% • 우대금리 : 최고 연 1.5%p 　– 개인소득구간 2,400만 원 이하 : 연 0.5% 　– 다음 중 1개 이상 충족 시 항목별 우대금리 제공 　　(1) 급여이체(50만 원 이상) 실적 36개월 이상 : 0.5%p 　　(2) 가입시점 최초신규고객 : 0.3%p 　　(3) 지로 / 공과금 자동이체(월 2건 이상) 실적 36개월 이상 : 0.2%p
정부기여금	• 지급금액 : (본인 납입금액과 기여금 적용한도 중 적은금액)×(지급비율)=(월 정부기여금)

개인소득구간	기여금 적용한도(월)	기여금 지급비율
2,400만 원 이하	40만 원	6.0%
3,600만 원 이하	40만 원	4.6%
4,800만 원 이하	60만 원	3.7%
6,000만 원 이하	70만 원	3.0%
6,000만 원 초과	미지급	

구분	세부사항
이자지급방법	• 만기일시지급식
가입절차	• 다음 절차에 따라 진행 　(1) 가입신청 : i-ONE 뱅크(개인) 　(2) 가입요건 확인 및 가입 가능 여부 안내 : 서민금융진흥원(최대 3주 소요) 　(3) 계좌개설 : 영업점 및 i-ONE 뱅크(단, 외국인의 경우 영업점만 가능)
유의사항	• 예금잔액증명서 발급 당일에는 입금, 출금, 이체 등 잔액 변동 불가

① 가입월을 포함하여 11개월간 납입금액이 750만 원이라면, 익월 납입 가능한 금액은 90만 원이다.

② IBK청년도약계좌에 가입하더라도 정부기여금 지급대상자에서는 제외될 수 있다.

③ 청년희망적금 보유자의 경우 해지 이후 IBK청년도약계좌에 가입신청 및 계좌개설이 가능하다.

④ 내국인은 비대면으로 가입신청 및 계좌개설이 가능하나, 외국인의 경우 대면으로만 가입신청 및 계좌개설이 가능하다.

(가) 경영학 측면에서도 메기 효과는 한국, 중국 등 고도 경쟁사회인 동아시아 지역에서만 제한적으로 사용되며 영미권에서는 거의 사용되지 않는다. 기획재정부의 조사에 따르면 메기에 해당하는 해외 대형 가구업체인 이케아(IKEA)가 국내에 들어오면서 청어에 해당하는 중소 가구업체의 입지가 더욱 좁아졌다고 한다. 이처럼 경영학 측면에서도 메기 효과는 과학적으로 검증되지 않은 가설이다.

(나) 결국 메기 효과는 과학적으로 증명되진 않았지만 '경쟁'의 양면성을 보여주는 가설이다. 기업의 경영에서 위험이 발생하였을 때, 위기감에 의한 성장 동력을 발현시킬 수는 있을 것이다. 그러나 무한 경쟁사회에서 규제 등의 방법으로 적정 수준을 유지하지 못한다면 거미의 등장으로 인해 폐사한 메뚜기와 토양처럼 거대한 위험이 기업과 사회를 항상 좋은 방향으로 이끌어나가지는 않을 것이다.

(다) 그러나 메기 효과가 전혀 시사점이 없는 것은 아니다. 이케아가 국내에 들어오면서 도산할 것으로 예상되었던 일부 국내 가구 업체들이 오히려 성장하는 현상 또한 관찰되고 있다. 강자의 등장으로 약자의 성장 동력이 어느 정도는 발현되었다는 것을 보여주는 사례라고 할 수 있다.

(라) 그러나 최근에는 메기 효과가 검증되지 않고 과장되어 사용되거나 심지어 거짓이라고 주장하는 사람들이 있다. 먼저 메기 효과의 기원부터 의문점이 있다. 메기는 민물고기로 바닷물고기인 청어는 메기와 연관점이 없으며, 실제로 북유럽의 어부들이 수조에 메기를 넣어 효과가 있었는지 검증되지 않았다. 실제로 2012년 『사이언스』에서 제한된 공간에 메뚜기와 거미를 두었을 때 메뚜기들은 포식자인 거미로 인해 스트레스의 수치가 증가하고 체내 질소 함량이 줄어들었고, 죽은 메뚜기에 포함된 질소 함량이 줄어들면서 토양 미생물이 줄어들고 황폐화되었다.

(마) 우리나라에서 '경쟁'과 관련된 이론 중 가장 유명한 것은 영국의 역사가 아널드 토인비가 주장했다고 하는 '메기 효과(Catfish Effect)'이다. 메기 효과란 냉장시설이 없었던 과거에 북유럽의 어부들이 잡은 청어를 싱싱하게 운반하기 위하여 수조 속에 천적인 메기를 넣어 끊임없이 움직이게 했다는 것이다. 이 가설은 경영학계에서 비유적으로 사용되어 기업의 경쟁력을 키우기 위해서는 적절한 위협과 자극이 필요하다고 주장하고 있다.

05 윗글의 문단을 논리적 순서대로 바르게 나열한 것은?

① (가) – (라) – (나) – (다) – (마)
② (다) – (마) – (가) – (나) – (라)
③ (마) – (가) – (라) – (다) – (나)
④ (마) – (라) – (가) – (다) – (나)

06 윗글을 이해한 내용으로 적절하지 않은 것은?

① 거대기업의 출현은 해당 시장의 생태계를 파괴할 수도 있다.
② 메기 효과는 과학적으로 검증되지 않았으므로 낭설에 불과하다.
③ 발전을 위해서는 기업 간 경쟁을 적정 수준으로 유지해야 한다.
④ 메기 효과는 경쟁을 장려하는 사회에서 널리 사용되고 있다.

07 다음은 I회사의 승진 규정과 승진후보자 정보이다. 이에 따를 때, 2024년 현재 직급이 대리인 직원은?

〈승진 규정〉

- 2023년까지 근속연수가 3년 이상인 자를 대상으로 한다.
- 출산휴가 및 병가 기간은 근속연수에서 제외한다.
- 평가연도 업무평가 점수가 80점 이상인 자를 대상으로 한다.
- 평가연도 업무평가 점수는 직전연도 업무평가 점수에서 벌점을 차감한 점수이다.
- 벌점은 결근 1회당 −10점, 지각 1회당 −5점이다.
- 직급은 사원 → 주임 → 대리 → 과장 순으로 높아진다.

〈승진후보자 정보〉

구분	근무기간	작년 업무평가	근태현황		기타
			지각	결근	
A사원	1년 4개월	79	1	−	−
B주임	3년 1개월	86	−	1	출산휴가 35일
C대리	7년 1개월	89	1	1	병가 10일
D과장	10년 3개월	82	−	−	−

① A사원
② B주임
③ C대리
④ D과장

※ 다음은 I은행 고객 기록에 대한 자료이다. 이어지는 질문에 답하시오. [8~9]

〈기록 체계〉

고객구분	업무	업무내용	접수창구
ㄱ	X	a	01

고객구분		업무		업무내용		접수창구	
ㄱ	개인고객	X	수신계	a	예금	01	1번 창구
				b	적금	02	2번 창구
ㄴ	기업고객			A	대출상담	03	3번 창구
		Y	대부계			04	4번 창구
ㄷ	VIP고객			B	대출신청	05	5번 창구
				C	대출완료	00	VIP실

※ 업무내용은 대문자·소문자끼리만 복수선택이 가능함
※ 개인·기업고객은 일반창구에서, VIP고객은 VIP실에서 업무를 봄
※ 수신계는 a, b의 업무만, 대부계는 A, B, C의 업무만 볼 수 있음

〈기록 현황〉

ㄱXa01	ㄴYA05	ㄴYB03	ㄱXa01	ㄱYB03
ㄱXab02	ㄷYC00	ㄴYA01	ㄴYA05	ㄴYAB03
ㄱYAB03	ㄱYA04	ㄱXb02	ㄷYB00	ㄱXa04

08 I은행을 방문한 OO기업 대표인 VIP고객이 대출신청을 하였다면, 기록 현황에 기재할 내용으로 옳은 것은?

① ㄴXB00

② ㄴYB00

③ ㄷYA00

④ ㄷYB00

09 기록 현황에 순서대로 나열되어 있지 않은 'A', 'B', 'Y', 'ㄴ', '04' 메모가 발견되었다. 이 기록에 대한 내용으로 옳은 것은?

① 예금과 적금 업무로 수신계 4번 창구를 방문한 기업고객

② 예금과 적금 업무로 대부계 4번 창구를 방문한 기업고객

③ 대출 업무로 대부계 4번 창구를 방문한 기업고객

④ 대출상담 및 신청 업무로 대부계 4번 창구를 방문한 기업고객

10 다음 중 아이디어 발상 기법인 고든법에 대한 설명으로 옳지 않은 것은?

① 진행자는 해결할 과제를 최대한 구체적으로 참가자에게 제시한다.

② 진행자는 회의 중에 참가자들의 아이디어를 주제와 결합시켜 검토한다.

③ 습관적 사고의 틀을 벗어나기 위해 참가자끼리의 비판은 허용되지 않는다.

④ 고든법에 참가하는 사람들은 가급적 다양한 전공의 사람들을 모으는 것이 좋다.

11 다음은 A ~ E 5개 등산로의 길이, 평균 등산 속도, 완주 시간에 대한 자료이다. 가장 짧은 등산로와 완주 시간이 가장 짧은 등산로를 바르게 짝지은 것은?

〈등산로별 길이, 평균 등산 속도, 완주 시간〉

구분	길이	평균 등산 속도	완주 시간
A		3.6km/h	3시간 20분
B	16km	3.2km/h	
C	14.3km	3.9km/h	
D	12.35km	3.8km/h	3시간 15분
E		3.5km/h	3시간 30분

	가장 짧은 등산로	가장 짧은 완주 시간
①	A	C
②	A	D
③	D	A
④	D	D

12 I회사의 기획팀 부장 1명, 대리 2명, 주임 3명, 사원 2명이 회의실을 이용하고자 한다. 다음 〈조건〉에 따라 자리에 앉을 수 있는 경우의 수는?

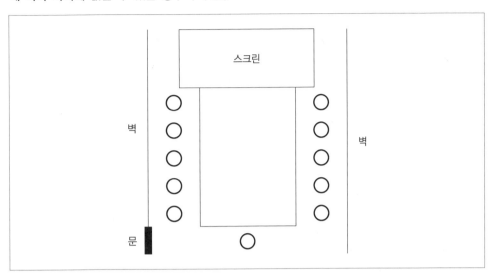

조건
- 스크린의 맞은편에는 부장이 앉는다.
- 스크린과 가장 가까운 자리 중 하나는 노트북을 연결해야 하므로 앉을 수 없다.
- 대리 2명은 부장과 가장 가까운 자리에 앉는다.
- 사원은 대리 바로 옆에 앉아야 한다.

① 480가지

② 960가지

③ 2×9!가지

④ $\dfrac{11!}{2}$ 가지

※ 다음은 실험실에서 사용하는 산소, 헬륨, 질소 가스 실린더 및 에탄올의 취급 규칙과 실험실에 남아 있는 산소, 헬륨, 질소 가스 실린더 및 에탄올 병 재고 현황이다. 이어지는 질문에 답하시오. **[13~14]**

〈실험실 산소, 헬륨, 질소 가스 실린더 및 에탄올 취급 규칙〉
• 산소, 질소 가스 실린더의 내부 기준 압력은 각각 10MPa, 20MPa 이상을 유지하도록 한다.
• 산소, 질소 가스 실린더의 내부 압력이 기준 압력 미만의 경우 가스를 완전히 충전한다.
  – 완전 충전 시 산소 실린더 압력은 15MPa, 질소 실린더 압력은 30MPa이다.
  (단, 실린더 최대 압력을 넘길 수 없다)
• 산소, 헬륨, 질소 가스 실린더의 내부 압력이 각 실린더 최소 압력 미만인 경우 가스가 완전히 채워진 새 실린더로 교체한다.
• 충전한 실린더와 새로 교체한 실린더 모두 안전 검사를 시행한다.
• 에탄올 병은 50병까지 보관할 수 있으며, 전체 수량의 20% 미만이 될 때 에탄올 병을 주문하여 보관할 수 있는 수량을 모두 채운다.

〈실험실 산소, 헬륨, 질소 가스 실린더 및 에탄올 병 재고 현황〉

구분	실린더 보유 수량	실린더 최소 압력	보유 실린더 압력(MPa)
산소	10병	5MPa	14 / 12 / 8 / 8 / 3 / 7 / 11 / 2 / 13 / 13
헬륨	15병	3MPa	16 / 13 / 11 / 9 / 8 / 15 / 3 / 1 / 2 / 7 / 11 / 16 / 18 / 4 / 14
질소	10병	10MPa	24 / 5 / 17 / 4 / 8 / 23 / 3 / 29 / 25 / 27
에탄올	현 재고 : 18병		

13 산소, 질소의 충전 비용 및 실린더 교체 비용이 다음과 같을 때, 산소, 헬륨, 질소 실린더의 충전 및 교체 후 검사하는 데 필요한 비용은 모두 얼마인가?

〈가스 충전 및 실린더 교체 비용〉

구분	충전	교체
산소	12,000원 / 병	350,000원 / 병
헬륨	충전 불가능	650,000원 / 병
질소	10,000원 / 병	300,000원 / 병
검사 비용	20,000원 / 회	

※ 충전 비용은 가스양과 상관없이 병 단위로 그 금액을 계산함

① 3,046,000원 ② 3,266,000원
③ 3,486,000원 ④ 3,746,000원

14 실험실 사용 및 에탄올을 채우는 규칙이 다음 〈조건〉과 같을 때, 20주 후 일요일에 주문을 진행하기 전 남아있는 에탄올의 수량은?(단, 실험실 재고 현황은 월요일 실험 시작 전에 작성하였다)

> **조건**
> • 실험은 월요일부터 시작하여 쉬지 않고 진행한다.
> • 월요일부터 일요일까지 진행한 실험을 1주 차 실험으로 한다.
> • 에탄올은 매주 8병씩 사용한다.
> • 일요일까지 실험을 진행한 후 남아있는 에탄올 병의 수가 기준 수량보다 부족하면 에탄올 병을 주문한다.
> • 일요일에 주문한 에탄올 병은 월요일 실험 시작 전에 수령한다.

① 2병 ② 4병
③ 6병 ④ 8병

15 다음은 I자동차 대리점에 근무하는 직원 5명의 2024년 2분기 자동차 판매 대수 및 판매 총액에 대한 자료이다. 성과급 지급 기준이 다음 〈조건〉과 같을 때, 직원들이 받는 성과급은 총 얼마인가?

〈2024년 2분기 자동차 판매 대수 및 판매 총액〉

구분	자동차 판매 대수	자동차 판매 총액
권○○	7대	9천 6백만 원
김○○	12대	1억 4천만 원
류○○	4대	9천만 원
오○○	6대	2억 2천만 원
표○○	1대	4천 8백만 원

조건

• 자동차 판매 대수에 따른 등급 및 자동차 판매 총액에 따른 등급은 다음과 같다.

〈자동차 판매 대수 및 판매 총액 등급표〉

구분	자동차 판매 대수	자동차 판매 총액
A$^+$	10대 이상	2억 5천만 원 이상
A	7대 이상 10대 미만	1억 5천만 원 이상 2억 5천만 원 미만
B	5대 이상 7대 미만	1억 원 이상 1억 5천만 원 미만
C	2대 이상 5대 미만	5천만 원 이상 1억 원 미만
D	2대 미만	5천만 원 미만

• 자동차 판매 대수 등급과 자동차 판매 총액 등급이 모두 B등급 이상일 때, 자동차 판매 총액 등급에 따라 성과급을 차등 지급한다.
  - B등급 : 자동차 판매 총액의 2%
  - A등급 : 자동차 판매 총액의 3%
  - A$^+$등급 : 자동차 판매 총액의 5%

① 868만 원
② 904만 원
③ 940만 원
④ 976만 원

16 다음 제시된 순서도에 의해 출력되는 값은?

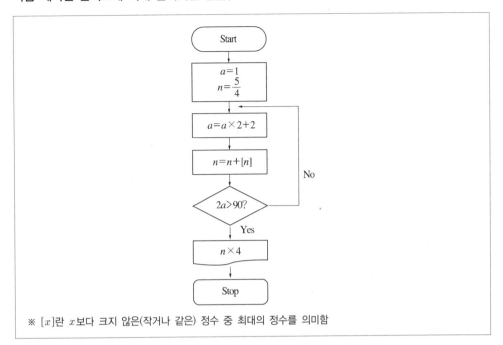

※ $[x]$란 x보다 크지 않은(작거나 같은) 정수 중 최대의 정수를 의미함

① 9
② 33
③ 65
④ 129

17 다음은 I은행의 계좌 송금 진행 과정에 대한 순서도이다. L씨가 상대방에게 송금하기 위해 정보를 입력하였을 때, [4번 알림창]을 보게 되었다. 그 이유로 가장 적절한 것은?

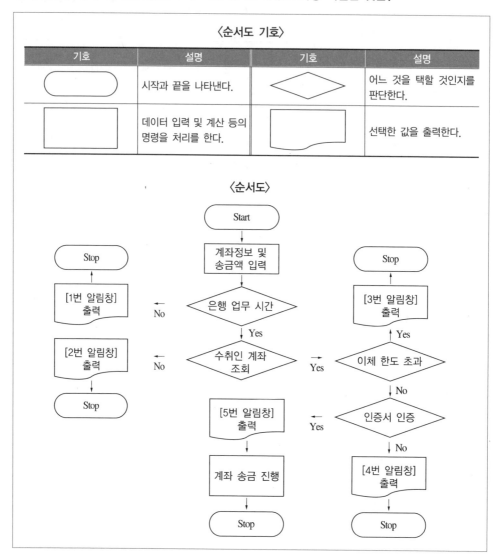

① 수취 계좌가 존재하지 않는다.

② 이체 한도가 초과되었다.

③ 인증서 인증 과정을 거치지 못하였다.

④ 은행 업무 시간이 아니다.

| 금융일반 - 객관식 |

01 다음 중 완전보완재 무차별곡선에 대한 설명으로 옳지 않은 것은?

① 무차별곡선이 L자형 모양을 나타낸다.
② 효용이 높아지려면 두 재화의 소비량을 일정한 비율로 증가시켜야 한다.
③ 소비자의 선호도로 인해 재화의 대체가 발생하지 않는다.
④ 한계대체율을 정의할 수 있다.

02 다음 중 주가배수모형에 해당하지 않는 것은?

① 고든의 성장모형   ② PER
③ PBR   ④ PSR

03 다음은 재화별 경합성과 배제성을 나타낸 자료이다. 이에 대한 설명으로 옳지 않은 것은?

〈재화별 경합성 및 배재성〉

구분	경합성 있음	경합성 없음
배제성 있음	A	C
배제성 없음	B	D

① A재화는 일상에서 흔히 사용되는 재화가 해당한다.
② B재화는 막히는 무료도로 등과 같은 재화가 해당한다.
③ C재화는 무료 인터넷 등과 같은 재화가 해당한다.
④ D재화는 국방서비스 등과 같은 재화가 해당한다.

04 다음 중 대국이 수입품에 대한 관세를 부과할 때 나타나는 효과로 옳지 않은 것은?

① 대국의 수입량은 감소한다.
② 수입품의 국제가격이 하락한다.
③ 수입품을 대신하는 대국 내 생산품의 가격은 상승한다.
④ 대국의 관세수입이 100, 소비자 잉여손실이 80일 경우 총잉여는 180이다.

05 다음 중 환율 변화가 국내경제에 미치는 영향으로 옳지 않은 것은?

① 원 – 달러 환율이 하락할 경우 국내 수출기업의 수입이 감소한다.
② 원 – 달러 환율이 하락할 경우 국내 수출기업의 수출이 감소한다.
③ 원 – 달러 환율이 상승할 경우 중간재의 수입가격이 상승한다.
④ 원 – 엔 환율이 상승할 경우 일본과의 무역수지 적자가 확대된다.

06 다음 중 옵션의 특징에 대한 설명으로 옳지 않은 것은?

① 옵션이란 특정일에 서로 약정한 가격으로 자산을 사고팔 수 있는 권리가 부여된 것을 말한다.
② 거래 대상이 금, 은, 원유 등인 경우 상품옵션이라고 한다.
③ 거래 대상이 주식, 채권, 통화 등인 경우 금융옵션이라고 한다.
④ 옵션 프리미엄은 내재가치에서 시간가치를 차감한 값이다.

07 다음 중 테일러 준칙에 대한 설명으로 옳지 않은 것은?

① 중앙은행이 설정하는 명목이자율의 기준이 된다.
② 인플레이션율, 잠재산출량 등을 고려하여 명목이자율을 설정한다.
③ 인플레이션이 1%p 올랐을 경우 명목이자율도 1%p 올려야 한다.
④ 인플레이션과 산출량이 목표치보다 높은 수준인 경우 긴축적 통화정책을 권장한다.

08 다음을 참고하여 정률법으로 감가상각비를 계산하면 얼마인가?

• 취득원가 : 1억 원	• 잔존가액 : 5,000만 원
• 감가상각누계액(기초) : 4,000만 원	• 상각률 : 5%

① 300만 원　　　　　　　　　　　② 500만 원

③ 800만 원　　　　　　　　　　　④ 1,000만 원

※ 다음은 2021년을 기준 연도로 하여 노트북과 TV를 생산하고 있는 A국의 연도별 제품가격과 생산량 추이에 대한 자료이다. 이어지는 질문에 답하시오. **[9~10]**

구분	노트북 가격	노트북 생산량	TV 가격	TV 생산량
2021년	50만 원	100대	20만 원	200대
2022년	80만 원	150대	30만 원	200대
2023년	100만 원	200대	40만 원	300대

09 다음 중 2021 ~ 2023년 명목 GDP 합을 계산한 값으로 옳은 것은?

① 2억 8,000만 원　　　　　　　② 3억 2,000만 원

③ 4억 6,000만 원　　　　　　　④ 5억 9,000만 원

10 다음 중 2023년 실질 GDP를 계산한 값으로 옳은 것은?

① 9,000만 원　　　　　　　　　② 1억 2,000만 원

③ 1억 6,000만 원　　　　　　　④ 2억 3,000만 원

| 금융일반 - 주관식 |

01 다음을 참고하여 전년 대비 국내 GDP 증가액을 구하면?

> • 한계소비성향 : 0.8
> • 직전 연도 정부지출 : 50조 원
> • 당해 연도 정부지출 : 80조 원

(조 원)

02 다음을 참고하여 매출액을 구하면?

> • 공헌이익 : 60,000원
> • 고정비용 : 20,000원
> • 변동비용 : 10,000원

(원)

03 다음 〈보기〉 중 래퍼 곡선에 대한 설명으로 옳은 것을 모두 고르면?

> **보기**
> ㉠ 래퍼 곡선에 따르면 모든 세율 구간에 대하여 세율의 증가에 따라 조세수입도 비례하여 증가한다.
> ㉡ 적정세율 이하의 세율 구간에서는 세율을 인상할수록 조세수입이 감소한다.
> ㉢ 조세수입의 변화율은 적정세율에 가까울수록 완만하다.
> ㉣ 래퍼 곡선에 따르면 세율의 인상은 과세대상의 이탈을 야기할 수 있다.

(   )

01 다음 중 리눅스 권한 허가권 변경을 기호 모드로 작성할 때, 문자와 그 기능이 바르게 연결되지 않은 것은?

① r : 읽기   ② w : 쓰기

③ + : 권한 추가   ④ g : 사용자 허가권

02 다음 중 리눅스 명령어 'chmod 755'에 대한 설명으로 옳지 않은 것은?

① 소유자에게 읽기, 쓰기, 실행 권한을 주고 그룹 및 기타 사용자에게는 읽기 권한만 부여한다.

② chmod 명령어는 파일이나 디렉토리의 권한을 변경하는 데 사용한다.

③ 7은 소유자 권한을 의미한다.

④ 두 번째 5는 그룹 사용자 권한을 의미한다.

03 다음 파이썬 프로그램을 실행하였을 때 출력되는 값으로 옳은 것은?

```
a="5"
b="7"
print(a+b)
```

① 5   ② 12

③ 12   ④ 57

04 다음 중 IP 주소에 대한 설명으로 옳지 않은 것은?

① TCP/IP 프로토콜에서 사용하는 주소 체계를 IP 주소라 하며, IP 주소는 16비트로 이루어진다.

② 호스트 주소는 데이터그램이 전송되어야 할 네트워크의 호스트 주소이다.

③ IP 주소는 네트워크와 네트워크 내의 호스트를 나타내는 부분으로 나누어진다.

④ 네트워크 주소는 데이터그램이 전송되어야 할 네트워크의 주소이다.

05 다음 중 SQL에서 테이블 구조를 정의, 변경, 제거하는 명령을 순서대로 나열한 것은?

① CREATE, MODIFY, DESTROY
② CREATE, UPDATE, DELETE
③ CREATE, MODIFY, DROP
④ CREATE, ALTER, DROP

06 DBMS의 필수 기능 중 데이터 조작 기능에 해당하는 것은?

① 사용자와 데이터베이스 간의 인터페이스 수단 제공
② 논리적 구조와 물리적 구조 사이의 사상(Mapping) 표현
③ 데이터베이스의 보안을 유지하기 위한 권한 검사
④ 데이터베이스의 정확성을 유지하기 위한 병행 제어

07 다음 파이썬 프로그램을 실행하였을 때 출력되는 값으로 옳은 것은?

```
string='abcd'
string.replace('b', 'B')
print(string)
```

① abcd
② aBcd
③ B
④ acd

08 다음에서 설명하는 것은 무엇인가?

- 삽입과 삭제가 리스트의 양쪽 끝에서 발생할 수 있는 형태이다.
- 입력이 한쪽에서만 발생하고 출력은 양쪽에서 일어날 수 있는 입력 제한과 입력은 양쪽에서 일어나고 출력은 한쪽에서만 이루어지는 출력 제한이 있다.

① 스택
② 큐
③ 다중 스택
④ 데크

09 다음은 스택을 이용한 0−주소 명령어 프로그램이다. 이 프로그램이 수행하는 계산으로 옳은 것은?

```
PUSH C
PUSH A
PUSH B
ADD
MUL
POP Z
```

① Z = C + A * B

② Z = (A + B) * C

③ Z = B + C * A

④ Z = (C + B) * A

10 다음과 같이 Java 코드로 Queue 클래스를 구현할 때 빈칸에 들어갈 명령어로 옳은 것은?

```java
import java.util.LinkedList;
import java.util.Queue;

public class Main {

    public static void main(String[ ] args) {
        Queue<Integer> queue=_____;

        queue.offer(1);
        queue.offer(2);
        queue.offer(3);
        queue.offer(4);
        queue.offer(5);

        while(!queue.isEmpty()) {
            System.out.println(queue.poll());
        }

    }

}
```

① Queue<Integer>( )

② LinkedList<Integer>( )

③ new LinkedList<Integer>( )

④ List<Integer>( )

01 다음 트리를 전위 순회에 따라 탐색할 때, 트리의 각 노드를 순서대로 바르게 나열하면?

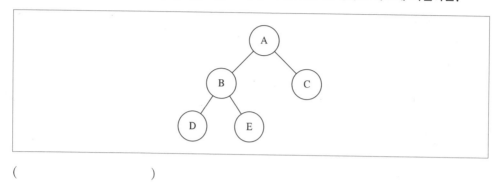

(   )

02 어느 창고에서 들어온 물건에 $1 \sim n$번까지 고유한 일련번호를 순서대로 배정한 뒤, 정렬하여 납품 하려고 한다. 납품을 위해 물건이 들어오는 '입력' 과정과 물건이 납품되는 '출력' 과정이 있으며, 납품할 물건은 일련번호 순서대로 창고에 들어오고 후입선출에 따라 납품한다. 물건들을 납품하는 순서가 다음과 같을 때, 물건들이 들어오는 순서와 나가는 순서를 정리한 〈보기〉의 표에서 A ～ F에 들어갈 알맞은 수를 모두 더하면?

> 3 2 1 4 5 8 7 6

보기

구분	입	입	입	출	출	출	입	출	입	출	입	입	입	출	출	출
일련 번호	1	2	3	A	2	1	B	C	5	5	D	7	E	F	7	6

※ 입 : 입력 / 출 : 출력

(   )

01   NCS 직업기초능력

01	02	03	04	05	06	07	08	09	10	11	12	13	14	15	16	17			
④	②	③	②	④	②	③	④	④	①	②	①	③	①	③	③	③			

01
정답 ④

세 번째 문단의 마지막 부분에 따르면 일부 기관에서 비대면 화상 면담 시스템을 도입하여 신청자의 편의성을 높이고 있다고 하였으므로 적절하다.

오답분석
① 두 번째 문단에서 최근에 신용점수 외에도 LTI, DTI 등 다양한 대안적 지표를 활용한다고 하였으므로 적절하지 않다.
② 네 번째 문단에서 일부 금융기관에서 대출 거절 시 그 이유를 상세히 설명하고 개선 방안을 제시하고 있다고 하였으므로 모든 금융기관에서 서비스를 제공하고 있지는 않다.
③ 마지막 문단에서 ESG 요소를 대출심사에 반영하는 것은 기업의 지속가능성과 사회적 책임을 평가하여 장기적인 리스크를 관리하기 위함이라고 하였으므로 ESG 요소 심사는 대출심사의 객관성을 높이는 요인으로 작용한다.

02
정답 ②

세 번째 문단에서 지급준비율의 비율을 높이면 은행의 대출 여력이 줄어들어 통화량이 감소하고, 낮추면 대출 여력이 늘어나 통화량이 증가한다고 하였으므로 ②는 제시문의 내용으로 적절하지 않다. 지급준비율을 높이면 오히려 은행의 대출 여력이 줄어들어 통화량이 감소한다.

03
정답 ③

IBK2024특판중금채에서 적용받을 수 있는 최대 금리는 가입기간에 따른 최대 기본금리인 연 3.74%에 최대 우대금리인 연 0.2%p를 더한 연 3.94%이다.

오답분석
① 가입 가능한 계좌 수의 제한은 없으나, 가입 가능한 금액은 계좌당이 아닌 1인당 1백만 원 이상 10억 원 이내이다.
② 법인사업자의 가입은 불가하지만, 외국인 중 거주자의 경우 가입이 가능하다.
④ 최초 상품 가입일에 마케팅을 미동의하였더라도 다른 두 가지 조건 중 하나를 만족한다면 최대 우대금리 혜택을 적용받을 수 있다.

04

정답 ②

개인소득구간이 7,500만 원 이하인 자는 IBK청년도약계좌에 가입은 가능하나, 정부기여금 요건을 살펴보면 개인소득구간이 6,000만 원을 초과한 자는 정부기여금이 미지급된다.

[오답분석]
① 연간 납입한도는 840만 원이나 월 납입한도는 70만 원이므로, 연간 납입한도가 남아있다 하더라도 익월 납입 가능한 금액은 70만 원까지만 가능하다.
③ 청년희망적금 해지 전에 가입신청은 가능하지만, 계좌개설은 불가능하다.
④ 내국인은 i-ONE 뱅크를 통해 비대면으로 가입신청 및 계좌개설이 가능하다. 하지만 외국인의 경우 가입신청은 i-ONE 뱅크를 통해 비대면으로 가능하고, 계좌개설은 영업점 방문을 통한 대면으로만 가능하다.

05

정답 ④

제시문은 메기 효과에 대한 글이므로 가장 먼저 메기 효과의 기원에 대해 설명한 (마) 문단으로 시작해야 하고 메기 효과의 기원에 대한 과학적인 검증 및 논란에 대한 (라) 문단이 오는 것이 적절하다. 이어서 경영학 측면에서의 메기 효과에 대한 내용이 와야 하는데 (다) 문단의 경우 앞의 내용과 뒤의 내용이 상반될 때 쓰는 접속 부사인 '그러나'로 시작하므로 (가) 문단이 먼저 오고 (다) 문단이 이어서 오는 것이 적절하다. 마지막으로 메기 효과에 대한 결론인 (나) 문단이 와야 한다.

06

정답 ②

메기 효과는 과학적으로 검증되지 않았지만 적정 수준의 경쟁이 발전을 이룬다는 시사점을 가지고 있다고 하였으므로 낭설에 불과하다는 것은 제시문을 이해한 내용으로 적절하지 않다.

[오답분석]
① (라) 문단의 거미와 메뚜기 실험에서 죽은 메뚜기로 인해 토양까지 황폐화되었음을 볼 때, 거대기업의 출현은 해당 시장의 생태계까지 파괴할 수 있음을 알 수 있다.
③ (나) 문단에서 성장 동력을 발현시키기 위해서는 규제 등의 방법으로 적정 수준의 경쟁을 유지해야 한다고 서술하고 있다.
④ (가) 문단에서 메기 효과는 한국, 중국 등 고도 경쟁사회에서 널리 사용되고 있다고 서술하고 있다.

07

정답 ③

C대리의 2024년 업무평가 점수는 직전연도 업무평가 점수인 89점에서 지각 1회에 따른 5점, 결근 1회에 따른 10점을 제한 74점이다. 따라서 승진 대상에 포함되지 않으므로 그대로 대리일 것이다.

[오답분석]
① A사원은 근속연수가 3년 미만이므로 승진 대상이 아니다.
② B주임은 출산휴가 35일을 제외하면 근속연수가 3년 미만이므로 승진 대상이 아니다.
④ 승진 대상에 대한 자료이므로 과장은 대리가 될 수 없다.

08

정답 ④

기업 대표이지만 VIP고객이므로 ㄷ, 대출신청을 하였으므로 업무는 Y, 업무내용은 B가 적절하며 접수창구는 VIP실인 OOO이 된다.

09

정답 ④

- A, B → 대출상담과 대출신청을 나타내는 코드
- Y → 대부계 업무를 나타내는 코드
- ㄴ → 기업고객을 나타내는 코드
- 04 → 4번 창구를 나타내는 코드

따라서 '대출상담 및 신청 업무로 대부계 4번 창구를 방문한 기업고객'이 옳다.

10

정답 ①

고든법(Gordon Method)은 미국의 심리학자 고든(William J. Gordon)에 의해 고안된 아이디어 발상 기법으로 브레인스토밍과 유사한 발상 기법이지만, 참가자가 주제에 고정관념을 가지고 접근하는 것을 방지하기 위해 진행자가 토론 주제를 명확히 제시하지 않고, 추상화된 키워드를 참가자에게 제시하여 아이디어를 모으는 발상 기법이다. 고든법의 진행 방법은 다음과 같다.

1. 키워드 정하기 : 해결하고자 하는 문제를 추상화시킨 키워드로 참가자에게 제시하고, 진짜 주제는 숨긴다. 이때, 다양한 아이디어의 발상을 위해 참가자는 가급적 다양한 전공의 사람들을 모은다.
2. 자유롭게 발언하기 : 참가자들은 진행자가 제시한 키워드에 대해 자유롭게 아이디어를 제시하고, 제시되는 아이디어에 대한 비판은 하지 않는다. 이때, 진행자는 참가자들의 아이디어를 진짜 주제와 결합시켜 검토한다.
3. 진짜 주제 공개하기 : 적절한 아이디어가 많이 나오면 진행자는 숨겼던 진짜 주제를 발표한다.
4. 아이디어 구체화하기 : 참가자들은 이전에 발언한 아이디어를 모아 발전시켜 진짜 주제에 대한 해결방안을 구체화한다.

11

정답 ②

등산로별 길이, 평균 등산 속도, 완주 시간을 정리하면 다음과 같다.

구분	길이	평균 등산 속도	완주 시간
A	$3.6 \times \dfrac{10}{3} = 12$km	3.6km/h	3시간 20분=$\dfrac{10}{3}$시간
B	16km	3.2km/h	$\dfrac{16}{3.2}=5$시간
C	14.3km	3.9km/h	$\dfrac{14.3}{3.9}$시간=$\dfrac{11}{3}$시간=3시간 40분
D	12.35km	3.8km/h	3시간 15분
E	$3.5 \times 3.5 = 12.25$km	3.5km/h	3시간 30분=3.5시간

따라서 가장 짧은 등산로는 A이고, 완주 시간이 가장 짧은 등산로는 D이다.

12

정답 ①

조건에 따라 앉을 수 있는 자리를 나타내면 다음과 같다.

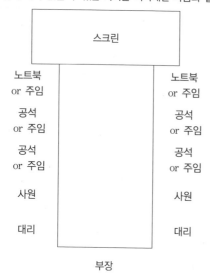

첫 번째 조건에 의해 부장의 자리는 스크린 맞은편 자리로 항상 고정되어 있고, 두 번째 조건에 의해 노트북을 연결할 수 있는 자리는 2개이다. 세 번째 조건에 의해 대리가 부장과 가장 가까운 자리에 앉을 수 있는 경우의 수는 2가지이며, 네 번째 조건에 의해 대리 2명 모두 옆 자리에 앉을 수 있는 사람은 사원 1명뿐으로 사원이 앉을 수 있는 경우의 수는 2가지이다. 남은 5자리에 주임 3명이 앉을 수 있는 경우의 수는 $_5P_3 = 60$가지이다.

따라서 자리에 앉을 수 있는 경우의 수는 $1 \times 2 \times 2 \times 2 \times 60 = 480$가지이다.

13

정답 ③

- 내부 압력이 5MPa 이상 10MPa 미만인 산소 실린더의 개수는 3개, 5MPa 미만인 산소 실린더의 개수는 2개이다.
- 내부 압력이 3MPa 미만인 헬륨 실린더의 개수는 2개이다.
- 내부 압력이 10MPa 이상 20MPa 미만인 질소 실린더의 개수는 1개, 10MPa 미만인 질소 실린더의 개수는 4개이다.

충전 및 교체 후 검사에 필요한 비용의 합을 구하는 식은 다음과 같다.

$\{(12,000 \times 3) + (350,000 \times 2) + (20,000 \times 5)\} + \{(650,000 \times 2) + (20,000 \times 2)\} + \{(10,000 \times 1) + (300,000 \times 4) + (20,000 \times 5)\}$

$= (36,000 + 700,000 + 100,000) + (1,300,000 + 40,000) + (10,000 + 1,200,000 + 100,000)$

$= 3,486,000$원

따라서 충전 및 교체 후 검사에 필요한 비용은 총 3,486,000원이다.

14

정답 ①

실험을 진행하며 일요일 실험 후에 남아있는 에탄올 병의 수량은 다음과 같다.

18병(1주 차 실험 전) → 10병(1주 차) → 2병(2주 차) → 50병(3주 차 실험 전) → 42병(3주 차) → 34병(4주 차) → 26병(5주 차) → 18병(6주 차) → 10병(7주 차) → …

6주 차 실험마다 남아있는 에탄올 병의 개수가 같다.

따라서 1주 차, 7주 차, 13주 차, 19주 차 실험 종료 후 남아있는 에탄올 병은 10병이므로 20주 차 실험 종료 후 에탄올을 주문하기 전 남아있는 에탄올 병의 수량은 2병이다.

15

직원 5명의 자동차 판매 대수 및 자동차 판매 총액에 따른 등급은 다음과 같다.

구분	자동차 판매 대수	등급	자동차 판매 총액	등급
권○○	7대	A	9천 6백만 원	C
김○○	12대	A$^+$	1억 4천만 원	B
류○○	4대	C	9천만 원	C
오○○	6대	B	2억 2천만 원	A
표○○	1대	D	4천 8백만 원	D

성과급 지급 조건을 만족하는 직원은 김○○, 오○○이다.
김○○이 받는 성과급은 1억 4천만 원×0.02=280만 원이고, 오○○이 받는 성과급은 2억 2천만 원×0.03=660만 원이다.
따라서 직원들이 받는 성과급의 합은 280+660=940만 원이다.

16

a	n
1	$\dfrac{5}{4}$
$1 \times 2 + 2 = 4$	$\dfrac{5}{4} + 1 = \dfrac{9}{4}$
$4 \times 2 + 2 = 10$	$\dfrac{9}{4} + 2 = \dfrac{17}{4}$
$10 \times 2 + 2 = 22$	$\dfrac{17}{4} + 4 = \dfrac{33}{4}$
$22 \times 2 + 2 = 46$	$\dfrac{33}{4} + 8 = \dfrac{65}{4}$

$$\therefore \frac{65}{4} \times 4 = 65$$

17

인증서 인증 과정을 거치지 못하였을 때, [4번 알림창]이 출력된다.

오답분석
① 수취 계좌가 존재하지 않을 때, [2번 알림창]이 출력된다.
② 이체 한도를 초과하였을 때, [3번 알림창]이 출력된다.
④ 은행 업무 시간이 아닐 때, [1번 알림창]이 출력된다.

| 금융일반 - 객관식 |

01	02	03	04	05	06	07	08	09	10
④	①	③	④	③	④	③	①	④	③

01

정답 ④

완전보완재 무차별곡선에서는 소비자의 선호도로 인해 재화의 대체가 발생하지 않기 때문에 한계대체율을 정의할 수 없다. 반면, 완전대체재 무차별곡선의 경우 우하향하는 직선의 형태를 띠어 한계대체율이 일정하다.

오답분석

① 완전보완재는 두 재화가 일정한 비율로 소비되는 경우이므로 L자형의 그래프를 나타낸다.
② 완전보완재는 두 재화가 일정한 비율로 소비되는 경우이므로 효용을 높이기 위해서는 두 재화의 소비량을 일정한 비율로 증가시켜야 한다.
③ 완전보완재 무차별곡선에서는 한 재화의 소비량을 늘려도 다른 재화의 부족을 보완할 수 없다. 이는 소비자의 선호도가 두 재화 사이의 대체를 허용하지 않음을 의미한다.

02

정답 ①

주가배수모형은 기업의 가치를 평가하는 상대가치평가법의 일종으로 PER, PBR, PSR, PCR 등이 있다. 반면, 고든의 성장모형은 주식의 내재가치를 평가하는 방법으로 회사의 배당금이 미래에 일정한 비율로 증가할 것으로 가정한다.

오답분석

② 주가수익비율(PER; Price to Earning Ratio) : 주가를 주당순이익으로 나눈 값으로 기업의 수익성과 주가의 관계를 나타낸다.
③ 주가순자산비율(PBR; Price to Book Ratio) : 주가를 주당순자산으로 나눈 값으로 기업의 자산 가치 대비 주가 수준을 나타낸다.
④ 주가매출액비율(PSR; Price to Sales Ratio) : 주가를 주당매출액으로 나눈 값으로 기업의 매출액 대비 주가 수준을 나타낸다.

03

정답 ③

C재화는 배제성은 있으나 경합성은 없는 재화로, 유료 인터넷 등과 같이 요금을 지불함으로써 배제성은 있으나 재화를 사용하여 다른 사람의 소비에 영향을 미치지 않아 비경합성을 가진다.

오답분석

① A재화에는 일상에서 소비하는 쌀, 과일 등 대부분의 재화가 해당한다.
② 무료도로이므로 배제성은 없으나 이용자가 몰리면서 경합성을 나타낸다.
④ 국방서비스, 막히지 않는 무료도로 등은 공공재로써 비경합성, 비배제성을 나타낸다.

04

정답 ④

총잉여는 관세수입에서 소비자 잉여손실을 차감한 값이므로 총잉여는 20이다. 대국이 관세를 부과하여 소비자 잉여손실이 발생하더라도 더 큰 관세수입을 얻을 수 있기 때문에 대국이 수입품에 대한 관세 부과를 지속하는 요인으로 작용한다.

05

정답 ③

원 – 달러 환율이 상승할 경우 원유, 원자재 등 중간재의 수입가격이 하락하여 국내기업의 생산비용 부담이 줄어들게 된다.

[오답분석]
① 원 – 달러 환율이 하락할 경우 원화가치가 상승함에 따라 수출기업이 얻는 원화로 환전하여 얻는 수입이 그만큼 줄어들게 된다.
② 원 – 달러 환율이 하락할 경우 원화가치 상승으로 수출제품 가격이 상승하는 효과로 이어져 수출이 감소하게 된다.
④ 원 – 엔 환율이 상승할 경우 우리나라 제품의 수출경쟁력이 약화되어 무역수지 적자가 심화된다.

06

정답 ④

옵션 프리미엄은 내재가치와 시간가치의 합이다.

[오답분석]
② 금, 은, 원유, 곡물 등이 상품옵션의 기초자산이 된다.
③ 주식, 채권, 통화, 주가지수 등이 금융옵션의 기초자산이 된다.

07

정답 ③

인플레이션이 1%p 올랐을 경우 명목이자율은 1%p 이상으로 올려야 한다. 인플레이션이 오르면 인플레이션 압력을 줄이는 것이 필요하고, 이에 따라 명목이자율을 인플레이션 상승률보다 더 올려 실질이자율을 높이는 긴축적 통화정책을 시행하게 된다.

[오답분석]
① 테일러 준칙은 중앙은행이 설정하는 명목이자율의 기준이 되며, 정책금리를 변경하는 데 사용되는 이론적 근거를 제공한다.
④ 인플레이션과 산출량이 목표치보다 높은 수준인 경우 고금리 정책(긴축적 통화정책)을 권장한다.

08

정답 ①

정률법에 의한 감가상각비는 취득원가에서 기초감가상각누계액을 차감한 값에 상각률을 곱하여 구한다.
따라서 (1억 원－4,000만 원)×5%＝300만 원이다.

09

정답 ④

명목 GDP는 해당 연도의 가격과 생산량을 각각 곱한 값이다.
연도별 명목 GDP를 계산하면 다음과 같다.
• 2021년 : (50×100)+(20×200)＝5,000+4,000＝9,000만 원
• 2022년 : (80×150)+(30×200)＝12,000+6,000＝18,000만 원
• 2023년 : (100×200)+(40×300)＝20,000+12,000＝32,000만 원
따라서 2021 ~ 2023년 명목 GDP의 합은 9,000+18,000+32,000＝59,000만 원, 즉 5억 9,000만 원이다.

10

정답 ③

실질 GDP는 기준 연도(2021년)의 가격에 해당 연도의 생산량을 곱한 값이다.
따라서 2023년 실질 GDP는 (50만 원×200대)+(20만 원×300대)＝1억 6,000만 원이다.

01	02	03		
150	70,000	©, @		

01

정답 150

국내 GDP 증가액은 정부지출승수와 정부지출증가액의 곱으로 구할 수 있으며, 정부지출승수는 $1÷(1-$ 한계소비성향)으로 구할 수 있다. 정부지출승수는 $1÷(1-0.8)=5$, 정부지출증가액은 30조 원이므로 국내 GDP 증가액은 $5×30=150$조 원이다.

02

정답 70,000

(공헌이익)=(매출액)-(변동비용) → (매출액)=(공헌이익)+(변동비용)
$60,000+10,000=70,000$
따라서 매출액은 70,000원이다.

03

정답 ©, @

© 래퍼 곡선은 적정세율에서 최대 조세수입을 보이는 포물선 형태를 띠고 있으므로, 세율이 적정세율에 가까울수록 조세수입의 변화율이 작아 그래프가 완만하다.
@ 래퍼 곡선은 적정세율까지는 세율을 인상할수록 조세수입이 증가하나, 적정세율을 초과하는 순간부터 과세대상이 세율이 낮은 타 조세권역으로 이탈하여 과세대상의 감소에 따라 세수가 감소한다는 것을 나타내는 곡선이다.

[오답분석]
㉠ 래퍼 곡선에 따르면 적정세율을 초과하면 세수가 감소하기 시작한다.
㉡ 적정세율 이하의 세율 구간에서는 세율을 인상할수록 조세수입이 증가한다.

| 디지털 – 객관식 |

01	02	03	04	05	06	07	08	09	10
④	①	④	①	⑤	①	①	④	②	③

01

정답 ④

리눅스 권한 허가권 변경 명령어는 다음과 같다.

대상	권한 부여 여부	권한 기능
u : 소유자 g : 소유자 그룹 o : 기타 사용자 a : 전체 사용자	+ : 권한 추가 − : 권한 삭제 = : 권한 설정	r : 읽기 w : 쓰기 x : 실행
사용 예시	chmod o−w 파일 (※ 확장자까지 작성)	**의미** 기타 사용자에게 '파일'의 쓰기 권한을 삭제한다.

따라서 g는 사용자 허가권이 아닌 '소유자 그룹'을 나타낸다.

02

정답 ①

'chmod 755'는 소유자에게 읽기, 쓰기, 실행 권한을 주고 그룹 및 기타 사용자에게는 읽기와 실행 권한만 부여한다.

chmod의 의미
'chmod'는 chmod의 파일이나 디렉토리의 권한을 변경하는 데 사용하는 명령어로 기호 모드와 숫자 모드가 있다.
숫자 모드의 경우 뒤 세 자리 수의 각 자리에 대한 의미는 다음과 같다.

구분	첫째 자리			둘째 자리			셋째 자리		
대상	소유자			그룹			기타 사용자		
기능	r	w	x	r	w	x	r	w	x
	4	2	1	4	2	1	4	2	1
	4+2+1=7			4+1=5			1		

각 대상에게 부여하는 권한은 읽기(r), 쓰기(w), 실행(x)이며, 각각 4, 2, 1 숫자에 대응시켜 기능에 대응되는 숫자의 합으로 권한을 결정한다.
예컨대 'chomd 751'은 소유자는 모든 권한이 있고, 그룹은 읽기, 실행 권한이 있으며, 기타 사용자는 실행 권한만 있다.

03

정답 ④

a와 b의 값을 텍스트로 정리하고, 합 연산자 '+'로 더하여 출력하므로 두 텍스트를 붙인 '57'이 출력된다.

04

정답 ①

현재 이용되는 IP 주소는 IPv4 버전으로 32비트로 이루어져 있다. IPv6는 IPv4(Internet Protocol Version 4)의 차세대 버전이며, IP 주소 공간을 128비트로 늘려, 망 확장성이 더욱 향상된 것이 특징이다.

05

데이터 정의어(DDL)는 다음과 같다.
- 생성 : CREATE TABLE
- 구조 변경 : ALTER TABLE
- 제거 : DROP TABLE

06

DBMS의 필수 기능은 다음과 같다.
- 조작 기능 : 사용자와 데이터베이스 사이의 인터페이스를 위한 수단을 제공
- 제어 기능 : 데이터의 정확성과 보안성을 유지하기 위한 무결성, 보안 및 권한 검사, 병행 제어 등의 기능을 정의
- 정의 기능 : 논리적 구조와 물리적 구조 사이의 사상(Mapping) 표현

[오답분석]
② 정의 기능에 해당한다.
③ · ④ 제어 기능에 해당한다.

07

문자열은 변경할 수 없는 자료형이므로, string 변수는 변경되는 것 없이 초깃값 그대로 출력된다.

08

데크(Deque)는 양끝의 어느 쪽에서든 데이터의 삽입과 삭제가 가능한 자료 구조이다. 입력 제한 데크는 입력이 한쪽 끝에서만 수행되는 형태로 스크롤(Scroll)이라고 하며, 출력 제한 데크는 출력이 한쪽 끝에서만 수행되는 형태로 셸프(Shelf)라 한다.

09

LIFO 구조는 다음과 같다.

		B			
	A	A	A+B		
C	C	C	C	(A+B) * C	
Z	Z	Z	Z	Z	Z
PUSH C	PUSH A	PUSH B	ADD	MUL	POP

피연산자를 POP하여 더한 후 PUSH   피연산자를 POP하여 곱한 후 PUSH

10

Java(자바)에서는 Queue(큐)를 LinkedList를 활용하여 생성하므로 'Queue〈Integer〉 queue＝new LinkedList〈Integer〉( );'로 선언하여 큐를 구현할 수 있다.

01	02			
A B D E C	33			

01

전위 순회는 가장 상위 노드부터 가장 왼쪽 하위 노드(가장 왼쪽 루트)까지 순서대로 탐색하고 그다음으로 오른쪽에 있는 노드를 순차적으로 탐색하는 순회를 말한다.

가장 상위에 있는 A를 먼저 탐색 후 그다음 가장 왼쪽 하위 노드인 B를 탐색한다. 이후 B의 가장 왼쪽 하위 노드인 D를 탐색하고 D의 하위 노드가 없으므로 B의 그다음 오른쪽 하위 노드인 E를 탐색한다. 이후 E의 하위 노드가 없으므로 A의 그다음 하위 노드인 C를 탐색한다.

따라서 탐색 순서는 'A - B - D - E - C'이다.

02

후입선출(Last In First Out)은 나중에 들어온 것이 먼저 나가는 형태이다.

제시된 일련번호 순서대로 물품을 입력하고 출력하는 과정을 정리하면 다음과 같다.

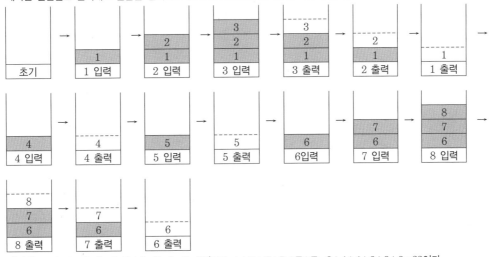

따라서 A=3, B=4, C=4, D=6, E=8, F=8이므로 A+B+C+D+E+F=3+4+4+6+8+8=33이다.

합격의
공식
시대에듀
S D E D U

아이들이 답이 있는 질문을 하기 시작하면 그들이 성장하고 있음을 알 수 있다.

- 존 J. 플롬프 -

PART **1**

합격의 공식 시대에듀 www.sdedu.co.kr

NCS 직업기초능력

CHAPTER 01

의사소통능력

합격 Cheat Key

의사소통능력을 평가하지 않는 금융권이 없을 만큼 필기시험에서 중요도가 높은 영역이다. 또한, 의사소통능력의 문제 출제 비중은 가장 높은 편이다. 이러한 점을 볼 때, 의사소통능력은 NCS를 준비하는 수험생이라면 반드시 정복해야 하는 과목이다.

국가직무능력표준에 따르면 의사소통능력의 세부 유형은 문서이해, 문서작성, 의사표현, 경청, 기초외국어로 나눌 수 있다. 문서이해 · 문서작성과 같은 제시문에 대한 주제 찾기, 내용일치 문제의 출제 비중이 높으며, 공문서 · 기획서 · 보고서 · 설명서 등 문서의 특성을 파악하는 문제도 출제되고 있다. 따라서 이러한 분석을 바탕으로 전략을 세우는 것이 매우 중요하다.

1 문제에서 요구하는 바를 먼저 파악하라!

의사소통능력에서 가장 중요한 것은 제한된 시간 안에 빠르고 정확하게 답을 찾아내는 것이다. 그러기 위해서는 우리가 의사소통능력을 공부하는 이유를 잊지 말아야 한다. 우리는 지식을 쌓기 위해 의사소통능력 지문을 보는 것이 아니다. 의사소통능력에서는 지문이 아니라 문제가 주인공이다! 지문을 보기 전에 문제를 먼저 파악해야 한다. 주제 찾기 문제라면 첫 문장과 마지막 문장 또는 접속어를 주목하자! 내용일치 문제라면 지문과 문항의 일치 / 불일치 여부만 파악한 뒤 빠져 나오자! 지문에 빠져드는 순간 소중한 시험 시간은 속절없이 흘러 버린다!

2 잠재되어 있는 언어능력을 발휘하라!

의사소통능력에는 끝이 없다! 의사소통의 방대함에 포기한 적이 있는가? 세상에 글은 많고 우리가 학습할 수 있는 시간은 한정적이다. 이를 극복할 수 있는 방법은 다양한 글을 접하는 것이다. 실제 시험장에서 어떤 내용의 지문이 나올지 아무도 예측할 수 없다. 따라서 평소에 신문, 소설, 보고서 등 여러 글을 접하는 것이 필요하다. 잠재되어 있는 글에 대한 안목이 시험장에서 빛을 발할 것이다.

3 상황을 가정하라!

업무 수행에 있어 상황에 따른 언어 표현은 중요하다. 같은 말이라도 상황에 따라 다르게
해석될 수 있기 때문이다. 그런 의미에서 자신의 의견을 효과적으로 전달할 수 있는 능력
을 평가하는 것은 당연하다. 따라서 다양한 상황에서의 언어표현능력을 함양하기 위한
연습의 과정이 요구된다. 업무를 수행하면서 발생할 수 있는 여러 상황을 가정하고 그에
따른 올바른 언어표현을 정리하는 것이 필요하다. 의사표현 영역의 경우 출제 빈도가
높지는 않지만 상황에 따른 판단력을 평가하는 문항인 만큼 대비하는 것이 필요하다.

4 말하는 이의 입장에서 생각하라!

잘 듣는 것 또한 하나의 능력이다. 상대방의 이야기에 귀 기울이고 공감하는 태도는 업무
를 수행하는 관계 속에서 필요한 요소이다. 그런 의미에서 다양한 상황에서의 듣는 능력
을 평가하는 것이다. 말하는 이가 요구하는 듣는 이의 태도를 파악하고, 이에 따른 판단을
할 수 있도록 언제나 말하는 사람의 입장이 되는 연습이 필요하다.

5 반복만이 살길이다!

학창 시절 외국어를 공부하던 때를 떠올려 보자! 셀 수 없이 많은 표현들을 익히기 위해
얼마나 많은 반복의 과정을 거쳤는가? 의사소통능력 역시 그러하다. 하나의 문제 유형을
마스터하기 위해 가장 중요한 것은 바로 여러 번, 많이 풀어 보는 것이다.

01 | 문장삽입

| 유형분석 |

- 논리적인 흐름에 따라 글을 이해할 수 있는지 평가한다.
- 한 문장뿐 아니라 여러 개의 문장이나 문단을 삽입하는 문제가 출제될 가능성이 있다.

다음 글에서 〈보기〉의 문장이 들어갈 위치로 가장 적절한 곳은?

스마트시티란 ICT를 기반으로 주거·교통·편의 인프라를 완벽히 갖추고, 그 안에 사는 모두가 편리하고 쾌적한 삶을 누릴 수 있는 똑똑한 도시를 말한다. (가) 최근 세계 각국에서는 각종 도시 문제를 해결하고, 삶의 질을 개선할 수 있는 지속가능한 도시발전 모델로 스마트시티를 주목하고 있다. (나) 특히 IoT, 클라우드, 빅데이터, AI 등 4차 산업혁명 기술을 활용한 스마트시티 추진에 전방위적인 노력을 기울이고 있다. (다) K시는 행정중심복합도시 전체를 스마트시티로 조성하고자 다양한 시민 체감형 서비스를 도입하고 있으며, 특히 K시 중심의 일원 $2.7km^2$ 면적을 스마트시티 국가 시범도시로 조성하고 있다. (라) 각종 첨단 기술을 집약한 미래형 스마트시티 선도 모델인 K시티 국가 시범도시는 스마트 모빌리티 등 7대 혁신 요소를 도입하여 도시 공간을 조성하고 혁신적인 스마트인프라 및 서비스를 제공할 계획이다.

> **보기**
>
> 이에 발맞춰 K시 역시 해외사업 지속 확대, 남북협력사업 수행 등과 함께 스마트시티를 주요 미래사업 분야로 정했다.

① (가) ② (나)
③ (다) ④ (라)

정답 ③

보기에서 K시는 '이에 발맞춰' 스마트시티를 주요 미래사업 분야로 정했으므로 '이'가 가리키는 내용은 스마트시티를 주요 미래사업 분야로 정하게 된 원인이 되어야 한다. 따라서 보기는 세계 각국에서 스마트시티 추진에 전방위적인 노력을 기울이고 있다는 내용의 뒤인 (다)에 들어가는 것이 가장 적절하다.

유형풀이 Tip

- 보기를 먼저 읽고, 선택지로 주어진 빈칸의 앞·뒤 문장을 읽어 본다. 그리고 빈칸 부분에 보기를 넣었을 때 그 흐름이 어색하지 않은 위치를 찾는다.
- 보기 문장의 중심이 되는 단어가 빈칸의 앞뒤에 언급되어 있는지 확인하도록 한다.

※ 다음 글에서 〈보기〉의 내용이 들어갈 위치로 가장 적절한 곳을 고르시오. [1~4]

01

(가) 불행이란 사물의 결핍 상태에서 오는 것이 아니라, 결핍감을 느끼게 하는 욕구에서 온다. 현실 세계에는 한계가 있지만 상상의 세계에는 한계가 없다. 현실 세계를 확대할 수는 없는 일이므로 상상의 세계를 제한할 수밖에 없다. 왜냐하면 우리를 진정으로 불행하게 하는 모든 고통은 오로지 이 두 세계의 차이에서만 생겨나는 것이기 때문이다. 체력과 건강과 스스로가 선한 사람이라는 확신을 제외한 그 밖의 인간 생활의 모든 행복은 모두 사람들의 억측에 불과한 것이다. 신체의 고통과 양심의 가책을 제외한 그 밖의 모든 불행은 공상적인 것이다.

(나) 인간은 약하다고 하는데 그것이 무엇을 뜻하는 것이겠는가? 이 약하다고 하는 말은 하나의 상대적 관계를, 즉 그 말이 적용되는 자의 어떤 관계를 나타내는 것이다. 능력이 모든 욕구보다 넘치고 있는 경우에는 곤충이든 벌레든 간에 모두 강자임에 틀림이 없다. 욕망이 그것을 능가할 경우에는 그것이 코끼리든 사자이든, 또는 정복자든 영웅이든, 심지어 신이라 할지라도 모두 약자이다. 자신의 본분을 깨닫지 못하고 반항한 천사는 자신의 본분에 따라서 평화롭게 산 지상의 행복한 인간보다 더 약한 존재였다. 인간은 지금 있는 그대로 만족할 때 대단히 강해지고 인간 이상이고자 할 때 대단히 약해진다.

(다) 그리고 마치 거미가 거미줄 한가운데 있듯이 그 범위의 중심에 머물러 있도록 하자. 그렇게 하면 우리는 항상 우리 자신에게 만족하고 자신의 약함을 한탄하는 일이 없게 될 것이다. 왜냐하면 허약하다는 것을 새삼스레 느끼게 되는 일이 없을 것이기 때문이다.

(라) 모든 동물들은 자기 보존에 필요한 만큼의 능력만을 지니고 있다. 인간만이 오직 그 이상의 능력을 가지고 있다. 그 여분의 능력이 인간의 불행을 만들어 내고 있으니 참으로 기이한 일이 아닌가? 어느 나라에서나 인간의 팔은 생활필수품 이상의 것을 만들어 낼 수 있다. 만약 인간이 상당히 현명하여 이 여분의 능력이란 것에 무관심해진다면, 결코 지나치게 많은 것을 손에 넣지 않게 될 것이기 때문에 항상 필요한 것만을 갖고 있게 될 것이다.

> **보기**
>
> 그러므로 여러분의 욕망을 확대하면 여러분들의 힘도 확대될 수 있다고 생각하지 말라. 만약에 여러분들의 오만이 힘보다도 더 확대되는 경우에는 오히려 힘이 줄어드는 결과가 될 것이다. 우리들의 힘이 미칠 수 있는 범위의 반경을 재어 보자.

① (가)　　　　　　　② (나)
③ (다)　　　　　　　④ (라)

루트비히 판 베토벤(Ludwig van Beethoven)의 〈교향곡 9번 d 단조〉Op. 125는 그의 청력이 완전히 상실된 상태에서 작곡한 교향곡으로 유명하다. (가) 1824년에 완성된 이 작품은 4악장에 합창 및 독창이 포함된 것이 특징이다. 당시 시대적 배경을 볼 때, 이는 처음으로 성악을 기악곡에 도입한 획기적인 작품이었다. (나) 이 작품은 베토벤의 다른 작품들을 포함해 서양 음악 전체에서 가장 뛰어난 작품 가운데 하나로 손꼽히며, (다) 현재 유네스코의 세계기록유산으로 지정되어 있다. (라) 또한 4악장의 전주 부분은 유럽 연합의 공식 상징가로 사용되며, 자필 원본 악보는 2003년 런던 소더비 경매에서 210만 파운드에 낙찰되기도 했다.

보기

이 작품에 '합창 교향곡'이라는 명칭이 붙은 것도 바로 4악장에 나오는 합창 때문이다.

① (가)　　　　　　　　　　　② (나)
③ (다)　　　　　　　　　　　④ (라)

03

(가) 1783년 영국 자연철학자 존 미첼은 빛은 입자라는 생각과 뉴턴의 중력이론을 결합한 이론을 제시하였다. 그는 우선 별들이 어떻게 보일 것인지 사고 실험을 통해 예측하였다.
별의 표면에서 얼마간의 초기 속도로 입자를 쏘아 올려 아무런 방해 없이 위로 올라간다고 가정해 보자. (나) 만약에 초기 속도가 충분히 빠르지 않으면 별의 중력은 입자의 속도를 점점 느리게 할 것이며, 결국 그 입자를 별의 표면으로 되돌아가게 할 것이다. 만약 초기 속도가 충분히 빠르면 입자는 중력을 극복하고 별을 탈출할 수 있을 것이다. 이렇게 입자가 별을 탈출할 수 있는 최소한의 초기 속도는 '탈출 속도'라고 불린다.
(다) 이를 바탕으로 미첼은 '임계 둘레'라는 것도 추론해 냈다. 임계 둘레란 탈출 속도와 빛의 속도를 같게 만드는 별의 둘레를 말한다. 빛 입자는 다른 입자들처럼 중력의 영향을 받는다. 그로 인해 빛은 임계 둘레보다 작은 둘레를 가진 별에서는 탈출할 수 없다. 그런 별에서 약 30만 km/s의 초기 속도로 빛 입자를 쏘아 올렸을 때 입자는 우선 위로 날아갈 것이다. 그런 다음 멈출 때까지 느려지다가, 결국 별의 표면으로 되돌아갈 것이다. 미첼은 임계 둘레를 쉽게 계산할 수 있었다. 태양과 동일한 질량을 가진 별의 임계 둘레는 약 19km로 계산되었다. (라) 이러한 사고 실험을 통해 미첼은 임계 둘레보다 작은 둘레를 가진 암흑의 별들이 무척 많을 테고, 그 별들에선 빛 입자가 빠져나올 수 없기에 지구에서는 볼 수 없을 것으로 추측했다.

보기

미첼은 뉴턴의 중력이론을 이용해서 탈출 속도를 계산할 수 있었으며, 그 속도가 별 질량을 별의 둘레로 나눈 값의 제곱근에 비례한다는 것을 유도하였다.

① (가)　　　　　　　　　　　② (나)
③ (다)　　　　　　　　　　　④ (라)

04

정보란 무엇인가? 이 점은 정보화 사회를 맞이하면서 우리가 가장 깊이 생각해 보아야 할 문제이다. 정보는 그냥 객관적으로 주어진 대상인가? 그래서 그것은 관련된 당사자들에게 항상 가치중립적이고 공정한 지식이 되는가? 결코 그렇지 않다. 똑같은 현상에 대해 정보를 만들어 내는 방식은 매우 다양할 수 있다. 정보라는 것은 인간에 의해 가공되는 것이고 그 배경에는 언제나 나름대로의 입장과 가치관이 깔려 있게 마련이다.

정보화 사회가 되어 정보가 넘쳐나는 듯하지만 사실 우리 대부분은 그 소비자로 머물러 있을 뿐 적극적인 생산의 주체로 나서지 못하고 있다. 이런 상황에서는 우리의 생활을 질적으로 풍요롭게 해 주는 정보를 확보하기가 대단히 어렵다. 사실 우리가 일상적으로 구매하고 소비하는 정보란 대부분이 일회적인 심심풀이용이 많다. (가)

또한 정보가 많을수록 좋은 것만은 아니다. 오히려 정보의 과잉은 무기력과 무관심을 낳는다. 네트워크와 각종 미디어와 통신 기기의 회로들 속에서 정보가 기하급수적인 속도의 규모로 증식하고 있는 데 비해, 그것을 수용하고 처리할 수 있는 우리 두뇌의 용량은 진화하지 못하고 있다. 이 불균형은 일상의 스트레스 또는 사회적인 교란으로 표출된다. 정보 그 자체에 집착하는 태도에서 벗어나 무엇이 필요한지를 분별할 수 있는 능력이 배양되어야 한다. (나)

정보는 얼마든지 새롭게 창조될 수 있다. 컴퓨터의 기계적인 언어로 입력되기 전까지의 과정은 인간의 몫이다. 기계가 그것을 대신하기는 불가능하다. 따라서 정보화 시대의 중요한 관건은 컴퓨터에 대한 지식이나 컴퓨터를 다루는 방법이 아니라, 무엇을 담을 것인가에 대한 인간의 창조적 상상력이다. 그것은 마치 전자레인지가 아무리 좋아도 그 자체로 훌륭한 요리를 보장하지는 못하는 것과 마찬가지이다. (다)

정보와 지식 그 자체로는 딱딱하게 굳어 있는 물건처럼 존재하는 듯 보인다. 그러나 그것은 커뮤니케이션 속에서 살아 움직이며 진화한다. 끊임없이 새로운 의미가 발생하고 또한 더 고급으로 갱신되어 간다. 따라서 한 사회의 정보화 수준은 그러한 소통의 능력과 직결된다. 정보의 순환 속에서 끊임없이 새로운 정보로 거듭나는 역동성이 없이는 아무리 방대한 데이터베이스라 해도 그 기능에 한계가 있기 때문이다. (라)

> **보기**
>
> 한 가지 예를 들어 보자. 어떤 나라에서 발행하는 관광 안내 책자는 정보가 섬세하고 정확하다. 그러나 그 책을 구입해 관광을 간 소비자들은 종종 그 내용의 오류를 발견한다. 그리고 많은 이들이 그것을 그냥 넘기지 않고 수정 사항을 엽서에 적어서 출판사에 보내준다. 출판사는 일일이 현지에 직원을 파견하지 않고도 책자를 개정할 수 있다.

① (가) ② (나)
③ (다) ④ (라)

02 | 빈칸추론

| 유형분석 |

- 글의 전반적인 흐름을 파악하고 있는지 평가한다.
- 첫 문장, 마지막 문장 또는 글의 중간 등 다양한 위치에 빈칸이 주어질 수 있다.

다음 글의 빈칸에 들어갈 내용으로 가장 적절한 것은?

경기적 실업이란 경기 침체의 영향으로 기업 활동이 위축되고 이로 인해 노동에 대한 수요가 감소하여 고용량이 줄어들어 발생하는 실업이다. 다시 말해 경기적 실업은 노동 시장에서 노동의 수요와 공급이 균형을 이루고 있는 상태라고 가정할 때, 경기가 침체되어 물가가 하락하게 되면 _____
경기적 실업은 다른 종류의 실업에 비해 생산량 측면에서 경제적으로 큰 손실을 발생시킬 수 있기에 경제학자들은 이를 해결하기 위한 정부의 역할을 촉구한다.

① 기업은 생산량을 줄이게 되고 이로 인해 노동에 대한 공급이 감소하여 발생한다.
② 기업은 생산량을 늘리게 되고 이로 인해 노동에 대한 수요가 증가하여 발생한다.
③ 기업은 생산량을 늘리게 되고 이로 인해 노동에 대한 공급이 감소하여 발생한다.
④ 기업은 생산량을 줄이게 되고 이로 인해 노동에 대한 수요가 감소하여 발생한다.

정답 ④

첫 번째 문장에서 경기적 실업이란 '노동에 대한 수요가 감소하여 고용량이 줄어들어 발생하는 실업'이라고 하였으므로, 경기적 실업에 대해 다시 설명하는 빈칸에는 기업이 생산량을 줄임으로써 노동에 대한 수요가 감소한다는 내용이 들어가야 한다.

유형풀이 Tip

- 제시문이 긴 경우 모두 읽고 풀기에는 시간이 부족하다. 따라서 빈칸의 앞·뒤 문장만을 통해 내용을 파악할 수 있어야 한다.
- 주어진 문장을 각각 빈칸에 넣었을 때 그 흐름이 어색하지 않은지 확인하도록 한다.

※ 다음 글의 빈칸에 들어갈 내용으로 가장 적절한 것을 고르시오. [1~5]

01

어떤 기업체에서 사원을 선발하는 방법으로 끈으로 묶은 꾸러미를 내놓았는데 한 사람은 주머니칼을 꺼내어 끈을 잘라 버렸고, 다른 한 사람은 끈을 풀었다는 것이다. 채용된 쪽은 칼을 사용한 사람이었다고 한다.

기업주는 물자보다 시간을 아꼈던 것이다. _____ 소비자는 낭비된 물자의 대가를 고스란히 떠맡는다. 자원의 임자인 지구나 그 혜택을 받는 뭇 생명들 차원에서 본다면 에너지와 자원의 손실을 떠맡아야 한다. 아주 미세한 얘긴지 모르겠다. 그러나 도처에서 지속적으로 행해온 그 후유증을 우리는 현재 겪고 있는 것이다. 그것은 보이지 않는 유령이며 그것들로 인하여 지구는 병들어가고 있다. 많은 종(種)들이 하나둘 사라져갔으며 이 활기 넘쳐 보이는 현실은 실상 자원 고갈을 향해 행진을 멈추지 않고 있는 것이다.

① 왜냐하면 시간을 아껴 써야 기업이 성공할 수 있기 때문이다.

② 물론 기업주는 물자와 시간 가운데 더 중요한 것을 선택했다.

③ 그러나 이러한 선택으로 아껴지는 것은 기업주의 시간일 뿐이다.

④ 그런데 이러한 판단으로 생긴 피해를 소비자들은 기꺼이 떠맡았다.

02

민주주의의 목적은 다수가 소수의 폭군이나 자의적인 권력 행사를 통제하는 데 있다. 민주주의의 이상은 모든 자의적인 권력을 억제하는 것으로 이해되었는데 이것이 오늘날에는 자의적 권력을 정당화하기 위한 장치로 변화되었다. 이렇게 변화된 민주주의는 민주주의 그 자체를 목적으로 만들려는 이념이다. 이것은 법의 원천과 국가권력의 원천이 주권자 다수의 의지에 있기 때문에, 국민의 참여와 표결 절차를 통하여 다수가 결정한 법과 정부의 활동이라면 그 자체로 정당성을 갖는다는 것이다. 즉, 유권자 다수가 원하는 것이면 무엇이든 실현할 수 있다는 말이다.

이런 민주주의는 '무제한적 민주주의'이다. 어떤 제약도 없는 민주주의라는 의미이다. 이런 민주주의는 자유주의와 부합할 수가 없다. 그것은 다수의 독재이고 이런 점에서 전체주의와 유사하다. 폭군의 권력이든, 다수의 권력이든, 군주의 권력이든, 위험한 것은 권력 행사의 무제한성이다. 중요한 것은 이러한 권력을 제한하는 일이다.

민주주의 그 자체를 수단이 아니라 목적으로 여기고 다수의 의지를 중시한다면, 그것은 다수의 독재를 초래할 뿐만 아니라 전체주의만큼이나 위험하다. 민주주의 존재 그 자체가 언제나 개인의 자유에 대한 전망을 밝게 해준다는 보장은 없다. 개인의 자유와 권리를 보장하지 못하는 민주주의는 본래의 민주주의가 아니다. 본래의 민주주의는 _____

① 다수의 의견을 수렴하여 이를 그대로 정책에 반영해야 한다.

② 서로 다른 목적의 충돌로 인한 사회적 불안을 해소할 수 있어야 한다.

③ 민주적 절차 준수에 그치지 않고 과도한 권력을 실질적으로 견제할 수 있어야 한다.

④ 무제한적 민주주의를 과도기적으로 거치며 개인의 자유와 권리 보장에 기여해야 한다.

한 존재가 가질 수 있는 욕망과 그 존재가 가졌다고 할 수 있는 권리 사이에는 모종의 개념적 관계가 있는 것 같다. 권리는 침해될 수 있는 것이며, 어떤 것에 대한 개인의 권리를 침해하는 것은 그것과 관련된 욕망을 좌절시키는 것이다. 예를 들어 당신이 차를 가지고 있다고 가정해 보자. 그럴 때 나는 우선 그것을 당신으로부터 빼앗지 말아야 한다는 의무를 가진다. 그러나 그 의무는 무조건적인 것이 아니다. 이는 부분적으로 당신이 그것과 관련된 욕망을 가지고 있는지 여부에 달려 있다. 만약 당신이 차를 빼앗기든지 말든지 관여치 않는다면, 내가 당신의 차를 빼앗는다고 해서 당신의 권리를 침해하는 것은 아닐 수 있다.

물론 권리와 욕망 간의 관계를 정확히 설명하는 것은 어렵다. 이는 졸고 있는 경우나 일시적으로 의식을 잃는 경우와 같은 특수한 상황 때문인데, 그러한 상황에서도 졸고 있는 사람이나 의식을 잃은 사람에게 권리가 없다고 말하는 것은 옳지 않을 것이다. 그러나 이와 같이 권리의 소유가 실제적인 욕망 자체와 연결되지는 않는다고 하더라도, 권리를 소유하려면 어떤 방식으로든 관련된 욕망을 가지는 능력이 있어야 한다. 어떤 권리를 소유할 수 있으려면 최소한 그 권리와 관련된 욕망을 가질 수 있어야 한다는 것이다.

이러한 관점을 '생명에 대한 권리'라는 경우에 적용해 보자. 생명에 대한 권리는 개별적인 존재의 생존을 지속시킬 권리이고, 이를 소유하는 데 관련되는 욕망은 개별존재로서 생존을 지속시키고자 하는 욕망이다. 따라서 자신을 일정한 시기에 걸쳐 존재하는 개별존재로서 파악할 수 있는 존재만이 생명에 대한 권리를 가질 수 있다. 왜냐하면 _____

① 생명에 대한 권리를 가질 수 있는 존재만이 개별존재로서 생존을 지속시키고자 하는 욕망을 가질 수 있기 때문이다.

② 자신을 일정한 시기에 걸쳐 존재하는 개별존재로서 파악할 수 있는 존재는 다른 존재자의 생명을 빼앗지 말아야 한다는 의무를 지니기 때문이다.

③ 자신을 일정한 시기에 걸쳐 존재하는 개별존재로서 파악할 수 있는 존재만이 개별존재로서 생존을 지속시키고자 하는 욕망을 가질 수 있기 때문이다.

④ 개별존재로서 생존을 지속시키고자 하는 욕망을 가질 수 있는 존재만이 자신을 일정한 시기에 걸쳐 존재하는 개별존재로서 파악할 수 있기 때문이다.

04

사회가 변하면 사람들은 그때까지의 생활을 그대로 수긍하지 못한다. 새로운 생활에 맞는 새로운 언어를 필요로 하게 된다. 그 언어가 자연스럽게 육성되기를 기다릴 수도 있지만, 사람들은 대개 외국으로부터 그러한 개념의 언어를 빌려오려고 한다. 돈이나 기술을 빌리는 것에 비하면 언어는 대가 없이 빌려 쓸 수 있으므로 대개는 제한 없이 외래어를 빌린다. 특히 _____ 광복 이후 우리 사회에서 외래어가 넘쳐나는 것은 그간 우리나라의 고도성장과 절대 무관하지 않다.

① 외래어의 증가는 사회의 팽창과 함께 진행된다.
② 새로운 언어는 사회의 변화를 선도하기도 한다.
③ 외래어가 증가하면 범람한다는 비판을 받게 된다.
④ 새로운 언어는 인간의 욕망을 적절히 표현해 준다.

05

미국 대통령 후보 선거제도 중 '코커스'는 정당 조직의 가장 하위 단위인 기초선거구의 당원들이 모여 상위의 전당대회에 참석할 대의원을 선출하는 당원회의이다. 대의원 후보들은 자신이 대통령 후보로 누구를 지지하는지 먼저 밝힌다. 상위 전당대회에 참석할 대의원들은 각 대통령 후보에 대한 당원들의 지지율에 비례해서 선출된다. 코커스에서 선출된 대의원들은 카운티 전당대회에서 투표권을 행사하여 다시 다음 수준인 의회선거구 전당대회에 보낼 대의원들을 선출한다. 여기서도 비슷한 과정을 거쳐 주(州) 전당대회 대의원들을 선출해 내고, 거기서 다시 마지막 단계인 전국 전당대회 대의원들을 선출한다. 주에 따라 의회선거구 전당대회는 건너뛰기도 한다.
1971년까지는 선거법에 따라 민주당과 공화당 모두 5월 둘째 월요일까지 코커스를 개최해야 했다. 그런데 민주당 전국위원회가 1972년부터는 대선후보 선출을 위한 전국 전당대회를 7월 말에 개최하도록 결정하면서 1972년 아이오와주 민주당의 코커스는 그해 1월에 열렸다. 아이오와주 민주당 규칙에 코커스, 카운티 전당대회, 의회선거구 전당대회, 주 전당대회, 전국 전당대회 순서로 진행되는 각급 선거 간에 최소 30일의 시간적 간격을 두어야 한다는 규정이 있었기 때문이다. 이후 아이오와주에서 공화당이 1976년부터 코커스 개최시기를 1월로 옮기면서, _____ 아이오와주의 선거 운영 방식은 민주당과 공화당 간에 차이가 있었다. 공화당의 경우 코커스를 포함한 하위 전당대회에서 특정 대선후보를 지지하여 당선된 대의원이 상위 전당대회에서 반드시 같은 후보를 지지해야 하는 것은 아니었다. 반면 민주당의 경우 그러한 구속력을 부여하였다. 그러나 2016년부터 공화당 역시 상위 전당대회에 참여하는 대의원에게 같은 구속력을 부여함으로써 기층 당원의 대통령 후보에 대한 지지도가 전국 전당대회에 참여할 주(州) 대의원 선출에 반영되도록 했다.

① 아이오와주는 미국의 대선후보 선출 과정에서 선거 운영 방식이 달라진 최초의 주가 되었다.
② 아이오와주는 미국의 대선후보 선출 과정에서 민주당과 공화당 사이에 깊은 골을 남기게 되었다.
③ 아이오와주는 미국의 대선후보 선출 과정에서 코커스의 개정을 요구하는 최초의 주가 되었다.
④ 아이오와주는 미국의 대선후보 선출 과정에서 민주당과 공화당 모두 가장 먼저 코커스를 실시하는 주가 되었다.

03 | 내용일치

| 유형분석 |

- 짧은 시간 안에 글의 내용을 정확하게 이해할 수 있는지 평가한다.
- 은행 금융상품 관련 글을 읽고 이해하기, 고객 문의에 답변하기 등의 유형이 빈번하게 출제된다.

다음 글의 내용으로 적절하지 않은 것은?

물가 상승률은 일반적으로 가격 수준의 상승 속도를 나타내며 소비자 물가지수(CPI)와 같은 지표를 사용하여 측정된다. 물가 상승률이 높아지면 소비재와 서비스의 가격이 상승하고, 돈의 구매력이 감소한다. 이는 소비자들이 더 많은 돈을 지출하여 물가 상승에 따른 가격 상승을 감수해야 함을 의미한다.

물가 상승률은 경제에 다양한 영향을 미친다. 먼저 소비자들의 구매력이 저하되므로 가계소득의 실질 가치가 줄어든다. 이는 소비 지출의 감소와 경기 둔화를 초래할 수 있다. 또한 물가 상승률은 기업의 의사결정에도 영향을 준다. 높은 물가 상승률은 이자율의 상승과 함께 대출 조건을 악화시키므로 기업은 생산 비용 상승과 이로 인한 이윤 감소에 직면하게 되는 것이다.

정부와 중앙은행은 물가 상승률을 통제하기 위해 다양한 금융 정책을 사용하며 대표적으로 세금 조정, 통화량 조절, 금리 조정 등이 있다. 물가 상승률은 경제 활동에 큰 영향을 주는 중요한 요소이므로 정부, 기업, 투자자 및 개인은 이를 주의 깊게 모니터링하고 경제 전망을 평가하는 데 활용해야 한다. 또한 소비자의 구매력과 경기 상황에 직·간접적인 영향을 주므로 경제 주체들은 물가 상승률의 변동에 대응하기 위하여 적절한 전략을 수립해야 한다.

① 지나친 물가 상승은 소비 심리를 위축시킨다.
② 정부와 중앙은행이 실행하는 금융 정책의 목적은 물가 안정성을 유지하는 것이다.
③ 중앙은행의 금리 조정으로 지나친 물가 상승을 진정시킬 수 있다.
④ 소비재와 서비스의 가격이 상승하므로 기업의 입장에서는 물가 상승률이 커질수록 이득이다.

정답 ④

두 번째 문단에 따르면 높은 물가 상승률은 이자율의 상승과 함께 대출 조건을 악화시키므로 기업은 생산 비용 상승과 이로 인한 이윤 감소에 직면하게 된다.

오답분석

① 높은 물가는 가계의 실질 소비력을 약화시키므로 소비 심리를 위축시켜 경기 둔화를 초래할 수 있다.
② · ③ 세금 조정, 통화량 조절, 금리 조정 등 여러 금융 정책의 목적은 물가 상승률을 통제하여 안정성을 확보하는 것이다.

유형풀이 Tip

- 글을 읽기 전에 문제와 선택지를 먼저 읽어보고 글의 주제를 대략적으로 파악해야 한다.
- 선택지를 통해 글에서 찾아야 할 정보가 무엇인지 먼저 인지한 후 글을 읽어야 문제 풀이 시간을 단축할 수 있다.

01 다음 글의 내용으로 가장 적절한 것은?

> 세계관은 세계의 존재와 본성, 가치 등에 관한 신념들의 체계이다. 세계를 해석하고 평가하는 준거인 세계관은 곧 우리 사고와 행동의 토대가 되므로, 우리는 최대한 정합성과 근거를 갖추도록 노력해야 한다. 모순되거나 일관되지 못한 신념은 우리의 사고와 행동을 혼란시킬 것이므로 세계관에 대한 관심과 검토는 중요하다. 세계관을 이루는 여러 신념 가운데 가장 근본적인 수준의 신념은 '세계는 존재한다.'이다. 이 신념이 성립해야만 세계에 관한 다른 신념, 이를테면 세계가 항상 변화한다든가 불변한다든가 하는 등의 신념이 성립하기 때문이다.
>
> 실재론은 이 근본적 신념에 덧붙여 세계가 '우리 정신과 독립적으로' 존재함을 주장한다. 내가 만들어 날린 종이비행기는 멀리 날아가, 볼 수 없게 되었다 해도 여전히 존재한다. 이는 명확해서 논란의 여지가 없어 보이지만, 반실재론자는 이 상식에 도전한다. 유명한 반실재론자인 버클리는 세계의 독립적 존재를 부정한다. 그는 이를 바탕으로 세계에 관한 주장을 편다. 그에 의하면 '주관적' 성질인 색깔, 소리, 냄새, 맛 등은 물론, '객관적'으로 성립한다고 여겨지는 형태, 공간을 차지함, 딱딱함, 운동 등의 성질도 오로지 우리가 감각할 수 있을 때만 존재하는 주관적 속성이다. 세계 속의 대상과 현상이란 이런 속성으로 구성되므로 세계는 감각으로 인식될 때만 존재한다는 것이다.
>
> 버클리의 주장은 우리의 통념과 충돌한다. 당시 어떤 사람이 돌을 차면서 "나는 이렇게 버클리를 반박한다!"라고 외쳤다고 한다. 그는 날아간 돌이 엄연히 존재한다는 점을 근거로 버클리의 주장을 반박하고자 한 것이다. 그러나 버클리를 비롯한 반실재론자들이 부정한 것은 세계가 정신과 독립하여 그 자체로 존재한다는 신념이다. 따라서 돌을 찬 사람은 그들을 제대로 반박하지 못했다고 볼 수 있다.
>
> 최근까지도 새로운 형태의 반실재론이 제기되어 활발한 논의가 진행 중이다. 논증의 성패를 떠나 반실재론자는 타성에 젖은 실재론적 세계관의 토대에 대해 성찰할 기회를 제공한다. 또한 세계관에 대한 도전과 응전의 반복은 그 자체로 인간 지성이 상호 소통하면서 발전해 가는 과정을 보여준다.

① 발로 찼을 때 날아간 돌은 실재론자의 주장이 옳다는 사실을 증명한다.

② 실재론자에게 있어서 세계는 감각할 수 있는 요소에 한정된다.

③ 실재론이나 반실재론 모두 세계는 존재한다는 공통적인 전제를 깔고 있다.

④ 형태나 운동 등이 객관적인 속성을 갖췄다는 사실은 실재론자나 반실재론자 모두 인정하는 부분이다.

※ 다음 글의 내용으로 적절하지 않은 것을 고르시오. [2~3]

Easy

02

> 연방준비제도(이하 연준)가 고용 증대에 주안점을 둔 정책을 입안한다 해도 정책이 분배에 미치는 영향을 고려하지 않는다면, 그 정책은 거품과 불평등만 부풀릴 것이다. 기술 산업의 거품 붕괴로 인한 경기 침체에 대응하여 2000년대 초에 연준이 시행한 저금리 정책이 이를 잘 보여준다.
>
> 특정한 상황에서는 금리 변동이 투자와 소비의 변화를 통해 경기와 고용에 영향을 줄 수 있다. 하지만 다른 수단이 훨씬 더 효과적인 상황도 많다. 가령 부동산 거품에 대한 대응책으로는 금리 인상보다 주택 담보 대출에 대한 규제가 더 합리적이다. 생산적 투자를 위축시키지 않으면서 부동산 거품을 가라앉힐 수 있기 때문이다.
>
> 경기 침체기라 하더라도, 금리 인하는 은행의 비용을 줄여주는 것 말고는 경기 회복에 별다른 도움이 되지 않을 수 있다. 대부분의 부문에서 설비 가동률이 낮은 상황이라면, 대출 금리가 낮아져도 생산적인 투자가 별로 증대하지 않는다. 2000년대 초가 바로 그런 상황이었기 때문에, 당시의 저금리 정책은 생산적인 투자 증가 대신에 주택 시장의 거품만 초래한 것이다.
>
> 금리 인하는 국공채에 투자했던 퇴직자들의 소득을 감소시켰다. 노년층에서 정부로, 정부에서 금융업으로 부의 대규모 이동이 이루어져 불평등이 심화되었다. 이에 따라 금리 인하는 다양한 경로로 소비를 위축시켰다. 은퇴 후의 소득을 확보하기 위해, 혹은 자녀의 학자금을 확보하기 위해 사람들은 저축을 늘렸다. 연준은 금리 인하가 주가 상승으로 이어질 것이므로 소비가 늘어날 것이라고 주장했다. 하지만 2000년대 초 연준의 금리 인하 이후 주가 상승에 따라 발생한 이득은 대체로 부유층에 집중되었으므로 대대적인 소비 증가로 이어지지 않았다.
>
> 2000년대 초 고용 증대를 기대하고 시행한 연준의 저금리 정책은 노동을 자본으로 대체하는 투자를 증대시켰다. 인위적인 저금리로 자본 비용이 낮아지자 이런 기회를 이용하려는 유인이 생겨났다. 노동력이 풍부한 상황인데도 노동을 절약하는 방향의 혁신이 강화되었고, 미숙련 노동자들의 실업률이 높은 상황인데도 가게들은 계산원을 해고하고 자동화 기계를 들여놓았다. 경기가 회복되더라도 실업률이 떨어지지 않는 구조가 만들어진 것이다.

① 2000년대 초 연준의 금리 인하로 국공채에 투자한 퇴직자의 소득이 줄어들어 금융업으로부터 정부로 부가 이동하였다.

② 2000년대 초 연준은 고용 증대를 기대하고 금리를 인하했지만, 결과적으로 고용 증대가 더 어려워지도록 만들었다.

③ 2000년대 초 기술 산업 거품의 붕괴로 인한 경기 침체기에 설비 가동률은 대부분의 부문에서 낮은 상태였다.

④ 2000년대 초 연준이 금리 인하 정책을 시행한 후 주택 가격과 주식 가격은 상승하였다.

03

1890년 독점 및 거래제한 행위에 대한 규제를 명시한 셔먼법이 제정됐다. 셔먼은 반독점법 제정이 소비자의 이익 보호와 함께 소생산자들의 탈집중화된 경제 보호라는 목적이 있다는 점을 강조했다. 그는 독점적 기업결합 집단인 트러스트가 독점을 통한 인위적인 가격 상승으로 소비자를 기만한다고 보았다. 더 나아가 트러스트가 사적 권력을 강화해 민주주의에 위협이 된다고 비판했다. 이런 비판의 사상적 배경이 된 것은 시민 자치를 중시하는 공화주의 전통이었다.

이후 반독점 운동에서 브랜다이스가 영향력 있는 인물로 부상했다. 그는 독점 규제를 통해 소비자의 이익이 아니라 독립적 소생산자의 경제를 보호하고자 했다. 반독점법의 취지는 거대한 경제 권력의 영향으로부터 독립적 소생산자들을 보호함으로써 자치를 지켜내는 데 있다는 것이다. 이런 생각에는 공화주의 전통이 반영되어 있었다. 브랜다이스는 거대한 트러스트에 집중된 부와 권력이 시민 자치를 위협한다고 보았다. 이 점에서 그는 반독점법이 소생산자의 이익 자체를 도모하는 것보다는 경제와 권력의 집중을 막는 데 초점을 맞추어야 한다고 주장했다.

반독점법이 강력하게 집행된 것은 1930년대 후반에 이르러서였다. 1938년 아놀드가 법무부 반독점국의 책임자로 임명되었다. 아놀드는 소생산자의 자치와 탈집중화된 경제의 보호가 대량 생산 시대에 맞지 않는 감상적인 생각이라고 치부하고, 시민 자치권을 근거로 하는 반독점 주장을 거부했다. 그는 독점 규제의 목적이 권력 집중에 대한 싸움이 아니라 경제적 효율성의 향상에 맞춰져야 한다고 주장했다. 독점 규제를 통해 생산과 분배의 효율성을 증가시키고 그 혜택을 소비자에게 돌려주는 것이 핵심 문제라는 것이다. 이 점에서 반독점법의 목적이 소비자 가격을 낮춰 소비자 복지를 증진시키는 데 있다고 본 것이다. 그는 사람들이 반독점법을 지지하는 이유도 대기업에 대한 반감이나 분노 때문이 아니라, '돼지갈비, 빵, 안경, 약, 배관공사 등의 가격'에 대한 관심 때문이라고 강조했다. 이 시기 아놀드의 견해가 널리 받아들여진 것도 소비자 복지에 대한 당시 사람들의 관심사를 반영했기 때문으로 볼 수 있다. 이런 점에서 소비자 복지에 근거한 반독점 정책은 안정된 법적, 정치적 제도로서의 지위를 갖게 되었다.

① 셔먼과 브랜다이스의 견해는 공화주의 전통에 기반을 두고 있었다.
② 아놀드는 독점 규제의 목적에 대한 브랜다이스의 견해에 비판적이었다.
③ 셔먼과 아놀드는 소비자 이익을 보호한다는 점에서 반독점법을 지지했다.
④ 브랜다이스는 독립적 소생산자와 소비자의 이익을 보호하여 시민 자치를 지키고자 했다.

04 다음은 예산집행지침의 일부이다. 이에 대한 설명으로 가장 적절한 것은?

〈예산집행지침〉

1. 사업비
    1) 업무 혁신, 제도 개선을 통해 합리적 절감방안을 강구한다.
        - 유사, 중복사업은 조정하여 집행의 효율성을 높이고, 철저한 사업내용 분석으로 적정물량 과 합리적 단가를 반영한다.
        - 신기술(신공법)을 적극 도입하고, 연례적·반복적 추진사업에 대한 성과 관리를 강화한다.
    2) 총사업비 1,000억 원 이상이며, 당사 부담 500억 원 이상인 신규사업은 본사 투자심의위원 회의 심의를 거쳐 추진한다.
        - 사업심의를 위해 예산관리부서 주관으로 내·외부 전문가 동수로 구성된 투자심의회를 운 영한다.
    3) 정부의 투자비 조기집행 계획에 따라 투자비의 조기집행을 적극 추진한다.
        - 예산집행 효과가 조기에 가시화될 수 있도록 계속사업 등 집행이 용이한 사업은 상반기 중 최대한 집행한다.
        - 적극적·창의적 업무처리를 통한 예산집행의 성과가 가시적인 경우에는 포상 등 인센티브 를 부여할 수 있다.
    4) 성과가 불분명한 용역은 추진을 중단하고, 신규용역 추진 시 위원회 심의절차 등 관련 규정을 준수하여야 한다.
        - 불가피한 경우 외에는 자체 인력과 업무 인프라를 적극 활용한다.
        - 아웃소싱 대상사업에 대한 성과관리를 강화하여 서비스 품질과 변동비를 고려하여 위탁 대가 산정 기준을 개선한다.
        - 분야별 용역제공에 대한 비용 산정은 원칙적으로 다음 기준을 상한으로 하여 집행하여야 한다.
            ① 기술용역 : 엔지니어링사업 대가의 기준 또는 측량용역 대가의 기준
            ② 전산용역 : 소프트웨어사업 대가 산정 가이드
            ③ 업무관련용역 : 예정가격 작성 기준
            ④ DB구축용역 : DB구축비 대가 기준 가이드
            ⋮

5. 기타
    1) 명목여하에 불구하고, 각종 수당 및 급여성 복리후생비를 신설 또는 변경할 경우에는 이사회 의 심의·의결을 거쳐야 한다.
    2) 상품권 구매 및 사용은 국민권익위원회의 「공공기관 상품권 구매 및 사용의 투명성 제고방안」을 따라야 한다.
        - 회계부서는 구매 및 배부대장을 통합적으로 관리하고, 감사부서에서는 사용의 적정성을 주기적으로 점검한다.
        - 구매용도, 총구매량, 총구매액 등 상품권 구매·사용에 대한 개략적 내용을 매월 회사 홈 페이지에 공개한다.
    3) 법령 등에 근거하여 공무원이 사내위원회 위원으로 참석할 경우 위원회 참석비는 주무부처 공무원이 아닌 경우에 한하여 정부지침에 따라 집행할 수 있다.

> 4) 각종 경비지출은 원칙적으로 법인 신용카드를 사용하여 집행하여야 한다.
>   – 다만, 50만 원 이하 지출건은 불가피한 경우를 제외하고는 공공기관 체크카드(하이브리드 카드 포함)를 사용하여야 한다.
>   – 법인카드 중 업무추진비 집행을 위한 클린카드는 일반 공공 구매카드와 분리하여 발급받아 사용하여야 한다.
>   – 법인카드의 사적 사용 및 개인카드의 업무상 사용을 금지하고 불가피하게 사용한 경우 경위를 소명한다.

① 일회적 추진사업에 대한 성과 관리를 강화하여 합리적 절감방안을 강구해야 한다.

② 총사업비가 1,200억 원이고, 당사 부담 450억 원인 신규사업은 반드시 본사 투자심의위원회의 심의를 거쳐야 한다.

③ 회계부서는 명확한 지출 구분을 위해 상품권 구매 및 배부대장을 개별적으로 관리하여야 한다.

④ 업무 편의를 위해 클린카드와 일반 공공 구매카드를 각각 발급받아 혼용하여선 안 된다.

05 다음은 IBK기업은행의 대출 상품인 '새희망홀씨'에 대한 자료이다. 이에 대한 설명으로 적절하지 않은 것은?

〈새희망홀씨〉

- **상품특징** : 소득금액 확인서류로 증빙된 소득뿐만 아니라 국민연금납부액, 건강보험료납부액 등에 의한 환산인정소득(한국주택금융공사 보금자리론 소득추정방식 준용) 기준으로 대출한도 산출 가능
- **대출신청자격** : 개인신용평가시스템(CSS)에 의해 대출적격자로 판정된 국내거주 국민으로서 연간소득 3천5백만 원 이하(다만, 개인신용평점 하위 20% 이하인 경우에는 연간소득 4천5백만 원 이하)이고 다음 각 항목 중 하나에 해당하는 고객
  ① 증빙소득서류 제출자(직업 및 소득 확인서류 등으로 증빙된 소득)
  ② 국민연금보험료 또는 지역건강보험료(세대주에 한함) 3개월 이상 정상 납부액 기준으로 소득금액이 산출되는 고객
- **대출한도** : 무보증대출 최대 3천만 원
  ※ 대출한도는 소득금액 또는 환산인정소득금액에 따라 차등 적용
- **대출기간 및 상환방법**
  - 대출기간 : 최저 1년 이상 최장 7년 이내(거치기간 설정 불가)
  - 상환방법 : 원금균등 또는 원리금균등 분할상환
- **원리금상환방법** : 원금은 약정된 분할상환납입일에 균등분할상환하고, 이자는 원금상환방법과 동일한 월단위로 후취
- **대출금리** : 예 2022.7.19 현재, 신용등급 3등급, 대출기간 2년 미만

구분	적용기준	적용금리
기준금리	금융채 12개월 변동금리	연 1.17%
가산금리	신용등급 및 대출기간에 따라 차등 적용	연 5.41%
우대금리	아래 항목당 연 0.5%p 우대 ① 기초생활수급권자 ② 한부모가정 ③ 다문화가정 ④ 만 20세 미만인 자녀를 3명 이상 부양고객 ⑤ 만 60세 이상인 부모를 부양고객 ⑥ 「맞춤형서민금융상담」 참여고객 ⑦ 등록 장애인 아래 항목당 연 0.1%p 우대 ① 만 29세 이하인 고객 ② 만 65세 이상인 고객 ③ 금융교육이수자 ※ 서민금융진흥원, 한국금융연수원, 신용교육원에서 진행	항목별 우대금리를 합산하여 최고 연 1.0%p 이내

① 기준금리 : 금융채 금리는 금융투자협회(www.kofia.or.kr)가 고시하는 「AAA등급 금융채 유통수익률」로 전주 최종영업일 전 영업일 종가 적용
② 가산금리 : 고객별 가산금리는 신용등급 등에 따라 차등 적용됩니다.
③ 우대금리 : 최고 연 1.0%p 우대
④ 최종금리 : 고객별 적용금리는 신용평가등급 등에 따라 산출된 기본금리와 우대금리에 따라 차등 적용되며, 실제 적용금리는 대출신청 영업점으로 상담하셔야 확인하실 수 있습니다.
- **중도상환수수료** : 면제

- 연체이자(지연배상금)에 관한 사항
  ① 연체이자율 : 최고 연 15%(차주별 대출이자율＋연체가산이자율)
     ※ 단, 대출이자율이 최고 연체이자율 이상인 경우 대출이자율 연 2.0%p
     ☞ 『연체가산이자율』은 연 3%를 적용합니다.
  ② 연체이자(지연배상금)를 지불해야 하는 경우
     ☞ 「이자를 납입하기로 약정한 날」에 납입하지 아니한 때
        이자를 납입하여야 할 날의 다음 날부터 1개월까지는 지불해야 할 약정이자에 대해 연체이
        자가 적용되고, 1개월이 경과하면 기한이익상실로 인하여 대출잔액에 연체이율을 곱한 연
        체이자를 지불해야 합니다.
     ☞ 「분할상환금(또는 분할상환원리금)을 상환하기로 한 날」에 상환하지 아니한 때
        분할상환금(또는 분할상환원리금)을 상환하여야 할 날의 다음 날부터는 해당 분할상환금
        (또는 분할상환원리금)에 대한 연체이자를, 2회 이상 연속하여 지체한 때에는 기한이익상
        실로 인하여 대출잔액에 대한 연체이자를 지불해야 합니다.
- 가입방법 : 영업점, 비대면채널(인터넷뱅킹, i-ONE 뱅크)

① 연간소득이 3천만 원인 A씨는 증빙소득서류를 제출하면 대출이 가능하다.
② 대출한도는 차등 적용되고 최대 3천만 원까지 가능하다.
③ 혼자 만 5세 이하 자녀 셋을 키우고 있는 만 29세 B씨의 우대금리는 1.1%p이다.
④ 영업점에 방문하지 않고 가입이 가능하다.

04 | 나열하기

| 유형분석 |

- 글의 논리적인 전개 구조를 파악할 수 있는지 평가한다.
- 첫 문단(단락)이 제시되지 않은 문제가 출제될 가능성이 있다.

다음 제시된 문단을 논리적 순서대로 바르게 나열한 것은?

(가) 초연결사회란 사람, 사물, 공간 등 모든 것들이 인터넷으로 서로 연결돼, 모든 것에 대한 정보가 생성 및 수집되고 공유·활용되는 것을 말한다. 즉, 모든 사물과 공간에 새로운 생명이 부여되고 이들의 소통으로 새로운 사회가 열리고 있는 것이다.

(나) 최근 '초연결사회(Hyper Connected Society)'란 말을 주위에서 심심치 않게 들을 수 있다. 인터넷을 통해 사람 간의 연결은 물론 사람과 사물, 심지어 사물 간의 연결 등 말 그대로 '연결의 영역 초월'이 이뤄지고 있다.

(다) 나아가 초연결사회는 단지 기존의 인터넷과 모바일 발전의 맥락이 아닌 우리가 살아가는 방식 전체, 즉 사회의 관점에서 미래사회의 새로운 패러다임으로 큰 변화를 가져올 전망이다.

(라) 초연결사회에서는 인간 대 인간은 물론, 기기와 사물 같은 무생물 객체끼리도 네트워크를 바탕으로 상호 유기적인 소통이 가능해진다. 컴퓨터, 스마트폰으로 소통하던 과거와 달리 초연결 네트워크로 긴밀히 연결되어 오프라인과 온라인이 융합되고, 이를 통해 새로운 성장과 가치 창출의 기회가 증가할 것이다.

① (가) - (나) - (다) - (라)
② (가) - (나) - (라) - (다)
③ (나) - (가) - (다) - (라)
④ (나) - (가) - (라) - (다)

정답 ④

최근 대두되고 있는 '초연결사회'에 대해 언급하는 (나) 문단이 가장 먼저 오는 것이 적절하며, 그다음으로는 초연결사회의 개념에 대해 설명하는 (가) 문단이 적절하다. 그 뒤를 이어 초연결 네트워크를 통해 긴밀히 연결되는 초연결사회의 특징을 설명한 (라) 문단이, 마지막으로는 이러한 초연결사회가 가져올 변화에 대한 전망을 설명한 (다) 문단 순서로 나열되어야 한다.

유형풀이 Tip

- 각 문단에 위치한 지시어와 접속어를 살펴본다. 문두에 접속어가 오거나 문장 중간에 지시어가 나오는 경우 글의 첫 번째 문단이 될 수 없다.
- 각 문단의 첫 문장과 마지막 문장에 집중하면서 글의 순서를 하나씩 맞춰 나간다.
- 선택지를 참고하여 문단의 순서를 생각해 보는 것도 시간을 단축하는 좋은 방법이 될 수 있다.

※ 다음 제시된 문단을 논리적 순서대로 바르게 나열한 것을 고르시오. [1~4]

01

  (가) 이와 같이 임베디드 금융의 개선을 위해서는 효과적인 보안 시스템과 프라이버시 보호 방안을 도입하여 사용자의 개인정보를 안전하게 관리하는 것이 필요하다. 또한 디지털 기기의 접근성을 개선하고 사용자들이 편리하게 이용할 수 있는 환경을 조성해야 한다.

  (나) 임베디드 금융은 기업과 소비자 모두에게 이점을 제공한다. 기업은 제품과 서비스에 금융 기능을 통합함으로써 자사 플랫폼 의존도를 높이고, 수집한 고객의 정보를 통해 매출을 증대시킬 수 있으며, 고객들에게 편리한 금융 서비스를 제공할 수 있다. 소비자의 경우는 모바일 앱을 통해 간편하게 금융 거래를 할 수 있고, 스마트기기 하나만으로 다양한 금융 상품에 접근할 수 있어 편의성과 접근성이 크게 향상된다.

  (다) 그러나 임베디드 금융은 개인정보 보호와 안전성에 대한 관리가 필요하다. 사용자의 금융 데이터와 개인정보가 디지털 플랫폼이나 기기에 저장되므로 해킹이나 데이터 유출과 같은 사고가 발생할 수 있다. 이는 사용자의 프라이버시 침해와 금융 거래 안전성에 대한 심각한 위협이 될 수 있다. 또한 모든 사람들이 안정적인 인터넷 연결과 임베디드 금융이 포함된 최신 기기를 보유하고 있지는 않기 때문에 디지털 기기에 익숙하지 않은 사람들은 임베디드 금융 서비스를 제공받는 데 제한을 받을 수 있다.

  (라) 임베디드 금융은 비금융 기업이 자신의 플랫폼이나 디지털 기기에 금융 서비스를 탑재하는 것을 뜻한다. S페이나 A페이 같은 결재 서비스부터 대출이나 보험까지 임베디드 금융은 제품과 서비스에 금융 기능을 통합하여 사용자에게 편의성과 접근성을 높여준다.

① (가) - (다) - (라) - (나)　　　　② (나) - (라) - (다) - (가)

③ (라) - (가) - (나) - (다)　　　　④ (라) - (나) - (다) - (가)

02

(가) 또 그는 현대 건축 이론 중 하나인 '도미노 이론'을 만들었는데, 도미노란 집을 뜻하는 라틴어 '도무스(Domus)'와 혁신을 뜻하는 '이노베이션(Innovation)'을 결합한 단어다.

(나) 그는 이 이론의 원칙을 통해 인간이 효율적으로 살 수 있는 집을 꾸준히 연구해 왔으며, 그가 제안한 건축방식 중 필로티와 옥상정원 등이 최근 우리나라 주택에 많이 쓰이고 있다.

(다) 최소한의 철근콘크리트 기둥들이 모서리를 지지하고 평면의 한쪽에서 각 층으로 갈 수 있게 계단을 만든 개방적 구조가 이 이론의 핵심이다. 건물을 돌이나 벽돌을 쌓아 올리는 조적식 공법으로만 지었던 당시에 이와 같은 구조는 많은 이들에게 적지 않은 충격을 주었다.

(라) 스위스 출신의 프랑스 건축가 르 코르뷔지에(Le Corbusier)는 근대주택의 기본형을 추구했다는 점에서 현대 건축의 거장으로 불린다. 그는 현대 건축에서의 집의 개념을 '거주 공간'에서 '더 많은 사람이 효율적으로 살 수 있는 공간'으로 바꿨다.

① (나) – (라) – (다) – (가) 　　　　② (나) – (다) – (라) – (가)
③ (다) – (가) – (라) – (나) 　　　　④ (라) – (가) – (다) – (나)

03

(가) 한 연구팀은 1979년부터 2017년 사이 덴먼 빙하의 누적 얼음 손실량이 총 2,680억 톤에 달한다는 것을 밝혀냈고, 이탈리아우주국(ISA) 위성 시스템의 간섭계* 자료를 이용해 빙하가 지반과 분리되어 바닷물에 뜨는 지점인 '지반선(Grounding Line)'을 정확히 측정했다.

(나) 남극대륙에서 얼음의 양이 압도적으로 많은 동남극은 최근 들어 빠르게 녹고 있는 서남극에 비해 지구 온난화의 위협을 덜 받는 것으로 생각되어 왔다.

(다) 그러나 동남극의 덴먼(Denman) 빙하 등에 대한 정밀조사가 이뤄지면서 동남극 역시 지구 온난화의 위협을 받고 있다는 증거가 속속 드러나고 있다.

(라) 이것은 덴먼 빙하의 동쪽 측면에서는 빙하 밑의 융기부가 빙하의 후퇴를 저지하는 역할을 한 반면, 서쪽 측면은 깊고 가파른 골이 경사져 있어 빙하 후퇴를 가속하는 역할을 하는 데 따른 것으로 분석됐다.

(마) 그 결과 1996년부터 2018년 사이 덴먼 빙하의 육지를 덮은 얼음인 빙상(Ice Sheet)의 육지 – 바다 접점 지반선 후퇴가 비대칭성을 보인 것으로 나타났다.

*간섭계 : 동일한 광원에서 나오는 빛을 두 갈래 이상으로 나눈 후 다시 만났을 때 일어나는 간섭현상을 관찰하는 기구

① (가) – (나) – (다) – (라) – (마) 　　② (가) – (마) – (라) – (다) – (나)
③ (나) – (다) – (가) – (마) – (라) 　　④ (나) – (라) – (가) – (다) – (마)

(가) 다만 각자에게 느껴지는 감각질이 뒤집혀 있을 뿐이고 경험을 할 때 겉으로 드러난 행동과 하는 말은 똑같다. 예컨대 그 사람은 신호등이 있는 건널목에서 똑같이 초록 불일 때 건너고 빨간 불일 때는 멈추며, 초록 불을 보고 똑같이 "초록 불이네."라고 말한다. 그러나 그는 자신의 감각질이 뒤집혀 있는지 전혀 모른다. 감각질은 순전히 사적이며 다른 사람의 감각질과 같은지를 확인할 수 있는 방법이 없기 때문이다.

(나) 그래서 어떤 입력이 들어올 때 어떤 출력을 내보낸다는 기능적·인과적 역할로써 정신을 정의하는 기능론이 각광을 받게 되었다. 기능론에서는 정신이 물질에 의해 구현되므로 그 둘이 별개의 것은 아니라고 주장한다는 점에서 이원론과 다르면서도, 정신의 인과적 역할이 뇌의 신경 세포에서든 로봇의 실리콘 칩에서든 어떤 물질에서도 구현될 수 있음을 보여 준다는 점에서 동일론의 문제점을 해결할 수 있기 때문이다.

(다) 심신 문제는 정신과 물질의 관계에 대해 묻는 오래된 철학적 문제이다. 정신 상태와 물질 상태는 별개의 것이라고 주장하는 이원론이 오랫동안 널리 받아들여졌으나, 신경 과학이 발달한 현대에는 그 둘은 동일하다는 동일론이 더 많은 지지를 받고 있다. 그러나 똑같은 정신 상태라고 하더라도 사람마다 그 물질 상태가 다를 수 있고, 인간과 정신 상태는 같지만 물질 상태는 다른 로봇이 등장한다면 동일론에서는 그것을 설명할 수 없다는 문제가 생긴다.

(라) 그래도 정신 상태가 물질 상태와 다른 무엇이 있다고 생각하는 이원론에서는 '나'가 어떤 주관적인 경험을 할 때 다른 사람에게 그 경험을 보여줄 수는 없지만 나는 분명히 경험하는 그 느낌에 주목한다. 잘 익은 토마토를 봤을 때의 빨간색의 느낌, 시디신 자두를 먹었을 때의 신 느낌, 꼬집힐 때의 아픈 느낌이 그런 예이다. 이런 질적이고 주관적인 감각 경험, 곧 현상적인 감각 경험을 철학자들은 '감각질'이라고 부른다. 이 감각질이 뒤집혔다고 가정하는 사고 실험을 통해 기능론에 대한 비판이 제기된다. 나에게 빨강으로 보이는 것이 어떤 사람에게는 초록으로 보이고 나에게 초록으로 보이는 것이 그에게는 빨강으로 보인다는 사고 실험이 그것이다.

① (가) - (나) - (다) - (라)   ② (나) - (다) - (가) - (라)
③ (다) - (가) - (라) - (나)   ④ (다) - (나) - (라) - (가)

05 | 주제 · 제목 찾기

| 유형분석 |

- 글의 목적이나 핵심 주장을 정확하게 구분할 수 있는지 평가한다.
- 문단별 주제 · 화제, 글쓴이의 주장 · 생각, 표제와 부제 등 다양한 유형으로 출제될 수 있다.

다음 글의 제목으로 가장 적절한 것은?

많은 경제학자는 제도의 발달이 경제 성장의 중요한 원인이라고 생각해 왔다. 예를 들어 재산권 제도가 발달하면 투자나 혁신에 대한 보상이 잘 이루어져 경제 성장에 도움이 된다는 것이다. 그러나 이를 입증하기는 쉽지 않다. 제도의 발달 수준과 소득 수준 사이에 상관관계가 있다 하더라도, 제도는 경제 성장에 영향을 줄 수 있지만 경제 성장으로부터 영향을 받을 수도 있으므로 그 인과관계를 판단하기 어렵기 때문이다.

① 경제 성장과 소득 수준
② 경제 성장과 제도 발달
③ 경제 성장과 투자 혁신
④ 소득 수준과 제도 발달

정답 ②

제시문은 재산권 제도의 발달에 따른 경제 성장을 예로 들어 제도의 발달과 경제 성장의 상관관계에 대해 설명하고 있다. 더불어 제도가 경제 성장에 영향을 줄 수는 있지만 동시에 경제 성장으로부터 영향을 받을 수도 있다는 점에서 그 인과관계를 판단하기 어렵다는 한계점을 제시하고 있다. 따라서 제목으로 가장 적절한 것은 '경제 성장과 제도 발달'이다.

유형풀이 Tip

- 글의 중심이 되는 내용은 주로 글의 맨 앞이나 맨 뒤에 위치한다. 따라서 글의 첫 문단과 마지막 문단을 먼저 확인한다.
- 첫 문단과 마지막 문단에서 실마리가 잡히지 않은 경우 그 문단을 뒷받침해 주는 부분을 읽어가면서 제목이나 주제를 파악해 나간다.

※ 다음 글의 주제로 가장 적절한 것을 고르시오. [1~3]

01

시중은행 대출 금리가 가파르게 증가하자 경매에 넘어간 부동산이 2010년대 하락장 수준으로 증가하고 있다. 이는 대출금리의 인상으로 인한 이자 부담 가중으로 주택담보대출을 상환하지 못하는 경우와 이로 인한 부동산 경기 침체로 집값이 하락해 세입자의 보증금을 상환하지 못하는 경우가 대부분이다.

법원에 따르면 임의경매가 신청된 부동산은 2014년 10월 이후 최대치를, 강제경매가 신청된 부동산은 2020년 3월 이후 가장 높은 수치를 보이고 있다. 대부분은 집값 급등 시기에 대출을 받아 내 집을 마련한 이른바 '영끌족'의 소유이다. 이들이 계속된 고금리에 이자를 부담하기 어려워 집을 처분하려고 해도, 부동산 경기 침체로 인해 집을 사려는 사람이 없어 처분조차도 어려운 상황이다.

실제로 서울부동산정보광장에 따르면 지난 4월 3,000건을 상회하던 거래량이 지난달인 10월에는 1,923건으로 하락한 반면, 매물은 늘어나는데 거래가 줄면서 계속 매물이 쌓여 현재 매물은 올해 초 대비 50% 이상 증가했다.

① 대출금리 인상으로 무너지는 내집 마련
② 대출금리 인상으로 집을 사지 못하는 사람들
③ 대출금리 인상으로 인해 늘어난 부동산 선택지
④ 대출금리 인상으로 활발해진 부동산 경매시장

Easy

02

1920년대 세계 대공황의 발생으로 애덤 스미스 중심의 고전학파 경제학자들의 '보이지 않는 손'에 대한 신뢰가 무너지게 되자 경제를 보는 새로운 시각이 요구되었다. 당시 고전학파 경제학자들은 국가의 개입을 철저히 배제하고 '공급이 수요를 창출한다.'는 세이의 법칙을 믿고 있었다. 그러나 이러한 믿음으로는 세계 대공황을 설명할 수 없었다. 이때 새롭게 등장한 것이 케인즈의 '유효수요이론'이다. 유효수요이론이란 공급이 수요를 창출하는 것이 아니라, 유효수요, 즉 물건을 살 수 있는 확실한 구매력이 뒷받침되는 수요가 공급 및 고용을 결정한다는 이론이다. 케인즈는 세계 대공황의 원인이 이 유효수요의 부족에 있다고 보았다. 유효수요가 부족해지면 기업은 생산량을 줄이고, 이것은 노동자의 감원으로 이어지며 구매력을 감소시켜 경제의 악순환을 발생시킨다는 것이다. 케인즈는 불황을 해결하기 위해서는 가계와 기업이 소비 및 투자를 충분히 해야 한다고 주장했다. 그는 소비가 없는 생산은 공급 과다 및 실업을 일으키며 궁극적으로는 경기 침체와 공황을 가져온다고 하였다. 절약은 분명 권장되어야 할 미덕이지만 소비가 위축되어 경기 침체와 공황을 불러올 경우, 절약은 오히려 악덕이 될 수도 있다는 것이다.

① '유효수요이론'의 영향
② '유효수요이론'의 정의
③ 세계 대공황의 원인과 해결책
④ 고전학파 경제학자들의 '보이지 않는 손'

03

20세기 한국 사회는 내부 노동시장에 의존한 평생직장 개념을 갖고 있었으나, 1997년 외환 위기 이후 인력 관리의 유연성이 향상되면서 그것은 사라지기 시작하였다. 기업은 필요한 우수 인력을 외부 노동시장에서 적기에 채용하고, 저숙련 인력은 주변화하여 비정규직을 계속 늘려간다는 전략을 구사하고 있다. 이러한 기업의 인력 관리 방식에 따라서 실업률은 계속 하락하는 동시에 주당 18시간 미만으로 일하는 불완전 취업자가 많이 증가하고 있다.

이러한 현상은 우리나라의 경제가 지식 기반 산업 위주로 점차 바뀌고 있음을 말해 준다. 지식 기반 산업이 주도하는 경제 체제에서는 고급 지식을 갖거나 숙련된 노동자는 더욱 높은 임금을 받게 된다. 다시 말해, 지식 기반 경제로의 이행은 지식 격차에 의한 소득 불평등의 심화를 의미한다. 우수한 기술과 능력을 갖춘 핵심 인력은 능력 개발 기회를 얻게 되어 '고급 기술 → 높은 임금 → 양질의 능력 개발 기회'의 선순환 구조를 갖지만, 비정규직·장기 실업자 등 주변 인력은 악순환을 겪을 수밖에 없다. 이러한 '양극화' 현상을 국가가 적절히 통제하지 못할 경우, 사회 계급 간의 간극은 더욱 확대될 것이다. 결국 고도 기술 사회가 온다고 해도 자본주의 사회 체제가 지속되는 한, 사회 불평등 현상은 여전히 계급 간 균열선을 따라 존재하게 될 것이다. 국가가 포괄적 범위에서 강력하게 사회 정책적 개입을 추진하면 계급 간 차이를 현재보다는 축소시킬 수 있겠지만 아주 없애지는 못할 것이다.

사회 불평등 현상은 나라들 사이에서도 발견된다. 각국 간 발전 격차가 지속 확대되면서 전 지구적 생산의 재배치는 이미 20세기 중엽부터 진행됐다. 정보통신 기술은 지구의 자전 주기와 공간적 거리를 '장애물'에서 '이점'으로 변모시켰다. 그 결과, 전 지구적 노동시장이 탄생하였다. 기업을 비롯한 각 사회 조직은 국경을 넘어 인력을 충원하고, 재화와 용역을 구매하고 있다. 개인들도 인터넷을 통해 이러한 흐름에 동참하고 있다. 생산 기능은 저개발국으로 이전되고, 연구·개발·마케팅 기능은 선진국으로 모여드는 경향이 지속·강화되어, 나라 간 정보 격차가 확대되고 있다. 유비쿼터스 컴퓨팅 기술에 의거하여 전 지구 사회를 잇는 지역 간 분업은 앞으로 더욱 활발해질 것이다. 나라 간의 경제적 불평등 현상은 국제 자본 이동과 국제 노동 이동으로 표출되고 있다. 노동 집약적 부문의 국내 기업이 해외로 생산 기지를 옮기는 현상에서 나아가, 초국적 기업화 현상이 본격적으로 대두되고 있다. 전 지구에 걸친 외부 용역 대치가 이루어지고, 콜센터를 외국으로 옮기는 현상도 보편화될 것이다.

① 국가 간 노동 인력의 이동이 가져오는 폐해
② 사회 계급 간 불평등 심화 현상의 해소 방안
③ 지식 기반 산업 사회에서의 노동시장의 변화
④ 선진국과 저개발국 간의 격차 축소 정책의 필요성

04 다음 글의 주장으로 가장 적절한 것은?

옛날 태학에서는 사람들에게 풍악을 가르쳤기 때문에 명칭을 '성균관(成均館)'이라 하였다. 그러나 지금 태학에서는 풍악을 익히지 않으니 이 이름을 쓰는 것은 옳지 않고 '국자감'으로 바꾸는 것이 옳다. 국자(國子)란 원래 왕실의 적자(嫡者)와 공경대부의 적자인데, 지금 태학에는 국자만 다니는 것이 아니기에 명칭과 실상이 서로 어긋나지만 국자감이 그래도 본래 의미에 가깝다.

옛날에 사람을 가르치는 법은 원래 두 길이었다. 국자는 태학에서 가르쳤는데 대사악(大司樂)이 주관했고, 서민은 향학에서 가르쳤는데 대사도(大司徒)가 주관하였다. 순 임금이 "기여, 너에게 악(樂)을 맡도록 명하노니 주자(胄子)를 가르치되 곧으면서 온화하게 하라." 했으니, 이것은 태학에서 국자를 가르친 것이다. 순 임금이 "설이여, 백성들이 서로 친근하지 않는구나. 너를 사도(司徒)로 삼으니, 공경하게 오교(五敎)를 펼쳐라." 했으니, 이것은 향학에서 서민을 가르친 것이다. 『주례』에 대사악이 육덕(六德)으로 국자를 가르쳤는데 이것도 순 임금이 기에게 명하던 그 법이고, 대사도가 향삼물(鄕三物)로 만민을 가르쳤는데 이것도 순 임금이 설에게 명하던 그 법이었다. 오늘날은 국자가 어떤 인물인지, 성균이 어떤 의미인지 알지 못하여, 서민의 자식이 국자로 자칭하고, 광대의 노래를 성균에 해당시키니 어찌 잘못된 것이 아니겠는가?

왕제(王制)는 한(漢)나라의 법이다. 왕제가 시행된 이래로 국자와 서민이 함께 태학에 들어가게 되었다. 그 제도가 2천 년이나 내려왔으니, 옛 제도는 회복할 수 없게 되었다. 비록 그렇지만 국자를 가르치던 법을 없어지게 해서는 안 된다. 우리나라 제도에 종학(宗學)이 있어 종실 자제를 교육했었는데, 지금은 혁파되었다. 태학은 종실 자제를 교육하던 곳인데 까닭 없이 서민에게 양보하고 따로 학교를 세워 종학이라 한 것도 잘못된 일인데 지금은 그것마저 혁파되었으니 개탄할 일이 아닌가? 지금 태학의 명륜당은 종학으로 만들어 종실의 자제 및 공경의 적자가 다니게 하고, 비천당은 백성들이 다니는 학교로 만들어 별도로 운영하는 것이 합당할 것이다.

① 종실 자제 위주의 독립된 교육은 잘못된 일이다.
② 성균관에서 풍악을 가르치던 전통을 회복해야 한다.
③ 향학의 설립을 통해 백성에 대한 교육을 강화해야 한다.
④ 왕제보다는 『주례』의 교육 전통을 따르는 것이 바람직하다.

베블런에 의하면 사치품 사용 금기는 전근대적 계급에 기원을 두고 있다. 즉, 사치품 소비는 상류층의 지위를 드러내는 과시소비이기 때문에 피지배계층이 사치품을 소비하는 것은 상류층의 안락감이나 쾌감을 손상한다는 것이다. 따라서 상류층은 사치품을 사회적 지위 및 위계질서를 나타내는 기호(記號)로 간주하여 피지배계층의 사치품 소비를 금지했다. 또한 베블런은 사치품의 가격 상승에도 그 수요가 줄지 않고 오히려 증가하는 이유가 사치품의 소비를 통하여 사회적 지위를 과시하려는 상류층의 소비행태 때문이라고 보았다.

그러나 소득 수준이 높아지고 대량 생산에 의해 물자가 넘쳐흐르는 풍요로운 현대 대중사회에서 서민들은 과거 왕족들이 쓰던 물건들을 일상생활 속에서 쓰고 있고 유명한 배우가 쓰는 사치품도 쓸 수 있다. 모든 사람들이 명품을 살 수 있는 돈을 갖고 있을 때 명품의 사용은 더 이상 상류층을 표시하는 기호가 될 수 없다. 따라서 새로운 사회의 도래는 베블런의 과시소비이론으로 설명하기 어려운 소비행태를 가져왔다. 이때 상류층이 서민들과 구별될 수 있는 방법은 오히려 아래로 내려가는 것이다. 현대의 상류층에게는 차이가 중요한 것이지 사물 그 자체가 중요한 것이 아니기 때문이다. 월급쟁이 직원이 고급 외제차를 타면 사장은 소형 국산차를 타는 것이 그 예이다.

이와 같이 현대의 상류층은 고급, 화려함, 낭비를 과시하기보다 서민들처럼 소박한 생활을 한다는 것을 과시한다. 이것은 두 가지 효과가 있다. 사치품을 소비하는 서민들과 구별된다는 점이 하나이고, 돈 많은 사람이 소박하고 겸손하기까지 하여 서민들에게 친근감을 준다는 점이 다른 하나이다. 그러나 그것은 극단적인 위세의 형태일 뿐이다. 뽐냄이 아니라 남의 눈에 띄지 않는 겸손한 태도와 검소함으로 자신을 한층 더 드러내는 것이다. 이런 행동들은 결국 한층 더 심한 과시이다. 소비하기를 거부하는 것이 소비 중에서도 최고의 소비가 된다. 다만 그들이 언제나 소형차를 타는 것은 아니다. 차별화해야 할 아래 계층이 없거나 경쟁 상대인 다른 상류층 사이에 있을 때 그들은 마음 놓고 경쟁적으로 고가품을 소비하며 자신을 마음껏 과시한다. 현대사회에서 소비하지 않기는 고도의 교묘한 소비이며, 그것은 상류층의 표시가 되었다. 그런 점에서 상류층을 따라 사치품을 소비하는 서민층은 순진하다고 하지 않을 수 없다.

① 현대의 상류층은 낭비를 지양하고 소박한 생활을 지향함으로써 서민들에게 친근감을 준다.
② 현대의 서민들은 상류층을 따라 겸손한 태도로 자신을 한층 더 드러내는 소비행태를 보인다.
③ 현대의 상류층은 그들이 접하는 계층과는 무관하게 절제를 통해 자신의 사회적 지위를 과시한다.
④ 현대의 상류층은 사치품을 소비하는 것뿐만 아니라 소비하지 않기를 통해서도 자신의 사회적 지위를 과시한다.

06 다음 글의 중심 내용으로 가장 적절한 것은?

맹자는 다음과 같은 이야기를 전한다. 송나라의 한 농부가 밭에 나갔다 돌아오면서 처자에게 말한다. "오늘 일을 너무 많이 했다. 밭의 싹들이 빨리 자라도록 하나하나 잡아당겨줬더니 피곤하구나." 아내와 아이가 밭에 나가보았더니 싹들이 모두 말라 죽어 있었다. 이렇게 자라는 것을 억지로 돕는 일, 즉 조장(助長)을 하지 말라고 맹자는 말한다. 싹이 빨리 자라기를 바란다고 싹을 억지로 잡아 올려서는 안 된다. 목적을 이루기 위해 가장 빠른 효과를 얻고 싶겠지만 이는 도리어 효과를 놓치는 길이다. 억지로 효과를 내려고 했기 때문이다. 싹이 자라기를 바라 싹을 잡아당기는 것은 이미 시작된 과정을 거스르는 일이다. 효과가 자연스럽게 나타날 가능성을 방해하고 막는 일이기 때문이다. 당연히 싹의 성장 가능성은 땅 속의 씨앗에 들어있는 것이다. 개입하고 힘을 쏟고자 하는 대신에 이 잠재력을 발휘할 수 있도록 하는 것이 중요하다.

피해야 할 두 개의 암초가 있다. 첫째는 싹을 잡아당겨서 직접적으로 성장을 이루려는 것이다. 이는 목적성이 있는 적극적 행동주의로써 성장의 자연스러운 과정을 존중하지 않는 것이다. 달리 말하면 효과가 숙성되도록 놔두지 않는 것이다. 둘째는 밭의 가장자리에 서서 자라는 것을 지켜보는 것이다. 싹을 잡아당겨서도 안 되고 그렇다고 단지 싹이 자라는 것을 지켜만 봐서도 안 된다. 그렇다면 무엇을 해야 하는가? 싹 밑의 잡초를 뽑고 김을 매주는 일을 해야 하는 것이다. 경작이 용이한 땅을 조성하고 공기를 통하게 함으로써 성장을 보조해야 한다. 기다리지 못함도 삼가고 아무것도 안 함도 삼가야 한다. 작동 중에 있는 자연스런 성향이 발휘되도록 기다리면서도 전력을 다할 수 있도록 돕는 노력도 멈추지 말아야 한다.

① 인류사회는 자연의 한계를 극복하려는 인위적 노력에 의해 발전해 왔다.
② 싹이 스스로 성장하도록 그대로 두는 것이 수확량을 극대화하는 방법이다.
③ 어떤 일을 진행할 때 가장 중요한 것은 명확한 목적성을 설정하는 것이다.
④ 잠재력을 발휘하도록 하려면 의도적 개입과 방관적 태도 모두를 경계해야 한다.

06 | 비판 · 반박하기

| 유형분석 |

- 글의 주장과 논점을 파악하고, 이에 대립하는 내용을 판단할 수 있는지 평가한다.
- 서로 상반되는 주장 두 개를 제시하고, 하나의 관점에서 다른 하나를 비판 · 반박하는 문제 유형이 출제될 수 있다.

다음 글에서 주장하는 정보화 사회의 문제점에 대한 반대 입장으로 적절하지 않은 것은?

> 정보화 사회에서 지식과 정보는 부가가치의 원천이다. 지식과 정보에 접근할 수 없는 사람들은 소득을 얻는데 불리할 수밖에 없다. 고급 정보에 대한 접근이 용이한 사람들은 부를 쉽게 축적하고, 그 부를 바탕으로고급 정보 획득에 많은 비용을 투입할 수 있다. 이렇게 벌어진 정보 격차는 시간이 갈수록 심화될 가능성이높아지고 있다. 정보나 지식이 독점되거나 진입 장벽을 통해 이용이 배제되는 경우도 문제이다. 특히 정보가상품화됨에 따라 정보를 둘러싼 불평등은 더욱 심화될 것이다.

① 인터넷이나 컴퓨터 유지비 측면에서의 격차 발생
② 정보의 확산으로 기존의 자본주의에 의한 격차 완화 가능성
③ 정보 기기의 보편화로 인한 정보 격차 완화
④ 인터넷의 발달에 따라 전 계층의 고급 정보 접근 용이

정답 ①

제시문에서 정보화 사회의 문제점으로 다루고 있는 것은 '정보 격차'로, 지식과 정보에 접근할 수 없는 사람들이 소득을 얻는 데불리할 수밖에 없다고 주장한다. 또한 정보가 상품화됨에 따라 정보를 둘러싼 불평등은 더욱 심화될 것이라고 전망하고 있다.따라서 인터넷이나 컴퓨터 유지비 측면에서의 격차 발생은 제시문의 주장을 강화시키는 것으로, 이 문제에 대한 반대 입장이 될수 없다.

유형풀이 Tip

- 대립하는 두 의견의 쟁점을 찾은 후, 제시문 또는 보기에서 양측 주장의 근거를 찾아 각 주장에 연결하며 답을 찾는다.
- 문제의 난도를 높이기 위해 글의 후반부에 주장을 뒷받침할 수 있는 근거를 제시하고 선택지에 그 근거에 대한 반박을 실어놓는 경우도 있다. 하지만 주의할 점은 제시문의 '주장'에 대한 반박을 찾는 것이지, 이를 뒷받침하기 위해 제시된 '근거'에대한 반박을 찾는 것이 아니라는 것이다.

※ 다음 글에 대한 반박으로 가장 적절한 것을 고르시오. [1~2]

01

사회복지는 소외 문제를 해결하고 예방하기 위하여, 사회 구성원들이 각자의 사회적 기능을 원활하게 수행하게 하고, 삶의 질을 향상시키는 데 필요한 제반 서비스를 제공하는 행위와 그 과정을 의미한다. 현대 사회가 발전함에 따라 계층 간·세대 간의 갈등 심화, 노령화와 가족 해체, 정보 격차에 의한 불평등 등의 사회 문제가 다각적으로 생겨나고 있는데, 이들 문제는 때로 사회 해체를 우려할 정도로 심각한 양상을 띠기도 한다. 이러한 문제의 기저에는 경제 성장과 사회 분화 과정에서 나타나는 불평등과 불균형이 있으며, 이런 점에서 사회 문제는 대부분 소외 문제와 관련되어 있음을 알 수 있다.

사회복지 찬성론자들은 이러한 문제들의 근원에 자유 시장 경제의 불완전성이 있으며, 이러한 사회적 병리 현상을 해결하기 위해서는 국가의 역할이 더 강화되어야 한다고 주장한다. 예컨대 구조 조정으로 인해 대량의 실업 사태가 생겨나는 경우를 생각해 볼 수 있다. 이 과정에서 생겨난 희생자들을 방치하게 되면 사회 통합은 물론 지속적 경제 성장에 막대한 지장을 초래할 것이다. 따라서 사회가 공동의 노력으로 이들을 구제할 수 있는 안전망을 만들어야 하며, 여기서 국가의 주도적 역할은 필수적이라 할 것이다. 현대 사회에 들어와 소외 문제가 사회 전 영역으로 확대되고 있는 상황을 감안할 때, 국가와 사회가 주도하여 사회복지 제도를 체계적으로 수립하고 그 범위를 확대해 나가야 한다는 이들의 주장은 충분한 설득력을 갖는다.

① 사회가 발전함에 따라 불균형이 심해지고 있다.
② 사회복지는 제공 행위뿐만 아니라 과정까지를 의미한다.
③ 사회복지의 확대는 근로 의욕의 상실과 도덕적 해이를 불러일으킬 수 있다.
④ 사회복지는 소외 문제 해결을 통해 구성원들의 사회적 기능 수행을 원활하게 한다.

02

최근 들어 도시의 경쟁력 향상을 위한 새로운 전략의 하나로 창조 도시에 대한 논의가 활발하게 진행되고 있다. 창조 도시는 창조적 인재들이 창의성을 발휘할 수 있는 환경을 갖춘 도시이다. 즉, 창조 도시는 인재들을 위한 문화 및 거주 환경의 창조성이 풍부하며, 혁신적이고도 유연한 경제 시스템을 구비하고 있는 도시인 것이다.

창조 도시의 주된 동력을 창조 산업으로 볼 것인가 창조 계층으로 볼 것인가에 대해서는 견해가 다소 엇갈리고 있다. 창조 산업을 중시하는 관점에서는, 창조 산업이 도시에 인적·사회적·문화적·경제적 다양성을 불어넣음으로써 도시의 재구조화를 가져오고 나아가 부가가치와 고용을 창출한다고 주장한다. 창의적 기술과 재능을 소득과 고용의 원천으로 삼는 창조 산업의 예로는 광고, 디자인, 출판, 공연 예술, 컴퓨터 게임 등이 있다.

창조 계층을 중시하는 관점에서는, 개인의 창의력으로 부가가치를 창출하는 창조 계층이 모여서 인재 네트워크인 창조 자본을 형성하고, 이를 통해 도시는 경제적 부를 축적할 수 있는 자생력을 갖게 된다고 본다. 따라서 창조 계층을 끌어들이고 유지하는 것이 도시의 경쟁력을 제고하는 관건이 된다. 창조 계층에는 과학자, 기술자, 예술가, 건축가, 프로그래머, 영화 제작자 등이 포함된다.

① 창조 산업의 산출물은 그것에 대한 소비자의 수요와 가치 평가를 예측하기 어렵다.
② 창조 도시를 통해 효과적으로 인재를 육성할 수 있다.
③ 창조 산업을 통해 도시를 새롭게 구조화할 수 있다.
④ 광고 등의 산업을 중심으로 부가가치를 창출해 낼 수 있다.

03 다음 글이 비판의 대상으로 삼는 주장으로 가장 적절한 것은?

경제 문제는 대개 해결이 가능하다. 대부분의 경제 문제에는 몇 개의 해결책이 있다. 그러나 모든 해결책은 누군가가 상당한 손실을 반드시 감수해야 한다는 특징을 갖고 있다. 하지만 누구도 이 손실을 자발적으로 감수하고자 하지 않으며, 우리의 정치제도는 누구에게도 이 짐을 짊어지라고 강요할 수 없다. 우리의 정치적·경제적 구조로는 실질적으로 제로섬(Zero-sum)적인 요소를 지니는 경제 문제에 전혀 대처할 수 없기 때문이다.

대개의 경제적 해결책은 대규모의 제로섬적인 요소를 갖기 때문에 큰 손실을 수반한다. 모든 제로섬 게임에는 승자가 있다면 반드시 패자가 있으며, 패자가 존재해야만 승자가 존재할 수 있다. 경제적 이득이 경제적 손실을 초과할 수도 있지만, 손실의 주체에게 손실의 의미란 상당한 크기의 경제적 이득을 부정할 수 있을 만큼 매우 중요하다. 어떤 해결책으로 인해 평균적으로 사회는 더 잘살게 될 수도 있지만, 이 평균이 훨씬 더 잘살게 된 수많은 사람과 훨씬 더 못살게 된 수많은 사람을 감춘다. 만약 당신이 더 못살게 된 사람 중 하나라면 내 수입이 줄어든 것보다 다른 누군가의 수입이 더 많이 늘었다고 해서 위안을 얻지는 않을 것이다. 결국 우리는 우리 자신의 수입을 보호하기 위해 경제적 변화가 일어나는 것을 막거나 혹은 사회가 우리에게 손해를 입히는 공공정책이 강제로 시행되는 것을 막기 위해 싸울 것이다.

① 빈부격차를 해소하는 것만큼 중요한 정책은 없다.
② 사회의 총생산량이 많아지게 하는 정책이 좋은 정책이다.
③ 경제 문제에서 모두가 만족하는 해결책은 존재하지 않는다.
④ 경제적 변화에 대응하는 정치제도의 기능에는 한계가 존재한다.

※ 다음 중 ㉠의 관점에서 ㉡의 관점을 비판한 내용으로 가장 적절한 것을 고르시오. [4~5]

04

사람들은 누구나 정의로운 사회에 살기를 원한다. 그렇다면 정의로운 사회란 무엇일까?
㉠ 롤스는 개인의 자유를 보장하면서도 사회적 약자를 배려하는 사회가 정의로운 사회라고 말한다. 롤스는 정의로운 사회가 되기 위해서는 세 가지 조건을 만족해야 한다고 주장한다. 첫 번째 조건은 사회 원칙을 정하는 데 있어서 사회 구성원 간의 합의 과정이 있어야 한다는 것이다. 이러한 합의를 통해 정의로운 세계의 규칙 또는 기준이 만들어진다고 보았다. 두 번째 조건은 사회적 약자의 입장을 고려해야 한다는 것이다. 롤스는 인간의 출생, 신체, 지위 등에는 우연의 요소가 많은 영향을 미칠 수 있다고 본다. 따라서 누구나 우연에 의해 사회적 약자가 될 수 있기 때문에 사회적 약자를 차별하는 것은 정당하지 못한 것이 된다. 마지막 조건은 개인이 정당하게 얻은 소유일지라도 그 이익의 일부는 사회적 약자에게 돌아가야 한다는 것이다. 왜냐하면 사회적 약자가 될 가능성은 누구에게나 있으므로 자발적 기부나 사회적 제도를 통해 사회적 약자의 처지를 최대한 배려하는 것이 사회 전체로 볼 때 공정하고 정의로운 것이기 때문이다. 롤스는 개인의 자유를 중시하는 한편 사람들이 공정한 규칙에 합의하는 과정도 중시하며, 자연적·사회적 불평등을 복지를 통해 보완해야 한다고 주장한다.
공리주의자인 ㉡ 벤담은 최대 다수의 최대 행복이 정의로운 것이라 주장했다. 따라서 다수의 최대 행복이 보장된다면 소수의 불행은 정당한 것이 되고, 반대로 다수의 불행이 나타나는 상황은 정의롭지 못한 것이 된다. 벤담은 걸인과 마주치는 대다수의 사람들은 부정적 감정을 느끼기 때문에 거리에서 걸인을 사라지게 해야 한다며, 걸인들을 모두 모아 한곳에서 생활시키는 강제 수용소 설치를 제안했다.

① 다수의 처지를 배려할 때 사회 전체의 행복이 증가한다.
② 개인을 위해 다수가 희생하는 것은 정의롭지 않다.
③ 개인의 이익만을 중시하는 것은 정의롭지 않다.
④ 개인의 자유를 침해하는 것은 정의롭지 않다.

우리의 일상사에 '대기만성(大器晚成)'이라는 말도 있지만 '될성부른 나무는 떡잎부터 알아본다.'는 말도 있고 '돌다리도 두드려 보고 건너라.'는 말과 함께 '쇠뿔도 단김에 빼라.'는 말도 있다. 또한, '신은 우주를 가지고 주사위 놀이를 하지 않는다.'는 아인슈타인의 결정론적 입장과 함께 '신은 우주를 가지고 주사위 놀이를 할 뿐이다.'는 우연을 강조하는 양자 역학자들의 비결정론적 입장도 있다. 이처럼 인간사 자체가 양면적 요소를 갖고 있으므로 사물이나 대상을 판단하면서 우리는 신중한 자세를 가질 필요가 있다.

인간이 삶을 영위하는 가운데 갖게 되는 가치관의 형태는 무수히 많다. 이러한 가치관은 인간의 삶을 인간답게 함에 있어서 미적 판단, 지적 판단, 기능적 판단 등의 기능을 하게 된다. 우리는 판단을 할 때 하나의 시점에서 판단을 고정하는 속성이 있다. 그런데 바로 이런 속성으로 인하여 우리가 우(愚)를 범하는 것은 아닐까?

ⓒ 장자가 명가(名家, 논리학의 발달에 많은 영향을 끼친 제자백가의 하나)로 분류되는 친구 ⓐ 혜자와 한참 이야기를 하고 있는데, 혜자가 장자에게 "자네의 말은 다 쓸데없는 말이야."라면서 반박하였다. 이에 장자는 그에게 "자네가 쓸데없음을 알기에 내 얘기는 '쓸데 있는' 것이네. 예를 들어, 이 큰 대지 위에 자네가 서 있는 자리, 즉 설 수 있는 것은 겨우 발바닥 밑 부분뿐이지. 그렇다고 나머지는 필요 없는 것이라 하여 발바닥 이외의 땅을 다 파 버리면 자네가 선 땅덩어리는 존재 가치가 있다고 여기는가?"라고 말하였다. 자신이 서 있는 자리의 땅을 제외하고 모두 파내면, 자신은 오도 가도 못함은 물론이려니와 땅이 밑으로 무너지는 것은 당연한 일이다. 결국, 쓸모 있음(有用)은 쓸모 없음(無用)의 기초 위에 세워지는 것이다.

무용과 유용, 유용과 무용은 인간관계에도 적용할 수 있다. 자신과의 관계에서 무용이라고 생각되었던 사람이 어느 시점에서는 유용의 관점에 있는 경우를 경험해 보았을 것이다. 하나의 예로 우리가 만남이란 관계를 유지하고 있을 때는 서로 상대에 대한 필요성이나 절대성을 인식하지 못하다가도 만남의 관계가 단절된 시점에서부터 상대의 필요성과 절대적 가치에 대한 인식이 달라지는 것은 아닐까? 가까이 있던 사람의 부재(不在), 그것은 우리에게 유용의 가치에 대해 새로운 자각을 하게 하기도 한다. 우리는 장자의 예화에서 세속의 가치관을 초월하여 한 차원 높은 가치관에 대해 인식을 할 수 있다. 즉, 타인의 존재 가치를 한 방향의 관점에서만 바라보고 있는 것은 아닌지, 또한 자기중심적 사고 방식만을 고집하여 아집에 빠져들고 있는 것은 아닌지를 우리는 늘 자문해 보아야 할 것이다.

① 사물의 본질을 상대적으로 바라보는 태도가 필요하겠네.
② 사물의 핵심을 이해하기 위해서는 다양한 관점이 필요하겠네.
③ 인위적인 요소를 배제하고 자연의 법칙에서 진리를 찾아야 하네.
④ 불필요한 영역까지 진리의 밑바탕이 될 수 있다는 생각은 잘못이네.

07 | 추론하기

| 유형분석 |

- 문맥을 통해 글에 명시적으로 드러나 있지 않은 내용을 유추할 수 있는지 평가한다.
- 글 뒤에 이어질 내용 찾기, 글을 뒷받침할 수 있는 근거 찾기 등 다양한 유형으로 출제될 수 있다.

다음 글을 읽고 ㉠의 사례가 아닌 것을 고르면?

㉠ 닻내림 효과란 닻을 내린 배가 크게 움직이지 않듯 처음 접한 정보가 기준점이 돼 판단에 영향을 미치는 일종의 편향(왜곡) 현상을 말한다. 즉, 사람들이 어떤 판단을 하게 될 때 초기에 접한 정보에 집착해, 합리적 판단을 내리지 못하는 현상을 일컫는 행동경제학 용어이다. 대부분의 사람은 제시된 기준을 그대로 받아들이지 않고, 기준점을 토대로 약간의 조정과정을 거치기는 하나, 그런 조정과정이 불완전하므로 최초 기준점에 영향을 받는 경우가 많다.

① 연봉 협상 시 본인의 적정 기준보다 더 높은 금액을 제시한다.
② 원래 1만 원이던 상품에 2만 원의 가격표를 붙이고 50% 할인한 가격에 판매한다.
③ 홈쇼핑에서 '이번 시즌 마지막 세일', '오늘 방송만을 위한 한정 구성', '매진 임박' 등의 표현을 사용하여 판매한다.
④ 명품 매장에서 최고가 상품들의 가격표를 보이게 진열하여 다른 상품들이 그다지 비싸지 않은 것처럼 느끼게 만든다.

정답 ③

③은 밴드왜건 효과(편승효과)의 사례이다.
밴드왜건 효과란 유행에 따라 상품을 구입하는 소비현상을 뜻하는 경제용어로, 기업은 이러한 현상을 충동구매 유도 마케팅 전략으로 활용하고, 정치계에서는 특정 유력 후보를 위한 선전용으로 활용한다.

유형풀이 Tip

글에 명시적으로 드러나 있지 않은 부분을 추론하여 답을 도출해야 하는 유형이기 때문에 자신의 주관적인 판단보다는 제시된 글에 대한 이해를 기반으로 문제를 풀어야 한다.
추론하기 문제는 다음 두 가지 유형으로 구분할 수 있다.
1) 세부적인 내용을 추론하는 유형 : 주어진 선택지를 먼저 읽고 지문을 읽으면서 답이 아닌 선택지를 지워나가는 방법이 효율적이다.
2) 글쓴이의 주장 / 의도를 추론하는 유형 : 글에 나타난 주장·근거·논증 방식을 파악하는 유형으로, 주장의 타당성을 평가하여 글쓴이의 관점을 이해하며 읽는다.

Easy

01 다음 글을 읽고 추론한 내용으로 가장 적절한 것은?

> 한 연구원이 어떤 실험을 계획하고 참가자들에게 이렇게 설명했다.
> "여러분은 지금부터 둘씩 조를 지어 함께 일을 하게 됩니다. 여러분의 파트너는 다른 작업장에서 여러분과 똑같은 일을, 똑같은 노력을 기울여야 할 것입니다. 이번 실험에 대한 보수는 각 조당 5만 원입니다."
> 실험 참가자들이 작업을 마치자 연구원은 참가자들을 세 부류로 나누어 각각 2만 원, 2만 5천 원, 3만 원의 보수를 차등 지급하면서, 그들이 다른 작업장에서 파트너가 받은 액수를 제외한 나머지 보수를 받은 것으로 믿게 하였다.
> 그 후 연구원은 실험 참가자들에게 몇 가지 설문을 했다. '보수를 받고 난 후에 어떤 기분이 들었는지, 나누어 받은 돈이 공정하다고 생각하는지'를 묻는 것이었다. 연구원은 설문을 하기 전에 3만 원을 받은 참가자가 가장 행복할 것이라고 예상했다. 그런데 결과는 예상과 달랐다. 3만 원을 받은 사람은 2만 5천 원을 받은 사람보다 덜 행복해 했다. 자신이 과도하게 보상을 받아 부담을 느꼈기 때문이다. 2만 원을 받은 사람도 덜 행복해 한 것은 마찬가지였다. 받아야 할 만큼 충분히 받지 못했다고 생각했기 때문이다.

① 인간은 타인과 협력할 때 더 행복해 한다.
② 인간은 공평한 대우를 받을 때 더 행복해 한다.
③ 인간은 남보다 능력을 더 인정받을 때 더 행복해 한다.
④ 인간은 자신이 설정한 목표를 달성했을 때 가장 행복해 한다.

02 다음 글을 읽고 추론한 내용으로 적절하지 않은 것은?

일상에서 타인의 특성과 성향을 구분 지을 때 흔히 좌뇌형 인간과 우뇌형 인간이라는 개념이 쓰이곤 한다. 이 개념에 따르면 좌뇌형 인간은 추상적인 언어나 사고, 수학적 계산 등 논리적인 능력이 뛰어나며, 우뇌형 인간은 전체를 보는 통찰력과 협동성, 예술적인 직관이 뛰어난데, 이를 성별에 빗대 좌뇌형 인간을 남성적이고 우뇌형 인간을 여성적이라고 평가하는 일 또한 흔하다.

하지만 성별이나 성향에 따른 좌뇌와 우뇌의 활용도 차이는 결과에 따른 사후해석에 가깝다. 물론 말하기를 담당하는 브로카 영역과 듣기를 담당하는 베르니케 영역이 거의 대부분 좌반구에 존재하기 때문에 좌측 뇌에 손상을 받으면 언어 장애가 생기는 것은 사실이다. 하지만 그렇기 때문에 좌뇌형 인간은 언어능력이 뛰어나며, 각자의 성격이나 장점에 직접적으로 관여한다고 결론짓는 것은 근거가 없는 개념인 것이다. 또한 이 개념대로라면 실제로 좌반구는 우측 신체를 담당하고, 우반구는 좌측 신체를 담당하기 때문에 오른손잡이가 대부분 좌뇌형 인간이 되는 불상사가 일어난다.

다만 성별에 따른 뇌기능 차이에 대해서는 어느 정도 유의미한 실험 결과들이 존재하기도 한다. 1998년 미국 듀크대학 연구팀은 실험을 통해 남성은 공간 정보를 담은 표지물의 절대적 위치를 주로 활용하고, 여성은 '의미화'될 수 있는 공간 정보의 상대적 위치를 가늠하여 기억한다는 사실을 발견했다. 2014년 미국 펜실베이니아대학 연구팀은 여성 뇌에서는 좌뇌와 우뇌의 상호 연결이 발달한 데 반해 남성 뇌에서는 좌뇌와 우뇌 각각의 내부 연결이 발달하는 특징이 나타난다고 보고했다.

① 좌뇌형 인간과 우뇌형 인간을 판단하는 기준은 실제로는 성별과 크게 관련이 없다.

② 특정한 작업을 할 때 여성의 경우 남성에 비해 상대적으로 양쪽의 뇌가 골고루 활성화될 것이다.

③ 남성에게 길을 물을 때 여성에게 길을 묻는 것보다 수치화된 답변이 나올 가능성이 상대적으로 높을 것이다.

④ 베르니케 영역에 문제가 생겼다고 해서 언어를 이해하는 능력에 문제가 발생할 것이라고 단정 짓기는 어렵다.

03 다음 〈보기〉의 상황에 ㉠, ㉡을 적용할 때, 가장 적절한 것은?

대부분의 민주주의 국가에서 국민은 자신의 대표자를 뽑아 국정의 운영을 맡기는 제도를 채택하고 있다. 그런데 여기에는 국민과 대표자 사이의 관계와 관련하여 근대 정치의 고전적인 딜레마가 내포되어 있다. 가령 입법안을 둘러싸고 국회의원과 소속 지역구 주민들의 생각이 다르다고 가정해 보자. 누구의 의사를 우선하는 것이 옳을까?

우리 헌법 제1조 제2항은 "대한민국의 주권은 국민에게 있고, 모든 권력은 국민으로부터 나온다."라고 규정하고 있다. 이 규정은 국가의 모든 권력의 행사가 주권자인 국민의 뜻에 따라 이루어져야 한다는 의미로 해석할 수 있다. 따라서 국회의원 중 지역구 주민의 뜻에 따라 입법해야 한다고 생각하는 사람이 있다면, 이 조항에서 근거를 찾으면 될 것이다. 이 주장에서와 같이 대표자가 자신의 권한을 국민의 뜻에 따라 행사해야 한다고 할 때 그런 대표 방식을 ㉠ 명령적 위임 방식이라 한다. 명령적 위임 방식에서는 민주주의의 본래 의미가 충실하게 실현될 수 있으나, 현실적으로 표출된 국민의 뜻이 국가 전체의 이익과 다를 경우 바람직하지 않은 결과가 초래될 수 있다.

한편 우리 헌법은 "입법권은 국회에 속한다(제40조).", "국회의원은 국가 이익을 우선하여 양심에 따라 직무를 행한다(제46조 제2항)."라고 규정하고 있다. 이 규정은 입법권이 국회에 속하는 이상 입법은 국회의원의 생각에 따라야 한다는 뜻이다. 이 규정의 목적은 국회의원 각자가 현실적으로 표출된 국민의 뜻보다는 국가 이익을 고려하도록 하는 데 있다. 이에 따르면 국회의원은 소속 정당의 지시에도 반드시 따를 필요는 없다. 이와 같이 대표자가 소신에 따라 자유롭게 결정할 수 있도록 하는 대표 방식을 ㉡ 자유 위임 방식이라고 부른다. 자유 위임 방식에서는 구체적인 국가 의사 결정은 대표자에게 맡기고, 국민은 대표자 선출권을 통해 간접적으로 대표자를 통제한다. 국회의원의 모든 권한은 국민이 갖는 대표자 선출권에 근거하기 때문에 자유 위임 방식은 헌법 제1조 제2항에도 모순되지 않는다. 우리나라는 기본적으로 후자의 입장을 취하고 있다.

> **보기**
>
> 어떤 나라의 의회 의원인 A는 법안 X의 의회 표결을 앞두고 있는데, 소속 지역구 주민들은 법안 X가 지역 경제에 심대한 타격이 되리라는 우려에서 A에게 법안 X에 반대하도록 요구하고 있다.

① ㉠ : A는 국가 이익에 도움이 된다고 확신한다면 X에 찬성할 수 있다.

② ㉠ : A는 지역구 주민의 의사가 자신의 소신과 다르다면 기권해야 한다.

③ ㉡ : A는 반대하기로 선거 공약을 했다면 X에 반대해야 한다.

④ ㉡ : A는 지역구 주민들의 우려가 타당하더라도 X에 찬성할 수 있다.

04 다음 글과 〈보기〉를 읽은 독자의 반응으로 적절하지 않은 것은?

조선 전기에 물가 조절 정책을 시행하는 기관으로 상평창이 있었다. 상평창은 곡식의 가격이 하락하면 시가보다 비싸게 쌀을 구입하였다가 곡식의 가격이 상승하면 시가보다 싸게 방출하여 백성의 생활을 안정시키려고 설치한 물가 조절 기관이다. 이 기관에서 실시한 정책은 크게 채매(採買) 정책과 창저(倉儲) 정책으로 나눌 수 있다.

채매란 국가가 물가 조절에 필요한 상품을 시장으로부터 사들이는 것을 말한다. 이때에는 주로 당시에 실질적인 화폐의 역할을 하던 면포로 상품을 구입하였다. 연산군 8년, 지주제의 발전과 상품 경제의 발달에 따라 토지를 잃은 농민들이 일자리를 찾아 서울로 몰려들어 상공업 종사자의 수가 급격히 늘어나게 되어 서울의 쌀값이 지방에 비해 2배가 올랐다. 이에 따라 조정에서는 쌀값이 비교적 싼 전라도로부터 면포를 주고 쌀을 구입하여, 서울에 쌀을 풀어 쌀값을 낮추는 채매 정책을 실시하였다. 이는 면포를 기준으로 하여 쌀값이 싼 지방에서 쌀을 긴급하게 구입하여 들이는 조치로, 공간적 가격차를 이용한 것이다.

창저란 쌀을 상평창에 저장하는 것을 말한다. 세종 27년에는 풍년이 들어 면포 1필의 값이 쌀 15두였으나, 성종 1년에는 흉년이 들어 면포 1필의 값이 쌀 4 ~ 5두가 되어 쌀값이 비싸졌다. 이에 조정에서는 세종 27년에 싼 값에 쌀을 구매하여 창고에 보관하였다가 성종 1년에 시장의 가격보다 싸게 팔아 높아진 쌀의 값을 낮추는 창저 정책을 실시하였다. 또한 수해 등 자연 재해를 대비하여 평소에 지역 내의 쌀을 수매·저장해두는 것도 여기에 해당되며 시간적 가격차를 이용한 것이다.

채매와 창저는 농사의 풍·흉년에 따라 당시 화폐의 역할을 하였던 면포를 거두어들이거나 유통하여 쌀값을 안정시키고자 하는 상평창의 기능을 잘 보여주고 있다.

> **보기**
>
> 정부는 국내 물가의 상승과 이로 인한 자국의 화폐가치 급락을 우려하고 있다. 이에 정부는 외국의 값싼 생필품을 수입하고, 저장해 놓았던 곡물을 싼 값에 유통시켜 물가 상승을 억제하는 정책을 펴고 있다. 또한 중앙은행을 통해 기준 금리를 높여 시중에 풀린 자본을 흡수하여 궁극적으로 물가 안정을 도모하고 있다.

① 상평창은 보기의 '중앙은행'과 유사한 역할을 하는군.
② 풍년으로 인한 쌀값 하락과 보기의 물가 상승 모두 화폐가치를 떨어트리겠군.
③ 채매(採買) 정책은 보기에서 정부가 생필품을 수입하는 것에 해당하는군.
④ 창저(倉儲) 정책은 보기에서 기준 금리를 높이는 것과 그 목적이 비슷하군.

05 다음 글의 (가)와 (나)에 대한 추론으로 가장 적절한 것은?

최근 경제신문에는 기업의 사회적 책임을 반영한 마케팅 용어들이 등장하고 있다. 그중 하나인 코즈 마케팅(Cause Marketing)은 기업이 환경, 보건, 빈곤 등과 같은 사회적인 이슈, 즉 코즈(Cause)를 기업의 이익 추구를 위해 활용하는 마케팅 기법으로, 기업이 추구하는 사익과 사회가 추구하는 공익을 동시에 얻는 것을 목표로 한다. 소비자는 사회적인 문제들을 해결하려는 기업의 노력에 호의적인 반응을 보이게 되고, 결국 기업의 선한 이미지가 제품 구매에 영향을 미치는 것이다.

미국의 카드 회사인 (가) <u>아메리칸 익스프레스</u>는 1850년 설립 이후 전 세계에 걸쳐 개인 및 기업에 대한 여행이나 금융 서비스를 제공하고 있다. 1983년 아메리칸 익스프레스사는 기존 고객이 자사의 신용카드로 소비할 때마다 1센트씩, 신규 고객이 가입할 때마다 1달러씩 '자유의 여신상' 보수 공사를 위해 기부하기로 하였다. 해당 기간 동안 기존 고객의 카드 사용률은 전년 동기 대비 28% 증가하였고, 신규 카드의 발급 규모는 45% 증가하였다.

현재 코즈 마케팅을 활발하게 펼치고 있는 대표적인 사회적 기업으로 미국의 신발 회사인 (나) <u>탐스(TOMS)</u>가 있다. 탐스의 창업자는 여행을 하던 중 가난한 아이들이 신발을 신지도 못한 채로 거친 땅을 밟으면서 각종 감염에 노출되는 것을 보고 그들을 돕기 위해 신발을 만들었고, 신발 하나를 구매하면 아프리카 아이들에게도 신발 하나를 선물한다는 'One for One' 마케팅을 시도했다. 이를 통해 백만 켤레가 넘는 신발이 기부되었고, 소비자는 만족감을 얻는 동시에 어려운 아이들을 도왔다는 충족감을 얻게 되었다. 전 세계의 많은 소비자들이 동참하면서 탐스는 3년 만에 4,000%의 매출을 올렸다.

① (가)는 기업의 사익보다 공익을 우위에 둔 마케팅을 펼침으로써 신규 고객을 확보할 수 있었다.
② (가)가 큰 이익을 얻을 수 있었던 이유는 소비자의 니즈(Needs)를 정확히 파악했기 때문이다.
③ (나)는 기업의 설립 목적과 어울리는 코즈(Cause)를 연계시킴으로써 높은 매출을 올릴 수 있었다.
④ (나)는 높은 매출을 올렸으나, 기업의 일방적인 기부 활동으로 인해 소비자의 공감을 이끌어 내는 데 실패하였다.

CHAPTER 02

문제해결능력

합격 Cheat Key

문제해결능력은 업무를 수행하면서 여러 가지 문제 상황이 발생하였을 때, 창의적이고 논리적인 사고를 통하여 이를 올바르게 인식하고 적절히 해결하는 능력을 말한다. 하위능력으로는 사고력과 문제처리능력이 있다.

문제해결능력은 NCS 기반 채용을 진행하는 대다수의 금융권에서 채택하고 있으며, 문항 수는 평균 24% 정도로 상당히 많이 출제되고 있다. 하지만 많은 수험생들은 더 많이 출제되는 다른 영역에 몰입하고 문제해결능력에는 집중하지 않는 실수를 하고 있다. 다른 영역보다 더 많은 노력이 필요할 수는 있지만 그렇기에 차별화를 할 수 있는 득점 영역이므로 포기하지 말고 꾸준하게 노력해야 한다.

1 질문의 의도를 정확하게 파악하라!

문제해결능력은 문제에서 무엇을 묻고 있는지 정확하게 파악하여 먼저 풀이 방향을 설정하는 것이 가장 효율적인 방법이다. 특히, 조건이 주어지고 답을 찾는 창의적·분석적인 문제가 주로 출제되고 있기 때문에 처음에 정확한 풀이 방향이 설정되지 않는다면 시간만 허비하고 결국 문제도 풀지 못하게 되므로 첫 번째로 출제의도 파악에 집중해야 한다.

2 중요한 정보는 반드시 표시하라!

위에서 말한 출제의도를 정확히 파악하기 위해서는 문제의 중요한 정보를 반드시 표시하거나 메모하여 하나의 조건, 단서도 잊고 넘어가는 일이 없도록 해야 한다. 실제 시험에서는 시간의 압박과 긴장감으로 정보를 잘못 적용하거나 잊어버리는 실수가 많이 발생하므로 사전에 충분한 연습이 필요하다.

가령 명제 문제의 경우 주어진 명제와 그 명제의 대우를 본인이 한눈에 파악할 수 있도록 기호화, 도식화하여 메모하면 흐름을 이해하기가 더 수월하다. 이를 통해 자신만의 풀이 순서와 방향, 기준 또한 생길 것이다.

3 반복 풀이를 통해 취약 유형을 파악하라!

길지 않은 한정된 시간 동안 모든 문제를 다 푸는 것은 조금은 어려울 수도 있다. 따라서 고득점을 할 수 있는 효율적인 문제 풀이 방법을 찾아야 한다. 이때, 반복적인 문제 풀이를 통해 자신이 취약한 유형을 파악하는 것이 중요하다. 취약 유형 파악은 종료 시간이 임박했을 때 빛을 발할 것이다. 풀 수 있는 문제부터 빠르게 풀고 취약한 유형은 나중에 푸는 효율적인 문제 풀이를 통해 최대한 고득점을 맞는 것이 중요하다. 그러므로 본인의 취약 유형을 파악하기 위해서 많은 문제를 풀어 봐야 한다.

4 타고나는 것이 아니므로 열심히 노력하라!

대부분의 수험생들이 문제해결능력은 공부해도 실력이 늘지 않는 영역이라고 생각한다. 하지만 그렇지 않다. 문제해결능력이야말로 노력을 통해 충분히 고득점이 가능한 영역이다. 정확한 질문 의도 파악, 취약한 유형의 반복적인 풀이, 빈출유형 파악 등의 방법으로 충분히 실력을 향상시킬 수 있다. 자신감을 갖고 공부하기 바란다.

01 | 명제

| 유형분석 |

- 연역추론을 활용해 주어진 문장을 치환하여 성립하지 않는 내용을 찾는 문제이다.

마지막 명제가 참일 때, 다음 빈칸에 들어갈 명제로 가장 적절한 것은?

- 아이스크림을 좋아하면 피자를 좋아하지 않는다.
- 갈비탕을 좋아하지 않으면 피자를 좋아한다.
- _____
- 그러므로 아이스크림을 좋아하면 짜장면을 좋아한다.

① 피자를 좋아하면 짜장면을 좋아한다.
② 짜장면을 좋아하면 갈비탕을 좋아한다.
③ 갈비탕을 좋아하면 짜장면을 좋아한다.
④ 짜장면을 좋아하지 않으면 피자를 좋아하지 않는다.

정답 ③

'아이스크림을 좋아한다.'를 p, '피자를 좋아한다.'를 q, '갈비탕을 좋아한다.'를 r, '짜장면을 좋아한다.'를 s라고 하면, 첫 번째, 두 번째, 네 번째 명제는 각각 $p \rightarrow \sim q$, $\sim r \rightarrow q$, $p \rightarrow s$이다. 첫 번째 명제와 두 번째 명제의 대우에 따라 $p \rightarrow \sim q \rightarrow r$이 되어 $p \rightarrow r$이 성립하고, 마지막 명제가 $p \rightarrow s$가 되기 위해서는 $r \rightarrow s$가 추가로 필요하다.
따라서 빈칸에 들어갈 명제는 '갈비탕을 좋아하면 짜장면을 좋아한다.'가 적절하다.

유형풀이 Tip

- 명제 유형의 문제에서는 항상 '명제의 역은 성립하지 않지만, 대우는 항상 성립한다.'
- 단어의 첫 글자나 알파벳을 이용하여 명제를 도식화한 후 명제의 대우를 활용하여 각 명제를 연결하여 답을 찾는다.
  [예] 채식주의자라면 고기를 먹지 않을 것이다.
    → (역) 고기를 먹지 않으면 채식주의자이다.
    → (이) 채식주의자가 아니라면 고기를 먹을 것이다.
    → (대우) 고기를 먹는다면 채식주의자가 아닐 것이다.

명제의 역, 이, 대우

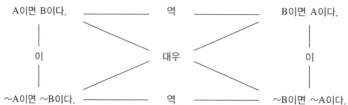

※ 마지막 명제가 참일 때, 다음 빈칸에 들어갈 명제로 가장 적절한 것을 고르시오. **[1~2]**

Easy

01

> • 채소를 좋아하는 사람은 해산물을 싫어한다.
> • _____
> • 그러므로 디저트를 좋아하는 사람은 채소를 싫어한다.

① 채소를 싫어하는 사람은 해산물을 좋아한다.
② 디저트를 좋아하는 사람은 해산물을 싫어한다.
③ 채소를 싫어하는 사람은 디저트를 싫어한다.
④ 디저트를 좋아하는 사람은 해산물을 좋아한다.

02

> • 환율이 하락하면 국가 경쟁력이 떨어졌다는 것이다.
> • _____
> • 수출이 감소했다는 것은 GDP가 감소했다는 것이다.
> • 그러므로 수출이 감소하면 국가 경쟁력이 떨어진다.

① 국가 경쟁력이 떨어지면 수출이 감소했다는 것이다.
② GDP가 감소해도 국가 경쟁력은 떨어지지 않는다.
③ 환율이 상승하면 GDP가 증가한다.
④ 환율이 하락해도 GDP는 감소하지 않는다.

※ 다음 명제가 모두 참일 때, 반드시 참인 명제를 고르시오. [3~4]

03

> • 창조적인 기업은 융통성이 있다.
> • 오래가는 기업은 건실하다.
> • 오래가는 기업이라고 해서 모두가 융통성이 있는 것은 아니다.

① 융통성이 있는 기업은 건실하다.
② 어떤 창조적인 기업은 건실하다.
③ 융통성이 있는 기업은 오래간다.
④ 창조적인 기업이 오래갈지 아닐지 알 수 없다.

04

> • 가장 큰 B종 공룡보다 A종 공룡은 모두 크다.
> • 일부의 C종 공룡은 가장 큰 B종 공룡보다 작다.
> • 가장 큰 D종 공룡보다 B종 공룡은 모두 크다.

① 가장 작은 A종 공룡만 한 D종 공룡이 있다.
② 가장 작은 C종 공룡만 한 D종 공룡이 있다.
③ 어떤 C종 공룡은 가장 작은 A종 공룡보다 작다.
④ 어떤 A종 공룡은 가장 큰 C종 공룡보다 작다.

05 해외 출장이 잦은 I금융회사 해외사업팀 A ~ D사원의 항공 마일리지 현황이 다음과 같을 때, 항상 참이 아닌 것은?

> • A사원의 항공 마일리지는 8,500점이다.
> • A사원의 항공 마일리지는 B사원보다 1,500점 많다.
> • C사원의 항공 마일리지는 B사원보다 많고 A사원보다 적다.
> • D사원의 항공 마일리지는 7,200점이다.

① 항공 마일리지가 많은 순서는 'A - D - C - B' 사원이다.
② D사원의 항공 마일리지가 4명 중 가장 적지는 않다.
③ B사원의 항공 마일리지는 4명 중 가장 적다.
④ C사원의 정확한 항공 마일리지는 알 수 없다.

06 I은행은 사내 직원들의 친목 도모를 위해 산악회를 운영하고 있다. A ~ D 중 최소 1명 이상이 산악회 회원이라고 할 때, 다음 내용에 따라 항상 옳은 것은?

- C가 산악회 회원이면 D도 산악회 회원이다.
- A가 산악회 회원이면 D는 산악회 회원이 아니다.
- D가 산악회 회원이 아니면 B가 산악회 회원이 아니거나 C가 산악회 회원이다.
- D가 산악회 회원이면 B는 산악회 회원이고 C도 산악회 회원이다.

① A는 산악회 회원이다.
② B는 산악회 회원이 아니다.
③ A ~ D 중 산악회 회원은 2명이다.
④ B와 D의 산악회 회원 여부는 같다.

07 I회사는 근무 연수가 1년씩 높아질수록 사용할 수 있는 여름휴가 일수가 하루씩 늘어난다. I회사에 근무하는 A ~ E사원은 각각 서로 다른 해에 입사하였고, 최대 근무 연수가 4년을 넘지 않는다고 할 때, 다음 내용에 따라 항상 옳은 것은?

- 올해로 3년 차인 A사원은 여름휴가일로 최대 4일을 사용할 수 있다.
- B사원은 올해 여름휴가로 5일을 모두 사용하였다.
- C사원이 사용할 수 있는 여름휴가 일수는 A사원의 휴가 일수보다 짧다.
- 올해 입사한 D사원은 1일을 여름휴가일로 사용할 수 있다.
- E사원의 여름휴가 일수는 D사원보다 길다.

① B사원의 올해 근무 연수는 4년이다.
② C사원의 올해 근무 연수는 2년이다.
③ E사원은 C사원보다 늦게 입사하였다.
④ 근무 연수가 1년 미만이면 여름휴가를 사용할 수 없다.

02 | 참 · 거짓

| 유형분석 |

- 주어진 문장을 토대로 논리적으로 추론하여 참 또는 거짓을 구분하는 문제이다.

어느 호텔 라운지에 둔 화분이 투숙자 중의 1명에 의해 깨진 사건이 발생했다. 이 호텔에는 A ~ D 4명의 투숙자가 있었으며, 각 투숙자는 다음과 같이 세 가지 사실을 진술하였다. 4명의 투숙자 중 3명은 진실을 말하고, 1명이 거짓을 말하고 있다면 화분을 깬 사람은 누구인가?

- A : 나는 깨지 않았다. B도 깨지 않았다. C가 깨뜨렸다.
- B : 나는 깨지 않았다. C도 깨지 않았다. D도 깨지 않았다.
- C : 나는 깨지 않았다. D도 깨지 않았다. A가 깨뜨렸다.
- D : 나는 깨지 않았다. B도 깨지 않았다. C도 깨지 않았다.

① A   ② B

③ C   ④ D

정답 ①

투숙자별로 거짓말을 했을 경우를 보면 다음과 같다.
- A가 거짓말을 한다면 A가 깨뜨린 것이 된다.
- B가 거짓말을 한다면 1명은 C가 깼다고 말하고, 2명은 깨지 않았다고 말한 것이 된다.
- C가 거짓말을 한다면 1명은 C가 깼다고 말하고, 2명은 깨지 않았다고 말한 것이 된다.
- D가 거짓말을 한다면 1명은 C가 깼다고 말하고, 1명은 깨지 않았다고 말한 것이 된다.

그러므로 A가 거짓말을 하였고, A가 화분을 깨뜨렸다.

유형풀이 Tip

참 · 거짓 유형의 90% 이상은 다음 두 가지 방법으로 풀 수 있다.

주어진 진술을 빠르게 훑으며 다음 두 가지 중 어떤 경우에 해당하는지 확인한 후 문제를 풀어나간다.

1) 2명 이상의 발언 중 한쪽이 진실이면 다른 한쪽이 거짓인 경우

  ① A가 진실이고 B가 거짓인 경우, B가 진실이고 A가 거짓인 경우 두 가지로 나눌 수 있다.

  ② 두 가지 경우에서 각 발언의 진위 여부를 판단한다.

  ③ 주어진 조건과 비교한다(범인의 숫자가 맞는지, 진실 또는 거짓을 말한 인원수가 조건과 맞는지 등).

2) 2명 이상의 발언 중 한쪽이 진실이면 다른 한쪽도 진실인 경우와 한쪽이 거짓이면 다른 한쪽도 거짓인 경우

  ① A와 B가 모두 진실인 경우, A와 B가 모두 거짓인 경우 두 가지로 나눌 수 있다.

  ② 두 가지 경우에서 각 발언의 진위 여부를 판단한다.

  ③ 주어진 조건과 비교한다(범인의 숫자가 맞는지, 진실 또는 거짓을 말한 인원수가 조건과 맞는지 등).

Easy

01 I은행에서 근무하는 A ~ E 5명의 직원 중 1명이 오늘 지각하였고, 이들은 다음과 같이 진술하였다. 이들 중 1명의 진술이 거짓일 때, 지각한 사람은?

> • A : 지각한 사람은 E이다.
> • B : 나는 지각하지 않았다.
> • C : B는 지각하지 않았다.
> • D : 내가 지각했다.
> • E : A의 말은 거짓말이다.

① A   ② B

③ D   ④ E

02 I기업의 A대리, B사원, C사원, D사원, E대리 중 1명이 어제 출근하지 않았다. 이들 중 2명만 거짓 말을 한다고 할 때, 다음 중 출근하지 않은 사람은?(단, 출근을 하였어도 결근 사유를 듣지 못할 수도 있다)

> • A대리 : 나는 출근했고, E대리도 출근했다. 누가 출근하지 않았는지는 알지 못한다.
> • B사원 : C사원은 출근하였다. A대리님의 말은 모두 사실이다.
> • C사원 : D사원은 출근하지 않았다.
> • D사원 : B사원의 말은 모두 사실이다.
> • E대리 : 출근하지 않은 사람은 D사원이다. D사원이 개인 사정으로 인해 출석하지 못한다고 A대리님에게 전했다.

① A대리   ② B사원

③ C사원   ④ D사원

03 I은행은 A ~ D부서에 각 1명씩 신입사원을 선발하였다. 지원자는 총 5명이었으며, 선발 결과에 대해 다음과 같이 진술하였다. 이 중 1명의 진술이 거짓일 때, 항상 참인 것은?

> • 지원자 1 : 지원자 2가 A부서에 선발되었다.
> • 지원자 2 : 지원자 3은 A부서 또는 D부서에 선발되었다.
> • 지원자 3 : 지원자 4는 C부서가 아닌 다른 부서에 선발되었다.
> • 지원자 4 : 지원자 5는 D부서에 선발되었다.
> • 지원자 5 : 나는 D부서에 선발되었는데, 지원자 1은 선발되지 않았다.

① 지원자 1은 B부서에 선발되었다.
② 지원자 2는 A부서에 선발되었다.
③ 지원자 3은 D부서에 선발되었다.
④ 지원자 4는 B부서에 선발되었다.

04 A ~ E 5명은 각각 월 ~ 금요일 중 하루씩 돌아가며 당직을 선다. 이 중 2명이 거짓말을 하고 있다고 할 때, 다음 중 이번 주 수요일에 당직을 서는 사람은?

> • A : 이번 주 화요일은 내가 당직이야.
> • B : 나는 수요일 당직이 아니야. D가 이번 주 수요일 당직이야.
> • C : 나와 D는 이번 주 수요일 당직이 아니야.
> • D : B는 이번 주 목요일 당직이고, C는 다음 날인 금요일 당직이야.
> • E : 나는 이번 주 월요일 당직이야. 그리고 C의 말은 모두 사실이야.

① A   ② B
③ C   ④ D

05 갑, 을, 병 3명이 피아노, 조각, 테니스를 함께 하는데, 서로 다른 하나씩을 잘한다. 또한 조각을 잘하는 사람은 언제나 진실을 말하고, 테니스를 잘하는 사람은 항상 거짓을 말한다. 이들이 서로에 대해 다음과 같이 진술했다면 누가 무엇을 잘하는지 바르게 연결된 것은?

> • 갑 : 병이 조각을 잘한다.
> • 을 : 아니다. 병은 피아노를 잘한다.
> • 병 : 둘 다 틀렸다. 나는 조각도 피아노도 잘하지 못한다.

① 갑 – 피아노   ② 갑 – 테니스
③ 을 – 피아노   ④ 병 – 조각

06 학교 수업이 끝난 후 수민, 한별, 영수는 각자 극장, 농구장, 수영장 중 서로 다른 곳에 갔으며, 다음과 같이 진술하였다. 이 중 1명의 진술은 참이고 2명의 진술은 모두 거짓일 때, 극장, 농구장, 수영장에 간 사람을 순서대로 바르게 나열한 것은?

> • 수민 : 나는 농구장에 갔다.
> • 한별 : 나는 농구장에 가지 않았다.
> • 영수 : 나는 극장에 가지 않았다.

① 수민, 한별, 영수   ② 수민, 영수, 한별
③ 한별, 수민, 영수   ④ 영수, 한별, 수민

03 | 순서추론

| 유형분석 |

- 조건을 토대로 순서·위치 등을 추론하여 배열·배치하는 문제이다.
- 방·숙소 배정하기, 부서 찾기, 날짜 찾기, 테이블 위치 찾기 등 다양한 유형의 문제가 출제된다.

A ~ E 5명이 다음 〈조건〉과 같이 일렬로 나란히 자리에 앉는다고 할 때, 바르게 추론한 것은?(단, 자리의 순서는 왼쪽을 기준으로 첫 번째 자리로 한다)

조건

- D는 A의 바로 왼쪽에 있다.
- B와 D 사이에 C가 있다.
- A는 마지막 자리가 아니다.
- A와 B 사이에 C가 있다.
- B는 E의 바로 오른쪽에 앉는다.

① D는 두 번째 자리에 앉을 수 있다.

② E는 네 번째 자리에 앉을 수 있다.

③ C는 두 번째 자리에 앉을 수 있다.

④ C는 E의 오른쪽에 앉을 수 있다.

정답 ②

첫 번째 조건에서 D는 A의 바로 왼쪽에 앉으며, 마지막 조건에서 B는 E의 바로 오른쪽에 앉으므로 'D – A', 'E – B'를 각각 한 묶음으로 생각할 수 있다. 두 번째 조건에서 C는 세 번째 자리에 앉아야 하며, 세 번째 조건에 의해 'D – A'는 각각 첫 번째, 두 번째 자리에 앉아야 한다. 이를 표로 정리하면 다음과 같다.

첫 번째 자리	두 번째 자리	세 번째 자리	네 번째 자리	다섯 번째 자리
D	A	C	E	B

오답분석

① D는 첫 번째 자리에 앉는다.

③ C는 세 번째 자리에 앉는다.

④ C는 E의 왼쪽에 앉는다.

유형풀이 Tip

- 주어진 명제를 자신만의 방법으로 도식화하여 빠르게 문제를 해결한다.
- 경우의 수가 여러 개인 명제보다 1 ~ 2개인 명제를 먼저 도식화하면, 그만큼 경우의 수가 줄어들어 문제를 빠르게 해결할 수 있다.

Easy

01 3학년 1반에서는 학생들의 투표를 통해 득표수에 따라 학급 대표를 선출하기로 하였고, 학급 대표 후보로 A ~ E 5명이 나왔다. 투표 결과 A ~ E의 득표수가 다음 〈조건〉과 같을 때, 바르게 추론한 것은?(단, 1반 학생들은 총 30명이며, 다섯 후보의 득표수는 서로 다르다)

> **조건**
> • A는 15표를 얻었다.
> • B는 C보다 2표를 더 얻었지만, A보다는 낮은 표를 얻었다.
> • D는 A보다 낮은 표를 얻었지만, C보다는 높은 표를 얻었다.
> • E는 1표를 얻어 가장 낮은 득표수를 기록했다.

① 5명 중 2명이 10표 이상을 얻었다.
② B보다 D의 득표수가 높다.
③ D보다 B의 득표수가 높다.
④ A가 학급 대표로 선출된다.

02 A ~ E 5명은 아파트 101 ~ 105동 중 서로 다른 동에 각각 살고 있다. 다음 〈조건〉에 따를 때, 반드시 참인 것은?(단, 101 ~ 105동은 일렬로 나란히 배치되어 있다)

> **조건**
> • A와 B는 서로 인접한 동에 산다.
> • C는 103동에 산다.
> • D는 C 바로 옆 동에 산다.

① A는 101동에 산다.
② B는 102동에 산다.
③ A가 102동에 산다면 E는 105동에 산다.
④ B가 102동에 산다면 E는 101동에 산다.

03 김대리는 회의 참석자의 역할을 고려해 A ~ F 총 6명이 앉을 6인용 원탁의 자리를 세팅 중이다. 다음 〈조건〉에 따라 세팅할 때, 바로 옆 자리에 앉게 되는 사람은?

> **조건**
> • 원탁의 둘레에 따라 6개의 의자를 같은 간격으로 세팅한다.
> • A가 C와 F 중 1명의 바로 옆 자리에 앉도록 세팅한다.
> • D의 바로 옆 자리에 C나 E가 앉지 않도록 세팅한다.
> • A가 좌우 어느 쪽을 봐도 B와의 사이에 2명이 앉도록 세팅하고, B의 바로 왼쪽 자리에 F가 앉도록 세팅한다.

① A와 D   ② A와 E

③ B와 C   ④ B와 D

04 영업팀의 A ~ E사원 5명은 출장으로 인해 I호텔에 투숙하게 되었다. I호텔은 5층 건물이며 A ~ E사원이 서로 다른 층에 묵는다고 할 때, 다음에 〈조건〉에 따라 바르게 추론한 것은?

> **조건**
> • A사원은 2층에 묵는다.
> • B사원은 A사원보다 높은 층에 묵지만, C사원보다는 낮은 층에 묵는다.
> • D사원은 C사원 바로 아래층에 묵는다.

① E사원은 1층에 묵는다.

② B사원은 4층에 묵는다.

③ E사원은 가장 높은 층에 묵는다.

④ C사원은 D사원보다 높은 층에 묵지만, E사원보다는 낮은 층에 묵는다.

05 원형 테이블에 번호 순서대로 앉아 있는 다섯 명의 여자 1~5 사이에 다섯 명의 남자 A~E가 한 명씩 앉아야 한다. 다음 〈조건〉에 따라 자리를 배치할 때, 적절하지 않은 것은?

> 조건
>
> • A는 짝수번호의 여자 옆에 앉아야 하고, 5 옆에는 앉을 수 없다.
> • B는 짝수번호의 여자 옆에 앉을 수 없다.
> • C가 3 옆에 앉으면 D는 1 옆에 앉는다.
> • E는 3 옆에 앉을 수 없다.

① A는 1과 2 사이에 앉을 수 없다.
② E가 4와 5 사이에 앉으면 A는 반드시 2와 3 사이에 앉는다.
③ C가 2와 3 사이에 앉으면 A는 반드시 3과 4 사이에 앉는다.
④ E가 1과 2 사이에 앉으면 C는 반드시 4와 5 사이에 앉는다.

Hard

06 I사의 영업팀 팀장은 팀원들의 근태를 평가하기 위하여 영업팀 직원 A~F 6명의 출근 시각을 확인하였다. 확인한 결과가 다음 〈조건〉과 같을 때, 항상 옳은 것은?(단, A~F의 출근 시각은 모두 다르며, 먼저 출근한 사람만 늦게 출근한 사람의 시간을 알 수 있다)

> 조건
>
> • C는 E보다 먼저 출근하였다.
> • D는 A와 B보다 먼저 출근하였다.
> • E는 A가 도착하기 직전 또는 직후에 출근하였다.
> • E는 F보다 늦게 출근하였지만, 꼴찌는 아니다.
> • F는 B가 도착하기 바로 직전에 출근하였다.

① A는 B의 출근 시각을 알 수 있다.
② B는 C의 출근 시각을 알 수 있다.
③ C는 A~F의 출근 순서를 알 수 있다.
④ D가 C보다 먼저 출근했다면, A~F의 출근 순서를 알 수 있다.

04 | 문제처리

| 유형분석 |

- 상황과 정보를 토대로 조건에 적절한 것을 찾는 문제이다.
- 자원관리능력 영역과 결합한 계산 문제가 출제될 가능성이 있다.

다음은 I은행에서 진행하고 있는 이벤트 포스터이다. I은행의 행원인 귀하가 해당 이벤트를 고객에게 추천하기 전 사전에 확인해야 할 사항으로 적절하지 않은 것은?

〈I은행 가족사랑 패키지 출시 기념 이벤트〉

▲ 이벤트 기간 : 2024년 8월 1일(목) ~ 31일(토)

▲ 세부내용

대상	응모요건	경품
가족사랑 통장·적금·대출 신규 가입고객	① 가족사랑 통장 신규 ② 가족사랑 적금 신규 ③ 가족사랑 대출 신규	가입고객 모두에게 OTP 또는 보안카드 무료 발급
가족사랑 고객	가족사랑 통장 가입 후 다음 중 1가지 이상 충족 ① 급여이체 신규 ② 가맹점 결제대금 이체 신규 ③ 신용(체크)카드 결제금액 20만 원 이상 ④ 가족사랑 대출 신규(1천만 원 이상)	• 여행상품권(200만 원, 1명) • 최신 핸드폰(3명) • 한우세트(300명) • 연극 티켓 2매(전 고객)
국민행복카드 가입고객	국민행복카드 신규＋당행 결제계좌 등록 (동 카드로 임신 출산 바우처 결제 1회 이상 사용)	어쩌다 엄마(도서, 500명)

▲ 당첨자 발표 : 2024년 9월 중순, 홈페이지 공지 및 영업점 통보

  – 제세공과금은 I은행이 부담하며 본 이벤트는 당행의 사정으로 변경 또는 중단될 수 있습니다.

  – 당첨고객은 추첨일 현재 대상상품 유지고객에 한하며, 당첨자 명단은 추첨일 기준 금월 중 I은행 홈페이지에서 확인하실 수 있습니다.

  – 기타 자세한 내용은 인터넷 홈페이지(www.Ibank.com)를 참고하시거나 가까운 영업점, 고객센터(0000-0000)에 문의하시기 바랍니다.

※ 유의사항 : 상기이벤트 당첨자 중 핸드폰 등 연락처 불능, 수령 거절 등의 고객 사유로 1개월 이상 경품 미수령 시 당첨이 취소될 수 있습니다.

---

① 가족사랑 패키지 출시 기념 이벤트는 8월 한 달 동안 진행되는구나.

② 가족사랑 대출을 신규로 가입했을 경우에 OTP나 보안카드를 무료로 발급받을 수 있구나.

③ 가족사랑 통장을 신규로 가입한 후, 급여이체를 설정하면 OTP가 무료로 발급되고 연극 티켓도 받을 수 있구나.

④ 2024년 9월에 이벤트 당첨자를 발표하는데, 별도의 통보가 없으니 영업점을 방문하시라고 설명해야 겠구나.

정답 ④

이벤트 포스터에 당첨자 명단은 홈페이지에서 확인할 수 있다고 명시되어 있다.

오답분석

① '이벤트 기간'에서 확인할 수 있다.

② '세부내용' 내 '가족사랑 통장·적금·대출 신규 가입고객'의 '경품'란에서 확인할 수 있다.

③ '세부내용' 내 '가족사랑 고객'의 '응모요건'란에서 확인할 수 있다.

유형풀이 Tip

• 문제에서 묻는 것을 파악한 후, 필요한 상황과 정보를 활용하여 문제를 풀어간다.

• 전체적으로 적용되는 공통 조건과 추가로 적용되는 조건이 동시에 제시될 수 있다. 따라서 공통 조건이 무엇인지 먼저 판단한 후 경우에 따라 추가 조건을 고려하여 풀이한다.

• 추가 조건은 표 하단에 작은 글자로 제시될 수 있으며, 문제를 해결하는 데 중요한 변수가 될 수 있으므로 유의한다.

Easy

01 다음은 I은행의 홈페이지에 올라온 설 연휴 금융거래 일시 중단 안내문이다. 이를 보고 옳은 말을 한 사람은?

<설 연휴 금융거래 일시 중단 안내문>

구분	주요 내용	중단기간
은행업무	• (일시 중단) 당행 계좌를 이용하는 모든 금융 거래 　－ 자동화기기(CD / ATM)를 이용한 입금·출금·계좌이체 및 조회 불가 　－ 인터넷뱅킹, 스마트뱅킹, 텔레뱅킹 등 계좌이체 및 조회 불가 　－ 타 금융기관을 이용한 당행 계좌 입금·출금·계좌이체 및 조회 불가 　－ 현금카드 이용 불가	2025.1.28(화) 00시 ~ 2025.1.30(목) 24시
카드업무	• (정상운영) 신용카드 승인 가능 　－ 신용카드를 이용한 물품 구매, 대금 결제 등 승인[단, 온라인 결제 및 당행 카드 모바일 간편 　　결제 등 신용카드 거래는 2025.1.29(수) 16시 ~ 2025.1.30(목) 02시까지 일시 제한]	
	• (일시 중단) 체크카드 이용 불가 　－ 체크카드를 이용한 승인 거래 이용 불가 　　(단, 면세유 구매전용 체크카드는 2025.1.28(화)부터 이용 불가)	2025.1.29(수) 00시 ~ 2025.1.30(목) 24시
	• (일시 중단) 신용카드 승인 외 부수 업무는 제한 　－ 장 / 단기카드대출(카드론, 현금서비스), 당행 카드 포인트 사용 등 부수 　　업무 전반	2025.1.28(화) 00시 ~ 2025.1.30(목) 24시

① 진태 : 29일에 시장을 보러 가려고 했는데, 신용카드를 사용할 수 없다니 그냥 현금을 가지고 가야겠어.

② 정희 : 신용카드는 이용이 중단되지 않으니까, 30일에 그동안 I은행 신용카드로 쌓아놓았던 포인트를 사용해서 설 선물을 살 거야.

③ 연주 : K마트 홈페이지에서 29일 하루 동안 I은행 카드로 모바일 간편 결제를 이용해 물건을 구매하면 특별세일을 한다고 하니, 반드시 오후 4시 전에 주문해서 결제해야겠네.

④ 민철 : I은행의 업무만 안 되는 거니까 28일에 타 은행으로부터 이체된 것은 입금확인이 가능할 거야.

02 I기업 경영기획실에서 근무하는 귀하는 매년 부서별 사업계획을 정리하는 업무를 맡고 있다. 부서별 사업계획을 간략하게 정리한 보고서를 보고, 귀하가 할 수 있는 생각으로 가장 적절한 것은?

〈사업별 기간 및 소요예산〉

- A사업 : 총 사업기간은 2년으로, 첫해에는 1조 원, 두 번째 해에는 4조 원의 예산이 필요하다.
- B사업 : 총 사업기간은 3년으로, 첫해에는 15조 원, 두 번째 해에는 18조 원, 세 번째 해에는 21조 원의 예산이 필요하다.
- C사업 : 총 사업기간은 1년으로, 총 소요예산은 15조 원이다.
- D사업 : 총 사업기간은 2년으로, 첫해에는 15조 원, 두 번째 해에는 8조 원의 예산이 필요하다.
- E사업 : 총 사업기간은 3년으로, 첫해에는 6조 원, 두 번째 해에는 12조 원, 세 번째 해에는 24조 원의 예산이 필요하다.

올해를 포함한 향후 5년간 위의 5개 사업에 투자할 수 있는 예산은 다음과 같다.

〈연도별 가용예산〉

(단위 : 조 원)

1차연도(올해)	2차연도	3차연도	4차연도	5차연도
20	24	28.8	34.5	41.5

〈규정〉

- 모든 사업은 한번 시작하면 완료될 때까지 중단할 수 없다.
- 예산은 당해 사업연도에 남아도 상관없다.
- 각 사업연도의 예산은 이월될 수 없다.
- 모든 사업을 향후 5년 이내에 반드시 완료한다.

① B사업을 세 번째 해에 시작하고 C사업을 최종연도에 시행한다.

② A사업과 D사업을 첫해에 동시에 시작한다.

③ 첫해에는 E사업만 시작한다.

④ D사업을 첫해에 시작한다.

03 I회사는 창립 10주년을 맞이하여 전 직원 단합대회를 준비하고 있다. 이를 위해 B사장은 여행 상품 중 한 가지를 선정하여 떠날 계획을 갖고 있는데, 직원 투표 결과를 통해 결정하려고 한다. 직원 투표 결과와 여행지별 1인당 경비가 다음과 같이 주어져 있으며, 추가로 행사를 위한 부서별 고려 사항을 참고하여 선택할 경우 〈보기〉에서 적절한 것을 모두 고르면?

〈직원 투표 결과〉

상품 내용		투표 결과					
여행 상품	1인당 비용(원)	총무팀	영업팀	개발팀	홍보팀	공장1	공장2
A	500,000	2	1	2	0	15	6
B	750,000	1	2	1	1	20	5
C	600,000	3	1	0	1	10	4
D	1,000,000	3	4	2	1	30	10
E	850,000	1	2	0	2	5	5

〈여행 상품별 혜택 정리〉

구분	날짜	장소	식사제공	차량지원	편의시설	체험시설
A	5/10 ~ 5/11	해변	○	○	×	×
B	5/10 ~ 5/11	해변	○	○	○	×
C	6/7 ~ 6/8	호수	○	○	○	×
D	6/15 ~ 6/17	도심	○	×	○	○
E	7/10 ~ 7/13	해변	○	○	○	×

〈부서별 고려사항〉

- 총무팀 : 행사 시 차량 지원 가능함
- 영업팀 : 6월 초순에 해외 바이어와 가격 협상 회의 일정
- 공장1 : 3일 연속 공장 비가동시 품질 저하 예상됨
- 공장2 : 7월 중순 공장 이전 계획 있음

보기
- ㉠ 필요한 여행 상품 비용은 총 1억 500만 원이다.
- ㉡ 투표 결과, 가장 인기가 좋은 여행 상품은 B이다.
- ㉢ 공장1의 A, B 투표 결과가 바뀐다면 여행 상품 선택은 변경된다.

① ㉠
② ㉠, ㉡
③ ㉠, ㉢
④ ㉡, ㉢

04 다음은 아이돌봄 서비스 종류 중 하나인 시간제 돌봄(일반형) 서비스에 대한 내용이다. 자료를 참고할 때, 〈보기〉 중 가장 많은 본인부담금을 납부하는 사람은?(단, 서비스 이용요금은 하루를 기준으로 하며, 갑~정은 모두 정부지원 대상이다)

〈시간제 돌봄(일반형) 서비스〉

• 이용대상 : 만 3개월 이상 만 12세 이하 아동
• 이용시간 : 1회 2시간 이상 사용
　- 양육공백이 발생하는 가정(취업한부모, 장애부모, 맞벌이 가정, 다자녀 가정, 기타 양육부담 가정)은 연 600시간 내에서 정부지원
　- 양육공백이 발생하지 않은 정부미지원 가정(전업주부 등) 및 정부지원시간을 다 사용한 가정은 전액 본인부담으로 서비스 이용 가능
• 서비스 내용(가사활동은 제외)
　- 부모가 올 때까지 임시 보육, 놀이활동, 준비된 식사 및 간식 챙겨주기, 보육시설 및 학교 등·하원, 준비물 보조 등(영아를 대상으로 시간제 돌봄을 제공할 경우 영아종일제 업무 병행)
• 서비스 이용요금 : 시간당 7,800원
　- 야간(오후 10시~오전 6시)·휴일에는 시간당 3,900원의 본인부담금 추가
　- 한 가정에 돌봄 아동이 2명일 경우 총 금액의 15% 할인, 돌봄 아동이 3명일 경우 총 금액의 33.3% 할인

구분	소득기준 (4인 가족 기준 중위소득)	시간제(시간당 7,800원)			
		A형(2015. 01. 01. 이후 출생 아동)		B형(2014. 12. 31. 이전 출생 아동)	
		정부지원	본인부담	정부지원	본인부담
가형	60% 이하	6,240원 (80%)	1,560원 (20%)	5,460원 (70%)	2,340원 (30%)
나형	85% 이하	3,900원 (50%)	3,900원 (50%)	-	7,800원
다형	120% 이하	2,340원 (30%)	5,460원 (70%)	-	7,800원
라형	120% 초과	-	7,800원	-	7,800원

※ 본인부담금 계산 시 원 단위 이하는 절사함

보기

〈신청자별 정보〉

구분	소득기준	신청시간	돌봄대상
갑	130%	오전 10시~오후 4시	2015년생 남아 1명
을	84%	오후 4시~오후 9시	2016년생 여아 1명, 2018년생 남아 2명
병	100%	오후 6시~오후 11시	2013년생 여아 1명
정	50%	오후 3시~자정	2012년생 남아 1명, 2015년생 여아 1명

① 갑　　　　　　　　　　　　② 을
③ 병　　　　　　　　　　　　④ 정

05 │ 환경분석

│ 유형분석 │

- 상황에 대한 환경분석을 통해 주요 과제 및 해결방안을 도출하는 문제이다.
- SWOT 분석뿐 아니라 3C 분석을 활용하는 문제가 출제될 수 있으므로, 해당 분석 도구에 대한 사전 학습이 요구된다.

국내 I금융그룹의 SWOT 분석 결과가 다음과 같을 때, 분석 결과에 대응하는 전략과 그 내용이 바르게 짝지어진 것은?

〈국내 I금융그룹 SWOT 분석 결과〉

S(강점)	W(약점)
• 탄탄한 국내시장 지배력 • 뛰어난 위기관리 역량 • 우수한 자산건전성 지표 • 수준 높은 금융 서비스	• 은행과 이자수익에 편중된 수익구조 • 취약한 해외 비즈니스와 글로벌 경쟁력 • 낙하산식 경영진 교체와 관치금융 우려 • 외화 자금 조달 리스크
O(기회)	T(위협)
• 해외 금융시장 진출 확대 • 기술 발달에 따른 핀테크의 등장 • IT 인프라를 활용한 새로운 수익 창출 • 계열사 간 협업을 통한 금융 서비스	• 새로운 금융 서비스의 등장 • 은행의 영향력 약화 가속화 • 글로벌 금융사와의 경쟁 심화 • 비용 합리화에 따른 고객 신뢰 저하

① SO전략 : 해외 비즈니스 TF팀 신설로 상반기 해외 금융시장 진출 대비
② ST전략 : 금융 서비스를 다방면으로 확대해 글로벌 경쟁사와의 경쟁에서 우위 차지
③ WO전략 : 국내의 탄탄한 시장점유율을 기반으로 핀테크 사업 진출
④ WT전략 : 국내 금융사의 우수한 자산건전성 지표를 홍보하여 고객 신뢰 회복

정답 ②

수준 높은 금융 서비스를 통해 글로벌 경쟁에서 우위를 차지하는 것은 강점을 이용해 글로벌 금융사와의 경쟁 심화라는 위협을 극복하는 ST전략이다.

오답분석

① 해외 비즈니스 TF팀을 신설해 해외 금융시장 진출을 확대하는 것은 글로벌 경쟁력이 낮다는 약점을 극복하고 해외 금융시장 진출 확대라는 기회를 활용하는 WO전략이다.

③ 탄탄한 국내 시장점유율이 국내 금융그룹의 핀테크 사업 진출의 기반이 되는 것은 강점을 통해 기회를 살리는 SO전략이다.

④ 우수한 자산건전성 지표를 홍보하여 고객 신뢰를 회복하는 것은 강점으로 위협을 극복하는 ST전략이다.

유형풀이 Tip

SWOT 분석

기업의 내부환경과 외부환경을 분석하여 강점(Strength), 약점(Weakness), 기회(Opportunity), 위협(Threat) 요인을 규정하고 이를 토대로 경영전략을 수립하는 기법으로, 미국의 경영컨설턴트인 알버트 험프리(Albert Humphrey)에 의해 고안되었다. SWOT 분석의 가장 큰 장점은 기업의 내·외부환경 변화를 동시에 파악할 수 있다는 것이다. 기업의 내부환경을 분석하여 강점과 약점을 찾아내며, 외부환경 분석을 통해서는 기회와 위협을 찾아낸다. SWOT 분석은 외부로부터의 기회는 최대한 살리고 위협은 회피하는 방향으로 자신의 강점은 최대한 활용하고 약점은 보완한다는 논리에 기초를 두고 있다. SWOT 분석에 의한 경영전략은 다음과 같이 정리할 수 있다.

Strength 강점 기업 내부환경에서의 강점	S	W	Weakness 약점 기업 내부환경에서의 약점
Opportunity 기회 기업 외부환경으로부터의 기회	O	T	Threat 위협 기업 외부환경으로부터의 위협

3C 분석

자사(Company)	고객(Customer)	경쟁사(Competitor)
• 자사의 핵심역량은 무엇인가? • 자사의 장단점은 무엇인가? • 자사의 다른 사업과 연계되는가?	• 주 고객군은 누구인가? • 그들은 무엇에 열광하는가? • 그들의 정보 습득/교환은 어디에서 일어나는가?	• 경쟁사는 어떤 회사가 있는가? • 경쟁사의 핵심역량은 무엇인가? • 잠재적인 경쟁사는 어디인가?

Hard

01 다음은 인터넷전문은행인 A뱅크의 SWOT 분석 결과를 정리한 것이다. 이를 근거로 판단한 A뱅크의 경영전략 내용으로 적절한 것을 〈보기〉에서 모두 고르면?

〈A뱅크의 SWOT 분석 결과〉

강점 (Strength)	• 시중은행보다 낮은 대출금리와 이를 가능하게 하는 저비용 사업 구조 • 개발자 중심의 수평적이고 유연한 기업문화와 국내 최정상의 ICT 역량 • 국내 이용자 수 1위 'K톡'이라는 모기업의 막강한 브랜드 인지도 및 'K톡'과 연계한 모바일 완결형 서비스로써 시공간에 구애 없는 접근성 • 비대면 계좌개설 · 대출 프로세스를 구현해 수익원 발굴에 성공하는 등 은행업과 플랫폼 사업이 선순환을 이루는 비즈니스 모델 • 'A뱅크' 앱이 은행권 내에서 모바일 앱의 월간실사용자 수(MAU) 1위를 차지하며 리테일 시장 내 안정적인 시장 지위 확보
약점 (Weakness)	• 오프라인 점포 부재로 인한 영업 채널상의 제약 • 시중은행보다 높은 인프라 비용(감가상각비 · 무형자산상각비 · 홍보비 등) • 가계 부문(약 98%)에 편중된 여신 구조로 가계 부문 규제 리스크에 유연한 대처가 어려움 • 중 · 저신용자 대상 신용대출 비중이 높아 대손부담이 시중은행 평균보다 높은 것에 따른 수익성 개선 둔화 우려 • 대출 포트폴리오의 차주별 · 담보별 · 업종별 다각화 수준은 기존 은행에 비해 미흡함
기회 (Opportunity)	• 인터넷 · 모바일을 통한 비대면 전자금융 거래 수요의 증가세 • 디지털 환경에 익숙하고 핀테크 수용에 적극적인 젊은 세대의 부상 • 보유 지분율 확대 등 〈인터넷전문은행법〉상의 규제 완화로 자본 확충 • 금융사 · 비금융사와의 제휴 확대에 따른 플랫폼 비즈니스의 성장 및 비이자 수익 확대 전망 • 저원가성 수신 상품의 성장에 따른 수신금리 인하, 기준금리 인상에 따른 대출금리 상승 → 순이자마진(NIM) 개선 추세
위협 (Threat)	• 후발주자의 등장 및 기존 은행의 디지털 서비스 강화 추세 • 글로벌 경제 불안, 국내의 장기적 저성장에 따른 금융 시장의 저성장성 • 금융 당국과 협의한 중신용 대출 취급 확대로 인해 연체율 · 부실채권 비율 증가 추세 가능성 • 부동산 시장 악화, 정부의 가계부채 규제 강화 및 금리 인상으로 저조한 대출채권 성장률 전망 • 〈은행법〉, 〈인터넷전문은행법〉에 따라 비은행 서비스로 사업 영역을 확장하기 어려움 등의 법적 · 제도적 규제

보기

㉠ 강력한 플랫폼 비즈니스 경쟁력 갖추고 MAU 1위에 오른 'A뱅크' 앱을 무기로 삼아 오프라인 무점포로 인한 영업 창구의 제약을 극복하려는 방안은 SO전략에 해당한다.

㉡ 후발주자인 T뱅크의 추격을 따돌리고 디지털 서비스 강화에 나선 기존 은행과의 경쟁에서 돌파구를 찾기 위해 언택트 대출 프로세스 개발로 수익원을 발굴하는 등 국내 최정상의 정보통신 기술력을 활용하려는 방안은 ST전략에 해당한다.

㉢ 휴대폰과 SNS로 연결되는 온라인 환경에 친숙한 MZ 세대가 주요 소비자군으로 떠오르고 있으므로 'K톡' 앱을 이용하는 MZ 세대 고객군이 보다 간편하게 대출을 받을 수 있도록 'K톡'과 'A뱅크' 앱의 연결을 강화하려는 방안은 WO전략에 해당한다.

㉣ 지나치게 가계 여신에 의존하고 있는 불균형을 해소하고 정부의 가계부채 규제 강화로 인한 후폭풍 가능성을 사전에 차단하기 위해 SOHO 대출과 주택담보 대출 비율을 끌어올리려는 방안은 WT전략에 해당한다.

① ㉠, ㉡   ② ㉠, ㉢
③ ㉡, ㉢   ④ ㉡, ㉢

02 다음은 I공사에 대한 SWOT 분석 결과이다. 〈보기〉 중 SWOT 분석 내용으로 적절한 것을 모두 고르면?

〈SWOT 분석 결과〉

구분	분석 결과
강점(Strength)	• 해외 가스공급기관 대비 높은 LNG 구매력 • 세계적으로 우수한 배관 인프라
약점(Weakness)	• 타 연료 대비 높은 단가
기회(Opportunity)	• 북아시아 가스관 사업 추진 논의 지속 • 수소 자원 개발 고도화 추진중
위협(Threat)	• 천연가스에 대한 수요 감소 추세 • 원전 재가동 확대 전망에 따른 에너지 점유율 감소 가능성

보기

㉠ 해외 기관 대비 LNG 확보가 용이하다는 점을 근거로 북아시아 가스관 사업 추진 시 우수한 효율을 이용하는 것은 SO전략에 해당한다.
㉡ 지속적으로 감소할 것으로 전망되는 천연가스 수요를 북아시아 가스관 사업을 통해 확보하는 것은 ST전략에 해당한다.
㉢ 수소 자원 개발을 고도화하여 다른 연료 대비 상대적으로 높았던 공급단가를 낮추려는 R&D 사업 추진은 WO전략에 해당한다.
㉣ 높은 LNG 확보 능력을 이용해 상대적으로 높은 가스 공급단가가 더욱 상승하는 것을 방지하는 것은 WT전략에 해당한다.

① ㉠, ㉡   ② ㉠, ㉢
③ ㉡, ㉢   ④ ㉡, ㉣

03 다음은 중국에 진출한 프랜차이즈 커피전문점에 대해 SWOT 분석을 한 결과이다. (가), (나), (다), (라)에 들어갈 전략으로 바르게 나열된 것은?

<SWOT 분석 결과>

S(강점)	W(약점)
• 풍부한 원두커피의 맛 • 독특한 인테리어 • 브랜드 파워 • 높은 고객 충성도	• 낮은 중국 내 인지도 • 높은 시설비 • 비싼 임대료
O(기회)	T(위협)
• 중국 경제 급성장 • 서구문화에 대한 관심 • 외국인 집중 • 경쟁업체 진출 미비	• 중국의 차 문화 • 유명 상표 위조 • 커피 구매 인구의 감소

<SWOT 분석 결과에 따른 전략>

(가)	(나)
• 브랜드가 가진 미국 고유문화 고수 • 독특하고 차별화된 인테리어 유지 • 공격적 점포 확장	• 외국인 많은 곳에 점포 개설 • 본사 직영으로 인테리어
(다)	(라)
• 고품질 커피로 상위 소수고객에 집중	• 녹차 향 커피 • 개발 상표 도용 감시

	(가)	(나)	(다)	(라)
①	SO전략	ST전략	WO전략	WT전략
②	WT전략	ST전략	WO전략	SO전략
③	SO전략	WO전략	ST전략	WT전략
④	ST전략	WO전략	SO전략	WT전략

04 I공사에 근무하는 B사원은 국내 원자력 산업에 대한 SWOT 분석 결과 자료를 바탕으로 SWOT 분석에 의한 경영전략에 맞춰서 〈보기〉와 같이 분석하였다. 다음 〈보기〉 중 SWOT 분석에 의한 경영전략으로 적절하지 않은 것을 모두 고르면?

〈국내 원자력 산업에 대한 SWOT 분석 결과〉

구분	분석 결과
강점(Strength)	• 우수한 원전 운영 기술력 • 축적된 풍부한 수주 실적
약점(Weakness)	• 낮은 원전해체 기술 수준 • 안전에 대한 우려
기회(Opportunity)	• 해외 원전수출 시장의 지속적 확대 • 폭염으로 인한 원전 효율성 및 필요성 부각
위협(Threat)	• 현 정부의 강한 탈원전 정책 기조

〈SWOT 분석에 의한 경영전략〉

• SO전략 : 강점을 살려 기회를 포착하는 전략
• ST전략 : 강점을 살려 위협을 회피하는 전략
• WO전략 : 약점을 보완하여 기회를 포착하는 전략
• WT전략 : 약점을 보완하여 위협을 회피하는 전략

보기
㉠ 뛰어난 원전 기술력을 바탕으로 동유럽 원전수출 시장에서 우위를 점하는 것은 SO전략으로 적절하겠어.
㉡ 안전성을 제고하여 원전 운영 기술력을 향상시키는 것은 WO전략으로 적절하겠어.
㉢ 우수한 기술력과 수주 실적을 바탕으로 국내 원전 사업을 확장하는 것은 ST전략으로 적절하겠어.
㉣ 안전에 대한 우려가 있는 만큼, 안전점검을 강화하고 당분간 정부의 탈원전 정책 기조에 협조하는 것은 WT전략으로 적절하겠어.

① ㉠, ㉡   ② ㉠, ㉢

③ ㉡, ㉢   ④ ㉡, ㉣

CHAPTER 03

조직이해능력

합격 Cheat Key

조직이해능력은 업무를 원활하게 수행하기 위해 조직의 체제와 경영을 이해하고 국제적인 추세를 이해하는 능력이다. 현재 많은 금융권에서 출제 비중을 높이고 있는 영역이기 때문에 미리 대비하는 것이 중요하다. 실제 업무 능력에서 조직이해능력을 요구하기 때문에 중요도는 점점 높아질 것이다.

국가직무능력표준 홈페이지 자료에 따르면 조직이해능력의 세부 유형은 조직체제이해능력·경영이해능력·업무이해능력·국제감각으로 나눌 수 있다. 조직도를 제시하는 문제가 출제되거나 조직의 체계를 파악해 경영의 방향성을 예측하고, 업무의 우선순위를 파악하는 문제가 출제된다.

조직이해능력은 NCS 기반 채용을 진행한 금융권 중 30% 정도가 다뤘으며, 문항 수는 전체에서 평균 15% 정도로 상대적으로 적게 출제되었다.

1 문제 속에 정답이 있다!

경력이 없는 경우 조직에 대한 이해가 낮을 수밖에 없다. 그러나 문제 자체가 실무적인 내용을 담고 있어도 문제 안에는 해결의 단서가 주어진다. 부담을 갖지 않고 접근하는 것이 중요하다.

2 경영·경제학원론 정도의 수준은 갖추도록 하라!

지원한 직군마다 차이는 있을 수 있으나, 경영·경제이론을 접목시킨 문제가 꾸준히 출제되고 있다. 따라서 기본적인 경영·경제이론은 익혀 둘 필요가 있다.

3   지원하는 기업의 조직도를 파악하자!

출제되는 문제는 각 기업의 세부내용일 경우가 많기 때문에 지원하는 기업의 조직도를
파악해 두어야 한다. 조직이 운영되는 방법과 전략을 이해하고, 조직을 구성하는 체제를
파악하고 간다면 조직이해능력영역에서 조직도가 나올 때 단시간에 문제를 풀 수 있을
것이다.

4   실제 업무에서도 요구되므로 이론을 익혀두자!

각 기업의 직무 특성상 일부 영역에 필기시험의 중요도가 가중되는 경우가 있어서 많은
수험생들이 해당 영역에만 집중하는 경향이 있다. 그러나 실제 업무 능력에는 NCS 직업
기초능력의 10개 영역이 골고루 요구되는 경우가 많으며, 필기시험에서 조직이해능력을
출제하는 기업의 비중이 늘어나고 있기 때문에 미리 이론을 익혀 둔다면 모듈형 문제에서
고득점을 노릴 수 있다.

01 | 경영전략

| 유형분석 |

- 경영전략에서 대표적으로 출제되는 문제는 마이클 포터(Michael Porter)의 본원적 경쟁전략이다.

다음 사례에서 나타난 마이클 포터의 본원적 경쟁전략으로 가장 적절한 것은?

> 전자제품 시장에서 경쟁회사가 가격을 낮추는 저가 전략을 사용하여 점유율을 높이려 하자, 이에 맞서 오히려 고급 기술을 적용한 고품질 프리미엄 제품을 선보이고 서비스를 강화해 시장의 점유율을 높였다.

① 차별화 전략
② 원가우위 전략
③ 집중화 전략
④ 마케팅 전략

정답 ①

마이클 포터의 본원적 경쟁전략

- 차별화 전략 : 조직이 생산품이나 서비스를 차별화하여 고객에게 가치 있고 독특하게 인식되도록 하는 전략으로, 이를 활용하기 위해서는 연구개발이나 광고를 통하여 기술, 품질, 서비스, 브랜드 이미지를 개선할 필요가 있다.
- 원가우위 전략 : 원가절감을 통해 해당 산업에서 우위를 점하는 전략으로, 이를 위해서는 대량생산을 통해 단위 원가를 낮추거나 새로운 생산기술을 개발할 필요가 있다.
- 집중화 전략 : 특정 시장이나 고객에게 한정된 전략으로, 특정 산업을 대상으로 한다. 즉, 경쟁 조직들이 소홀히 하고 있는 한정된 시장을 원가우위나 차별화 전략을 써서 집중 공략하는 방법이다.

유형풀이 Tip

- 대부분의 기업들은 마이클 포터의 본원적 경쟁전략을 사용하고 있다. 각 전략에 해당하는 대표적인 기업을 연결하고, 그들의 경영전략을 상기하며 문제를 풀어보도록 한다.
- 본원적 경쟁전략의 기본적인 이해와 구조를 물어보는 문제가 자주 출제되므로, 전략별 특징 및 개념에 대한 이론 학습이 요구된다.

01 다음 중 민츠버그가 구분한 경영자에 대한 설명으로 적절하지 않은 것은?

① 민츠버그는 대인적·정보적·의사결정적 활동의 3가지로 경영자의 역할을 나누었다.

② 대인적 역할은 상징자 혹은 지도자로서 대외적으로 조직을 대표하고, 자원배분자 등의 역할을 의미한다.

③ 정보적 역할은 조직을 둘러싼 외부 환경의 변화를 모니터링하고, 이를 조직에 전달하는 정보전달자의 역할을 의미한다.

④ 의사결정적 역할은 조직 내 문제를 해결하고 대외적 협상을 주도하는 협상가 등의 역할을 의미한다.

02 다음 〈보기〉의 사례 중 경영활동을 이루는 구성요소를 감안할 때, 경영활동을 수행하고 있는 내용으로 적절하지 않은 것은?

> **보기**
> ㉠ 다음 시즌 우승을 목표로 해외 전지훈련에 참여하여 열심히 구슬땀을 흘리고 있는 선수단과 이를 운영하는 구단 직원들
> ㉡ 자발적인 참여로 뜻을 같이한 동료들과 함께 매주 어려운 이웃을 찾아다니며 봉사활동을 펼치고 있는 S씨
> ㉢ 교육지원대대장으로서 사병들의 교육이 원활히 진행될 수 있도록 훈련장 관리와 유지에 최선을 다하고 있는 대령과 참모진
> ㉣ 영화 촬영을 앞두고 시나리오와 제작 콘셉트를 회의하기 위해 모인 감독 및 스태프와 출연 배우들

① ㉠   ② ㉡

③ ㉢   ④ ㉣

Easy

03 경영참가제도는 자본참가, 성과참가, 의사결정참가 유형으로 구분된다. 다음 중 '자본참가' 유형의 사례로 가장 적절한 것은?

① 임직원들에게 저렴한 가격으로 일정 수량의 주식을 매입할 수 있게 권리를 부여한다.

② 위원회제도를 활용하여 근로자의 경영참여와 개선된 생산의 판매가치를 기초로 성과를 배분한다.

③ 부가가치의 증대를 목표로 하여 이를 노사협력체제를 통해 달성하고, 이에 따라 증가된 생산성 향상분을 노사 간에 배분한다.

④ 천재지변의 대응, 생산성 하락, 경영성과 전달 등과 같이 단체교섭에서 결정되지 않은 사항에 대하여 노사가 서로 협력할 수 있도록 한다.

02 | 조직구조

| 유형분석 |

- 조직구조 유형에 대한 특징을 물어보는 문제가 자주 출제된다.
- 기계적 조직과 유기적 조직의 차이점과 사례 등을 숙지하고 있어야 한다.
- 조직구조 형태에 따라 기능적 조직, 사업별 조직으로 구분하여 출제되기도 한다.

다음 〈보기〉 중 조직구조에 대한 설명으로 옳지 않은 것을 모두 고르면?

보기

㉠ 기계적 조직은 구성원들의 업무분장이 명확하게 이루어져 있는 편이다.
㉡ 기계적 조직은 조직 내 의사소통이 비공식적 경로를 통해 활발히 이루어진다.
㉢ 유기적 조직은 의사결정 권한이 조직 하부 구성원들에게 많이 위임되어 있으며, 업무내용이 명확히 규정되어 있는 것이 특징이다.
㉣ 유기적 조직은 기계적 조직에 비해 조직의 형태가 가변적이다.

① ㉠, ㉡
② ㉠, ㉢
③ ㉡, ㉢
④ ㉡, ㉣

정답 ③
㉡ 기계적 조직 내 의사소통은 비공식적 경로가 아닌 공식적 경로를 통해 주로 이루어진다.
㉢ 유기적 조직은 의사결정 권한이 조직 하부 구성원들에게 많이 위임되어 있으나, 업무내용은 기계적 조직에 비해 가변적이다.

오답분석
㉠ 기계적 조직은 위계질서 및 규정, 업무분장이 모두 명확하게 확립되어 있는 조직이다.
㉣ 유기적 조직에서는 비공식적인 상호 의사소통이 원활히 이루어지며, 규제나 통제의 정도가 낮아 변화에 따라 쉽게 변할 수 있는 특징을 가진다.

유형풀이 Tip

조직구조는 유형에 따라 기계적 조직과 유기적 조직으로 나눌 수 있다. 기계적 조직과 유기적 조직은 서로 상반된 특징을 가지고 있으며, 기계적 조직이 관료제의 특징과 비슷하다는 것을 파악하고 있다면, 이와 상반된 유기적 조직의 특징도 수월하게 파악할 수 있다.
1) 기계적 조직 : 구성원들의 업무나 권한이 분명하게 정의된 조직
2) 유기적 조직 : 의사결정권이 하부 구성원들에게 많이 위임되고 업무가 고정적이지 않은 조직

Easy

01   다음 중 조직의 유형에 대한 설명으로 가장 적절한 것은?

① 공식화 정도에 따라 소규모 조직, 대규모 조직으로 나눌 수 있다.

② 영리조직으로는 정부조직, 법원, 대학 등이 있다.

③ 공식조직은 인간관계에 따라 형성된 자발적 조직이다.

④ 소규모 조직으로는 가족 소유의 상점 등이 있다.

02   다음 제시된 영희의 하루 일과를 통해 알 수 있는 내용으로 가장 적절한 것은?

> 영희는 아침 9시까지 학교에 가서 오후 3시에 하교한다.
> 하교 후에는 용돈을 벌기 위해 엄마가 운영하는 편의점에서 아르바이트를 2시간 동안 한다.
> 아르바이트를 마친 후 NCS 공부를 하기 위해 스터디를 3시간 동안 한다.
> 스터디 후에는 전국적으로 운영되는 시민단체에 참여하여 봉사활동을 1시간 동안 한다.

① 비공식적이면서 소규모 조직에서 2시간 있었다.

② 하루 중 공식조직에서 9시간 있었다.

③ 비영리조직이며 대규모 조직에서 7시간 있었다.

④ 영리조직에서 3시간 있었다.

03   다음 글에 제시된 조직의 특징으로 가장 적절한 것은?

> I은행의 사내 봉사 동아리에 소속된 70여 명의 임직원이 연탄 나르기 봉사활동을 펼쳤다. 이날 임직원들은 지역 주민들이 보다 따뜻하게 겨울을 날 수 있도록 연탄 총 3,000장과 담요를 직접 전달했다. 사내 봉사 동아리에 소속된 I은행 M대리는 "매년 진행하는 연말 연탄 나눔 봉사활동을 통해 지역사회에 도움의 손길을 전할 수 있어 기쁘다."라며 "오늘의 작은 손길이 큰 불씨가 되어 많은 분들이 따뜻한 겨울을 보내길 바란다."라고 말했다.

① 인간관계에 따라 형성된 자발적인 조직

② 이윤을 목적으로 하는 조직

③ 규모와 기능 그리고 규정이 조직화되어 있는 조직

④ 조직 구성원들의 행동을 통제할 장치가 마련되어 있는 조직

03 | 업무이해

| 유형분석 |

- 부서별 주요 업무에 대해 묻는 문제이다.
- 부서별 특징과 담당 업무에 대한 이해가 필요하다.

다음 〈보기〉는 기업의 각 부서에서 하는 일이다. 일반적인 상황에서 부서와 그 업무를 바르게 연결한 것은?

보기

ㄱ 의전 및 비서 업무
ㄴ 업무분장 및 조정
ㄷ 결산 관련 업무
ㄹ 임금제도
ㅁ 소모품의 구입 및 관리
ㅂ 법인세, 부가가치세
ㅅ 판매 예산 편성
ㅇ 보험가입 및 보상 업무
ㅈ 견적 및 계약
ㅊ 국내외 출장 업무 협조
ㅋ 외상매출금 청구
ㅌ 직원수급 계획 및 관리

① 총무부 : ㄱ, ㅁ, ㅅ
② 영업부 : ㅅ, ㅈ, ㅋ
③ 회계부 : ㄷ, ㅇ, ㅋ
④ 인사부 : ㄱ, ㄴ, ㄹ

정답 ②

영업부의 업무로는 판매 계획, 판매 예산 편성(ㅅ), 견적 및 계약(ㅈ), 외상매출금 청구(ㅋ) 및 회수, 시장조사, 판매 원가 및 판매 가격의 조사 검토 등이 있다.

오답분석

① 총무부 : ㄱ, ㅁ, ㅊ
③ 회계부 : ㄷ, ㅂ, ㅇ
④ 인사부 : ㄴ, ㄹ, ㅌ

유형풀이 Tip

- 조직은 목적을 달성하기 위해 업무를 효과적으로 분배하고 처리할 수 있는 구조를 확립하고 있으며, 조직의 목적이나 규모에 따라 업무의 종류는 다양하다.
- 대부분의 조직에서는 총무, 인사, 기획, 회계, 영업으로 부서를 나누어 업무를 담당하고 있다. 따라서 5가지 업무 종류에 대해서는 미리 숙지해야 한다.

Easy

01 다음은 기획팀 Y사원이 Z과장에게 진행해야 할 업무에 대해 지시받고 있는 상황이다. Y사원이 가장 먼저 처리해야 하는 업무는 무엇인가?

> Y씨, 목요일에 중요한 회의가 있으니 목요일 아침 일찍 출근하셔서 회의 준비를 해 주시기 바랍니다. 이번 회의는 경영팀, 회계팀, 인사팀, 영업팀에서 각 2명씩 참가할 예정이며 저희 부서에서는 저와 Y씨가 참가합니다. 회의 진행은 전략팀 D대리께서 해 주신다고 합니다. 참 제가 발표할 서류를 준비해 주셔야 합니다. 따라서 적어도 화요일까지는 서류를 보내주시기 바랍니다. 또 회의를 마치고 출장을 갈 예정이니 관련 예약을 부탁드리며, 이와 관련한 보고는 수요일까지 해 주시기 바랍니다. 마지막으로 오늘 점심에 중요한 미팅이 있으니 오후 미팅을 1시에서 2시 반으로 변경해 주시기 바랍니다.

① 목요일 회의 자료 준비를 끝마친다.
② 발표에 필요한 자료를 찾도록 한다.
③ 오늘 오후 미팅을 1시에서 2시 반으로 변경한다.
④ 출장에 관련된 숙소 예약을 바로 한다.

02 다음은 I사 영업부에서 근무하는 S사원의 일일업무일지이다. 업무일지에 적힌 내용 중 영업부의 주요 업무로 적절하지 않은 것은 모두 몇 가지인가?

<table>
<tr><td colspan="4" align="center">〈S사원의 일일업무일지〉</td></tr>
<tr><td>부서명</td><td>영업부</td><td>작성일자</td><td>2025년 1월 20일</td></tr>
<tr><td>작성자</td><td colspan="3" align="center">S</td></tr>
<tr><td colspan="2">금일 업무 내용</td><td colspan="2">명일 업무 내용</td></tr>
<tr><td colspan="2">• 시장 조사 계획 수립</td><td colspan="2">• 신규 거래처 견적 작성 및 제출</td></tr>
<tr><td colspan="2">• 시장 조사 진행(출장)</td><td colspan="2">• 전사 소모품 관리</td></tr>
<tr><td colspan="2">• 신규 거래처 개척</td><td colspan="2">• 발주서 작성 및 발주</td></tr>
<tr><td colspan="2">• 판매 방침 및 계획 회의</td><td colspan="2">• 사원 급여 정산</td></tr>
<tr><td colspan="2">• 전사 공채 진행</td><td colspan="2">• 매입마감</td></tr>
</table>

① 2가지
② 3가지
③ 4가지
④ 5가지

03 다음은 대부분의 조직에서 활용하고 있는 부서별 담당 업무의 예를 나타낸 표이다. 부서명과 담당 업무의 내용이 바르게 연결되지 않은 것은?

<부서별 담당 업무 내용>

구분	업무 내용
총무부	주주총회 및 이사회 개최 관련 업무, 의전 및 비서 업무, 집기비품 및 소모품의 구매와 관리, 사무실 임차 및 관리, 차량 및 통신시설의 운영, 국내외 출장 업무 협조, 복리후생 업무, 법률자문과 소송관리, 사내외 홍보 광고 업무
인사부	조직기구의 개편 및 조정, 업무분담 및 조정, 인력수급계획 및 관리, 직무 및 정원의 조정 종합, 노사관리, 평가관리, 상벌관리, 인사발령, 교육체계 수립 및 관리, 임금제도, 복리후생제도 및 지원업무, 복무관리, 퇴직관리
기획부	경영계획 및 전략 수립, 전사기획 업무 종합 및 조정, 중장기 사업계획의 종합 및 조정, 경영정보 조사 및 기획보고, 경영진단 업무, 종합예산수립 및 실적관리, 단기사업계획 종합 및 조정, 사업계획, 손익추정, 실적관리 및 분석
회계부	회계제도의 유지 및 관리, 재무상태 및 경영실적 보고, 결산 관련 업무, 재무제표 분석 및 보고, 법인세, 부가가치세, 국세 지방세 업무자문 및 지원, 보험가입 및 보상 업무, 고정자산 관련 업무
영업부	판매 계획, 판매예산의 편성, 시장조사, 광고 선전, 견적 및 계약, 제조지시서의 발행, 외상매출금의 청구 및 회수, 제품의 재고 조절, 거래처로부터의 불만처리, 제품의 사후관리, 판매원가 및 판매가격의 조사 검토

① 지난달 퇴직자의 퇴직급여 수령액에 문제가 있어 인사부 직원은 회사 퇴직급여 규정을 찾아보고 정정 사항을 바로잡았다.

② 작년 판매분 중 일부 제품에 하자가 발생하여 고객의 클레임을 접수하고 하자보수 등의 처리를 담당하는 것은 영업부의 주도적인 역할이다.

③ 회사의 지속가능경영보고서에 수록되어 주주들에게 배포될 경영실적 관련 자료를 준비하느라 회계부 직원들은 연일 야근 중이다.

④ 사옥 이전에 따르는 이전 비용 산출과 신사옥 입주를 대내외에 홍보해야 할 업무는 기획부 소관 업무이다.

04 총무부의 K부장은 주말 동안 출장을 떠나며, 다음 주 월요일의 부서 업무를 다음과 같이 정리하였고, 스케줄을 바탕으로 부서원에게 해당 업무를 배정할 수 있도록 G과장에게 업무 메일을 남겼다. 총무부의 월요일 스케줄을 참고할 때, 처리해야 할 업무가 잘못 배정된 사람은?

PART 1

〈K부장의 E-mail 내용〉

G과장, 내가 이번 주말에 지방 순회 출장을 가서 다음 주 월요일 오전에 회사에 복귀할 예정이야. 현안 업무 중 다음 주 전사 행사 준비, 전사 사무비품 보충, 지난 달 완료한 ○○프로젝트 보고서 초안 작성이 시급한데, 내가 출장 준비 때문에 사원들에게 일일이 업무를 부여하지 못했네. 첨부파일로 우선 다음 주 월요일에 해야 할 업무와 부서원의 스케줄을 정리해 놨으니, 확인하고 월요일 오전에는 나 대신 부서장 회의에 참석하고, 이후에 부서원들에게 업무지시를 좀 해줘야겠어. 사무비품 주문서의 경우는 작성만 확실히 해 두면 내가 오후에 직접 결재하고 발송할 테니 오류 없도록 G과장이 다시 한 번 확인해 줘.

〈총무부 월요일 업무〉

- 부서장 회의 참석(09:30 ~ 11:00)
- 사무비품 주문서 작성 및 주문 메일 발송
  ※ 주문서 최종 결재자 : K부장, 메일은 퇴근 전에 발송할 것
- 행사용품 오배송 건 반품
  ※ 택배 접수 마감 시간 16:00
- ○○프로젝트 보고서 초안 작성
- 행사 참여 안내문 등기 발송
  ※ 우체국 영업시간(09:00 ~ 18:00) 내 방문

〈총무부 월요일 스케줄〉

시간	K부장	G과장	J대리	L사원	O사원
09:00 ~ 10:00	출장 복귀		오전반차	사내 교육 프로그램 참여	
10:00 ~ 11:00					
11:00 ~ 12:00					
12:00 ~ 13:00	점심시간				
13:00 ~ 14:00		○○프로젝트 성과분석회의	오전반차		
14:00 ~ 15:00	외근		행사 진행 업체 사전미팅		
15:00 ~ 16:00					
16:00 ~ 17:00					
17:00 ~ 18:00	업무 보고			비품 정리	

① G과장 – 부서장 회의 참석
② G과장 – ○○프로젝트 보고서 초안 작성
③ J대리 – 행사용품 오배송 건 반품
④ L사원 – 우체국 방문 및 등기 발송

CHAPTER 03 조직이해능력 • **77**

CHAPTER **04**

자원관리능력

합격 Cheat Key

자원관리능력은 현재 NCS 기반 채용을 진행하는 많은 금융권에서 핵심영역으로 자리 잡아, 일부를 제외한 대부분의 시험에서 출제 영역으로 꼽히고 있다. 전체 문항 수의 10~15% 비중으로 출제되고 있고, 난이도가 상당히 높기 때문에 NCS를 치를 수험생이라면 반드시 준비해야 할 필수 과목이다.

실제 시험 기출 키워드를 살펴보면 비용 계산, 해외파견 지원금 계산, 주문 제작 단가 계산, 일정 조율, 일정 선정, 행사 대여 장소 선정, 최단거리 구하기, 시차 계산, 소요시간 구하기, 해외파견 근무 기준에 부합한 또는 부합하지 않는 직원 고르기 등 크게 자원계산, 자원관리 문제유형이 출제된다. 대표유형을 바탕으로 응용되는 방식의 문제가 출제되고 있기 때문에 비슷한 유형을 계속해서 풀어보면서 감을 익히는 것이 중요하다.

1 시차를 먼저 계산하자!

시간자원관리문제의 대표유형 중 시차를 계산하여 일정에 맞는 항공권을 구입하거나 회의시간을 구하는 문제에서는 각각의 나라 시간을 한국 시간으로 전부 바꾸어 계산하는 것이 편리하다. 조건에 맞는 나라들의 시간을 전부 한국 시간으로 바꾸고 한국 시간과의 시차만 더하거나 빼면 시간을 단축하여 풀 수 있다.

2 선택지를 활용하자!

예산자원관리문제의 대표유형에서는 계산을 해서 값을 요구하는 문제들이 있다. 이런 문제유형에서는 문제 선택지를 먼저 본 후 자리 수가 몇 단위로 끝나는지 확인한다. 예를 들어 412,300원, 426,700원, 434,100원, 453,800원인 선택지가 있다고 할 때, 이 선택지는 100원 단위로 끝나기 때문에 제시된 조건에서 100원 단위로 나올 수 있는 항목을 찾아 그 항목만 계산하여 시간을 단축시키는 방법이 있다.

또한, 일일이 계산하는 문제가 많다. 예를 들어 640,000원, 720,000원, 810,000원 등의 수를 이용해 푸는 문제가 있다고 할 때, 만 원 단위를 절사하고 계산하여 64, 72, 81처럼 요약하여 적는 것도 시간을 단축하는 방법이다.

3　최적의 값을 구하는 문제인지 파악하자!

물적자원관리문제의 대표유형에서는 제한된 자원 내에서 최대의 만족 또는 이익을 얻을 수 있는 방법을 강구하는 문제가 출제된다. 이때, 구하고자 하는 값을 x, y로 정하고 연립방정식을 이용해 x, y 값을 구한다. 최소 비용으로 목표생산량을 달성하기 위한 업무 및 인력 할당, 정해진 시간 내에 최대 이윤을 낼 수 있는 업체 선정, 정해진 인력으로 효율적 업무 배치 등을 구하는 문제에서 사용되는 방법이다.

4　각 평가항목을 비교해 보자!

인적자원관리문제의 대표유형에서는 각 평가항목을 비교하여 기준에 적합한 인물을 고르거나, 저렴한 업체를 선정하거나, 총점이 높은 업체를 선정하는 문제가 출제된다. 이런 문제를 해결할 때는 평가항목에서 가격이나 점수 차이에 영향을 많이 미치는 항목을 찾아 지우면 1 ~ 2개의 선택지를 삭제하고 3 ~ 4개의 선택지만 계산하여 시간을 단축할 수 있다.

5　문제의 단서를 이용하자!

자원관리능력은 계산문제가 많기 때문에, 복잡한 계산은 딱 떨어지게끔 조건을 제시하는 경우가 많다. 단서를 보고 부합하지 않는 선택지를 1 ~ 2개 먼저 소거한 뒤 계산을 하는 것도 시간을 단축하는 방법이다.

01 │ 시간계획

| 유형분석 |

- 시간 자원과 관련된 다양한 정보를 활용하여 풀어가는 문제이다.
- 대체로 교통편 정보나 국가별 시차 정보가 제공되며, 이를 근거로 '현지 도착 시간 또는 약속된 시간 내에 도착하기 위한 방안'을 고르는 문제가 출제된다.

한국은 뉴욕보다 16시간 빠르고, 런던은 한국보다 8시간 느리다. 다음 비행기가 현지에 도착할 때의 현지 시간(㉠, ㉡)으로 옳은 것은?

〈비행 시간표〉

구분	출발 일자	출발 시간	비행 시간	도착 시간
뉴욕행 비행기	6월 6일	22:20	13시간 40분	㉠
런던행 비행기	6월 13일	18:15	12시간 15분	㉡

	㉠	㉡
①	6월 6일 09시	6월 13일 09시 30분
②	6월 6일 20시	6월 13일 22시 30분
③	6월 7일 09시	6월 14일 09시 30분
④	6월 7일 13시	6월 14일 15시 30분

정답 ②

㉠ 뉴욕행 비행기는 한국에서 6월 6일 22시 20분에 출발하고, 13시간 40분 동안 비행하기 때문에 한국 시간으로 6월 7일 12시에 도착한다. 한국 시간은 뉴욕보다 16시간 빠르므로 현지에 도착하는 시간은 6월 6일 20시가 된다.

㉡ 런던행 비행기는 한국에서 6월 13일 18시 15분에 출발하고, 12시간 15분 동안 비행하기 때문에 현지에 한국 시간으로 6월 14일 6시 30분에 도착한다. 한국 시간은 런던보다 8시간이 빠르므로 현지에 도착하는 시간은 6월 13일 22시 30분이 된다.

유형풀이 Tip

- 문제에서 묻는 것을 정확히 파악한 후 제시된 상황과 정보를 활용하여 문제를 풀어간다.
- 추가 조건이나 제한사항은 문제를 해결하는 데 중요한 변수가 될 수 있으므로 유의한다.

01   I은행은 한국 현지 시각 기준으로 오후 4시부터 5시까지 외국 지사와 화상회의를 진행하려고 한다. 모든 지사는 각국 현지 시각으로 오전 8시부터 오후 6시까지 근무한다고 할 때, 다음 중 회의에 참석할 수 없는 지사는?(단, 서머타임을 시행하는 국가는 +1:00을 반영한다)

<각국 시차 정보>

국가	시차	국가	시차
파키스탄	−4:00	불가리아	−6:00
호주	+1:00	영국	−9:00

※ 오후 12시부터 1시까지는 점심시간이므로 회의를 진행하지 않음
※ 서머타임 시행 국가 : 영국

① 파키스탄 지사   ② 불가리아 지사
③ 호주 지사   ④ 영국 지사

02   해외지사에서 근무 중인 직원들 중 업무성과가 우수한 직원을 선발하여 국내로 초청하고자 한다. 다음의 자료를 토대로 각국 직원들이 국내에 도착하는 순서가 바르게 나열된 것은?

<각국 해외지사 직원들의 비행 스케줄>

출발지	출발지 기준 이륙 시각	비행 시간 (출발지 → 대한민국)
독일(뮌헨)	7월 6일(수) 오후 04:20	11시간 30분
인도(뉴델리)	7월 6일(수) 오후 10:10	8시간 30분
미국(뉴욕)	7월 6일(수) 오전 07:40	14시간

<동일 시점에서의 각국의 현지 시각>

국가(도시)	현지 시각
대한민국(서울)	7월 6일(수) 오전 06:20
독일(뮌헨)	7월 5일(화) 오후 11:20
인도(뉴델리)	7월 6일(수) 오전 03:50
미국(뉴욕)	7월 5일(화) 오후 05:20

① 인도 – 독일 – 미국   ② 인도 – 미국 – 독일
③ 미국 – 독일 – 인도   ④ 미국 – 인도 – 독일

03 ○○연구소 연구원인 A씨는 휴가철을 맞아 가족여행을 가고자 한다. ○○연구소는 직원들의 복리 증진을 위하여 휴가철 항공료를 일부 지원해 주고 있다. 제시된 자료와 〈조건〉을 토대로 A씨가 선택할 여행지와 여행기간이 바르게 짝지어진 것은?

〈여행지별 항공료와 지원율〉

여행지	1인당 편도 항공료	항공료 지원율
중국	130,000원	10%
일본	125,000원	30%
싱가포르	180,000원	35%

※ 갈 때와 올 때 편도 항공료는 동일함

〈8월 달력〉

일	월	화	수	목	금	토
			1	2	3	4
5	6	7	8	9	10	11
12	13	14	15	16	17	18
19	20	21	22	23	24	25
26	27	28	29	30	31	

※ 8월 3 ~ 4일은 현장부지답사로 휴가가 불가능함
※ 8월 15일은 광복절, 24일은 회사 창립기념일로 휴일임

> **조건**
> • A연구원은 아내와 단 둘이 여행할 예정이다.
> • A연구원은 여행경비 중 항공료로 최대 450,000원을 쓸 수 있다.
> • 회사의 항공료 지원은 동반한 직계가족까지 모두 적용된다.

① 중국 - 8월 9 ~ 11일
② 일본 - 8월 3 ~ 6일
③ 일본 - 8월 16 ~ 19일
④ 싱가포르 - 8월 15 ~ 18일

04 I기업은 영농철을 맞아 하루 동안 B마을의 농촌일손돕기 봉사활동을 펼친다. 1팀, 2팀, 3팀이 팀별로 점심시간을 제외하고 2시간씩 번갈아 가면서 모내기 작업을 도울 예정이다. 봉사활동을 펼칠 하루 스케줄이 다음과 같을 때, 2팀이 일손을 도울 가장 적절한 시간대는?(단, 팀별로 시간은 겹칠 수 없으며 2시간 연속으로 일한다)

〈팀별 스케줄〉

시간	팀별 스케줄		
	1팀	2팀	3팀
09:00 ~ 10:00	상품기획 회의		시장조사
10:00 ~ 11:00			
11:00 ~ 12:00			비품 요청
12:00 ~ 13:00	점심시간	점심시간	점심시간
13:00 ~ 14:00			사무실 청소
14:00 ~ 15:00	업무지원	상품기획 회의	
15:00 ~ 16:00			
16:00 ~ 17:00	경력직 면접		마케팅 전략 회의
17:00 ~ 18:00			

① 10:00 ~ 12:00

② 11:00 ~ 13:00

③ 15:00 ~ 17:00

④ 16:00 ~ 18:00

02 | 비용계산

| 유형분석 |

- 예산 자원과 관련된 다양한 정보를 활용하여 풀어가는 문제이다.
- 대체로 한정된 예산 내에서 수행할 수 있는 업무 및 예산 가격을 묻는 문제가 출제된다.

A사원은 이번 출장을 위해 KTX표를 미리 40% 할인된 가격에 구매하였으나, 출장 일정이 바뀌는 바람에 하루 전날 표를 취소하였다. 다음 환불 규정에 따라 16,800원을 돌려받았을 때, 할인 전 KTX표의 가격은 얼마인가?

〈KTX 환불 규정〉		
출발 2일 전	출발 1일 전 ~ 열차 출발 전	열차 출발 후
100%	70%	50%

① 40,000원
② 48,000원
③ 56,000원
④ 67,200원

정답 ①

할인 전 KTX표의 가격을 x원이라 하면, 표를 40% 할인된 가격으로 구매하였으므로 구매 가격은 $(1-0.4)x=0.6x$원이다.
환불 규정에 따르면 하루 전에 표를 취소하는 경우 70%의 금액을 돌려받을 수 있으므로 다음 식이 성립한다.

$0.6x \times 0.7 = 16,800$
$\rightarrow 0.42x = 16,800$
$\therefore x = 40,000$

따라서 할인 전 KTX표의 가격은 40,000원이다.

유형풀이 Tip

- 제한사항인 예산을 고려하여, 문제에 제시된 정보에서 필요한 것을 선별해 문제를 풀어간다.

대표기출유형 02   기출응용문제

`Easy`

01   황사원은 다른 팀원 4명과 함께 출장 업무를 위해 대전으로 가야 한다. 서울과 대전 간 교통편
및 비용이 다음과 같고 원활한 업무 진행을 위해 편도로 2시간 30분을 초과하는 교통편을 이용할
수 없다면 이용할 수 있는 가장 저렴한 교통편 및 편도 비용은?(단, 출장 출발일은 7월 15일이며
비용은 출발일 기준으로 지불한다)

〈서울 ↔ 대전 교통편 및 비용〉

구분		소요시간	비용	비고
기차	G호	1시간 45분	18,000원/인	10인 이상 구매 시 10% 할인
	T호	2시간	15,000원/인	할인 없음
고속버스	L여객	2시간 45분	12,000원/인	20인 이상 구매 시 15% 할인
	P여객	2시간 30분	16,000원/인	성수기(7월, 8월) 제외 상시 10% 할인

※ 단, 소요시간 및 비용은 편도 기준임

               교통편   편도 비용

①   기차 G호   81,000원

②   기차 T호   75,000원

③ 고속버스 L여객   60,000원

④ 고속버스 P여객   72,000원

02 다음은 이번 달 H사원의 초과 근무 기록이다. H사원의 연봉은 3,600만 원이고, 시급 산정 시 월평균 근무시간은 200시간이다. H사원이 받는 야근·특근 근무 수당은 얼마인가?(단, 소득세 및 보험료는 고려하지 않는다)

〈이번 달 초과 근무 기록〉

일요일	월요일	화요일	수요일	목요일	금요일	토요일
			1	2 18:00 ~ 19:00	3	4
5 09:00 ~ 11:00	6	7 19:00 ~ 21:00	8	9	10	11
12	13	14	15 18:00 ~ 22:00	16	17	18 13:00 ~ 16:00
19	20 19:00 ~ 20:00	21	22	23	24	25
26	27	28	29 19:00 ~ 23:00	30 18:00 ~ 21:00	31	

〈초과 근무 수당 규정〉

• 평일 야근 수당은 시급에 1.2배를 한다.
• 주말 특근 수당은 시급에 1.5배를 한다.
• 식대는 10,000원을 지급하며(야근·특근 수당에 포함되지 않는다), 평일 야근 시 20시 이상 근무할 경우에 지급한다(주말 특근에는 지급하지 않는다).
• 야근시간은 오후 7 ~ 10시이다(초과시간 수당 미지급).

① 265,500원　　　　　　② 285,500원
③ 300,000원　　　　　　④ 310,500원

03 다음은 영희가 4월 동안 사용한 I카드 사용내역이다. 현재 영희가 I카드 골드 등급일 때, 4월 동안 영희가 멤버십 혜택을 받은 금액은 총 얼마인가?

<영희의 4월 I카드 사용내역>

날짜	내용	금액
4.1	B미디어 이용	200,000원
4.3	B피자 구매	35,000원
4.7	A마트 이용	72,000원
4.9	B영화관(VIP석) 이용	20,000원
4.11	자몽주스 1잔(A카페) 구매	6,000원
4.14	커피 2잔(B카페) 구매	10,000원
4.20	B마트 이용	53,000원
4.22	영화표 2매(A영화관) 구매	18,000원
4.25	도서(A교육) 구매	30,000원
4.28	동영상 과정(A교육) 구매	150,000원
4.30	A피자 구매	22,000원

<I카드 멤버십 혜택>

구분	등급	멤버십 혜택	구분	등급	멤버십 혜택
A영화관	전 고객	영화 1매당 2천 원 할인	A피자	VIP	전체 30% 할인
B영화관	VIP	영화 1매당 20% 할인		골드	전체 20% 할인
	골드	영화 1매당 15% 할인 (일반석만 해당)		실버	전체 15% 할인
	실버	영화 1매당 10% 할인 (일반석만 해당)	B피자	VIP	전체 20% 할인
A마트	VIP	최대 10% 할인		골드	전체 10% 할인
	골드	최대 5% 할인		실버	전체 5% 할인
	실버	최대 5% 할인	A미디어	전 고객	30% 할인
B마트	VIP	천 원당 100원 할인	B미디어	VIP	20% 할인
	골드	천 원당 50원 할인		골드	15% 할인
	실버	천 원당 50원 할인	A교육	VIP	전체 50% 할인
A카페	전 고객	15% 할인 (음료만 해당)		골드	50% 할인 (동영상 과정만 해당)
B카페	VIP	전체 20% 할인	B교육	VIP	전체 30% 할인
	골드	전체 10% 할인		골드	전체 20% 할인
	실버	전체 10% 할인		실버	전체 10% 할인

① 125,050원

② 126,050원

③ 127,050원

④ 128,050원

03 | 품목확정

| 유형분석 |

- 물적 자원과 관련된 다양한 정보를 활용하여 풀어가는 문제이다.
- 주로 공정도·제품·시설 등에 대한 가격·특징·시간 정보가 제시되며, 이를 종합적으로 고려하는 문제가 출제된다.

I은행은 신축 본사에 비치할 사무실 명패를 제작하기 위해 다음과 같은 팸플릿을 참고하고 있다. 신축 본사에 비치할 사무실 명패는 사무실마다 국문과 영문을 함께 주문했고, 예산이 총 80만 원이라면 사무실에 최대 몇 개의 국문과 영문 명패를 함께 비치할 수 있는가?(단, 추가 구입 가격은 1SET를 구입할 때 한 번씩만 적용된다)

〈명패 제작 가격〉

- 국문 명패 : 1SET(10개)에 10,000원, 5개 추가 시 2,000원
- 영문 명패 : 1SET(5개)에 8,000원, 3개 추가 시 3,000원

① 345개   ② 350개

③ 355개   ④ 360개

정답 ④

국문 명패 최저가는 15개에 12,000원이고, 영문 명패 최저가는 8개에 11,000원이다. 각 명패를 최저가에 구입하는 개수의 최소공배수를 구하면 120개이다. 이때의 비용은 $(12,000 \times 8) + (11,000 \times 15) = 96,000 + 165,000 = 261,000$원이다.

따라서 한 사무실에 국문과 영문 명패를 함께 비치한다면 120개의 사무실에 명패를 비치하는 비용은 261,000원이다.

360개의 사무실에 명패를 비치한다면 783,000원이 필요하고, 남은 17,000원으로 국문 명패와 영문 명패를 동시에 구입할 수 없다.

따라서 80만 원으로 최대 360개의 국문 명패와 영문 명패를 동시에 비치할 수 있다.

유형풀이 Tip

- 문제에서 제시한 물적 자원의 정보를 문제의 의도에 맞게 선별하면서 풀어간다.

01 다음은 I사의 비품별 3월 재고량 및 주당 평균 소비량에 대한 자료이다. 매월 첫 근무일에 재고가 여유량의 30% 미만이면 비품을 구매해야 한다고 할 때 구매하는 비품의 종류는 모두 몇 가지인가?(단, 오늘은 3월 14일 화요일이고 주말에는 근무하지 않는다)

〈I사 비품 재고량〉

(단위 : 개)

구분	재고	여유량
갑티슈	15	45
물티슈	18	60
흑색 볼펜	20	40
적색 볼펜	25	40
종이컵	450	1,200
스틱커피	400	1,500
클립	80	100

〈I사 비품 일 평균 소비량〉

(단위 : 개/일)

구분	일 평균 소비량
갑티슈	1
물티슈	1.2
흑색 볼펜	0.8
적색 볼펜	0.5
종이컵	30
스틱커피	25
클립	2

① 6가지   ② 5가지
③ 4가지   ④ 3가지

Easy

02 I기업은 사원들의 복지 증진을 위해 안마의자를 구매할 계획이다. I기업의 안마의자 구입 기준이 다음과 같을 때, 〈보기〉 중 어떤 안마의자를 구매하겠는가?

〈I기업의 안마의자 구입 기준〉

- 사원들이 자주 사용할 것으로 생각되니 A/S 기간이 2년 이상이어야 한다.
- 사무실 인테리어를 고려하여 안마의자의 컬러는 레드보다는 블랙을 구매한다.
- 겨울철에도 이용할 경우를 위해 안마의자에 온열기능이 있어야 한다.
- 안마의자의 구입 예산은 최대 2,500만 원까지며, 가격이 예산 안에만 해당하면 모두 구매 가능하다.
- 안마의자의 프로그램 개수는 최소 10개 이상은 되어야 하며, 많을수록 좋다.

보기

구분	가격	컬러	A/S 기간	프로그램	옵션
A안마의자	2,200만 원	블랙	2년	12개	온열기능
B안마의자	2,100만 원	레드	2년	13개	온열기능
C안마의자	2,600만 원	블랙	3년	15개	–
D안마의자	2,400만 원	블랙	2년	13개	온열기능

① A안마의자   ② B안마의자
③ C안마의자   ④ D안마의자

03 I기업은 직원들에게 자기계발 교육비용을 일부 지원하기로 하였다. 총무인사팀에 A ~ E 5명의 직원이 다음 자료와 같이 교육프로그램을 신청하였을 때, 기업에서 직원들에게 지원하는 총 교육비는 얼마인가?

〈자기계발 수강료 및 지원 금액〉

구분	영어회화	컴퓨터 활용	세무회계
수강료	7만 원	5만 원	6만 원
지원 금액 비율	50%	40%	80%

〈신청한 교육프로그램〉

구분	영어회화	컴퓨터 활용	세무회계
A	○		○
B	○	○	○
C		○	○
D	○		
E		○	

① 307,000원

② 308,000원

③ 309,000원

④ 310,000원

04 I은행은 후문 공지 개발을 위한 시공업체를 선정하고자 한다. 업체 선정방식 및 참가업체에 대한 평가 정보가 다음과 같을 때, 최종적으로 선정될 업체는?

〈선정방식〉

- 최종점수가 가장 높은 업체를 선정한다.
- 업체별 최종점수는 경영건전성 점수, 시공실적 점수, 전력절감 점수, 친환경 점수를 합산한 값의 평균에 가점을 가산하여 산출한다.
- 해당 업체의 평가항목별 점수는 심사위원들이 부여한 점수의 평균값이다.
- 다음의 경우에 해당되는 경우 가점을 부여한다.

구분	가점
최근 5년 이내 무사고	1점
디자인 수상 실적 1회 이상	2점
입찰가격 150억 원 이하	2점

〈참가업체 평가 정보〉

(단위 : 점)

구분	A업체	B업체	C업체	D업체
경영건전성 점수	85	91	79	88
시공실적 점수	79	82	81	71
전력절감 점수	71	74	72	77
친환경 점수	88	75	85	89
최근 5년 이내 사고 건수	1	–	3	–
디자인 수상 실적	2	1	–	–
입찰가격(원)	220억	172억	135억	110억

① A업체
② B업체
③ C업체
④ D업체

04 | 인원선발

| 유형분석 |

- 인적 자원과 관련된 다양한 정보를 활용하여 풀어가는 문제이다.
- 주로 근무명단, 휴무일, 업무할당 등의 주제로 다양한 정보를 활용하여 종합적으로 풀어가는 문제가 출제된다.

다음 글의 내용이 참일 때, 지원자 중 I은행의 신입사원으로 채용될 수 있는 최대 인원은 몇 명인가?

> 금년도 신입사원 채용에서 I은행이 요구하는 자질은 이해능력, 의사소통능력, 대인관계능력, 실행능력이다.
> I은행은 이 4가지 자질 중 적어도 3가지 자질을 지닌 사람을 채용하고자 한다. 최종 지원자는 갑, 을, 병,
> 정 4명이며, 이들이 지닌 자질을 평가한 결과 다음과 같은 정보가 주어졌다.
> ㉠ 갑이 지닌 자질과 정이 지닌 자질 중 적어도 두 개는 일치한다.
> ㉡ 대인관계능력은 병만 가진 자질이다.
> ㉢ 만약 지원자가 의사소통능력을 지녔다면 그는 대인관계능력의 자질도 지닌다.
> ㉣ 의사소통능력의 자질을 지닌 지원자는 한 명뿐이다.
> ㉤ 갑, 병, 정은 이해능력의 자질을 지니고 있다.

① 1명
② 2명
③ 3명
④ 4명

정답 ①

㉡, ㉢, ㉣에 의해 의사소통능력과 대인관계능력을 지닌 사람은 오직 병뿐이라는 사실을 알 수 있다. 또한 ㉤에 의해 병이 이해능력
도 가지고 있음을 알 수 있다. 이처럼 병은 4가지 자질 중에 3가지를 갖추고 있으므로 I은행의 신입사원으로 채용될 수 있다.
신입사원으로 채용되기 위해서는 적어도 3가지 자질이 필요한데, 4가지 자질 중 의사소통능력과 대인관계능력은 병만 지닌 자질임
이 확인되었으므로 나머지 갑, 을, 정은 채용될 수 없다.
따라서 신입사원으로 채용될 수 있는 최대 인원은 1명이다.

유형풀이 Tip

- 주어진 규정 혹은 규칙을 근거로 하여 선택지를 하나씩 검토하며 소거해 나간다.

01 I은행은 인재를 채용하기 위하여 NCS 기반 능력중심 공개채용을 시행하였다. 1차 서류전형, 2차 직업기초능력평가, 3차 직무수행능력평가, 4차 면접전형을 모두 마친 면접자들의 평가점수를 최종 합격자 선발기준에 따라 판단하여 A ~ E 중 상위자 2명을 최종 합격자로 선정하고자 한다. 다음 중 최종 합격자끼리 바르게 짝지어진 것은?

〈최종 합격자 선발기준〉

구분	의사소통	문제해결	조직이해	대인관계	합계
평가비중	40%	30%	20%	10%	100%

〈면접평가 결과〉

구분	A	B	C	D	E
의사소통능력	A^+	A^+	A^+	B^+	C
문제해결능력	B^+	B+5	A^+	B+5	A+5
조직이해능력	A+5	A	C^+	A^+	A
대인관계능력	C	A^+	B^+	C^+	B^+ +5

※ 등급별 변환 점수 : A^+ =100, A=90, B^+ =80, B=70, C^+ =60, C=50
※ 면접관의 권한으로 등급별 점수에 +5점을 가점할 수 있음

① A, B   ② B, C
③ C, D   ④ D, E

02 I사에서 승진 대상자 중 2명을 승진시키려고 한다. 승진의 조건은 동료 평가에서 '하'를 받지 않은 사람 중 합산점수가 높은 순이다. 합산점수는 100점 만점의 점수로 환산한 승진시험 성적, 영어 성적, 성과 평가의 수치를 합산한다. 승진시험의 만점은 100점, 영어 성적의 만점은 500점, 성과 평가의 만점은 200점이라고 할 때, 승진하는 2명은 누구인가?

〈승진 대상자별 평가지표 결과〉

구분	승진시험 성적	영어 성적	동료 평가	성과 평가
A	80	400	중	120
B	80	350	상	150
C	65	500	상	120
D	70	400	중	100
E	95	450	하	185
F	75	400	중	160
G	80	350	중	190
H	70	300	상	180
I	100	400	하	160
J	75	400	상	140
K	90	250	중	180

① A, C ② B, K
③ E, I ④ F, G

03 I기업의 1 ~ 3년 차 근무를 마친 사원들은 인사이동 시기를 맞아 근무지를 이동해야 한다. 근무지 이동 규정과 각 사원들이 근무지 이동을 신청한 내용이 다음과 같을 때, 이에 대한 설명으로 옳지 않은 것은?

〈근무지 이동 규정〉

- 수도권 지역은 여의도, 종로, 영등포이고, 지방의 지역은 광주, 제주, 대구이다.
- 2번 이상 같은 지역을 신청할 수 없다(예 여의도 → 여의도×).
- 3년 연속 같은 수도권 지역이나 지방 지역을 신청할 수 없다.
- 2, 3년 차보다 1년 차 신입 및 1년 차 근무를 마친 직원이 신청한 내용이 우선 된다.
- 1년 차 신입은 전년도 평가 점수를 100점으로 한다.
- 직원 A ~ E는 서로 다른 곳에 배치된다.
- 같은 지역으로의 이동을 신청한 경우 전년도 평가 점수가 더 높은 사람이 우선하여 이동한다.
- 규정에 부합하지 않게 이동 신청을 한 경우, 신청한 곳에 배정받을 수 없다.
- 규정에 부합한다면 수도권 지역을 우선으로 배정한다.

〈직원별 근무지 이동 신청〉

구분	1년 차 근무지	2년 차 근무지	3년 차 근무지	신청지	전년도 평가
A	대구	–	–	종로	–
B	여의도	광주	–	영등포	92
C	종로	대구	여의도	미정	88
D	영등포	종로	–	여의도	91
E	광주	영등포	제주	영등포	89

① B는 영등포로 이동하게 될 것이다.

② C는 지방 지역으로 이동하고, E는 여의도로 이동하게 될 것이다.

③ A는 대구를 1년 차 근무지로 신청하였을 것이다.

④ D는 자신의 신청지로 이동하게 될 것이다.

CHAPTER **05**

수리능력

합격 Cheat Key

수리능력은 사칙연산·통계·확률의 의미를 정확하게 이해하고 이를 업무에 적용하는 능력으로, 기초연산과 기초통계, 도표분석 및 작성의 문제 유형으로 출제된다. 수리능력 역시 채택하지 않는 금융권이 거의 없을 만큼 필기시험에서 중요도가 높은 영역이다.

수리능력은 NCS 기반 채용을 진행한 거의 모든 기업에서 다루었으며, 문항 수는 전체의 평균 16% 정도로 많이 출제되었다. 특히, 난이도가 높은 금융권의 시험에서는 도표분석, 즉 자료해석 유형의 문제가 많이 출제되고 있고, 응용수리 역시 꾸준히 출제하는 기업이 많기 때문에 기초연산과 기초통계에 대한 공식의 암기와 자료해석능력을 기를 수 있는 꾸준한 연습이 필요하다.

1 응용수리능력의 공식은 반드시 암기하라!

응용수리능력은 지문이 짧지만, 풀이 과정은 긴 문제도 자주 볼 수 있다. 그렇기 때문에 응용수리능력의 공식을 반드시 암기하여 문제의 상황에 맞는 공식을 적절하게 적용하여 답을 도출해야 한다. 따라서 문제에서 묻는 것을 정확하게 파악하여 그에 맞는 공식을 적절하게 적용하는 꾸준한 노력과 공식을 암기하는 연습이 필요하다.

2 통계에서의 사건이 동시에 발생하는지 개별적으로 발생하는지 구분하라!

통계에서는 사건이 개별적으로 발생했을 때 경우의 수는 합의 법칙, 확률은 덧셈정리를 활용하여 계산하며, 사건이 동시에 발생했을 때 경우의 수는 곱의 법칙, 확률은 곱셈정리를 활용하여 계산한다. 특히, 기초통계능력에서 출제되는 문제 중 순열과 조합의 계산 방법이 필요한 문제도 다수이므로 순열(순서대로 나열)과 조합(순서에 상관없이 나열)의 차이점을 숙지하는 것 또한 중요하다. 통계 문제에서의 사건 발생 여부만 잘 판단하여도 계산과 공식을 적용하기가 수월하므로 문제의 의도를 잘 파악하는 것이 중요하다.

3   자료의 해석은 자료에서 즉시 확인할 수 있는 지문부터 확인하라!

대부분의 수험생들이 어려워 하는 영역이 수리영역 중 도표분석, 즉 자료해석능력이다. 자료는 표 또는 그래프로 제시되고, 쉬운 지문은 증가·감소 추이 또는 간단한 사칙연산으로 풀이가 가능한 문제들이 있고, 자료의 조사기간 동안 전년 대비 증가율 혹은 감소율이 가장 높은 기간을 찾는 문제들도 있다. 따라서 일단 증가·감소 추이와 같이 눈으로 확인이 가능한 지문을 먼저 확인한 후 복잡한 계산이 필요한 지문을 확인하는 방법으로 문제를 풀이한다면, 시간을 조금이라도 아낄 수 있다. 특히, 그래프와 같은 경우에는 그래프에 대한 특징을 알고 있다면, 그래프의 길이 혹은 높낮이 등으로 대략적인 수치를 빠르게 확인할 수 있으므로 이에 대한 숙지도 필요하다. 또한, 여러 가지 보기가 주어진 문제역시 지문을 잘 확인하고 문제를 풀이한다면 불필요한 계산을 생략할 수 있으므로 항상지문부터 확인하는 습관을 들여야 한다.

4   도표작성능력에서 지문에 작성된 도표의 제목을 반드시 확인하라!

도표작성은 하나의 자료 혹은 보고서와 같은 수치가 표현된 자료를 도표로 작성하는 형식으로 출제되는데, 대체로 표보다는 그래프를 작성하는 형태로 많이 출제된다. 지문을 살펴보면 각 지문에서 주어진 도표에도 소제목이 있는 경우가 대부분이다. 이때, 자료의 수치와 도표의 제목이 일치하지 않는 경우 함정이 존재하는 문제일 가능성이 높으므로 도표의 제목을 반드시 확인하는 것이 중요하다. 도표작성의 경우 대부분 비율 계산이 많이 출제되는데, 도표의 제목과는 다른 수치로 작성된 도표가 존재하는 경우가 있다. 그렇기 때문에 지문에서 작성된 도표의 소제목을 먼저 확인하는 연습을 하여 간단하지 않은 비율 계산을 두 번 하는 일이 없도록 해야 한다.

01 | 거리 · 속력 · 시간

| 유형분석 |

- (거리)=(속력)×(시간), (속력)=$\dfrac{(거리)}{(시간)}$, (시간)=$\dfrac{(거리)}{(속력)}$
- 기차와 터널의 길이, 물과 같이 속력이 있는 장소 등 추가적인 거리 · 속력 · 시간에 관한 조건과 결합하여 난도 높은 문제로 출제된다.

A사원은 회사 근처 카페에서 거래처와 미팅을 갖기로 했다. 처음에는 4km/h로 걸어가다가 약속 시간에 늦을 것 같아서 10km/h로 뛰어서 24분 만에 미팅 장소에 도착했다. 회사에서 카페까지의 거리가 2.5km일 때, A사원이 뛴 거리는?

① 0.6km
② 0.9km
③ 1.2km
④ 1.5km

정답 ④

총거리와 총시간이 주어져 있으므로 걸은 거리와 뛴 거리 또는 걸은 시간과 뛴 시간을 미지수로 잡을 수 있다.
미지수를 잡기 전에 문제에서 묻는 것을 정확하게 파악해야 나중에 답을 구할 때 헷갈리지 않는다.
문제에서는 A사원이 뛴 거리를 물어보았으므로 거리를 미지수로 놓는다.
A사원이 회사에서 카페까지 걸어간 거리를 $x$km, 뛴 거리를 $y$km라고 하면,
회사에서 카페까지의 거리는 2.5km이므로 걸어간 거리 $x$km와 뛴 거리 $y$km를 합하면 2.5km이다.
$x+y=2.5$ … ㉠

A사원이 회사에서 카페까지 24분이 걸렸으므로 걸어간 시간$\left(\dfrac{x}{4}\text{시간}\right)$과 뛰어간 시간$\left(\dfrac{y}{10}\text{시간}\right)$을 합치면 24분이다.

이때 속력은 시간 단위이므로 '분'으로 바꾸어 계산한다.

$\dfrac{x}{4}\times60+\dfrac{y}{10}\times60=24 \rightarrow 5x+2y=8$ … ㉡

㉠과 ㉡을 연립하여 ㉡-(2×㉠)을 하면 $x=1$이고, 구한 x의 값을 ㉠에 대입하면 $y=1.5$이다.
따라서 A사원이 뛴 거리는 $y$km이므로 1.5km이다.

유형풀이 Tip

- 미지수를 정할 때에는 문제에서 묻는 것을 정확하게 파악해야 한다.
- 속력과 시간의 단위를 처음부터 정리하여 계산하면 실수 없이 풀이할 수 있다.
  예 1시간=60분=3,600초
  예 1km=1,000m=100,000cm

01 소연이는 집에서 I은행까지 시속 6km의 속력으로 걸어가서 40분 동안 금융 업무를 본 후 같은 길을 시속 4km로 걸어 집으로 돌아왔더니 2시간 30분이 걸렸다. 집에서 I은행까지의 거리는?

① 4.1km
② 4.4km
③ 4.9km
④ 5.4km

Hard

02 A사원은 출근하는 도중 중요한 서류를 집에 두고 온 사실을 알게 되었다. A사원은 집으로 시속 5km로 걸어서 서류를 가지러 갔다가, 회사로 다시 출근할 때에는 자전거를 타고 시속 15km로 달렸다. 집에서 회사까지 거리는 5km이고, 2.5km 지점에서 서류를 가지러 집으로 출발할 때 시각이 오전 7시 10분이었다면, 회사에 도착한 시각은?(단, 집에서 회사까지는 직선거리이며 다른 요인으로 인한 소요시간은 없다)

① 오전 7시 50분
② 오전 8시
③ 오전 8시 10분
④ 오전 8시 20분

03 둘레가 6km인 공원을 나래는 자전거를 타고, 진혁이는 걷기로 했다. 같은 방향으로 돌면 1시간 30분 후에 다시 만나고, 서로 반대 방향으로 돌면 1시간 후에 만난다. 나래의 속도는 얼마인가?

① 4.5km/h
② 5km/h
③ 5.5km/h
④ 6km/h

02 | 농도

| 유형분석 |

- $(농도)=\dfrac{(용질의\ 양)}{(용액의\ 양)}\times100$
- (소금물의 양)=(물의 양)+(소금의 양)이라는 것에 유의하고, 더해지거나 없어진 것을 미지수로 두고 풀이한다.

소금물 500g이 있다. 이 소금물에 농도가 3%인 소금물 200g을 온전히 섞었더니 소금물의 농도는 7%가 되었다. 500g의 소금물에 녹아 있던 소금의 양은?

① 31g

② 37g

③ 43g

④ 49g

정답 ③

500g의 소금물에 녹아 있던 소금의 양을 xg이라고 하자.

농도가 3%인 소금물 200g에 녹아 있던 소금의 양은 $\dfrac{3}{100}\times200=6$g이다.

소금물 500g에 농도가 3%인 소금물 200g을 섞었을 때 소금물의 농도가 주어졌으므로 농도를 기준으로 식을 세우면 다음과 같다.

$\dfrac{x+6}{500+200}\times100=7$

→ $(x+6)\times100=7\times(500+200)$

→ $(x+6)\times100=4,900$

→ $100x+600=4,900$

→ $100x=4,300$

∴ $x=43$

따라서 500g의 소금물에 녹아 있던 소금의 양은 43g이다.

유형풀이 Tip

- 숫자의 크기를 최대한 간소화해야 한다. 특히, 농도의 경우 분수와 정수가 같이 제시되고, 최근에는 비율을 활용한 문제가 많이 출제되고 있으므로 통분이나 약분을 통해 수를 간소화시켜 계산 실수를 줄일 수 있도록 한다.
- 항상 미지수를 구해서 그 값을 계산하여 풀이해야 하는 것은 아니다. 문제에서 원하는 값은 정확한 미지수를 구하지 않아도 풀이 과정에서 답이 제시되는 경우가 있으므로 문제에서 묻는 것을 명확히 해야 한다.

01 설탕물 200g이 들어있는 비커에서 물 50g를 증발시킨 후 설탕 5g를 더 녹였더니 농도가 처음의 3배가 되었다. 처음 설탕물의 농도는?

① 약 0.5%   ② 약 1.2%

③ 약 1.9%   ④ 약 2.6%

Hard

02 세탁기는 세제 용액의 농도를 0.9%로 유지해야 가장 세탁이 잘 된다. 농도가 0.5%인 세제 용액 2kg에 세제를 4스푼 넣었더니, 농도가 0.9%인 세제 용액이 됐다. 물 3kg에 세제를 몇 스푼 넣으면 농도가 0.9%인 세제 용액이 되는가?

① 12스푼   ② 12.5스푼

③ 13스푼   ④ 13.5스푼

03 농도가 20%인 소금물 100g이 있다. 여기에 소금물 xg을 덜어내고, 덜어낸 양만큼의 소금을 첨가하였다. 거기에 농도 11%의 소금물 yg을 섞었더니 농도 26%의 소금물 300g이 되었다. 이때 $x + y$의 값은?

① 195   ② 213

③ 235   ④ 245

03 | 일의 양

| 유형분석 |

- (일률)$=\dfrac{(작업량)}{(작업기간)}$, (작업기간)$=\dfrac{(작업량)}{(일률)}$, (작업량)$=$(일률)$\times$(작업기간)
- 전체 일의 양을 1로 두고 풀이하는 유형이다.
- 분이나 초 단위 계산이 가장 어려운 유형으로 출제되고 있다.

한 공장에서는 기계 2대를 운용하고 있다. 이 공장의 전체 작업을 수행할 때 A기계로는 12시간이 걸리며, B기계로는 18시간이 걸린다. 이미 절반의 작업이 수행된 상태에서 A기계로 4시간 동안 작업하다가 이후로는 A, B 두 기계를 모두 동원해 작업을 수행했다고 할 때 A, B 두 기계를 모두 동원해 작업을 수행하는 데 소요된 시간은?

① 1시간
② 1시간 12분
③ 1시간 20분
④ 1시간 30분

정답 ②

전체 일의 양을 1이라고 하면 A기계가 1시간 동안 작업할 수 있는 일의 양은 $\dfrac{1}{12}$이고, B기계가 1시간 동안 작업할 수 있는 일의 양은 $\dfrac{1}{18}$이다. 이미 절반의 작업이 수행되었으므로 남은 일의 양은 $1-\dfrac{1}{2}=\dfrac{1}{2}$이다.

이 중 A기계로 4시간 동안 작업을 수행했으므로 A기계와 B기계가 함께 작업해야 하는 일의 양은 $\dfrac{1}{2}-\left(\dfrac{1}{12}\times4\right)=\dfrac{1}{6}$이다.

따라서 A, B 두 기계를 모두 동원해 남은 $\dfrac{1}{6}$을 수행하는 데는 $\dfrac{\dfrac{1}{6}}{\left(\dfrac{1}{12}+\dfrac{1}{18}\right)}=\dfrac{\dfrac{1}{6}}{\dfrac{5}{36}}=\dfrac{6}{5}$시간, 즉 1시간 12분이 걸린다.

유형풀이 Tip

- 전체의 값을 모르는 상태에서 비율을 묻는 문제의 경우 전체를 1이라고 하면 쉽게 풀이할 수 있다.

  예 1개의 일을 끝내는 데 3시간이 걸린다. 1개의 일을 1이라고 하면, 1시간에 $\dfrac{1}{3}$만큼의 일을 끝내는 것이다.

- 난도가 높은 문제의 경우 전체 일의 양을 막대 그림으로 표현하면서 풀이하면 한눈에 파악할 수 있다.

  예

$\dfrac{1}{2}$ 수행됨	A기계로 4시간 동안 작업	A, B 두 기계를 모두 동원해 작업

01 A매장에서는 직원 6명이 마감 청소를 하는 데 5시간이 걸린다. 만약 리모델링 작업을 진행하기 위해 3시간 만에 마감 청소를 끝낼 수 있도록 단기 직원을 추가로 고용하려고 한다면, 몇 명의 단기 직원이 추가로 필요한가?(단, 모든 직원의 능률은 동일하다)

① 2명   ② 3명
③ 4명   ④ 5명

02 어느 큰 물통에 물을 넣고자 한다. A호스와 B호스로 5분 동안 물을 채운 후 A호스로만 3분 동안 채우면 물통을 가득 채울 수 있고, A호스와 B호스로 4분 동안 물을 채운 후 B호스로만 6분 동안 채우면 물통을 가득 채울 수 있다고 한다. 이때, A호스로만 물통을 가득 채우는 데 걸리는 시간은?

① 10분   ② 12분
③ 14분   ④ 16분

Hard

03 방식이 다른 두 종류의 프린터 A, B가 있다. 두 프린터를 동시에 사용하여 100장을 프린트한다고 할 때, A프린터 3대와 B프린터 2대를 사용하면 4분이 걸리고, A프린터 4대와 B프린터 1대를 사용하면 5분이 걸린다. A프린터 2대와 B프린터 3대를 동시에 사용할 때, 100장을 프린트하는 데 걸리는 시간은?(단, 프린터마다 1장을 프린트하는 시간은 일정하다)

① 4분 20초   ② 4분
③ 3분 20초   ④ 3분

04 | 금액

| 유형분석 |

- (정가)=(원가)+(이익), (이익)=(정가)-(원가)

  a원에서 $b\%$ 할인한 가격$=a\times\left(1-\dfrac{b}{100}\right)$

- 원가, 정가, 할인가, 판매가 등의 개념을 명확히 한다.
- 난이도가 어려운 편은 아니지만 비율을 활용한 계산 문제이기 때문에 실수하기 쉽다.

원가의 20%를 추가한 금액을 정가로 하는 제품을 15% 할인해서 50개를 판매한 금액이 127,500원일 때, 이 제품의 원가는?

① 1,500원

② 2,000원

③ 2,500원

④ 3,000원

정답 ③

제품의 원가를 x원이라고 하면, 제품의 정가는 $(1+0.2)x=1.2x$원이고 판매가는 $1.2x(1-0.15)=1.02x$원이다.
50개를 판매한 금액이 127,500원이므로, 다음과 같은 식이 성립한다.

$1.02x\times50=127,500$

$\rightarrow 1.02x=2,550$

$\therefore x=2,500$

따라서 제품의 원가는 2,500원이다.

유형풀이 Tip

- 전체 금액을 구하는 것이 아니라 할인된 금액을 구하면 수의 크기도 작아지고, 풀이 과정을 단축시킬 수 있다.
- 난이도가 어려운 편은 아니지만, 비율을 활용한 계산 문제이기 때문에 실수하지 않도록 유의한다.

01 A, B 두 종류의 경기를 하여 각각에 대하여 상을 주는데 상을 받은 사람은 모두 30명이다. A종목은 50,000원을 받고 B종목은 30,000원을 받으며, A, B 두 종목 모두에서 상을 받은 사람은 10명이다. 또, A종목에서 상을 받은 사람은 B종목에서 상을 받은 사람보다 8명 많다. 이때 A종목에서 상을 받은 사람들이 받은 상금의 총액은?

① 1,100,000원   ② 1,200,000원

③ 1,300,000원   ④ 1,400,000원

02 다음과 같은 유통과정에서 상승한 최종 배추가격은 협동조합의 최초 구매가격 대비 몇 % 상승했는가?

<유통과정별 배추가격>

판매처	구매처	판매가격
산지	협동조합	재배 원가에 10% 이윤을 붙임
협동조합	도매상	산지에서 구입가격에 20% 이윤을 붙임
도매상	소매상	협동조합으로부터 구입가격이 판매가의 80%
소매상	소비자	도매상으로부터 구입가격에 20% 이윤을 붙임

① 98%   ② 80%

③ 78%   ④ 70%

Hard

03 투자가 A ~ D 4명은 각자 투자한 금액의 비율만큼 기업의 영업이익에 따라 배당금을 받는다. 2024년 상반기 기준, 영업이익이 3억 원이었고, 그중 B와 C가 받은 금액은 총 1억 원이었다. 또한, A가 받은 금액과 C가 받은 금액의 2배 값의 합은 $\frac{28}{9}$ 억 원이었다. C가 투자한 금액의 2배가 A가 투자한 금액과 같고 하반기 영업이익이 2.7억 원일 때, B가 하반기에 받을 배당금은 얼마인가?

① 0.1억 원   ② 0.2억 원

③ 0.3억 원   ④ 0.4억 원

05 | 날짜 · 요일

| 유형분석 |

- 1일=24시간=1,440(=24×60)분=86,400(=1,440×60)초
- 월별 일수 : 31일 – 1, 3, 5, 7, 8, 10, 12월
  30일 – 4, 6, 9, 11월
  28일 또는 29일(윤년, 4년에 1회) – 2월
- 날짜 · 요일 단위별 기준이 되는 숫자가 다르므로 실수하지 않도록 유의한다.

어느 달의 3월 2일은 금요일일 때, 한 달 후인 4월 2일은 무슨 요일인가?

① 월요일   ② 화요일

③ 수요일   ④ 목요일

정답 ①

3월은 31일까지 있고 일주일은 7일이므로, 31÷7=4 ⋯ 3이다.

따라서 4월 2일은 금요일부터 3일이 지난 월요일이다.

유형풀이 Tip

- 일주일은 7일이므로, 전체 일수를 구한 뒤 7로 나누면 빠르게 해결할 수 있다.
- 날짜와 요일의 단위를 처음부터 정리하여 계산하면 실수 없이 풀이할 수 있다.

01 I씨는 기간제로 6년을 일하였고, 시간제로 6개월을 근무하였다. 다음과 같은 연차 계산법을 활용하였을 때, I씨의 연차는 며칠인가?(단, 모든 계산은 소수점 첫째 자리에서 올림한다)

〈연차 계산법〉

- 기간제 : [(근무 연수)×(연간 근무 일수)]÷365×15
- 시간제 : (근무 총시간)÷365

※ 단, 1개월 30일, 1년 365일, 1일 8시간 근무로 계산함

① 86일   ② 88일
③ 92일   ④ 94일

`Easy`

02 어떤 황색 점멸 신호등은 6초 점등 후 4초 소등되고 맞은편 신호등은 8초 점등 후 6초 소등된다고 한다. 두 신호등이 동시에 켜진 후 다시 처음으로 동시에 점등될 때는 몇 초 후인가?

① 40초   ② 50초
③ 60초   ④ 70초

03 현재 A와 B의 근속연수는 각각 x년과 y년이다. 다음 정보를 참고할 때, B의 근속연수가 A의 근속연수의 2배가 되는 것은 언제인가?

〈정보〉

- A와 B의 근속연수 합은 21년이다.
- 3년 전 B의 근속연수는 A의 근속연수보다 4배 많았다.

① 3년 후   ② 4년 후
③ 5년 후   ④ 6년 후

06 | 경우의 수

| 유형분석 |

- $_nP_m = n \times (n-1) \times \cdots \times (n-m+1)$

  $_nC_m = \dfrac{_nP_m}{m!} = \dfrac{n \times (n-1) \times \cdots \times (n-m+1)}{m!}$
- 벤 다이어그램을 활용한 문제가 출제되기도 한다.

I은행은 토요일에 2명의 사원이 당직 근무를 서도록 사칙으로 규정하고 있다. I은행의 K팀에는 8명의 사원이 있고 앞으로 3주 동안 K팀이 토요일 당직 근무를 선다고 할 때, 가능한 모든 경우의 수는?(단, 모든 사원은 당직 근무를 2번 이상 서지 않는다)

① 1,520가지
② 2,520가지
③ 5,040가지
④ 10,080가지

정답 ②

8명을 2명씩 3개의 그룹으로 나누는 경우의 수는 $_8C_2 \times _6C_2 \times _4C_2 \times \dfrac{1}{3!} = 28 \times 15 \times 6 \times \dfrac{1}{6} = 420$가지이다.

3개의 그룹을 각각 A, B, C라 하면, 3주 동안 토요일에 근무자를 배치하는 경우의 수는 A, B, C를 일렬로 배열하는 방법의 수와 같으므로 3개의 그룹을 일렬로 나열하는 경우의 수는 $3 \times 2 \times 1 = 6$가지이다.

따라서 가능한 모든 경우의 수는 $420 \times 6 = 2,520$가지이다.

유형풀이 Tip

경우의 수의 합의 법칙과 곱의 법칙 등에 관해 명확히 한다.
1) 합의 법칙
   ① 두 사건 A, B가 동시에 일어나지 않을 때, A가 일어나는 경우의 수를 m, B가 일어나는 경우의 수를 n이라고 하면, 사건 A 또는 B가 일어나는 경우의 수는 $m+n$이다.
   ② '또는', '~이거나'라는 말이 나오면 합의 법칙을 사용한다.
2) 곱의 법칙
   ① A가 일어나는 경우의 수를 m, B가 일어나는 경우의 수를 n이라고 하면, 사건 A와 B가 동시에 일어나는 경우의 수는 $m \times n$이다.
   ② '그리고', '동시에'라는 말이 나오면 곱의 법칙을 사용한다.

Easy

01 은경이는 태국 여행에서 A ~ D 네 종류의 손수건을 총 9장 구매했으며, 그중 B손수건은 3장, 나머지는 각각 같은 개수를 구매했다. 기념품으로 친구 3명에게 종류가 다른 손수건을 3장씩 나눠줬을 때, 가능한 경우의 수는?

① 5가지
② 6가지
③ 7가지
④ 8가지

02 I초등학교에서 1 ~ 6학년까지 학년별 대표가 나와서 다음과 같은 〈조건〉으로 나란히 줄을 서고자 할 때, 가능한 경우의 수는?

> **조건**
> • 1학년 대표 다음에는 2학년 대표가 설 수 없다.
> • 2학년 대표 다음에는 3학년 대표가 설 수 없다.

① 432가지
② 487가지
③ 495가지
④ 504가지

03 철수는 아래와 같은 길을 따라 A에서 C까지 최단 거리로 이동을 하려고 한다. 이때, 최단 거리로 이동을 하는 동안 B를 거쳐서 이동하는 경우의 수는?

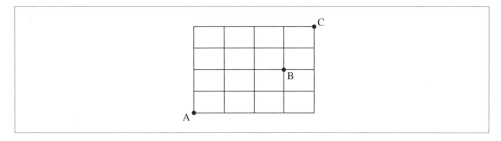

① 15가지
② 24가지
③ 28가지
④ 30가지

07 | 확률

| 유형분석 |

- 순열(P)과 조합(C)을 활용한 문제가 많다.
- 조건부 확률 문제가 출제되기도 한다.

주머니에 1부터 10까지의 숫자가 적힌 카드 10장이 들어있다. 주머니에서 카드를 세 번 뽑는다고 할 때, 1, 2, 3이 적힌 카드 중 하나 이상을 뽑을 확률은?(단, 꺼낸 카드는 다시 넣지 않는다)

① $\dfrac{7}{24}$

② $\dfrac{5}{8}$

③ $\dfrac{17}{24}$

④ $\dfrac{5}{6}$

정답 ③

(1, 2, 3이 적힌 카드 중 하나 이상을 뽑을 확률)=1−(세 번 모두 4~10이 적힌 카드를 뽑을 확률)

세 번 모두 4~10이 적힌 카드를 뽑을 확률은 $\dfrac{7}{10} \times \dfrac{6}{9} \times \dfrac{5}{8} = \dfrac{7}{24}$ 이다.

따라서 1, 2, 3이 적힌 카드 중 하나 이상을 뽑을 확률은 $1 - \dfrac{7}{24} = \dfrac{17}{24}$ 이다.

유형풀이 Tip

1) 확률의 덧셈
   두 사건 A, B가 동시에 일어나지 않을 때, A가 일어날 확률을 p, B가 일어날 확률을 q라고 하면, 사건 A 또는 B가 일어날 확률은 $p+q$이다.
2) 확률의 곱셈
   A가 일어날 확률을 p, B가 일어날 확률을 q라고 하면, 사건 A와 B가 동시에 일어날 확률은 $p \times q$이다.
3) 여사건 확률
   ① 사건 A가 일어날 확률이 p일 때, 사건 A가 일어나지 않을 확률은 $(1-p)$이다.
   ② '적어도'라는 말이 나오면 주로 사용한다.
4) 조건부 확률
   ① 확률이 0이 아닌 두 사건 A, B에 대하여 사건 A가 일어났다는 조건하에 사건 B가 일어날 확률로, A 중에서 B인 확률을 의미한다.
   ② $P(B \mid A) = \dfrac{P(A \cap B)}{P(A)}$ 또는 $P_A(B)$로 나타낸다.

01 직장 근처에서 자취를 시작하게 된 한별이는 도어 록의 비밀번호를 새로 설정하려고 한다. 한별이의 도어 록 번호판은 다음과 같이 0을 제외한 $1 \sim 9$ 숫자로 되어 있다. 비밀번호를 서로 다른 4개의 숫자로 구성한다고 할 때, 5와 6을 제외하고, 1과 8이 포함된 4자리 숫자로 만들 확률은?

〈도어 록 비밀번호〉

① $\dfrac{5}{63}$ ② $\dfrac{2}{21}$

③ $\dfrac{1}{7}$ ④ $\dfrac{10}{63}$

Hard

02 I회사의 사내 운동회에서 홍보부서와 기획부서가 결승에 진출하였다. 결승에서는 7번 경기 중에서 4번을 먼저 이기는 팀이 우승팀이 된다. 홍보부서와 기획부서의 승률이 각각 $\dfrac{1}{2}$ 이고 무승부는 없다고 할 때, 홍보부서가 4번째 또는 5번째 시합에서 결승에 우승할 확률은?

① $\dfrac{1}{8}$ ② $\dfrac{5}{6}$

③ $\dfrac{1}{4}$ ④ $\dfrac{3}{16}$

03 커피 동아리 회원은 남자 4명, 여자 6명으로 구성되어 있다. 동아리는 송년회를 맞아 회원 중 3명에게 드립커피 세트를 사은품으로 주려고 할 때, 사은품을 받을 3명 중 남자가 여자보다 많을 확률은?(단, 확률은 소수점 셋째 자리에서 반올림한다)

① 12.55%   ② 20.17%

③ 28.36%   ④ 33.33%

08 | 환율

| 유형분석 |

- $(환율)=\dfrac{(자국\ 화폐\ 가치)}{(외국\ 화폐\ 가치)}$
- $(자국\ 화폐\ 가치)=(환율)\times(외국\ 화폐\ 가치)$
- $(외국\ 화폐\ 가치)=\dfrac{(자국\ 화폐\ 가치)}{(환율)}$

수인이는 베트남 여행을 위해 환전하기로 하였다. 다음은 I환전소의 환전 당일 환율 및 수수료에 대한 자료이다. 수인이가 한국 돈으로 베트남 현금 1,670만 동을 환전한다고 할 때, 수수료까지 포함하여 필요한 금액은?(단, 모든 계산과정에서 구한 값은 일의 자리에서 버림한다)

〈I환전소 환율 및 수수료〉

- 베트남 환율 : 483원/만 동
- 수수료 : 0.5%
- 우대사항 : 50만 원 이상 환전 시 70만 원까지 수수료 0.4%로 인하 적용
  100만 원 이상 환전 시 총금액 수수료 0.4%로 인하 적용

① 808,840원 ② 808,940원
③ 809,840원 ④ 809,940원

정답 ④

베트남 현금 1,670만 동을 환전하기 위해 필요한 한국 돈은 수수료를 제외하고 1,670만 동×483원/만 동=806,610원이다. 우대사항에 따르면 50만 원 이상 환전 시 70만 원까지 수수료가 0.4%로 낮아지므로, 70만 원에는 수수료가 0.4% 적용되고 나머지는 0.5%가 적용되어 총수수료를 구하면 700,000×0.004+(806,610-700,000)×0.005=2,800+533.05≒3,330원이다(∵ 일의 자리에서 버림).

따라서 수수료를 포함하여 수인이가 원하는 금액을 환전하는 데 필요한 총금액은 806,610+3,330=809,940원이다.

유형풀이 Tip

- 우대사항 등 문제에서 요구하는 조건을 놓치지 않도록 주의한다.

Easy

01 A씨는 태국에서 신용카드로 1만 5천 바트의 기념품을 구매하였다. 카드사에서 적용하는 환율 및 수수료가 다음과 같을 때, A씨가 기념품 비용으로 내야 할 카드 금액은 얼마인가?

<적용 환율 및 수수료>

• 태국 환율 : 38.1원/바트
• 해외서비스 수수료 : 0.2%
※ 십 원 미만은 절사

① 584,720원   ② 572,640원
③ 566,230원   ④ 558,110원

02 I씨는 지난 영국출장 때 사용하고 남은 1,400파운드를 주거래 은행인 A은행에서 환전해 이번 독일 출장 때 가지고 가려고 한다. A은행에서 고시한 환율은 1파운드당 1,500원, 1유로당 1,200원일 때, I씨가 환전한 유로화는 얼마인가?(단, 국내 은행에서 파운드화에서 유로화로 환전 시 이중환전을 해야 하며, 환전 수수료는 고려하지 않는다)

① 1,700유로   ② 1,750유로
③ 1,800유로   ④ 1,850유로

03 다음은 각 국가 외화의 매매기준율 및 환전 수수료를 나타낸 표이다. 대만 달러 600,000TWD를 환전 수수료를 고려하여 원화로 환전할 때 받을 수 있는 원화는 얼마인가?(단, 우대환율은 적용하지 않는다)

<각 국가 외화의 매매기준율 및 환전 수수료>

국가	미국	호주	대만
매매기준율	1,300원/USD	880원/AUD	40원/TWD
환전 수수료	1.75%	2%	9%

※ 환전 수수료는 외화를 사고 팔 때 모두 같은 비율로 적용함

① 15,670,000원   ② 21,840,000원
③ 27,260,000원   ④ 33,560,000원

09 | 금융상품 활용

│ 유형분석 │

- 금융상품을 정확하게 이해하고 문제에서 요구하는 답을 도출해낼 수 있는지 평가한다.
- 단리식, 복리식, 이율, 우대금리, 중도해지, 만기해지 등 조건에 유의해야 한다.

I은행은 '더 커지는 적금'을 새롭게 출시하였다. A씨는 이 적금의 모든 우대금리조건을 만족하여 이번 달부터 이 상품에 가입하려고 한다. 만기 시 A씨가 받을 수 있는 이자는 얼마인가?(단, 이자 소득에 대한 세금은 고려하지 않으며, $1.025^{\frac{1}{12}}=1.002$로 계산한다)

〈더 커지는 적금〉

- 가입기간 : 12개월
- 가입금액 : 매월 초 200,000원 납입
- 적용금리 : 기본금리(연 2.1%)+우대금리(최대 연 0.4%p)
- 저축방법 : 정기적립식
- 이자지급방식 : 만기일시지급, 연복리식
- 우대금리조건
  - 당행 입출금통장 보유 시 : +0.1%p
  - 연 500만 원 이상의 당행 예금상품 보유 시 : +0.1%p
  - 급여통장 지정 시 : +0.1%p
  - 이체실적이 20만 원 이상 시 : +0.1%p

① 105,000원　　　　　　　　　　　② 107,000원
③ 108,000원　　　　　　　　　　　④ 111,000원

정답　①

모든 우대금리조건을 만족하므로 최대 연 0.4%p가 기본금리에 적용되어 2.1+0.4=2.5%가 된다.

n개월 후 연복리 이자는 (월납입금)$\times\dfrac{(1+r)^{\frac{1}{12}}\left\{(1+r)^{\frac{n}{12}}-1\right\}}{(1+r)^{\frac{1}{12}}-1}$-(적립원금)이므로, 이에 따른 식은 다음과 같다.

$200,000\times\dfrac{1.025^{\frac{1}{12}}(1.025-1)}{\left(1.025^{\frac{1}{12}}-1\right)}-200,000\times12=200,000\times1.002\times\dfrac{(1.025-1)}{0.002}-2,400,000$

$=2,505,000-2,400,000=105,000$원

1) 단리
   ① 개념 : 원금에만 이자가 발생
   ② 계산 : 이율이 $r\%$인 상품에 원금 a를 총 n번 이자가 붙는 동안 예치한 경우 $a(1+nr)$
2) 복리
   ① 개념 : 원금과 이자에 모두 이자가 발생
   ② 계산 : 이율이 $r\%$인 상품에 원금 a를 총 n번 이자가 붙는 동안 예치한 경우 $a(1+r)^n$
3) 이율과 기간
   ① $(월이율)=\dfrac{(연이율)}{12}$

   ② $n개월=\dfrac{n}{12}$ 년
4) 예치금의 원리합계
   원금 a원, 연이율 $r\%$, 예치기간 n개월일 때,
   • 단리 예금의 원리합계 : $a\left(1+\dfrac{r}{12}n\right)$

   • 월복리 예금의 원리합계 : $a\left(1+\dfrac{r}{12}\right)^n$

   • 연복리 예금의 원리합계 : $a(1+r)^{\frac{n}{12}}$
5) 적금의 원리합계
   월초 a원씩, 연이율 $r\%$일 때, n개월 동안 납입한다면
   • 단리 적금의 n개월 후 원리합계 : $an+a\times\dfrac{n(n+1)}{2}\times\dfrac{r}{12}$

   • 월복리 적금의 n개월 후 원리합계 : $\dfrac{a\left(1+\dfrac{r}{12}\right)\left\{\left(1+\dfrac{r}{12}\right)^n-1\right\}}{\left(1+\dfrac{r}{12}\right)-1}$

   • 연복리 적금의 n개월 후 원리합계 : $\dfrac{a(1+r)^{\frac{1}{12}}\left\{(1+r)^{\frac{n}{12}}-1\right\}}{(1+r)^{\frac{1}{12}}-1}=\dfrac{a\left\{(1+r)^{\frac{n+1}{12}}-(1+r)^{\frac{1}{12}}\right\}}{(1+r)^{\frac{1}{12}}-1}$

01 I은행의 A행원은 I고객에게 적금만기 문자를 통보하려고 한다. 다음과 같은 〈조건〉을 토대로 I고객에게 안내할 금액은 얼마인가?

> **조건**
> • 상품명 : I은행 나라사랑적금
> • 가입자 : 본인
> • 가입기간 : 24개월(만기)
> • 가입금액 : 매월 초 100,000원 납입
> • 금리 : 기본금리(연 2.3%)+우대금리(최대 연 1.1%p)
> • 저축방법 : 정기적립식
> • 이자지급방식 : 만기일시지급 – 단리식
> • 우대금리
>   a. 월 저축금액이 10만 원 이상 시 연 0.1%p 가산
>   b. 당행 나라사랑 카드 소지 시 증빙서류 제출자에 한하여 연 0.6%p 가산
>   c. 급여이체 실적이 있을 시 연 0.4%p 가산(단, 신규 상품 가입 시 상품 가입 전 최초 급여이체 후 최소 3일이 경과해야 우대가 적용)
> • 기타사항
>   a. I고객은 급여이체가 들어온 당일 계좌를 개설하였음
>   b. I은행의 나라사랑 카드를 소지하고 있으며 증빙서류를 제출하여 은행에서 확인받음

① 2,400,000원   ② 2,460,000원
③ 2,472,500원   ④ 2,475,000원

02 다음은 I은행 적금 상품의 내용이다. 다음과 같은 〈조건〉으로 정기적금을 가입할 때, 만기 시 받는 총액은 얼마인가?(단, 이자소득세는 제외한다)

> **조건**
> • 상품명 : I은행 우리아이 희망적금
> • 가입기간 : 36개월
> • 가입금액 : 매월 400,000원 납입
> • 적용금리 : 연 2.2%, 단리
> • 저축방법 : 정기적립식이며 만기일시지급으로 지급함

① 13,888,400원   ② 14,888,400원
③ 15,888,400원   ④ 17,888,400원

03 I은행에 방문한 은경이는 5,000만 원을 정기예금에 맡기려고 한다. 은경이가 고른 상품은 월단리 예금상품으로 월이율 0.6%이며, 기간은 15개월이다. 은경이가 이 상품에 가입했을 경우 만기 시 받는 이자는 얼마인가?(단, 정기예금은 만기일시지급식이다)

① 4,500,000원　　　　　　　　　② 5,000,000원

③ 5,500,000원　　　　　　　　　④ 6,000,000원

04 매년 수입이 4,000만 원인 A씨의 소득 공제 금액이 작년에는 수입의 5%였고, 올해는 수입의 10%로 늘었다. 작년 대비 올해 증가한 소비 금액은 얼마인가?(단, A씨는 매년 1,201만 원 이상 소비하였고, 소비 금액은 천 원 단위에서 반올림한다)

〈소비 금액별 소득 공제 비율〉

소비 금액	공제 적용 비율
1,200만 원 이하	6%
1,200만 원 초과 4,600만 원 이하	(72만 원)+(1,200만 원 초과금)×15%

① 1,334만 원　　　　　　　　　② 1,350만 원

③ 1,412만 원　　　　　　　　　④ 1,436만 원

10 | 자료계산

| 유형분석 |

- 문제에 주어진 조건과 정보를 활용하여 빈칸에 들어갈 알맞은 수를 계산해낼 수 있는지 평가한다.

다음은 시·군지역의 성별 비경제활동 인구 조사를 나타낸 표이다. 빈칸 (가), (다)에 들어갈 수가 바르게 연결된 것은?(단, 인구수는 백의 자리에서 반올림하고, 비중은 소수점 첫째 자리에서 반올림한다)

〈성별 비경제활동 인구〉

(단위 : 천 명, %)

구분	총계	남자	비중	여자	비중
시지역	7,800	2,574	(가)	5,226	(나)
군지역	1,149	(다)	33.5	(라)	66.5

	(가)	(다)			(가)	(다)
①	30	385		②	30	392
③	33	378		④	33	385

정답 ④

- (가) : $\dfrac{2,574}{7,800} \times 100 = 33\%$

- (다) : $1,149 \times 0.335 \fallingdotseq 385$천 명

유형풀이 Tip

주요 통계 용어
1) 평균 : 자료 전체의 합을 자료의 개수로 나눈 값
2) 분산 : 변량이 평균으로부터 떨어져 있는 정도를 나타낸 값
3) 표준편차 : 통계집단의 분배정도를 나타내는 수치, 자료의 값이 얼마나 흩어져 분포되어 있는지 나타내는 산포도 값의 한 종류
4) 상대도수 : 도수분포표에서 도수의 총합에 대한 각 계급의 도수의 비율
5) 최빈값 : 자료의 분포 중에서 가장 많은 빈도로 나타나는 변량
6) 중앙값 : 자료를 크기 순서대로 배열했을 때 중앙에 위치하게 되는 값

01 다음은 I헬스장의 2024년 4분기 프로그램 회원 수와 2025년 1월 예상 회원 수에 대한 표이다. 〈조건〉에 근거하여 방정식 $2a+b=c+d$가 성립할 때, b에 알맞은 회원 수는?

〈I헬스장 운동 프로그램 회원 현황〉

(단위 : 명)

구분	2024년 10월	2024년 11월	2024년 12월	2025년 1월
요가	50	a	b	
G.X	90	98	c	
필라테스	106	110	126	d

조건

• 2024년 11월 요가 회원은 전월 대비 20% 증가했다.
• 4분기 필라테스 총 회원 수는 G.X 총 회원 수보다 37명이 더 많다.
• 2025년 1월 필라테스의 예상 회원 수는 올해 4분기 필라테스의 월 평균 회원 수일 것이다.

① 110명　　　　　　　　　　② 111명
③ 112명　　　　　　　　　　④ 113명

Easy

02 다음은 소매 업태별 판매액을 나타낸 자료이다. 2022년 대비 2024년 두 번째로 높은 비율로 증가한 증가를 보인 업태의 2022년 대비 2024년 판매액의 증가율은?(단, 소수점 첫째 자리에서 반올림한다)

〈소매 업태별 판매액〉

(단위 : 십억 원)

구분	2022년	2023년	2024년
백화점	29,028	29,911	29,324
대형마트	32,777	33,234	33,798
면세점	9,198	12,275	14,465
슈퍼마켓 및 잡화점	43,481	44,361	45,415
편의점	16,455	19,481	22,237
승용차 및 연료 소매점	91,303	90,137	94,508
전문 소매점	139,282	140,897	139,120
무점포 소매점	46,788	54,046	61,240
합계	408,312	424,342	440,117

① 31%　　　　　　　　　　② 35%
③ 42%　　　　　　　　　　④ 55%

03 다음은 폐기물협회에서 제공하는 전국 폐기물 발생 현황 자료이다. 자료의 빈칸에 해당하는 값이 바르게 짝지어진 것은?(단, 소수점 둘째 자리에서 반올림한다)

<전국 폐기물 발생 현황>

구분		2019년	2020년	2021년	2022년	2023년	2024년
총계	발생량	359,296	357,861	365,154	373,312	382,009	382,081
	증감율	6.6	−0.4	2.0	2.2	2.3	0.02
의료 폐기물	발생량	52,072	50,906	49,159	48,934	48,990	48,728
	증감율	3.4	−2.2	−3.4	(ㄱ)	0.1	−0.5
사업장 배출시설계 폐기물	발생량	130,777	123,604	137,875	137,961	146,390	149,815
	증감율	13.9	(ㄴ)	11.5	0.1	6.1	2.3
건설 폐기물	발생량	176,447	183,351	178,120	186,417	186,629	183,538
	증감율	2.6	3.9	−2.9	4.7	0.1	−1.7

	(ㄱ)	(ㄴ)
①	−0.5	−5.5
②	−0.5	−4.5
③	−0.6	−5.5
④	−0.6	−4.5

04 다음은 세계 음악시장의 규모를 나타낸 자료이다. 〈조건〉에 근거하여 2024년의 음악시장 규모를 구하면?(단, 소수점 둘째 자리에서 반올림한다)

〈세계 음악시장 규모〉

(단위 : 백만 달러)

구분		2019년	2020년	2021년	2022년	2023년
공연음악	후원	5,930	6,008	6,097	6,197	6,305
	티켓 판매	20,240	20,688	21,165	21,703	22,324
	합계	26,170	26,696	27,262	27,900	28,629
음반	디지털	8,719	9,432	10,180	10,905	11,544
	다운로드	5,743	5,986	6,258	6,520	6,755
	스트리밍	1,530	2,148	2,692	3,174	3,557
	모바일	1,447	1,298	1,230	1,212	1,233
	오프라인 음반	12,716	11,287	10,171	9,270	8,551
	합계	30,155	30,151	30,531	31,081	31,640
합계		56,325	56,847	57,793	58,981	60,269

조건

- 2024년 후원금은 2023년보다 1억 1천 8백만 달러, 티켓 판매는 2023년보다 7억 4천만 달러가 증가할 것으로 예상된다.
- 스트리밍 시장의 경우 빠르게 성장하는 추세로 2024년 스트리밍 시장 규모는 2019년 스트리밍 시장 규모의 2.5배가 될 것으로 예상된다.
- 오프라인 음반 시장은 점점 감소하는 추세로 2024년 오프라인 음반 시장의 규모는 2023년 대비 6%의 감소율을 보일 것으로 예상된다.

	공연음악	스트리밍	오프라인 음반
①	29,487백만 달러	3,711백만 달러	8,037.9백만 달러
②	29,487백만 달러	3,825백만 달러	8,037.9백만 달러
③	29,685백만 달러	3,825백만 달러	7,998.4백만 달러
④	29,685백만 달러	4,371백만 달러	7,998.4백만 달러

11 | 자료추론

| 유형분석 |

- 문제에 주어진 상황과 정보를 적절하게 활용하여 잘못된 내용을 찾아낼 수 있는지 평가한다.
- 비율·증감폭·증감률·수익(손해)율 등의 계산을 요구하는 문제가 출제된다.

다음은 2019 ~ 2023년 I사의 경제 분야 투자규모에 대한 자료이다. 이에 대한 설명으로 옳지 않은 것은?

〈I사의 경제 분야 투자규모〉

(단위 : 억 원, %)

구분	2019년	2020년	2021년	2022년	2023년
경제 분야 투자규모	16	20	15	12	16
총지출 대비 경제 분야 투자규모 비중	6.5	7.5	8	7	5

① 2023년 총지출은 300억 원 이상이다.
② 2020년 경제 분야 투자규모의 전년 대비 증가율은 25%이다.
③ 2019 ~ 2023년 동안 경제 분야에 투자한 금액은 79억 원이다.
④ 2021년과 2022년의 경제 분야 투자규모의 전년 대비 감소율의 차이는 3%p이다.

정답 ④

• 2021년 전년 대비 감소율 : $\dfrac{20-15}{20} \times 100 = 25\%$

• 2022년 전년 대비 감소율 : $\dfrac{15-12}{15} \times 100 = 20\%$

따라서 2021년과 2022년의 경제 분야 투자규모의 전년 대비 감소율의 차이는 5%p이다.

오답분석

① 2023년 총지출을 a억 원이라고 가정하면, $a \times 0.05 = 16$억 원 → $a = \dfrac{16}{0.05} = 320$, 총지출은 320억 원이므로 300억 원 이상이다.

② 2020년 경제 분야 투자규모의 전년 대비 증가율은 $\dfrac{20-16}{16} \times 100 = 25\%$이다.

③ 2019 ~ 2023년 동안 경제 분야에 투자한 금액은 $16+20+15+12+16=79$억 원이다.

유형풀이 Tip

• 증감률(%) : $\dfrac{(비교값)-(기준값)}{(기준값)} \times 100$

예 I은행의 작년 신입사원 수는 500명이고, 올해는 700명이다. I은행의 전년 대비 올해 신입사원 수의 증가율은?

$\dfrac{700-500}{500} \times 100 = \dfrac{200}{500} \times 100 = 40\%$ → 전년 대비 40% 증가하였다.

I은행의 올해 신입사원 수는 700명이고, 내년에는 350명을 채용할 예정이다. I은행의 올해 대비 내년 신입사원 수의 감소율은?

$\dfrac{350-700}{700} \times 100 = -\dfrac{350}{700} \times 100 = -50\%$ → 올해 대비 50% 감소할 것이다.

01 I소비자단체는 현재 판매 중인 가습기의 표시지 정보와 실제 성능을 비교하기 위해 8개의 제품을 시험하였고, 시험 결과를 다음과 같이 발표하였다. 이에 대한 설명으로 옳은 것은?

〈가습기 성능 시험 결과〉

모델	제조사	구분	가습기 성능					
			미생물 오염도	가습능력	적용 바닥면적 (아파트)	적용 바닥면적 (주택)	소비전력	소음
			CFU/m²	mL/h	m²	m²	W	dB(A)
A가습기	W사	표시지	14	262	15.5	14.3	5.2	26.0
		시험 결과	16	252	17.6	13.4	6.9	29.9
B가습기	L사	표시지	11	223	12.3	11.1	31.5	35.2
		시험 결과	12	212	14.7	11.2	33.2	36.6
C가습기	C사	표시지	19	546	34.9	26.3	10.5	31.5
		시험 결과	22	501	35.5	26.5	11.2	32.4
D가습기	W사	표시지	9	219	17.2	12.3	42.3	30.7
		시험 결과	8	236	16.5	12.5	44.5	31.0
E가습기	C사	표시지	9	276	15.8	11.6	38.5	31.8
		시험 결과	11	255	17.8	13.5	40.9	32.0
F가습기	C사	표시지	3	165	8.6	6.8	7.2	40.2
		시험 결과	5	129	8.8	6.9	7.4	40.8
G가습기	W사	표시지	4	223	14.9	11.4	41.3	31.5
		시험 결과	6	245	17.1	13.0	42.5	33.5
H가습기	L사	표시지	6	649	41.6	34.6	31.5	39.8
		시험 결과	4	637	45.2	33.7	30.6	41.6

① 시험 결과에 따르면 C사의 모든 가습기 소음은 W사의 모든 가습기의 소음보다 더 크다.

② L사의 모든 가습기는 표시지 정보와 시험 결과 모두 아파트 적용 바닥면적이 주택 적용 바닥면적보다 넓다.

③ 표시지 정보에 따른 모든 가습기의 가습능력은 실제보다 과대 표시되었다.

④ W사의 모든 가습기는 시험 결과, 표시지 정보보다 미생물 오염도가 더 심한 것으로 나타났다.

02 다음은 OECD 주요 국가별 삶의 만족도 및 관련 지표를 나타낸 자료이다. 이에 대한 설명으로 옳지 않은 것은?

〈OECD 주요 국가별 삶의 만족도 및 관련 지표〉

(단위 : 점, %, 시간)

구분	삶의 만족도	장시간 근로자 비율	여가·개인 돌봄시간
덴마크	7.6	2.1	16.1
아이슬란드	7.5	13.7	14.6
호주	7.4	14.2	14.4
멕시코	7.4	28.8	13.9
미국	7.0	11.4	14.3
영국	6.9	12.3	14.8
프랑스	6.7	8.7	15.3
이탈리아	6.0	5.4	15.0
일본	6.0	22.6	14.9
한국	6.0	28.1	14.9
에스토니아	5.4	3.6	15.1
포르투갈	5.2	9.3	15.0
헝가리	4.9	2.7	15.0

※ 장시간 근로자 비율은 전체 근로자 중 주 50시간 이상 근무한 근로자의 비율임

① 삶의 만족도가 가장 높은 국가는 장시간 근로자 비율이 가장 낮다.
② 한국의 장시간 근로자 비율은 삶의 만족도가 가장 낮은 국가의 장시간 근로자 비율의 10배 이상 이다.
③ 삶의 만족도가 한국보다 낮은 국가들의 장시간 근로자 비율 산술평균은 이탈리아의 장시간 근로자 비율보다 높다.
④ 여가·개인 돌봄시간이 가장 긴 국가와 가장 짧은 국가의 삶의 만족도 차이는 0.3점 이하이다.

03 다음은 2020 ~ 2024년 지역별 이혼건수에 대한 자료이다. 이에 대한 설명으로 옳은 것은?

〈2020 ~ 2024년 지역별 이혼건수〉

(단위 : 천 건)

구분	2020년	2021년	2022년	2023년	2024년
서울	28	29	34	33	38
인천	22	24	35	32	39
경기	19	21	22	28	33
대전	11	13	12	11	10
광주	8	9	9	12	7
대구	15	13	14	17	18
부산	18	19	20	19	21
울산	7	8	8	5	7
제주	4	5	7	6	5
전체	132	141	161	163	178

※ 수도권은 서울, 인천, 경기임

① 2022 ~ 2024년 인천의 총 이혼건수는 서울보다 적다.
② 2020 ~ 2024년까지 전체 이혼건수가 가장 적은 해는 2024년이다.
③ 2020 ~ 2024년까지 수도권의 이혼건수가 가장 많은 해는 2023년이다.
④ 2020 ~ 2024년까지 전체 이혼건수 증감 추이와 같은 지역은 한 곳뿐이다.

04 다음은 출생아 수 및 합계 출산율을 나타낸 그래프이다. 이에 대한 설명으로 옳은 것은?

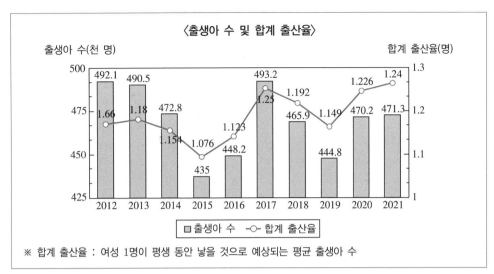

① 2015년의 출생아 수는 2013년에 비해 약 0.6배로 감소하였다.

② 우리나라의 합계 출산율은 지속적으로 상승하고 있다.

③ 한 여성이 평생 동안 낳을 것으로 예상되는 평균 출생아 수는 2015년에 가장 낮다.

④ 2020년에 비해 2021년에는 합계 출산율이 0.024명 증가했다.

12 | 자료변환

| 유형분석 |

- 그래프의 형태별 특징을 파악하고, 다양한 종류로 변환하여 표현할 수 있는지 평가한다.
- 수치를 일일이 확인하기보다 증감 추이를 먼저 판단한 후 그래프 모양이 크게 차이 나는 곳의 수치를 확인하는 것이 효율적이다.

다음은 2019 ~ 2023년 I기업의 매출표를 나타낸 것이다. 이를 참고하여 작성한 그래프로 옳은 것은?

〈I기업 매출표〉

(단위 : 억 원)

구분	2019년	2020년	2021년	2022년	2023년
매출액	1,485	1,630	1,410	1,860	2,055
매출원가	1,360	1,515	1,280	1,675	1,810
판관비	30	34	41	62	38

※ (영업이익)=(매출액)-[(매출원가)+(판관비)]
※ (영업이익률)=(영업이익)÷(매출액)×100

① 2019 ~ 2023년 영업이익

(억 원)

② 2019 ~ 2023년 영업이익

(억 원)

③ 2019 ~ 2023년 영업이익률

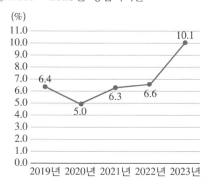

④ 2019 ~ 2023년 영업이익률

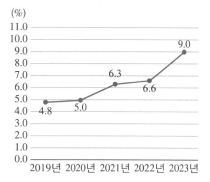

정답 ③

연도별 영업이익과 영업이익률은 다음과 같다.

(단위 : 억 원)

구분	2019년	2020년	2021년	2022년	2023년
매출액	1,485	1,630	1,410	1,860	2,055
매출원가	1,360	1,515	1,280	1,675	1,810
판관비	30	34	41	62	38
영업이익	95	81	89	123	207
영업이익률	6.4%	5.0%	6.3%	6.6%	10.1%

따라서 바르게 나타낸 것은 ③이다.

유형풀이 Tip

그래프의 종류

종류	내용
선 그래프	시간적 추이(시계열 변화)를 표시하고자 할 때 적합 예 연도별 매출액 추이 변화
막대 그래프	수량 간의 대소관계를 비교하고자 할 때 적합 예 영업소별 매출액
원 그래프	내용의 구성비를 분할하여 나타내고자 할 때 적합 예 제품별 매출액 구성비
층별 그래프	합계와 각 부분의 크기를 백분율로 나타내고 시간적 변화를 보고자 할 때 적합 예 상품별 매출액 추이
점 그래프	지역분포를 비롯한 기업 등의 평가나 위치, 성격을 표시하고자 할 때 적합 예 광고비율과 이익률의 관계
방사형 그래프	다양한 요소를 비교하고자 할 때 적합 예 매출액의 계절변동

Easy

01 다음은 외상 후 스트레스 장애 진료인원에 대한 자료이다. 이를 바르게 나타낸 그래프는?(단, 성비는 소수점 첫째 자리에서 반올림한 값이다)

〈연도별 외상 후 스트레스 장애 진료인원〉

(단위 : 명)

구분	전체	남성	여성	성비
2020년	7,268	2,966	4,302	69
2021년	7,901	3,169	4,732	67
2022년	8,282	3,341	4,941	68
2023년	9,648	3,791	5,857	65
2024년	10,570	4,170	6,400	65

※ (성비)$=\dfrac{(남성\ 수)}{(여성\ 수)}\times100$

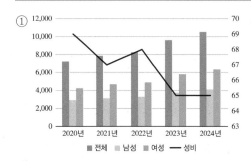

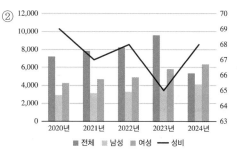

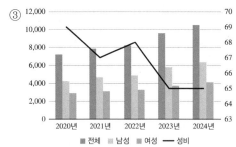

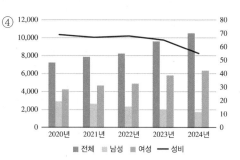

02 다음 표는 2013년부터 2023년까지 A국의 주식시장 현황을 나타낸 자료이다. 이를 바탕으로 작성한 그래프 중 당해연도 초과수익률을 바르게 나타낸 것은?

〈A국 주식시장 현황〉

구분	2013년	2014년	2015년	2016년	2017년	2018년	2019년	2020년	2021년	2022년	2023년
주가지수	376	562	1,028	505	694	628	811	896	1,379	1,434	1,897
수익률(%)	–	49.5	82.8	−50.9	37.4	−9.5	29.1	10.5	53.9	4.0	32.3

※ [당해연도 초과수익률(%p)]=[당해연도 수익률(%)]−[연평균 수익률(%)]

※ 연평균 수익률은 23.9%임

①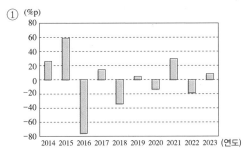

②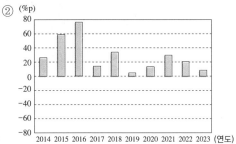

③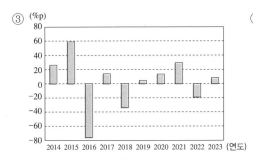

④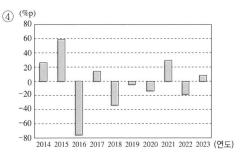

CHAPTER 06

정보능력

합격 Cheat Key

정보능력은 업무를 수행함에 있어 기본적인 컴퓨터를 활용하여 필요한 정보를 수집, 분석, 활용하는 능력을 의미한다. 또한 업무와 관련된 정보를 수집하고, 이를 분석하여 의미있는 정보를 얻는 능력이다.

국가직무능력표준에 따르면 정보능력의 세부 유형은 컴퓨터활용능력 · 정보처리능력으로 나눌 수 있다.

정보능력은 NCS 기반 채용을 진행한 곳 중 52% 정도가 다뤘으며, 문항 수는 전체에서 평균 6% 정도 출제되었다.

1 **평소에 컴퓨터 활용 스킬을 틈틈이 익혀라!**

윈도우(OS)에서 어떠한 설정을 할 수 있는지, 응용프로그램(엑셀 등)에서 어떠한 기능을 활용할 수 있는지를 평소에 직접 사용해 본다면 문제를 보다 수월하게 해결할 수 있다. 여건이 된다면 컴퓨터활용능력에 관련된 자격증 공부를 하는 것도 이론과 실무를 익히는 데 도움이 될 것이다.

2 **문제의 규칙을 찾는 연습을 하라!**

일반적으로 코드체계나 시스템 논리체계를 제공하고 이를 분석하여 문제를 해결하는 유형이 출제된다. 이러한 문제는 문제해결능력과 같은 맥락으로 규칙을 파악하여 접근하는 방식으로 연습이 필요하다.

3 **현재 보고 있는 그 문제에 집중하자!**

정보능력의 모든 것을 공부하려고 한다면 양이 너무나 방대하다. 그렇기 때문에 수험서에서 본인이 현재 보고 있는 문제들을 집중적으로 공부하고 기억하려고 해야 한다. 그러나 엑셀의 함수 수식, 연산자 등 암기를 필요로 하는 부분들은 필수적으로 암기를 해서 출제가 되었을 때 오답률을 낮출 수 있도록 한다.

4 **사진·그림을 기억하자!**

컴퓨터활용능력을 파악하는 영역이다 보니 컴퓨터 속 옵션, 기능, 설정 등의 사진·그림이 문제에 같이 나오는 경우들이 있다. 그런 부분들은 직접 컴퓨터를 통해서 하나하나 확인을 하면서 공부한다면 더 기억에 잘 남게 된다. 조금 귀찮더라도 한 번씩 클릭하면서 확인을 해보도록 한다.

01 | 정보이해

| 유형분석 |

- 정보능력 전반에 대한 이해를 확인하는 문제이다.
- 정보능력 이론이나 새로운 정보 기술에 대한 문제가 자주 출제된다.

다음 중 정보처리 절차에 대한 설명으로 옳지 않은 것은?

① 정보의 기획은 정보의 입수대상, 주제, 목적 등을 고려하여 전략적으로 이루어져야 한다.

② 정보처리는 '기획 – 수집 – 활용 – 관리'의 순서로 이루어진다.

③ 다양한 정보원으로부터 목적에 적합한 정보를 수집해야 한다.

④ 정보 관리 시에 고려해야 할 3요소는 목적성, 용이성, 유용성이다.

정답 ②

정보처리는 '기획 – 수집 – 관리 – 활용' 순서로 이루어진다.

오답분석

① 전략적 기획은 정보수집의 첫 단계로서 정보처리 과정 전반에 필요한 전략적 계획수립 단계이다.

③ 다양한 정보원으로부터 합목적적 정보를 수집하는 것이 바람직하다.

④ 정보 관리 시 고려 요소 3가지는 목적성, 용이성, 유용성이다.

유형풀이 Tip

- 자주 출제되는 정보능력 이론을 확인하고, 확실하게 암기해 두어야 한다.
- 4차 산업혁명과 관련된 새로운 ICT 기술 이슈를 틈틈이 체크해 두어야 한다.

01 다음 중 Windows에서 32bit 운영체제인지 64bit 운영체제인지 확인하는 방법으로 옳은 것은?

① [시작] 버튼의 바로 가기 메뉴 – [속성]

② [시작] 버튼 – [컴퓨터]의 바로 가기 메뉴 – [속성]

③ [시작] 버튼 – [제어판]의 바로 가기 메뉴 – [관리 센터]

④ [시작] 버튼 – [기본 프로그램]의 바로 가기 메뉴 – [열기]

02 다음 중 워크시트의 데이터 입력에 대한 설명으로 옳은 것은?

① 숫자와 문자가 혼합된 데이터가 입력되면 문자열로 입력된다.

② 문자 데이터는 기본적으로 오른쪽으로 정렬된다.

③ 날짜 데이터는 자동으로 셀의 왼쪽으로 정렬된다.

④ 수치 데이터는 셀의 왼쪽으로 정렬된다.

Easy

03 다음 〈보기〉 중 데이터베이스의 필요성에 대한 설명으로 옳지 않은 것을 모두 고르면?

> 보기
>
> ㉠ 데이터베이스를 이용하면 데이터 관리상의 보안을 높일 수 있다.
> ㉡ 데이터베이스 도입만으로 특정 자료 검색을 위한 효율이 높아진다고 볼 수는 없다.
> ㉢ 데이터베이스를 이용하면 데이터 관리 효율성을 높일 수 있지만, 데이터의 오류를 수정하기는 어렵다.
> ㉣ 데이터가 양적으로 방대하다고 해서 반드시 좋은 것은 아니다. 데이터베이스를 형성해 중복된 데이터를 줄여야 한다.

① ㉠, ㉡

② ㉠, ㉢

③ ㉡, ㉢

④ ㉢, ㉣

02 | 엑셀 함수

유형분석

- 업무수행에 필요한 스프레드 시트(엑셀)의 사용법을 이해하고 활용할 수 있는지 평가한다.
- 주로 스프레드 시트의 기능, 함수와 관련된 문제가 출제된다.
- 대표적인 엑셀 함수(COUNTIF, ROUND, MAX, SUM, COUNT, AVERAGE, …)에 대한 사전 학습이 요구된다.

다음 중 엑셀에 제시된 함수식의 결괏값으로 옳지 않은 것은?

	A	B	C	D	E	F
1						
2		120	200	20	60	
3		10	60	40	80	
4		50	60	70	100	
5						
6		함수식			결괏값	
7		=MAX(B2:E4)			A	
8		=MODE(B2:E4)			B	
9		=LARGE(B2:E4,3)			C	
10		=COUNTIF(B2:E4,E4)			D	
11		=ROUND(B2,−1)			E	
12						

① A=200

② B=60

③ C=100

④ E=100

정답 ④

ROUND 함수는 지정한 자릿수를 반올림하는 함수이다. 함수식에서 '−1'은 일의 자리를 뜻하며, '−2'는 십의 자리를 뜻한다. 여기서 '−' 기호를 빼면 소수점 자리로 인식한다. 따라서 일의 자리를 반올림하기 때문에 결괏값은 120이다.

유형풀이 Tip

- 문제 상황에 필요한 엑셀 함수가 무엇인지 파악한 후 선택지에서 적절한 함수식을 골라 식을 만들어야 한다.
- 대표적인 엑셀 함수와 풀이 방법에 대해 사전에 학습해두면 문제를 빠르게 해결할 수 있다.

01 다음 시트에서 짝수 행에만 배경색과 글꼴 스타일 '굵게'를 설정하는 조건부 서식을 지정하고자 할 때, 아래의 [새 서식 규칙] 대화상자에 입력할 수식으로 옳은 것은?

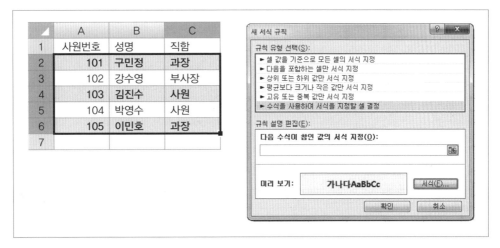

① =MOD(ROW( ),2)=1

② =MOD(ROW( ),2)=0

③ =MOD(COLUMN( ),2)=1

④ =MOD(COLUMN( ),2)=0

Easy

02 다음 시트에서 [B7] 셀에 함수식 「=SUM(B2:CHOOSE(2,B3,B4,B5))」을 입력하였을 때, 표시되는 결괏값으로 옳은 것은?

	A	B
1	성명	점수
2	김진영	23
3	이은설	45
4	장영실	12
5	김지현	10
6		
7	부분합계	

① 23   ② 68

③ 80   ④ 90

03 | 프로그램 언어(코딩)

| 유형분석 |

- 업무수행에 필요한 프로그램 언어(코딩)을 정확하게 이해하고 있는지 평가한다.
- 주로 주어진 규칙을 적용하여 새로운 코드번호를 만들거나 만들어진 코드번호를 해석하는 등의 문제가 출제된다.
- 기출복원문제를 통해 빈번하게 출제되는 프로그램 언어(코딩) 문제 유형에 대한 사전 학습이 요구된다.

다음 프로그램의 실행 결과가 0이 되기 위해 빈칸 A에 들어갈 수는?

```
#include <stdio.h>

Int main( ) {
    Int i;
    Int n=37;

    I=n%10;
    I-=[   A   ]
    }
    Printf("%dWn",i);

Return 0;
}
```

① 1   ② 3
③ 5   ④ 7

정답 ④

n이 37이고, 10으로 나눈 나머지(i)는 7이다.
i−=A는 i=i−A를 의미한다.
i=7−A가 0이 되려면 A는 7이 되어야 한다.

유형풀이 Tip

- 주어진 실행 프로그램을 확인한 후 핵심 키워드를 파악한 다음 문제에서 요구하는 내용을 도출해 낸다.
- 대표적인 프로그램 언어와 풀이 방법에 대해 사전에 학습해 두면 문제를 빠르게 해결할 수 있다.

01   다음 코드를 참고하여 〈보기〉의 (가) ~ (마)에서 변수를 나타낸 것으로 옳은 것은?

```
int a=10;
int *p=&a;
*p=20;
```

> **보기**
>
> (가) a   (나) 10
> (다) p   (라) *p
> (마) &a

① (가), (나), (마)   ② (가), (다), (라)
③ (나), (다), (라)   ④ (나), (다), (마)

Hard

02   다음 프로그램의 실행 결과로 옳은 것은?

```c
#include <stdio.h>
void main( ) {
  char arr[10]="ABCDEFGHI";
  int i;
  for (i=0; i<9; i++){
    if (arr[i]=='B') continue;
    if (arr[i]=='D') continue;
    if (arr[i]=='F') continue;
    if (arr[i]=='H') continue;
    printf ("%c",arr[i]);
  }
}
```

① ABCDEFGHI   ② ABCD
③ EFGHI   ④ ACEGI

교육은 우리 자신의 무지를 점차 발견해 가는 과정이다.

- 윌 듀란트 -

PART **2**

합격의 공식 시대에듀 www.sdedu.co.kr

직무수행능력

01 경제 · 경영 · 금융

빈출키워드 1 기업의 형태

01 다음 중 회사법상 분류한 회사에 대한 설명으로 옳지 않은 것은?

① 모든 손실에 대해 책임을 지는 사원을 유한책임사원이라고 한다.

② 변호사나 회계사들이 모여 설립한 법무법인, 회계법인은 합명회사라 볼 수 있다.

③ 유한회사, 유한책임회사는 모두 유한책임사원으로만 구성되므로 자금조달이 편리하다.

④ 회사의 경영은 무한책임사원이 하고 유한책임사원은 자본을 제공하여 사업이익의 분배에 참여하는 회사형태를 합자회사라고 한다.

02 다음에서 설명하는 우리나라 상법상의 회사는?

- 유한책임사원으로만 구성
- 청년 벤처 창업에 유리
- 사적 영역을 폭넓게 인정

① 합명회사   ② 합자회사

③ 유한책임회사   ④ 유한회사

01

 정답 ①

①은 무한책임사원에 대한 설명이며, 유한책임사원은 회사의 채무에 대하여 회사채권자에게 출자가액 한도에서만 책임을 지는 사원이다.

02

정답 ③

유한책임회사는 2012년 개정된 상법에 도입된 회사의 형태이다. 내부관계에 관하여는 정관이나 상법에 다른 규정이 없으면 합명회사에 관한 규정을 준용한다. 신속하고 유연하며 탄력적인 지배구조를 가지고 있고, 출자자가 직접 경영에 참여할 수 있다. 또한 각 사원이 출자금액만을 한도로 책임지므로 초기 상용화에 어려움을 겪는 청년 벤처 창업에 적합하다.

이론 더하기

기업의 형태
① 개인기업

- 가장 간단한 기업 형태로서 개인이 출자하고 직접 경영하며 이를 무한책임지는 형태이다.
- 장점 : 설립 및 폐쇄가 쉽고 의사결정이 신속하며, 비밀유지에 용이하다.
- 단점 : 자본규모가 약소하며, 개인의 지배관리능력에 쉽게 영향을 받는다.

② 합명회사
- 2인 이상의 사원이 공동으로 출자해서 회사의 경영에 대해 무한책임을 지며, 직접 경영에 참여하는 방식이다.
- 무한책임 형태로 구성되어 있어서 출자자를 폭넓게 모집할 수 없다.
- 가족 내 혹은 친척 간, 또는 이해관계가 깊은 사람의 회사 설립이 많다.
- 지분 양도 시에는 사원총회의 승인을 받아야 한다.

③ 합자회사
- 무한책임사원 및 유한책임사원으로 구성되어 있다.
- 합명회사의 단점을 보완한 형태이다.
- 지분 양도 시에는 무한책임사원 전원의 동의를 필요로 한다.
- 무한책임사원의 경우에는 회사의 경영 및 채무에 대해서 무한책임을 지고, 유한책임사원의 경우에는 출자한 금액에 대해서만 책임을 지며 경영에는 참여하지 않는다.

④ 유한회사
- 유한책임사원들이 회사를 차려 경영하는 회사의 형태이다.
- 자본결합이 상당히 폐쇄적인 관계로 중소규모의 기업형태로 적절하다.
- 기관으로는 이사, 사원총회, 감사로 이루어져 있지만, 분리가 잘되어 있지 않고, 모든 사항을 공개해야 하는 의무도 지지 않는다.
- 유한회사는 인적회사 및 물적회사의 중간 형태를 지니는 회사이다.
- 사원의 수가 제한되어 있으며, 지분의 증권화가 불가능하다.

⑤ 주식회사
- 주주가 회사의 주인인 현대사회의 가장 대표적인 기업형태이다.
- 지분의 양도와 매입이 자유로우며 주주총회를 통해 의결권을 행사할 수 있다.
- 주식회사의 기관

주주총회	• 주식회사의 최고의사결정기관으로 주주로 이루어짐 • 회사 기업에서 영업활동의 신속성 및 업무내용의 복잡성으로 인해 그 결의사항을 법령 및 정관에서 정하는 사항만으로 제한하고 있음 • 주주의 결의권은 1주 1결의권을 원칙으로 하고 의결은 다수결에 의함 • 주주총회의 주요 결의사항으로는 자본의 증감, 정관의 변경, 이사・감사인 및 청산인 등의 선임・해임에 관한 사항, 영업의 양도・양수 및 합병 등에 관한 사항, 주식배당, 신주인수권 및 계산 서류의 승인에 관한 사항 등이 있음
감사	• 이사의 업무집행을 감시하게 되는 필요 상설기관 • 주주총회에서 선임되고, 이러한 선임결의는 보통 결의의 방법에 따름 • 이사회는 이사 전원으로 구성되는 합의체로 회사의 업무진행상 의사결정 기관 • 이사는 주주총회에서 선임되고, 그 수는 3인 이상이어야 하며, 임기는 3년을 초과할 수 없음 • 대표이사는 이사회의 결의사항을 집행하고 통상적인 업무에 대한 결정 및 집행을 맡음과 동시에 회사를 대표함 • 이사와 회사 간 거래의 승인, 채권의 발행 등이 있음
검사인	• 회사의 계산의 정부, 업무의 적법 여부 등을 조사하는 권한을 지니는 임시기관 • 법원에서 선임하거나 주주총회 및 창립총회에서 선임하기도 함 • 법정 검사인의 경우 임시로 선임됨

01 다음 중 마이클 포터(Michael E. Porter)가 제시한 산업구조 분석의 요소로 옳지 않은 것은?

① 가치사슬 활동   ② 대체재의 위협
③ 공급자의 교섭력   ④ 구매자의 교섭력

02 다음은 N사가 해당 사업에서 차지하고 있는 시장점유율 및 시장성장률에 대한 자료이다. 2024년
      현재 BCG 매트릭스상에서 N사의 사업이 속하는 영역은?

구분	N사	K사	S사	H사	기타
시장점유율 (2024년 기준)	45%	20%	15%	10%	10%

구분	2019년	2020년	2021년	2022년	2023년
시장성장률	4%	3%	2%	2%	1%

① 별(Star) 영역   ② 자금젖소(Cash Cow) 영역
③ 물음표(Question mark) 영역   ④ 개(Dog) 영역

01

정답 ①

마이클 포터(Michael E. Porter)는 산업과 경쟁을 결정짓는 5 Forces Model을 제시하였다. 이는 궁극적으로 산업의 수익 잠재력에
영향을 주는 주요 경제・기술적 세력을 분석한 것으로 신규 진입자(잠재적 경쟁자)의 위협, 공급자의 교섭력, 구매자의 교섭력,
대체재의 위협 및 기존기업 간의 경쟁이다. 5가지 요소의 힘이 강할 때는 위협(Threat)이 되고, 약하면 기회(Opportunity)가 된다.

02

정답 ②

BCG 매트릭스는 1970년대 미국의 보스턴 전략컨설팅회사(Boston Consulting Group)에 의해 개발된 사업 / 제품 포트폴리오
분석 차트이다. 이는 크게 네 단계의 영역으로 나뉘는데 시장성장률이 높고 시장점유율이 높은 산업은 별 영역, 시장성장률이 높고
시장점유율이 낮은 산업은 물음표 영역 혹은 문제아 영역, 시장성장률이 낮고 시장점유율이 높은 산업은 자금젖소 영역, 시장성장률
이 낮고 시장점유율이 낮은 산업은 개 영역으로 분류된다.
제시된 N사의 경우는 시장점유율은 높으나 시장성장률이 높지 않으므로 자금젖소 영역인 것을 알 수 있다.

이론 더하기

SWOT 분석

기업의 내부 환경과 외부 환경을 분석하여 강점(Strength), 약점(Weakness), 기회(Opportunity), 위협(Threat) 요인을 규정하고 이를 토대로 경영전략을 수립하는 기법으로, 미국의 경영컨설턴트인 알버트 험프리(Albert Humphrey)가 고안하였다.

Strength 강점 기업 내부 환경에서의 강점	S	W	Weakness 약점 기업 내부 환경에서의 약점
Opportunity 기회 기업 외부 환경으로부터의 기회	O	T	Threat 위협 기업 외부 환경으로부터의 위협

VRIO 분석

기업이 보유한 유·무형 자산에 대해 네 가지 기준으로 평가하여 기업의 경쟁력을 분석하는 도구이다. 기업이 자원을 잘 활용할 수 있는가를 보여주는 것이 목적이다.

• 가치 있는(Valuable) : 경제적 가치가 있는가?
• 희소성 있는(Rarity) : 가지고 있는 자원이 희소성 있는가?
• 모방 가능성이 있는(Inimitability) : 모방의 가능성이 있는가?
• 조직이 있는(Organization) : 관련 조직이 있는가?

마이클 포터의 경쟁전략

① 경쟁세력모형 – 5 Force Model 분석

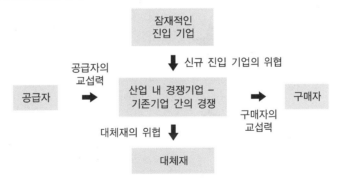

• 기존기업 간의 경쟁 : 해당 시장에서 기존기업 간의 경쟁이 얼마나 치열한가를 나타낸다.
• 공급자의 교섭력 : 공급자의 규모 및 숫자와 공급자 제품의 희소성을 나타낸다.
• 대체재의 위협 : 대체가 가능한 상품의 수와 구매자의 대체하려는 성향, 대체상품의 상대적 가격 등이 있다.
• 구매자의 교섭력 : 고객의 수, 각 고객의 주문수량, 가격의 민감도, 구매자의 정보 능력이 있다.
• 신규 진입 기업의 위협 : 진입장벽, 규모의 경제, 브랜드의 충성도 등이 있다.

② 경쟁우위 전략

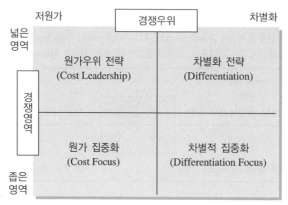

- 원가우위 전략 : 비용요소를 철저하게 통제하고, 기업조직의 가치사슬을 최대한 효율적으로 구사하는 전략
- 차별화 전략 : 소비자들이 가치가 있다고 판단하는 요소를 제품 및 서비스 등에 반영해서 경쟁사의 제품과 차별화한 후 소비자들의 충성도를 확보하고 이를 통해 매출증대를 꾀하는 전략
- 집중화 전략 : 메인 시작과는 다른 특성을 지니는 틈새시장을 대상으로 소비자들의 니즈를 원가우위 또는 차별화 전략을 통해 충족시켜 나가는 전략

BCG 매트릭스 모형

① 별(Star) 사업부
- 시장성장률도 높고 상대적 시장점유율도 높은 경우에 해당하는 사업이다.
- 이 사업부의 제품들은 제품수명주기상에서 성장기에 속한다.
- 선도기업의 지위를 유지하고 성장해가는 시장의 수용에 대처하고, 여러 경쟁기업들의 도전에 극복하기 위해 역시 자금의 투하가 필요하다.
- 별 사업부에 속한 기업들이 효율적으로 잘 운영된다면 이들은 향후 Cash Cow가 된다.
② 자금젖소(Cash Cow) 사업부
- 시장성장률은 낮지만 높은 상대적 시장점유율을 유지하고 있다. 이 사업부는 제품수명주기상에서 성숙기에 속하는 사업부이다.
- 이에 속한 사업은 많은 이익을 시장으로부터 창출해낸다. 그 이유는 시장의 성장률이 둔화되었기 때문에 그만큼 새로운 설비투자 등과 같은 신규 자금의 투입이 필요 없고, 시장 내에 선도기업에 해당되므로 규모의 경제와 높은 생산성을 누리기 때문이다.
- Cash Cow에서 산출되는 이익은 전체 기업의 차원에서 상대적으로 많은 현금을 필요로 하는 Star나 Question Mark, Dog 영역에 속한 사업으로 자원이 배분된다.

③ 물음표(Question Mark) 사업부
- '문제아'라고도 한다.
- 시장성장률은 높으나 상대적 시장점유율이 낮은 사업이다.
- 이 사업에 속한 제품들은 제품수명주기상에서 도입기에 속하는 사업부이다.
- 시장에 처음으로 제품을 출시한 기업 이외의 대부분의 사업부들이 출발하는 지점이 물음표이며, 신규로 시작하는 사업이기 때문에 기존의 선도 기업을 비롯한 여러 경쟁기업에 대항하기 위해 새로운 자금의 투하를 상당량 필요로 한다.
- 기업이 자금을 투입할 것인가 또는 사업부를 철수해야 할 것인가를 결정해야 하기 때문에 Question Mark라고 불리고 있다.
- 한 기업에게 물음표에 해당하는 사업부가 여러 개이면, 그에 해당되는 모든 사업부에 자금을 지원하는 것보다 전략적으로 소수의 사업부에 집중적인 투자를 하는 것이 효과적이라 할 수 있다.

④ 개(Dog) 사업부
- 시장성장률도 낮고 시장점유율도 낮은 사업부이다.
- 제품수명주기상에서 쇠퇴기에 속하는 사업이다.
- 낮은 시장성장률 때문에 그다지 많은 자금의 소요를 필요로 하지는 않지만, 사업활동에 있어서 얻는 이익도 매우 적은 사업이다.
- 이 사업에 속한 시장의 성장률이 향후 다시 고성장을 할 가능성이 있는지 또는 시장 내에서 자사의 지위나 점유율이 높아질 가능성은 없는지 검토해보고 이 영역에 속한 사업들을 계속 유지할 것인가 아니면 축소 내지 철수할 것인가를 결정해야 한다.

01 다음 〈보기〉 중 허즈버그(F. Herzberg)의 2요인 이론에서 동기요인을 모두 고르면?

> **보기**
>
> ㉠ 상사와의 관계   ㉡ 성취
> ㉢ 회사 정책 및 관리방침   ㉣ 작업 조건
> ㉤ 인정

① ㉠, ㉡   ② ㉠, ㉢
③ ㉡, ㉣   ④ ㉡, ㉤

02 다음 중 맥그리거(D. McGregor)의 X – Y이론에 대한 설명으로 옳은 것은?

① 조직의 감시, 감독 및 통제가 필요하다는 주장은 Y이론이다.
② 자기통제가 많은 것은 X이론이다.
③ 쌍방향 의사결정은 X이론에서 주로 발생한다.
④ 개인의 목적과 조직의 목적이 부합하는 조직에서는 Y이론에 근거해서 운영된다.

01

정답 ④

허즈버그의 2요인 이론은 직원들의 직무만족도를 증감시키는 요인을 2가지로 구분한 것이다.
• 동기요인 : 성취, 인정, 책임소재, 업무의 질 등
• 위생요인 : 회사의 정책, 작업 조건, 동료직원과의 관계, 임금, 직위 등

02

정답 ④

오답분석
① 조직의 감시, 감독 및 통제가 필요하다는 주장은 X이론이다.
② 자기통제가 많은 것은 Y이론이다.
③ 쌍방향 의사결정은 Y이론에서 주로 발생한다.

매슬로(Maslow)의 욕구단계이론

자아실현의 욕구

존중의 욕구

애정과 소속의 욕구

안전의 욕구

생리적 욕구

① 개념 : 인간의 욕구는 위계적으로 조직되어 있으며 하위 단계의 욕구 충족이 상위 계층의 욕구 발현의 조건이라고 설명한 이론이다.

② 특징
- 생리적 욕구 : 가장 기본적이면서도 강력한 욕구로 음식, 물, 수면 등 인간의 생존에 가장 필요한 본능적인 욕구이다.
- 안전의 욕구 : 두려움이나 혼란스러움이 아닌 평상심과 질서를 유지하고자 하는 욕구이다.
- 애정과 소속의 욕구 : 사회적으로 조직을 이루고 그곳에 소속되려는 성향이다.
- 존중의 욕구 : 타인으로부터 수용되고, 가치 있는 존재가 되고자 하는 욕구이다.
- 자아실현의 욕구 : 개인의 타고난 능력 혹은 성장 잠재력을 실행하려는 욕구이다.

맥그리거(McGregor)의 X-Y이론

① 개념 : 인간본성에 대한 가정을 X, Y 2가지로 구분하여 특성에 따른 관리전략을 정리한 이론으로 X이론은 인간에 대한 부정적인 면을 설명하고, Y이론은 긍정적인 면을 설명한다.

② 특징

X이론 (전통적이고 전체적인 경영자의 인간관)	Y이론 (진취적이고 협동적인 인간관)
• 인간은 철저하게 이기적이고 자기중심적이다. • 인간은 천성적으로 게으르고 일을 싫어하기 때문에 엄격한 통제와 감독이 필요하다. • 조직 구성원이 원하는 수준의 임금체계가 확립되어야 하고, 엄격한 통제와 처벌이 필요하다.	• 인간의 행위는 경제적 욕구보다 사회・심리에 더 영향을 받는다. • 인간은 사회적인 존재이다. • 노동에서 휴식과 복지는 자연스러운 것이다. • 민주적 리더십의 확립과 분권, 권한의 위임이 중요하다.

허즈버그(Herzberg)의 동기 - 위생이론

① 개념 : 허즈버그가 2개의 요인(동기요인, 위생요인)으로 나눠 동기유발에 대해 정리한 이론으로 동기요인과 위생요인은 반대의 개념이 아닌 별개의 개념이다.

② 특징

동기요인(만족요인)	위생요인(불만족요인)
• 직무에 만족을 느끼게 하는 요인 • 충족되면 만족감을 느끼게 되지만, 불충족되는 경우에도 불만이 발생하지는 않음 • 동기요인 충족 → 높은 직무성과	• 직무에 대해 불만족을 느끼게 하는 요인 • 불충족 시에는 불만이 증가 • 충족 시에도 만족감이 증가하는 것은 아님

01 다음 중 매트릭스 조직구조의 장점으로 옳지 않은 것은?

① 조직 내의 협력과 팀 활동을 촉진시킨다.

② 의사결정의 책임소재를 명확히 할 수 있다.

③ 조직의 인력을 신축적으로 활용할 수 있다.

④ 전문적 지식과 기술의 활용을 극대화할 수 있다.

02 다음에서 설명하고 있는 조직구조는?

> • 수평적 분화에 중점을 두고 있다.
> • 각자의 전문분야에서 작업능률을 증대시킬 수 있다.
> • 생산, 회계, 인사, 영업, 총무 등의 기능을 나누고 각 기능을 담당할 부서단위로 조직된 구조이다.

① 기능 조직   ② 사업부 조직

③ 매트릭스 조직   ④ 수평적 조직

01

정답 ②

매트릭스 조직구조는 명령일원화의 원칙이 적용되지 않으므로 의사결정의 책임소재가 불명확할 수도 있다.

02

정답 ①

기능 조직(Functional Structure)은 기능별 전문화의 원칙에 따라 공통의 전문지식과 기능을 지닌 부서단위로 묶는 조직구조를 의미한다.

이론 더하기

기능 조직
① 개념 : 관리자가 담당하는 일을 전문화해 업무내용이 유사하고 관련성이 있는 기능을 분류하여 업무를 전문적으로 진행할
수 있도록 하는 형태이다.
② 장점 및 단점
  • 조직원의 전문적인 업무 발전이 가능하다.
  • 조직의 내부 효율성이 증대된다.
  • 조직 전체의 목표보다는 직능별 목표를 중시하고 성과에 대한 책임이 불분명하다.

사업부 조직
① 개념 : 사업체에서 여러 제품을 생산하는 경우에 제품에 따라 사업부를 구분하여 사업부마다 하위조직을 구성하는 형태이다.
② 장점 및 단점
  • 사업부 내 관리자와 종업원의 밀접한 상호작용이 가능하다.
  • 사업부는 이익 및 책임 중심점이 되어 경영성과가 향상된다.
  • 제품의 제조와 판매에 대한 전문화와 분업이 촉진된다.
  • 특정 분야에 대한 지식과 능력의 전문화가 약화될 수 있다.

매트릭스 조직

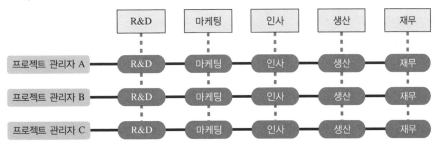

① 개념 : 조직구성원들이 원래 소속되어 있는 기능부서에도 배치되는 동시에 맡은 업무에 따라 나누어진 팀에도 배치되어
있어 두 개의 단위조직에 속하여 두 명의 상급자를 두고 있는 형태이다.
② 장점 및 단점
  • 조직에서의 정보 단절 문제를 해결할 수 있다.
  • 일을 유연하게 대처할 수 있다.
  • 조직원의 역량을 좀 더 폭넓게 향상시킬 수 있다.
  • 두 개의 조직에서 두 명의 상급자가 존재하기 때문에 성과에 대한 목표나 보고가 느릴 수 있다.

네트워크 조직
① 개념 : 독립된 각 사업 부서가 자신의 고유 기능을 수행하면서 제품 생산이나 프로젝트의 수행을 위해서는 상호 협력적인
네트워크를 지닌 조직구조이다.
② 장점 및 단점
  • 조직원 사이의 수평적인 의사소통이 가능하다.
  • 조직 간의 정보교류가 활발하므로 조직 내 자산으로 축적가능하다.
  • 시장에 유연한 대응이 가능하다.
  • 관리자가 직원을 관리하는 것이 쉽지 않다.
  • 갈등이 발생하는 경우 해결에 오랜 시간이 필요하다.

다음 중 수요의 탄력성에 대한 설명으로 옳은 것은?

① 수요의 소득탄력성이 비탄력적인 재화는 열등재이다.

② 수요의 가격탄력성이 탄력적이라면 가격인하는 총수입을 증가시키는 좋은 전략이다.

③ 가격이 올랐을 때, 시간이 경과될수록 적응이 되기 때문에 수요의 가격탄력성은 작아진다.

④ 수요곡선의 기울기가 −1인 직선일 경우 수요곡선상의 어느 점에서나 가격탄력성은 동일하다.

정답 ②

수요의 가격탄력성이 1보다 크다면 가격이 1% 하락할 때, 판매량은 1%보다 크게 증가하므로 판매자의 총수입은 증가한다. 따라서 수요의 가격탄력성이 탄력적이라면 가격인하는 총수입을 증가시키는 좋은 전략이다.

오답분석

① 열등재는 수요의 소득탄력성이 1보다 작은 재화가 아니라 수요의 소득탄력성이 음수(−)인 재화이다.

③ 장기가 될수록 대체재가 생겨날 가능성이 크기 때문에 수요의 가격탄력성이 커진다.

④ 수요곡선이 우하향하는 직선이면 수요곡선상에서 우하방으로 이동할수록 수요의 가격탄력성이 점점 작아진다.

이론 더하기

수요의 법칙

수요의 법칙이란 가격이 상승하면 수요량이 감소하는 것을 말한다. 수요의 법칙이 성립하는 경우 수요곡선은 우하향한다. 단, 기펜재의 경우와 베블런 효과가 존재하는 경우는 성립하지 않는다.

수요량의 변화와 수요의 변화

① 수요량의 변화 : 당해 재화가격의 변화로 인한 수요곡선상의 이동을 의미한다.
② 수요의 변화 : 당해 재화가격 이외의 다른 요인의 변화로 수요곡선 자체가 이동하는 것을 의미한다. 수요가 증가하면 수요곡선이 우측으로 이동하고, 수요가 감소하면 수요곡선이 좌측으로 이동한다.

공급의 법칙

다른 조건이 일정할 때 가격이 상승하면 공급량이 증가하는 것을 말한다.

공급량의 변화와 공급의 변화

① 공급량의 변화 : 당해 재화가격의 변화로 인한 공급곡선상의 이동을 의미한다.
② 공급의 변화 : 당해 재화가격 이외의 다른 요인의 변화로 공급곡선 자체가 이동하는 것을 의미한다. 공급이 증가하면 공급곡선이 우측으로 이동하고, 공급이 감소하면 공급곡선이 좌측으로 이동한다.

수요의 가격탄력성

① 의의 : 수요량이 가격에 얼마나 민감하게 반응하는지를 나타낸다.
② 가격탄력성의 도출

$$\varepsilon_P = \frac{\text{수요량의 변화율}}{\text{가격의 변화율}} = \frac{\dfrac{\triangle Q}{Q}}{\dfrac{\triangle P}{P}} = \left(\frac{\triangle Q}{\triangle P}\right)\left(\frac{P}{Q}\right) \text{ (단, } \triangle \text{은 변화율, Q는 수요량, P는 가격)}$$

③ 가격탄력성과 판매수입

구분	$\varepsilon_P > 1$ (탄력적)	$\varepsilon_P = 1$ (단위탄력적)	$0 < \varepsilon_P < 1$ (비탄력적)	$\varepsilon_P = 0$ (완전 비탄력적)
가격 상승	판매수입 감소	판매수입 변동 없음	판매수입 증가	판매수입 증가
가격 하락	판매수입 증가	판매수입 변동 없음	판매수입 감소	판매수입 감소

공급의 가격탄력성

① 의의 : 공급량이 가격에 얼마나 민감하게 반응하는지를 나타낸다.
② 가격탄력성의 도출

$$\varepsilon_P = \frac{\text{공급량의 변화율}}{\text{가격의 변화율}} = \frac{\dfrac{\triangle Q}{Q}}{\dfrac{\triangle P}{P}} = \left(\frac{\triangle Q}{\triangle P}\right)\left(\frac{P}{Q}\right) \text{ (단, } \triangle \text{은 변화율, Q는 공급량, P는 가격)}$$

③ 공급의 가격탄력성 결정요인 : 생산량 증가에 따른 한계비용 상승이 완만할수록, 기술수준 향상이 빠를수록, 유휴설비가 많을수록, 측정시간이 길어질수록 공급의 가격탄력성은 커진다.

01 경제학자 밀턴 프리드먼은 '공짜 점심은 없다(There is no such thing as a free lunch).'라는 말을 즐겨했다고 한다. 다음 중 이 말을 설명할 수 있는 경제 원리는?

① 규모의 경제   ② 긍정적 외부성

③ 기회비용   ④ 수요공급의 원리

02 다음 글의 밑줄 친 ㉠ ~ ㉢에 대한 〈보기〉의 설명 중 옳은 것을 모두 고르면?

> 우리나라에 거주 중인 광성이는 ㉠ 여름휴가를 앞두고 휴가 동안 발리로 서핑을 갈지, 빈 필하모닉 오케스트라의 3년 만의 내한 협주를 들으러 갈지 고민하다가 ㉡ 발리로 서핑을 갔다. 그러나 화산폭발의 위험이 있어 안전의 위협을 느끼고 ㉢ 환불이 불가능한 숙박비를 포기한 채 우리나라로 돌아왔다.

보기

가. ㉠의 고민은 광성이의 주관적 희소성 때문이다.
나. ㉠의 고민을 할 때는 기회비용을 고려한다.
다. ㉡의 기회비용은 빈 필하모닉 오케스트라 내한 협주이다.
라. ㉡은 경제재이다.
마. ㉢은 비합리적 선택 행위의 일면이다.

① 가, 나, 마   ② 가, 다, 라

③ 나, 다, 마   ④ 가, 나, 다, 라

01

정답 ③

'공짜 점심은 없다.'라는 의미는 무엇을 얻고자 하면 보통 그 대가로 무엇인가를 포기해야 한다는 뜻으로 해석할 수 있다. 즉, 어떠한 선택에는 반드시 포기하게 되는 다른 가치가 존재한다는 의미이다. 시간이나 자금의 사용은 다른 활동에의 시간 사용, 다른 서비스나 재화의 구매를 불가능하게 만들어 기회비용을 유발한다. 정부의 예산배정, 여러 투자상품 중 특정 상품의 선택, 경기활성화와 물가안정 사이의 상충관계 등이 기회비용의 사례가 될 수 있다.

02

정답 ④

오답분석

마. 환불 불가한 숙박비는 회수 불가능한 매몰비용이므로 선택 시 고려하지 않은 ㉢의 행위는 합리적 선택 행위의 일면이다.

경제재와 자유재

경제재(Economic Goods)	자유재(Free Goods)
• 경제재란 희소성을 가지고 있는 자원으로, 합리적인 의사결정으로 선택을 해야 하는 재화를 말한다.	• 자유재란 희소성을 가지고 있지 않아 값을 지불하지 않고도 누구나 마음대로 쓸 수 있는 물건을 말한다.
• 우리가 일상생활에서 돈을 지불하고 구입하는 일련의 재화 또는 서비스를 모두 포함한다.	• 공기나 햇빛같이 우리의 욕구에 비해 자원의 양이 풍부해서 경제적 판단을 요구하지 않는 재화를 모두 포함한다.

기회비용(Opportunity Cost)

① 개념
  • 여러 선택 대안들 중 한 가지를 선택함으로써 포기해야 하는 다른 선택 대안 중에서 가장 가치가 큰 것을 의미한다.
  • 경제학에서 사용하는 비용은 전부 기회비용 개념이며, 합리적인 선택을 위해서는 항상 기회비용의 관점에서 의사결정을 내려야 한다.
  • 기회비용은 객관적으로 나타난 비용(명시적 비용) 외에 포기한 대안 중 가장 큰 순이익(암묵적 비용)까지 포함한다.
  • 편익(매출액)에서 기회비용을 차감한 이윤을 경제적 이윤이라고 하는데, 이는 기업 회계에서 일반적으로 말하는 회계적 이윤과 다르다. 즉, 회계적 이윤은 매출액에서 명시적 비용(회계적 비용)만 차감하고 암묵적 비용(잠재적 비용)은 차감하지 않는다.

경제적 비용 (기회비용)	명시적 비용 (회계적 비용)	기업이 생산을 위해 타인에게 실제적으로 지불한 비용 예 임금, 이자, 지대
	암묵적 비용 (잠재적 비용)	기업 자신의 생산 요소에 대한 기회비용 예 귀속 임금, 귀속 이자, 귀속 지대

② 경제적 이윤과 회계적 이윤

경제적 이윤	회계적 이윤
• 매출액에서 기회비용을 차감한 이윤을 말한다.	• 매출액에서 명시적 비용만 차감한 이윤을 말한다.
• 사업주가 자원배분이 합리적인지 판단하기 위한 지표이다.	• 사업주가 외부 이해관계자(채권자, 주주, 금융기관 등)에게 사업성과를 보여주기 위한 지표이다.
• 경제적 이윤은 경제적 부가가치(EVA)로 나타내기도 한다.	• 회계적 이윤에는 객관적으로 측정 가능한 명시적 비용만을 반영한다.
• 경제학에서 장기적으로 기업의 퇴출 여부 판단의 기준이 된다.	

매몰비용(Sunk Cost)

이미 투입된 비용으로, 사업을 중단하더라도 회수할 수 없는 비용이다. 사업을 중단하더라도 회수할 수 없기 때문에 사업 중단에 따른 기회비용은 0이다. 그러므로 합리적인 선택을 위해서는 이미 지출되었으나 회수가 불가능한 매몰비용은 고려하지 않는다.

01   다음 중 최고가격제에 대한 〈보기〉의 설명 중 옳은 것을 모두 고르면?

> **보기**
> ㄱ. 암시장을 출현시킬 가능성이 있다.
> ㄴ. 초과수요를 야기한다.
> ㄷ. 사회적 후생을 증대시킨다.
> ㄹ. 최고가격은 시장의 균형가격보다 높은 수준에서 설정되어야 한다.

① ㄱ, ㄴ   ② ㄱ, ㄷ
③ ㄴ, ㄹ   ④ ㄷ, ㄹ

02   가격이 10% 상승할 때 수요량이 12% 감소하는 재화에 최저가격제가 적용되어 가격이 10% 상승하였다. 매출의 변화가 바르게 짝지어진 것은?

① 매출량 증가, 매출액 증가
② 매출량 증가, 매출액 감소
③ 매출량 감소, 매출액 증가
④ 매출량 감소, 매출액 감소

01

정답   ①

오답분석
ㄷ·ㄹ. 최고가격은 시장의 균형가격보다 낮은 수준에서 설정되어야 하며, 최고가격제가 실시되면 사회적 후생손실이 발생한다.

02

정답   ④

수요의 가격탄력성은 가격의 변화율에 대한 수요량의 변화율이므로 1.2이다. 이는 탄력적이라는 것을 암시하며, 최저가격제는 가격의 상승을 가져오므로 매출량과 판매수입이 감소한다.

이론 더하기

최고가격제(가격상한제)

① 개념 : 물가를 안정시키고, 소비자를 보호하기 위해 시장가격보다 낮은 수준에서 최고가격을 설정하는 규제이다.

　例 아파트 분양가격, 금리, 공공요금

② 특징

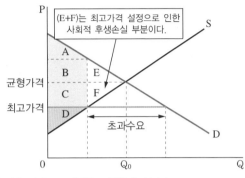

- 소비자들은 시장가격보다 낮은 가격으로 재화를 구입할 수 있다.
- 초과수요가 발생하기 때문에 암시장이 형성되어 균형가격보다 높은 가격으로 거래될 위험이 있다.
- 재화의 품질이 저하될 수 있다.
- 그래프에서 소비자 잉여는 A+B+C, 생산자 잉여는 D, 사회적 후생손실은 E+F만큼 발생한다.
- 공급의 가격탄력성이 탄력적일수록 사회적 후생손실이 커진다.

최저가격제(최저임금제)

① 개념 : 최저가격제란 공급자를 보호하기 위하여 시장가격보다 높은 수준에서 최저가격을 설정하는 규제를 말한다.

　例 최저임금제

② 특징

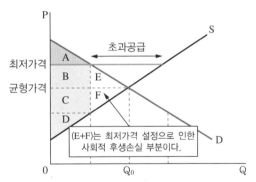

- 최저가격제를 실시하면 생산자는 균형가격보다 높은 가격을 받을 수 있다.
- 소비자의 지불가격이 높아져 소비자의 소비량을 감소시키기 때문에 초과공급이 발생하고, 실업, 재고 누적 등의 부작용이 발생한다.
- 그래프에서 소비자 잉여는 A, 생산자 잉여는 B+C+D, 사회적 후생손실은 E+F만큼 발생한다.
- 수요의 가격탄력성이 탄력적일수록 사회적 후생손실이 커진다.

01 두 재화 X와 Y를 소비하여 효용을 극대화하는 소비자 A의 효용함수는 $U=X+2Y$이고, X재 가격이 2, Y재 가격이 1이다. X재 가격이 1로 하락할 때 소비량의 변화는?

① X재, Y재 소비량 모두 불변
② X재, Y재 소비량 모두 증가
③ X재 소비량 감소, Y재 소비량 증가
④ X재 소비량 증가, Y재 소비량 감소

02 다음 중 재화의 성질 및 무차별곡선에 대한 설명으로 옳지 않은 것은?

① 모든 기펜재(Giffen Goods)는 열등재이다.
② 두 재화가 완전보완재인 경우 무차별곡선은 L자 모형이다.
③ X축에는 홍수를, Y축에는 쌀을 나타내는 경우 무차별곡선은 우하향한다.
④ 두 재화가 대체재인 경우 두 재화 간 교차탄력성은 양(+)의 값을 가진다.

01

정답 ①

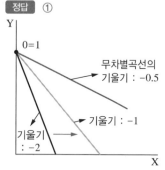

가격이 변하기 전 예산선의 기울기는 −2, 무차별곡선의 기울기는 −0.5이므로 소비자 A는 자신의 소득 전부를 Y재를 구매하는 데에 사용한다. 그런데 X재 가격이 1로 하락하더라도 예산선의 기울기는 −1이므로 여전히 Y재만을 소비하는 것이 효용을 극대화한다. 따라서 가격이 변하더라도 X재와 Y재의 소비량은 변화가 없다.

02

정답 ③

X재가 한계효용이 0보다 작은 비재화이고 Y재가 정상재인 경우 X재의 소비가 증가할 때 효용이 동일한 수준으로 유지되기 위해서는 Y재의 소비가 증가하여야 한다. 따라서 무차별곡선은 우상향의 형태로 도출된다.

이론 더하기

효용함수(Utility Function)
재화소비량과 효용 간의 관계를 함수형태로 나타낸 것을 의미한다.

무차별곡선(Indifference Curve)
① 개념 : 동일한 수준의 효용을 가져다주는 모든 상품의 묶음을 연결한 궤적을 말한다.

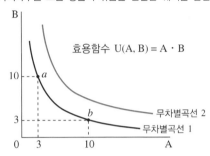

② 무차별곡선의 성질
- A재와 B재 모두 재화라면 무차별곡선은 우하향하는 모양을 갖는다(대체가능성).
- 원점에서 멀어질수록 높은 효용수준을 나타낸다(강단조성).
- 두 무차별곡선은 서로 교차하지 않는다(이행성).
- 모든 점은 그 점을 지나는 하나의 무차별곡선을 갖는다(완비성).
- 원점에 대하여 볼록하다(볼록성).

③ 예외적인 무차별곡선

구분	두 재화가 완전 대체재인 경우	두 재화가 완전 보완재인 경우	두 재화가 모두 비재화인 경우
그래프			
효용함수	$U(X, Y) = aX + bY$	$U(X, Y) = \min\left(\dfrac{X}{a}, \dfrac{Y}{b}\right)$	$U(X, Y) = \dfrac{1}{X^2 + Y^2}$
특징	한계대체율(MRS)이 일정하다.	두 재화의 소비비율이 $\dfrac{b}{a}$로 일정하다.	X재와 Y재 모두 한계효용이 0보다 작다. ($MU_X < 0$, $MU_Y < 0$)
사례	(X, Y) = (10원짜리 동전, 50원짜리 동전)	(X, Y) = (왼쪽 양말, 오른쪽 양말)	(X, Y) = (매연, 소음)

소비자균형

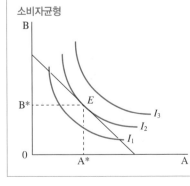

무차별곡선 기울기의 절댓값인 MRS_{AB}, 즉 소비자의 A재와 B재의 주관적인 교환비율과 시장에서 결정된 A재와 B재의 객관적인 교환비율인 상대가격 $\dfrac{P_A}{P_B}$ 가 일치하는 점에서 소비자균형이 달성된다(E).

다음 〈보기〉의 사례를 역선택(Adverse Selection)과 도덕적 해이(Moral Hazard)의 개념에 따라 바르게 구분한 것은?

보기

ㄱ. 자동차 보험 가입 후 더 난폭하게 운전한다.
ㄴ. 건강이 좋지 않은 사람이 민간 의료보험에 더 많이 가입한다.
ㄷ. 실업급여를 받게 되자 구직 활동을 성실히 하지 않는다.
ㄹ. 사망 확률이 낮은 건강한 사람이 주로 종신연금에 가입한다.
ㅁ. 의료보험제도가 실시된 이후 사람들의 의료수요가 현저하게 증가하였다.

	역선택	도덕적 해이
①	ㄱ, ㄴ	ㄷ, ㄹ, ㅁ
②	ㄴ, ㄹ	ㄱ, ㄷ, ㅁ
③	ㄷ, ㅁ	ㄱ, ㄴ, ㄹ
④	ㄴ, ㄷ, ㄹ	ㄱ, ㅁ

정답 ②
역선택이란 감추어진 특성의 상황에서 정보 수준이 낮은 측이 사전적으로 바람직하지 않은 상대방을 만날 가능성이 높아지는 현상을 의미한다. 반면, 도덕적 해이는 감추어진 행동의 상황에서 어떤 거래 이후에 정보를 가진 측이 바람직하지 않은 행동을 하는 현상을 의미한다.

이론 더하기

역선택(Adverse Selection)

① 개념 : 거래 전에 감추어진 특정한 상황에서 정보가 부족한 구매자가 바람직하지 못한 상대방과 품질이 낮은 상품을 거래하게 되는 가격왜곡현상을 의미한다.

② 사례
  • 중고차를 판매하는 사람은 그 차량의 결점에 대해 알지만 구매자는 잘 모르기 때문에 성능이 나쁜 중고차만 거래된다. 즉, 정보의 비대칭성으로 인해 비효율적인 자원 배분 현상이 나타나며, 이로 인해 사회적인 후생손실이 발생한다.
  • 보험사에서 평균적인 사고확률을 근거로 보험료를 산정하면 사고 발생 확률이 높은 사람이 보험에 가입할 가능성이 큰 것을 의미한다. 이로 인해 평균적인 위험을 기초로 보험금과 보험료를 산정하는 보험회사는 손실을 보게 된다.

③ 해결방안
  • 선별(Screening) : 정보를 갖지 못한 사람이 상대방의 정보를 알기 위해 노력하는 것이다.
  • 신호 발송(Signaling) : 정보를 가진 측에서 정보가 없는 상대방에게 자신을 알림으로써 정보의 비대칭을 해결하는 것이다.
  • 정부의 역할 : 모든 당사자가 의무적으로 수행하게 하는 강제집행과 정보흐름을 촉진할 수 있는 정보정책 수립 등이 있다.

도덕적 해이(Moral Hazard)

① 개념 : 어떤 계약 거래 이후에 대리인의 감추어진 행동으로 인해 정보격차가 존재하여 상대방의 향후 행동을 예측할 수 없거나 본인이 최선을 다한다 해도 자신에게 돌아오는 혜택이 별로 없는 경우에 발생한다.

② 사례
  • 화재보험에 가입하고 나면 화재예방노력에 따른 편익이 감소하므로 노력을 소홀히 하는 현상이 발생한다.
  • 의료보험에 가입하면 병원 이용에 따른 한계비용이 낮아지므로 그 전보다 병원을 더 자주 찾는 현상이 발생한다.
  • 금융기관에서 자금을 차입한 이후에 보다 위험이 높은 투자 상품에 투자하는 현상이 발생한다.

③ 해결방안
  • 보험회사가 보험자 손실의 일부만을 보상해 주는 공동보험제도를 채택한다.
  • 금융기관이 기업의 행동을 주기적으로 감시한다(예 사회이사제도, 감사제도).
  • 금융기관은 대출 시 담보를 설정하여 위험이 높은 투자를 자제하도록 한다.

역선택과 도덕적 해이 비교

구분	역선택	도덕적 해이
정보의 비대칭 발생시점	계약 이전	계약 이후
정보의 비대칭 유형	숨겨진 특성	숨겨진 행동
해결 방안	선별, 신호 발송, 신용할당, 효율성임금, 평판, 표준화, 정보정책, 강제집행 등	유인설계(공동보험, 기초공제제도, 성과급 지급 등), 효율성 임금, 평판, 담보설정 등

다음 중 밑줄 친 ⊙, ⓒ이 나타내는 용어가 바르게 연결된 것은?

국방은 한 국가가 현존하는 적국이나 가상의 적국 또는 내부의 침략에 대응하기 위하여 강구하는 다양한 방위활동을 말하는데, 이러한 국방은 ⊙ <u>많은 사람들이 누리더라도 다른 사람이 이용할 수 있는 몫이 줄어들지 않는다</u>. 또한 국방비에 대해 ⓒ <u>가격을 지급하지 않는 사람들이 이용하지 못하게 막기가 어렵다</u>. 따라서 국방은 정부가 담당하게 된다.

	⊙	ⓒ
①	공공재	외부효과
②	배제성	경합성
③	무임승차	비배제성
④	비경합성	비배제성

정답 ④

⊙ 경합성이란 재화나 용역을 한 사람이 사용하게 되면 다른 사람의 몫은 그만큼 줄어든다는 것으로 희소성의 가치에 의해 발생하는 경제적인 성격의 문제이다. 일반적으로 접하는 모든 재화나 용역이 경합성이 있으며, 반대로 한 사람이 재화나 용역을 소비해도 다른 사람의 소비를 방해하지 않는다면 비경합성에 해당한다.

ⓒ 배제성이란 어떤 특정한 사람이 재화나 용역을 사용하는 것을 막을 수 있는 가능성을 말하며, 반대의 경우는 비배제성이 있다고 한다.

비경합성과 비배제성 모두 동시에 가지고 있는 재화나 용역에는 제시문의 국방, 치안 등 공공재가 있다.

재화의 종류

구분	배제성	비배제성
경합성	사유재 예 음식, 옷, 자동차	공유자원 예 산에서 나는 나물, 바닷속의 물고기
비경합성	클럽재(자연 독점 재화) 예 케이블 TV방송, 전력, 수도	공공재 예 국방, 치안

공공재
① 개념 : 모든 사람들이 공동으로 이용할 수 있는 재화 또는 서비스로 비경합성과 비배제성이라는 특징을 갖는다.
② 성격
  • 비경합성 : 소비하는 사람의 수에 관계없이 모든 사람이 동일한 양을 소비한다. 비경합성에 기인하여 1인 추가 소비에 따른 한계비용은 0이다. 공공재의 경우 양의 가격을 매기는 것은 바람직하지 않음을 의미한다.
  • 비배제성 : 재화 생산에 대한 기여 여부에 관계없이 소비가 가능한 특성을 의미한다.
③ 종류
  • 순수 공공재 : 국방, 치안 서비스 등
  • 비순수 공공재 : 불완전한 비경합성을 가진 클럽재(혼합재), 지방공공재

무임승차자 문제
① 공공재는 배제성이 없으므로 효율적인 자원 분배가 이루어지지 않는 현상이 발생할 수 있다. 이로 인해 시장실패가 발생하게 되는데 구체적으로 두 가지 문제를 야기시킨다.
  • 무임승차자의 소비로 인한 공공재나 공공 서비스의 공급부족 현상
  • 공유자원의 남용으로 인한 사회문제 발생으로 공공시설물 파괴, 환경 오염
② 기부금을 통해 공공재를 구입하거나, 공공재를 이용하는 사람에게 일정의 요금을 부담시키는 방법, 국가가 강제로 조세를 거두어 무상으로 공급하는 방법 등으로 해결 가능하다.

공유자원
① 개념 : 소유권이 어느 개인에게 있지 않고, 사회 전체에 속하는 자원이다.
② 종류
  • 자연자본 : 공기, 하천, 국가 소유의 땅
  • 사회간접자본 : 공공의 목적으로 축조된 항만, 도로

공유지의 비극(Tragedy of Commons)
경합성은 있지만 비배제성은 없는 공유자원의 경우, 공동체 구성원이 자신의 이익에만 따라 행동하여 결국 공동체 전체가 파국을 맞이하게 된다는 이론이다.

01　다음 국내총생산(GDP)에 대한 〈보기〉의 설명 중 옳은 것을 모두 고르면?

> **보기**
>
> ㄱ. 여가가 주는 만족은 삶의 질에 매우 중요한 영향을 미치므로 GDP에 반영된다.
> ㄴ. 환경오염으로 파괴된 자연을 치유하기 위해 소요된 지출은 GDP에 포함된다.
> ㄷ. 우리나라의 지하경제 규모는 엄청나기 때문에 한국은행은 이를 포함하여 GDP를 측정한다.
> ㄹ. 가정주부의 가사노동은 GDP에 불포함되지만, 가사도우미의 가사노동은 GDP에 포함된다.

① ㄱ, ㄷ　　　　　　　　　　　　　　② ㄴ, ㄷ
③ ㄴ, ㄹ　　　　　　　　　　　　　　④ ㄷ, ㄹ

02　다음 중 국민총소득(GNI), 국내총생산(GDP), 국민총생산(GNP)에 대한 설명으로 옳지 않은 것은?

① GNI는 한 나라 국민이 국내외 생산활동에 참여한 대가로 받은 소득의 합계이다.
② 명목GNI는 명목GNP와 명목 국외순수취요소소득의 합이다.
③ 원화표시 GNI에 아무런 변동이 없더라도 환율변동에 따라 달러화표시 GNI는 변동될 수 있다.
④ 국외수취 요소소득이 국외지급 요소소득보다 크면 명목GNI가 명목GDP보다 크다.

01

정답　③

오답분석
ㄱ. 여가, 자원봉사 등의 활동은 생산활동이 아니므로 GDP에 포함되지 않는다.
ㄷ. GDP는 마약밀수 등의 지하경제를 반영하지 못한다는 한계점이 있다.

02

정답　②

과거에는 국민총생산(GNP)이 소득지표로 사용되었으나, 수출품과 수입품의 가격변화에 따른 실질소득의 변화를 제대로 반영하지 못했기 때문에 현재는 국민총소득(GNI)을 소득지표로 사용한다.
반면, 명목GNP는 명목GDP에 국외순수취요소소득을 더하여 계산하는데, 명목GDP는 당해 연도 생산량에 당해 연도의 가격을 곱하여 계산하므로 수출품과 수입품의 가격변화에 따른 실질소득 변화가 모두 반영된다. 즉, 명목으로 GDP를 집계하면 교역조건 변화에 따른 실질무역손익이 0이 된다. 따라서 명목GNP는 명목GNI와 동일하다.

이론 더하기

GDP(국내총생산)

① 정의 : GDP(국내총생산)란 일정기간 동안 한 나라의 국경 안에서 생산된 모든 최종 재화와 서비스의 시장가치를 시장가격으로 평가하여 합산한 것이다.

② GDP의 계산 : [가계소비(C)]＋[기업투자(I)]＋[정부지출(G)]＋[순수출(NX)]

　　※ 순수출(NX) : (수출)－(수입)

③ 명목GDP와 실질GDP

명목GDP	• 당해의 생산량에 당해 연도 가격을 곱하여 계산한 GDP이다. • 명목GDP는 물가가 상승하면 상승한다. • 당해 연도의 경제활동 규모와 산업구조를 파악하는 데 유용하다.
실질GDP	• 당해의 생산량에 기준연도 가격을 곱하여 계산한 GDP이다. • 실질GDP는 물가의 영향을 받지 않는다. • 경제성장과 경기변동 등을 파악하는 데 유용하다.

④ GDP디플레이터 : $\dfrac{(\text{명목GDP})}{(\text{실질GDP})} \times 100$

⑤ 실재GDP와 잠재GDP

실재GDP	• 한 나라의 국경 안에서 실제로 생산된 모든 최종 생산물의 시장가치를 의미한다.
잠재GDP	• 한 나라에 존재하는 노동과 자본 등 모든 생산요소를 정상적으로 사용할 경우 달성할 수 있는 최대 GDP를 의미한다. • (잠재GDP)＝(자연산출량)＝(완전고용산출량)

GNP(국민총생산)

① 개념 : GNP(국민총생산)란 일정기간 동안 한 나라의 국민이 소유하는 노동과 자본으로 생산된 모든 최종 생산물의 시장가치를 의미한다.

② GNP의 계산 : (GDP)＋(대외순수취요소소득)＝(GDP)＋(대외수취요소소득)－(대외지급요소소득)

　　※ 대외수취요소소득 : 우리나라 기업이나 근로자가 외국에서 일한 대가

　　※ 대외지급요소소득 : 외국의 기업이나 근로자가 우리나라에서 일한 대가

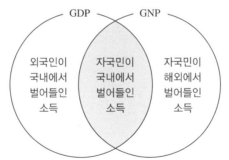

GNI(국민총소득)

① 개념 : 한 나라의 국민이 국내외 생산 활동에 참가하거나 생산에 필요한 자산을 제공한 대가로 받은 소득의 합계이다.

② GNI의 계산 : (GDP)＋(교역조건 변화에 따른 실질무역손익)＋(대외순수취요소소득)

　　　　　　＝(GDP)＋(교역조건 변화에 따른 실질무역손익)＋(대외수취요소소득)－(대외지급요소소득)

다음은 A국과 B국의 2015년과 2023년 자동차와 TV 생산에 대한 생산가능곡선을 나타낸 것이다. 이에 대한 설명으로 가장 적절한 것은?

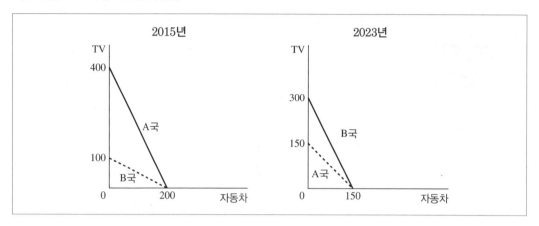

① 2015년의 자동차 수출국은 A국이다.

② B국의 자동차 1대 생산 기회비용은 감소하였다.

③ 두 시점의 생산가능곡선 변화 원인은 생산성 향상 때문이다.

④ 2023년에 자동차 1대가 TV 2대와 교환된다면 무역의 이익은 B국만 갖게 된다.

정답   ③

오답분석

① 2015년에 A국이 자동차 1대를 생산하기 위한 기회비용은 TV 2대이며, B국이 자동차 1대를 생산하기 위한 기회비용은 TV $\frac{1}{2}$ 대이므로 상대적으로 자동차 생산에 대한 기회비용이 적은 B국에서 자동차를 수출해야 한다.

② 2015년 B국의 자동차 1대 생산에 대한 기회비용은 TV $\frac{1}{2}$ 대인 반면, 2023년 B국의 자동차 1대 생산에 대한 기회비용은 TV 2대이므로 기회비용은 증가하였다.

④ 2023년에 A국은 비교우위가 있는 자동차 생산에 특화하고, B국은 비교우위가 있는 TV 생산에 특화하여 교환한다. 이 경우 교환 비율이 자동차 1대당 TV 2대이면, B국은 아무런 무역이익을 가지지 못하고, A국만 무역의 이익을 갖는다.

이론 더하기

애덤 스미스의 절대우위론
절대우위론이란 각국이 절대적으로 생산비가 낮은 재화생산에 특화하여 그 일부를 교환함으로써 상호이익을 얻을 수 있다는 이론이다.

리카도의 비교우위론
① 개념
- 비교우위란 교역 상대국보다 낮은 기회비용으로 생산할 수 있는 능력으로 정의된다.
- 비교우위론이란 한 나라가 두 재화생산에 있어서 모두 절대우위에 있더라도 양국이 상대적으로 생산비가 낮은 재화생산에 특화하여 무역을 할 경우 양국 모두 무역으로부터 이익을 얻을 수 있다는 이론을 말한다.
- 비교우위론은 절대우위론의 내용을 포함하고 있는 이론이다.

② 비교우위론의 사례

구분	A국	B국
X재	4명	5명
Y재	2명	5명

→ A국이 X재와 Y재 생산에서 모두 절대우위를 갖는다.

구분	A국	B국
X재 1단위 생산의 기회비용	Y재 2단위	Y재 1단위
Y재 1단위의 기회비용	X재 $\frac{1}{2}$단위	X재 1단위

→ A국은 Y재에, B국은 X재에 비교우위가 있다.

헥셔 - 오린 정리모형(Heckscher - Ohlin Model, H - O Model)
① 개념
- 각국의 생산함수가 동일하더라도 각 국가에서 상품 생산에 투입된 자본과 노동의 비율이 차이가 있으면 생산비의 차이가 발생하게 되고, 각국은 생산비가 적은 재화에 비교우위를 갖게 된다는 정리이다.
- 노동풍부국은 노동집약재, 자본풍부국은 자본집약재 생산에 비교우위가 있다.

② 내용
- A국은 B국에 비해 노동풍부국이고, X재는 Y재에 비해 노동집약재라고 가정할 때 A국과 B국의 생산가능곡선은 다음과 같이 도출된다.

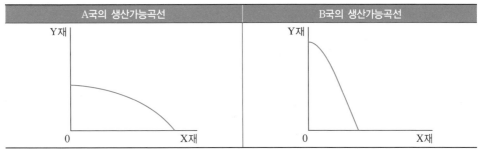

- 헥셔 - 오린 정리에 따르면 A국은 노동이 B국에 비해 상대적으로 풍부하기 때문에 노동집약재인 X재에 비교우위를 가지고 X재를 생산하여 B국에 수출하고 Y재를 수입한다.
- 마찬가지로 B국은 자본이 A국에 비해 상대적으로 풍부하기 때문에 자본집약재인 Y재에 비교우위를 가지고 Y재를 생산하여 A국에 수출하고 X재를 수입한다.

01 다음 중 소득격차를 나타내는 지표가 아닌 것은?

① 십분위분배율

② 로렌츠 곡선

③ 지니계수

④ 엥겔지수

02 어느 나라 국민의 50%는 소득이 전혀 없고, 나머지 50%는 모두 소득 100을 균등하게 가지고 있다면 지니계수의 값은 얼마인가?

① 0

② 1

③ $\dfrac{1}{2}$

④ $\dfrac{1}{4}$

01

정답 ④

엥겔지수는 전체 소비지출 중에서 식료품비가 차지하는 비중을 표시하는 지표로, 특정 계층의 생활 수준만을 알 수 있다.

02

정답 ③

국민의 50%가 소득이 전혀 없고, 나머지 50%에 해당하는 사람들의 소득은 완전히 균등하게 100씩 가지고 있으므로 로렌츠 곡선은 아래 그림과 같다. 따라서 지니계수는 다음과 같이 계산한다.

• 지니계수 = $\dfrac{A}{A+B} = \dfrac{1}{2}$

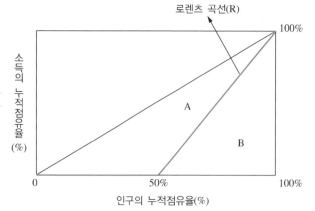

이론 더하기

로렌츠 곡선(Lorenz Curve)

① 개념 및 측정방법
- 인구의 누적점유율과 소득의 누적점유율 간의 관계를 나타내는 곡선이다.
- 로렌츠 곡선은 소득분배가 균등할수록 대각선에 가까워진다. 즉, 로렌츠 곡선이 대각선에 가까울수록 평등한 분배상태이며, 직각에 가까울수록 불평등한 분배상태이다.
- 로렌츠 곡선과 대각선 사이의 면적의 크기가 불평등도를 나타내는 지표가 된다.

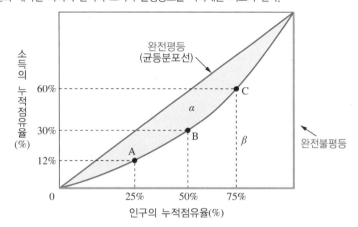

- 로렌츠 곡선상의 점 A는 소득액 하위 25% 인구가 전체 소득의 12%를, 점 B는 소득액 하위 50% 인구가 전체 소득의 30%를, 점 C는 소득액 하위 75% 인구가 전체 소득의 60%를 점유하고 있음을 의미한다.

② 평가
- 로렌츠 곡선이 서로 교차하는 경우에는 소득분배상태를 비교할 수 없다.
- 소득별 분배상태를 한눈에 볼 수 있으나, 비교하고자 하는 수만큼 그려야 하는 단점이 있다.

지니계수

① 개념 및 측정방법
- 지니계수란 로렌츠 곡선이 나타내는 소득분배상태를 하나의 숫자로 나타낸 것을 말한다.
- 지니계수는 완전균등분포선과 로렌츠 곡선 사이에 해당하는 면적(α)을 완전균등분포선 아래의 삼각형 면적($\alpha+\beta$)으로 나눈 값이다.
- 지니계수는 $0 \sim 1$ 사이의 값을 나타내며, 그 값이 작을수록 소득분배가 균등함을 의미한다.
- 즉, 소득분배가 완전히 균등하면 $\alpha=0$이므로 지니계수는 0이 되고, 소득분배가 완전히 불균등하면 $\beta=0$이므로 지니계수는 1이 된다.

② 평가
- 지니계수는 전 계층의 소득분배를 하나의 숫자로 나타내므로 특정 소득계층의 소득분배상태를 나타내지 못한다는 한계가 있다.
- 또한 특정 두 국가의 지니계수가 동일하더라도 각 소득구간별 소득격차의 차이가 모두 동일한 것은 아니며, 전반적인 소득분배의 상황만을 짐작하게 하는 한계가 있다.

상품시장을 가정할 때, 다음 중 완전경쟁시장의 균형점이 파레토 효율적인 이유로 옳지 않은 것은?

① 완전경쟁시장 균형점에서 가장 사회적 잉여가 크기 때문이다.

② 완전경쟁시장 균형점에서 사회적 형평성이 극대화되기 때문이다.

③ 완전경쟁시장 균형점에서 소비자는 효용 극대화, 생산자는 이윤 극대화를 달성하기 때문이다.

④ 완전경쟁시장 균형점에서 재화 한 단위 생산에 따른 사회적 한계편익과 사회적 한계비용이 같기 때문이다.

정답 ②

파레토 효율성이란 하나의 자원배분 상태에서 다른 사람에게 손해가 가지 않고서는 어떤 한 사람에게 이득이 되는 변화를 만들어내는 것이 불가능한 배분 상태를 의미한다. 즉, 파레토 효율성은 현재보다 더 효율적인 배분이 불가능한 상태를 의미한다. 따라서 완전경쟁시장의 균형점에서는 사회적 효율이 극대화되지만, 파레토 효율적이라고 하여 사회 구성원 간에 경제적 후생을 균등하게 분배하는 것은 아니기 때문에 사회적 형평성이 극대화되지는 않는다.

이론 더하기

파레토 효율성

파레토 효율(=파레토 최적)이란 하나의 자원배분 상태에서 다른 어떤 사람에게 손해가 가도록 하지 않고서는 어떤 한 사람에게 이득이 되는 변화를 만들어 내는 것이 불가능한 상태, 즉 더 이상의 파레토 개선이 불가능한 자원배분 상태를 말한다.

소비에서의 파레토 효율성

① 생산물시장이 완전경쟁시장이면 개별소비자들은 가격수용자이므로 두 소비자가 직면하는 예산선의 기울기 $\left(-\dfrac{P_X}{P_Y}\right)$는 동일하다.

② 예산선의 기울기가 동일하므로 두 개인의 무차별곡선 기울기도 동일하다.

$$\mathrm{MRS}^A_{XY} = \mathrm{MRS}^B_{XY}$$

③ 그러므로 생산물시장이 완전경쟁이면 소비에서의 파레토 효율성 조건이 충족된다.

④ 계약곡선상의 모든 점에서 파레토 효율이 성립하고, 효용곡선상의 모든 점에서 파레토 효율이 성립한다.

생산에서의 파레토 효율성

① 생산요소시장이 완전경쟁이면 개별생산자는 가격수용자이므로 두 재화가 직면하는 등비용선의 기울기 $\left(-\dfrac{w}{r}\right)$가 동일하다.

② 등비용선의 기울기가 동일하므로 두 재화의 등량곡선의 기울기도 동일하다.

$$\mathrm{MRS}^X_{LK} = \mathrm{MRS}^Y_{LK}$$

③ 그러므로 생산요소시장이 완전경쟁이면 생산에서의 파레토 효율성 조건이 충족된다.

④ 생산가능곡선이란 계약곡선을 재화공간으로 옮겨 놓은 것으로 생산가능곡선상의 모든 점에서 파레토 효율이 이루어진다.

⑤ 한계변환율은 X재의 생산량을 1단위 증가시키기 위하여 감소시켜야 하는 Y재의 수량으로, 생산가능곡선 접선의 기울기이다.

종합적인 파레토 효율성

시장구조가 완전경쟁이면 소비자의 효용극대화와 생산자의 이윤극대화 원리에 의해 종합적인 파레토 효율성 조건이 성립한다.

$$\mathrm{MRS}_{xy} = \frac{M_X}{M_Y} = \frac{P_X}{P_Y} = \frac{MC_X}{MC_Y} = \mathrm{MRT}_{xy}$$

파레토 효율성의 한계

① 파레토 효율성 조건을 충족하는 점은 무수히 존재하기 때문에 그중 어떤 점이 사회적으로 가장 바람직한지 판단하기 어렵다.

② 파레토 효율성은 소득분배의 공평성에 대한 기준을 제시하지 못한다.

01 다음 대화에서 밑줄 친 부분에 해당하는 사례로 가장 적절한 것은?

> 선생님 : 실업에는 어떤 종류가 있는지 한 번 말해볼까?
> 학생 : 네, 선생님. 실업은 발생하는 원인에 따라 <u>경기적 실업</u>과 계절적 실업, 그리고 구조적 실업과 마찰적 실업으로 분류할 수 있습니다.

① 총수요의 부족으로 발생하는 실업이 발생했다.
② 더 나은 직업을 탐색하기 위해 기존에 다니던 직장을 그만두었다.
③ 남해바다 해수욕장의 수영 강사들이 겨울에 일자리가 없어서 쉬고 있다.
④ 산업구조가 제조업에서 바이오기술산업으로 재편되면서 대량실업이 발생하였다.

02 다음 빈칸 ㉠ ~ ㉣에 들어갈 용어가 바르게 연결된 것은?

> • ___㉠___ : 구직활동 과정에서 일시적으로 실업 상태에 놓이는 것을 의미한다.
> • ___㉡___ : 한 나라의 산출량과 실업 사이에서 관찰되는 안정적인 음(−)의 상관관계가 존재한다는 것을 의미한다.
> • ___㉢___ : 실업이 높은 수준으로 올라가고 나면 경기확장정책을 실시하더라도 다시 실업률이 감소하지 않는 경향을 의미한다.
> • ___㉣___ : 경기침체로 인한 총수요의 부족으로 발생하는 실업이다.

	㉠	㉡	㉢	㉣
①	마찰적 실업	오쿤의 법칙	이력현상	경기적 실업
②	마찰적 실업	경기적 실업	오쿤의 법칙	구조적 실업
③	구조적 실업	이력현상	경기적 실업	마찰적 실업
④	구조적 실업	이력현상	오쿤의 법칙	경기적 실업

01

정답 ①

경기적 실업이란 경기침체로 인한 총수요의 부족으로 발생하는 실업이다. 따라서 경기적 실업을 감소시키기 위해서는 총수요를 확장시켜 경기를 활성화시키는 경제안정화정책이 필요하다.

오답분석
② 마찰적 실업
③ 계절적 실업
④ 구조적 실업

02

정답 ①

㉠ 마찰적 실업 : 직장을 옮기는 과정에서 일시적으로 실업 상태에 놓이는 것을 의미하며, 자발적 실업으로서 완전고용상태에서도 발생한다.

㉡ 오쿤의 법칙 : 한 나라의 산출량과 실업 간에 경험적으로 관찰되는 안정적인 음(−)의 상관관계가 존재한다는 것을 의미한다.

㉢ 이력현상 : 경기침체로 인해 높아진 실업률이 일정기간이 지난 이후에 경기가 회복되더라도 낮아지지 않고 계속 일정한 수준을 유지하는 현상을 의미한다.

㉣ 경기적 실업 : 경기침체로 유효수요가 부족하여 발생하는 실업을 의미한다.

이론 더하기

실업

① 실업이란 일할 의사와 능력을 가진 사람이 일자리를 갖지 못한 상태를 의미한다.

② 실업은 자발적 실업과 비자발적 실업으로 구분된다.

③ 자발적 실업에는 마찰적 실업이 포함되고, 비자발적 실업에는 구조적・경기적 실업이 포함된다.

마찰적 실업(Frictional Unemployment)

① 노동시장의 정보불완전성으로 노동자들이 구직하는 과정에서 발생하는 자발적 실업을 말한다.

② 마찰적 실업의 기간은 대체로 단기이므로 실업에 따르는 고통은 크지 않다.

③ 마찰적 실업을 감소시키기 위해서는 구인 및 구직 정보를 적은 비용으로 찾을 수 있는 제도적 장치를 마련하여 경제적・시간적 비용을 줄여주어야 한다.

구조적 실업(Structural Unemployment)

① 경제가 발전하면서 산업구조가 변화하고 이에 따라 노동수요 구조가 변함에 따라 발생하는 실업을 말한다.

② 기술발전과 지식정보화 사회 등에 의한 산업구조 재편이 수반되면서 넓은 지역에서 동시에 발생하는 실업이다.

③ 구조적 실업을 감소시키기 위해서는 직업훈련, 재취업교육 등 인력정책이 필요하다.

경기적 실업(Cyclical Unemployment)

① 경기침체로 인한 총수요의 부족으로 발생하는 실업이다.

② 경기적 실업을 감소시키기 위해서는 총수요를 확장시켜 경기를 활성화시키는 경제안정화정책이 필요하다.

③ 한편, 실업보험제도나 고용보험제도도 경기적 실업을 해소하기 위한 좋은 대책이다.

실업관련지표

① 경제활동참가율

  • 생산가능인구 중에서 경제활동인구가 차지하는 비율을 나타낸다.

  • $[경제활동참가율(\%)] = \dfrac{(경제활동인구)}{(생산가능인구)} \times 100 = \dfrac{(경제활동인구)}{(경제활동인구) + (비경제활동인구)} \times 100$

② 실업률

  • 경제활동인구 중에서 실업자가 차지하는 비율을 나타낸다.

  • $[실업률(\%)] = \dfrac{(실업자\ 수)}{(경제활동인구)} \times 100 = \dfrac{(실업자\ 수)}{(취업자\ 수) + (실업자\ 수)} \times 100$

  • 정규직의 구분 없이 모두 취업자로 간주하므로 고용의 질을 반영하지 못한다.

③ 고용률

  • 생산가능인구 중에서 취업자가 차지하는 비율로 한 경제의 실질적인 고용창출능력을 나타낸다.

  • $[고용률(\%)] = \dfrac{(취업자\ 수)}{(생산가능인구)} \times 100 = \dfrac{(취업자\ 수)}{(경제활동인구) + (비경제활동인구)} \times 100$

01 다음 중 인플레이션에 의해 나타날 수 있는 현상으로 보기 어려운 것은?

① 구두창비용의 발생
② 메뉴비용의 발생
③ 통화가치 하락
④ 총요소생산성의 상승

02 다음과 같은 현상에 대한 설명으로 적절하지 않은 것은?

> 베네수엘라의 중앙은행은 지난해 물가가 무려 9,586% 치솟았다고 발표했다. 그야말로 살인적인 물가 폭등이다. 베네수엘라는 한때 1위 산유국으로 부유했던 국가 중 하나였다. 이를 바탕으로 베네수엘라의 대통령이었던 니콜라스 마두로 대통령은 국민들에게 무상 혜택을 강화하겠다는 정책을 발표하고, 부족한 부분은 국가의 돈을 찍어 국민 생활의 많은 부분을 무상으로 전환했다. 그러나 2010년 원유의 가격이 바닥을 치면서 무상복지로 제공하던 것들을 유상으로 전환했고, 이에 따라 급격히 물가가 폭등하여 현재 돈의 가치가 없어지는 상황까지 왔다. 베네수엘라에서 1,000원짜리 커피를 한 잔 마시려면 150만 원을 지불해야 하며, 한 달 월급으로 계란 한 판을 사기 어려운 수준에 도달했다. 이를 견디지 못한 베네수엘라 국민들은 자신의 나라를 탈출하고 있으며, 정부는 화폐개혁을 예고했다.

① 전쟁이나 혁명 등 사회가 크게 혼란한 상황에서 나타난다.
② 화폐 액면 단위를 변경시키는 디노미네이션으로 쉽게 해소된다.
③ 상품의 퇴장 현상이 나타나며 경제는 물물교환에 의해 유지된다.
④ 정부가 재정 확대 정책을 장기간 지속했을 때도 이런 현상이 나타난다.

01

정답 ④

인플레이션은 구두창비용, 메뉴비용, 자원배분의 왜곡, 조세왜곡 등의 사회적 비용을 발생시켜 경제에 비효율성을 초래한다. 특히 예상하지 못한 인플레이션은 소득의 자의적인 재분배를 가져와 채무자와 실물자산소유자가 채권자와 화폐자산소유자에 비해 유리하게 만든다. 인플레이션으로 인한 사회적 비용 중 구두창비용이란 인플레이션으로 인해 화폐가치가 하락한 상황에서 화폐보유의 기회비용이 상승하는 것을 나타내는 용어이다. 이는 사람들이 화폐보유를 줄이게 되면 금융기관을 자주 방문해야 하므로 거래비용이 증가하게 되는 것을 의미한다. 그리고 메뉴비용이란 물가가 상승할 때 물가 상승에 맞추어 기업들이 생산하는 재화나 서비스의 판매 가격을 조정하는 데 지출되는 비용을 의미한다. 또한 예상하지 못한 인플레이션이 발생하면 기업들은 노동의 수요를 증가시키고, 노동의 수요가 증가하게 되면 일시적으로 생산량과 고용량이 증가하게 되나, 인플레이션으로 총요소생산성이 상승하는 것은 어려운 일이다.

02

정답 ②

제시문은 하이퍼인플레이션에 대한 설명으로, 하이퍼인플레이션은 대부분 전쟁이나 혁명 등 사회가 크게 혼란한 상황 또는 정부가 재정을 지나치게 방만하게 운용해 통화량을 대규모로 공급할 때 발생한다. 디노미네이션은 화폐의 가치를 유지하면서 액면 단위만 줄이는 화폐개혁의 방법으로 화폐를 바꾸는 데 많은 비용이 소요되고, 시스템이나 사람들이 적응하는 데 많은 시간이 필요하기 때문에 효과는 서서히 발생한다.

이론 더하기

물가지수

① 개념 : 물가의 움직임을 구체적으로 측정한 지표로서 일정 시점을 기준으로 그 이후의 물가변동을 백분율(%)로 표시한다.

② 물가지수의 계산 : $\dfrac{\text{비교시의 물가수준}}{\text{기준시의 물가수준}} \times 100$

③ 물가지수의 종류
- 소비자물가지수(CPI) : 가계의 소비생활에 필요한 재화와 서비스의 소매가격을 기준으로 환산한 물가지수로서 라스파이레스 방식으로 통계청에서 작성한다.
- 생산자물가지수(PPI) : 국내시장의 제1차 거래단계에서 기업 상호 간에 거래되는 모든 재화와 서비스의 평균적인 가격변동을 측정한 물가지수로서 라스파이레스 방식으로 한국은행에서 작성한다.
- GDP디플레이터 : 명목GNP를 실질가치로 환산할 때 사용하는 물가지수로서 GNP를 추계하는 과정에서 산출된다. 가장 포괄적인 물가지수로서 사후적으로 계산되며 파셰 방식으로 한국은행에서 작성한다.

인플레이션

① 개념 : 물가수준이 지속적으로 상승하여 화폐가치가 하락하는 현상을 말한다.

② 인플레이션의 발생원인

학파	수요견인 인플레이션	비용인상 인플레이션
고전학파	통화공급(M) 증가	통화주의는 물가수준에 대한 적응적 기대를 하는 과정에서 생긴 현상으로 파악
통화주의학파		
케인스학파	정부지출 증가, 투자 증가 등 유효수요 증가와 통화량 증가	임금인상 등의 부정적 공급충격

③ 인플레이션의 경제적 효과
- 예상치 못한 인플레이션은 채권자에서 채무자에게로 소득을 재분배하며, 고정소득자와 금융자산을 많이 보유한 사람에게 불리하게 작용한다.
- 인플레이션은 물가수준의 상승을 의미하므로 수출재의 가격이 상승하여 경상수지를 악화시킨다.
- 인플레이션은 실물자산에 대한 선호를 증가시켜 저축이 감소하여 자본축적을 저해하고 결국 경제의 장기적인 성장가능성을 저하시킨다.

④ 인플레이션의 종류
- 하이퍼인플레이션 : 인플레이션의 범위를 초과하여 경제학적 통제를 벗어난 인플레이션이다.
- 스태그플레이션 : 경기침체기에서의 인플레이션으로, 저성장 고물가의 상태이다.
- 애그플레이션 : 농산물 상품의 가격 급등으로 일반 물가도 덩달아 상승하는 현상이다.
- 보틀넥인플레이션 : 생산요소의 일부가 부족하여, 생산의 증가속도가 수요의 증가속도를 따르지 못해 발생하는 물가상승 현상이다.
- 디맨드풀인플레이션 : 초과수요로 인하여 일어나는 인플레이션이다.
- 디스인플레이션 : 인플레이션을 극복하기 위해 통화증발을 억제하고 재정·금융긴축을 주축으로 하는 경제조정정책이다.

01 다음 중 게임이론에 대한 설명으로 옳지 않은 것은?

① 순수전략들로만 구성된 내쉬균형이 존재하지 않는 게임도 있다.

② 죄수의 딜레마 게임에서 두 용의자 모두가 자백하는 것은 우월전략균형이면서 동시에 내쉬균형이다.

③ 우월전략이란 상대 경기자들이 어떤 전략들을 사용하든지 상관없이 자신의 전략들 중에서 항상 가장 낮은 보수를 가져다주는 전략을 말한다.

④ 참여자 모두에게 상대방이 어떤 전략을 선택하는가에 관계없이 자신에게 더 유리한 결과를 주는 전략이 존재할 때 그 전략을 참여자 모두가 선택하면 내쉬균형이 달성된다.

02 양씨네 가족은 주말에 여가 생활을 하기로 했다. 양씨 부부는 영화 관람을 원하고, 양씨 자녀들은 놀이동산에 가고 싶어 한다. 하지만 부부와 자녀들은 모두 따로 여가 생활을 하는 것보다는 함께 여가 생활을 하는 것을 더 선호한다. 다음 〈보기〉 중 내쉬균형이 달성되는 경우를 모두 고르면?(단, 내쉬전략이란 상대방의 전략이 정해져 있을 때 자신의 이익을 극대화시키는 전략을 말하며, 내쉬균형이란 어느 누구도 이러한 전략을 변경할 유인이 없는 상태를 말한다)

> **보기**
>
> ㄱ. 가족 모두 영화를 관람한다.
> ㄴ. 가족 모두 놀이동산에 놀러간다.
> ㄷ. 부부는 영화를 관람하고, 자녀들은 놀이동산에 놀러간다.
> ㄹ. 부부는 놀이동산에 놀러가고, 자녀들은 영화를 관람한다.

① ㄱ, ㄴ   ② ㄴ, ㄷ
③ ㄷ, ㄹ   ④ ㄱ, ㄴ, ㄹ

01

정답 ③

우월전략은 상대방의 전략에 관계없이 항상 자신의 보수가 가장 크게 되는 전략을 말한다.

02

정답 ①

부모가 영화를 관람한다고 가정할 때 자녀들이 놀이동산에 놀러가기로 결정하는 경우 따로 여가 생활을 해야 하므로 자녀들의 이익은 극대화되지 않는다. 마찬가지로 자녀들이 놀이동산에 놀러가기로 결정할 때 부부가 영화를 관람하기로 결정한다면 부부의 이익도 역시 극대화되지 않는다. 따라서 가족 모두가 영화를 관람하거나 놀이동산에 놀러갈 때 내쉬균형이 달성된다.

게임이론
한 사람이 어떤 행동을 취하기 위해서 상대방이 그 행동에 어떻게 대응할지 미리 생각해야 하는 전략적인 상황(Strategic Situation)하에서 자기의 이익을 효과적으로 달성하는 의사결정과정을 분석하는 이론을 말한다.

우월전략균형
① 개념
- 우월전략이란 상대방의 전략에 상관없이 자신의 전략 중 자신의 보수를 극대화하는 전략이다.
- 우월전략균형은 경기자들의 우월전략의 배합을 말한다.
  [예] A의 우월전략(자백), B의 우월전략(자백) → 우월전략균형(자백, 자백)
② 평가
- 각 경기자의 우월전략은 비협조전략이다.
- 각 경기자의 우월전략배합이 열위전략의 배합보다 파레토 열위상태이다.
- 자신만이 비협조전략(이기적인 전략)을 선택하는 경우 보수가 증가한다.
- 효율적 자원배분은 협조전략하에 나타난다.
- 각 경기자가 자신의 이익을 극대화하는 행동이 사회적으로 바람직한 자원배분을 실현하는 것은 아니다(개인적 합리성이 집단적 합리성을 보장하지 못한다).

내쉬균형(Nash Equilibrium)
① 개념 및 특징
- 내쉬균형이란 상대방의 전략을 주어진 것으로 보고 자신의 이익을 극대화하는 전략을 선택할 때 이 최적전략의 짝을 내쉬균형이라 한다. 내쉬균형은 존재하지 않을 수도, 복수로 존재할 수도 있다.
- '유한한 경기자'와 '유한한 전략'의 틀을 가진 게임에서 혼합전략을 허용할 때 최소한 하나 이상의 내쉬균형이 존재한다.
- 우월전략균형은 반드시 내쉬균형이나, 내쉬균형은 우월전략균형이 아닐 수 있다.
② 사례
- 내쉬균형이 존재하지 않는 경우

A \ B	T	H
T	3, 2	1, 3
H	1, 1	3, −1

- 내쉬균형이 1개 존재하는 경우(자백, 자백)

A \ B	자백	부인
자백	−5, −5	−1, −10
부인	−10, −1	−2, −2

- 내쉬균형이 2개 존재하는 경우(야구, 야구) (영화, 영화)

A \ B	야구	영화
야구	3, 2	1, 1
영화	1, 1	2, 3

③ 한계점
- 경기자 모두 소극적 추종자로 행동, 적극적으로 행동할 때의 균형을 설명하지 못한다.
- 순차게임을 설명하지 못한다.
- 협력의 가능성이 없으며 협력의 가능성이 있는 게임을 설명하지 못한다.

01 A국의 통화량은 현금통화 150, 예금통화 450이며, 지급준비금이 90이라고 할 때 통화승수는?
(단, 현금통화비율과 지급준비율은 일정하다)

① 2.5 ② 3
③ 4.5 ④ 5

02 다음 정책에 대한 설명으로 적절하지 않은 것은?

> 중앙은행의 정책으로 금리 인하를 통한 경기부양 효과가 한계에 다다랐을 때 중앙은행이 국채매입
> 등을 통해 유동성을 시중에 직접 푸는 정책을 뜻한다.

① 수출 증대의 효과가 있다.
② 디플레이션을 초래할 수 있다.
③ 유동성을 무제한으로 공급하는 것이다.
④ 경기후퇴를 막음으로써 시장의 자신감을 향상시킨다.

01

정답 ①

현금통화비율(c), 지급준비율(γ), 본원통화(B), 통화량(M)

$$M = \frac{1}{c + \gamma(1-c)} B$$

여기서 $c = \frac{150}{600} = 0.25$, $\gamma = \frac{90}{450} = 0.2$이므로, 통화승수는 $\frac{1}{c+\gamma(1-c)} = \frac{1}{0.25 + 0.2(1-0.25)} = 2.5$이다.

한편, 통화량＝현금통화＋예금통화＝150＋450＝600, 본원통화＝현금통화＋지급준비금＝150＋90＝240이다.

따라서 통화승수＝$\frac{통화량}{본원통화} = \frac{600}{240} = 2.5$이다.

02

정답 ②

제시된 정책은 양적완화이다.

양적완화
- 금리중시 통화정책을 시행하는 중앙은행이 정책금리가 0%에 근접하거나, 혹은 다른 이유로 시장경제의 흐름을 정책금리로 제어할 수 없는 이른바 유동성 저하 상황하에서 유동성을 충분히 공급함으로써 중앙은행의 거래량을 확대하는 정책이다.
- 수출 증대의 효과가 있는 반면, 인플레이션을 초래할 수도 있다.
- 자국의 경제에는 소기의 목적을 달성하더라도 타국의 경제에 영향을 미쳐 자산 가격을 급등시킬 수도 있다.

중앙은행

① 중앙은행의 역할
- 화폐를 발행하는 발권은행으로서의 기능을 한다.
- 은행의 은행으로서의 기능을 한다.
- 통화가치의 안정과 국민경제의 발전을 위한 통화금융정책을 집행하는 기능을 한다.
- 국제수지 불균형의 조정, 환율의 안정을 위하여 외환관리업무를 한다.
- 국고금 관리 등의 업무를 수행하며 정부의 은행으로서의 기능을 한다.

② 중앙은행의 통화정책 운영체계
한국은행은 통화정책 운영체계로서 물가안정목표제(Inflation Targeting)를 채택하고 있다.

③ 물가안정목표제란 '통화량' 또는 '환율' 등 중간목표를 정하고 이에 영향을 미쳐 최종목표인 물가안정을 달성하는 것이 아니라, 최종목표인 '물가' 자체에 목표치를 정하고 중기적 시기에 이를 달성하려는 방식이다.

금융정책

정책수단		운용목표		중간목표		최종목표
공개시장조작 지급준비율	→	콜금리 본원통화 재할인율	→	통화량 이자율	→	완전고용 물가안정 국제수지균형

① 공개시장조작정책
- 중앙은행이 직접 채권시장에 참여하여 금융기관을 상대로 채권을 매입하거나 매각하여 통화량을 조절하는 통화정책수단을 의미한다.
- 중앙은행이 시중의 금융기관을 상대로 채권을 매입하는 경우 경제 전체의 통화량은 증가하게 되고, 이는 실질이자율을 낮춰 총수요를 증가시킨다.
- 중앙은행이 시중의 금융기관을 상대로 채권을 매각하는 경우 경제 전체의 통화량은 감소하게 되고, 이는 실질이자율을 상승과 투자의 감소로 이어져 총수요가 감소하게 된다.

② 지급준비율정책
- 법정지급준비율이란 중앙은행이 예금은행으로 하여금 예금자 예금인출요구에 대비하여 총예금액의 일정비율 이상을 대출할 수 없도록 규정한 것을 말한다.
- 지급준비율정책이란 법정지급준비율을 변경시킴으로써 통화량을 조절하는 것을 말한다.
- 지급준비율이 인상되면 통화량이 감소하고 실질이자율을 높여 총수요를 억제한다.

③ 재할인율정책
- 재할인율정책이란 일반은행이 중앙은행으로부터 자금을 차입할 때 차입규모를 조절하여 통화량을 조절하는 통화정책수단을 말한다.
- 재할인율 상승은 실질이자율을 높여 경제 전체의 통화량을 줄이고자 할 때 사용하는 통화정책의 수단이다.
- 재할인율 인하는 실질이자율을 낮춰 경제 전체의 통화량을 늘리고자 할 때 사용하는 통화정책의 수단이다.

다음은 경제 지표 추이에 대한 그래프이다. 이와 같은 추이가 계속된다고 할 때, 나타날 수 있는 현상으로 적절한 것을 〈보기〉에서 모두 고르면?(단, 지표 외 다른 요인은 고려하지 않는다)

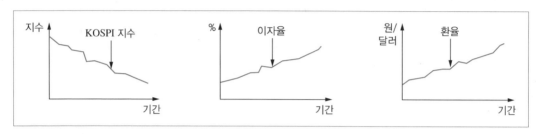

보기
ㄱ. KOSPI 지수 추이를 볼 때, 기업은 주식시장을 통한 자본 조달이 어려워질 것이다.
ㄴ. 이자율 추이를 볼 때, 은행을 통한 기업의 대출 수요가 증가할 것이다.
ㄷ. 환율 추이를 볼 때, 수출제품의 가격 경쟁력이 강화될 것이다.

① ㄱ   ② ㄴ
③ ㄱ, ㄷ   ④ ㄴ, ㄷ

정답   ③
ㄱ. KOSPI 지수가 지속적으로 하락하고 있기 때문에 주식시장이 매우 침체되어 있다고 볼 수 있다. 이 경우 주식에 대한 수요와
    증권시장의 약세 장세 때문에 주식 발행을 통한 자본 조달은 매우 어려워진다.
ㄷ. 원/달러 환율이 지속적으로 상승하게 되면 원화의 약세로 수출제품의 외국에서의 가격은 달러화에 비해 훨씬 저렴하게 된다.
    따라서 상대적으로 외국제품에 비하여 가격 경쟁력이 강화되는 효과가 발생한다.

오답분석
ㄴ. 이자율이 지속적으로 상승하면 대출 금리도 따라 상승하게 되어 기업의 부담이 커지게 되고 이에 따라 기업의 대출 수요는
    감소하게 된다.

금리

① 개념 : 원금에 지급되는 이자를 비율로 나타낸 것으로 '이자율'이라는 표현을 사용하기도 한다.

② 특징
- 자금에 대한 수요와 공급이 변하면 금리가 변동한다. 즉, 자금의 수요가 증가하면 금리가 올라가고, 자금의 공급이 증가하면 금리는 하락한다.
- 중앙은행이 금리를 낮추겠다는 정책목표를 설정하면 금융시장의 국채를 매입하게 되고 금리에 영향을 준다.
- 가계 : 금리가 상승하면 소비보다는 저축이 증가하고, 금리가 하락하면 저축보다는 소비가 증가한다.
- 기업 : 금리가 상승하면 투자비용이 증가하므로 투자가 줄어들고, 금리가 하락하면 투자가 증가한다.
- 국가 간 자본의 이동 : 본국과 외국의 금리 차이를 보고 상대적으로 외국의 금리가 높다고 판단되면 자금은 해외로 이동하고, 그 반대의 경우 국내로 이동한다.

③ 금리의 종류
- 기준금리 : 중앙은행이 경제활동 상황을 판단하여 정책적으로 결정하는 금리로, 경제가 과열되거나 물가상승이 예상되면 기준금리를 올리고, 경제가 침체되고 있다고 판단되면 기준금리를 하락시킨다.
- 시장금리 : 개인의 신용도나 기간에 따라 달라지는 금리이다.

1년 미만 단기 금리	콜금리	영업활동 과정에서 남거나 모자라는 초단기자금(콜)에 대한 금리이다.
	환매조건부채권(RP)	일정 기간이 지난 후에 다시 매입하는 조건으로 채권을 매도함으로써 수요자가 단기자금을 조달하는 금융거래방식의 하나이다.
	양도성예금증서(CD)	은행이 발행하고 금융시장에서 자유로운 매매가 가능한 무기명의 정기예금증서이다.
1년 이상 장기 금리	국채, 회사채, 금융채	

환율

국가 간 화폐의 교환비율로, 우리나라에서 환율을 표시할 때에는 외국화폐 1단위당 원화의 금액으로 나타낸다.

예 1,193.80원/$, 170.76원/¥

주식과 주가

① 주식 : 주식회사의 자본을 이루는 단위로서 금액 및 이를 전제한 주주의 권리와 의무단위이다.

② 주가 : 주식의 시장가격으로, 주식시장의 수요와 공급에 의해 결정된다.

PART 2

01 다음 중 변동환율제도에 대한 설명으로 적절하지 않은 것은?

① 원화 환율이 오르면 물가가 상승하기 쉽다.

② 원화 환율이 오르면 수출업자가 유리해진다.

③ 원화 환율이 오르면 외국인의 국내 여행이 많아진다.

④ 국가 간 자본거래가 활발하게 이루어진다면 독자적인 통화정책을 운용할 수 없다.

02 다음 중 빈칸 ㉠ ~ ㉢에 들어갈 경제 용어가 바르게 연결된 것은?

> 구매력평가 이론(Purchasing Power Parity Theory)은 모든 나라의 통화 한 단위의 구매력이 같도록 환율이 결정되어야 한다는 것이다. 구매력평가 이론에 따르면 양국통화의 __㉠__ 은 양국의 __㉡__ 에 의해 결정되며, 구매력평가 이론이 성립하면 __㉢__ 은 불변이다.

	㉠	㉡	㉢
①	실질환율	물가수준	명목환율
②	실질환율	자본수지	명목환율
③	명목환율	물가수준	실질환율
④	명목환율	경상수지	실질환율

01

정답 ④

변동환율제도에서는 중앙은행이 외환시장에 개입하여 환율을 유지할 필요가 없고, 외환시장의 수급 상황이 국내 통화량에 영향을 미치지 않으므로 독자적인 통화정책의 운용이 가능하다.

02

정답 ③

일물일가의 법칙을 가정하는 구매력평가설에 따르면 두 나라에서 생산된 재화의 가격이 동일하므로 명목환율은 두 나라의 물가수준의 비율로 나타낼 수 있다. 한편, 구매력평가설이 성립하면 실질환율은 불변한다.

이론 더하기

환율

① 개념 : 국내화폐와 외국화폐가 교환되는 시장을 외환시장(Foreign Exchange Market)이라고 한다. 그리고 여기서 결정되는 두 나라 화폐의 교환비율을 환율이라고 한다. 즉, 환율이란 자국화폐단위로 표시한 외국화폐 1단위의 가격이다.

② 환율의 변화

환율의 상승을 환율 인상(Depreciation), 환율의 하락을 환율 인하(Appreciation)라고 한다. 환율이 인상되는 경우 자국화폐의 가치가 하락하는 것을 의미하며, 환율이 인하되는 경우는 자국화폐가치가 상승하는 것을 의미한다.

평가절상 (=환율 인하, 자국화폐 가치 상승)	평가절하 (=환율 인상, 자국화폐 가치 하락)
• 수출 감소 • 수입 증가 • 경상수지 악화 • 외채부담 감소	• 수출 증가 • 수입 감소 • 경상수지 개선 • 외채부담 증가

③ 환율제도

구분	고정환율제도	변동환율제도
국제수지 불균형의 조정	정부개입에 의한 해결(평가절하, 평가절상)과 역외국에 대해서는 독자관세 유지	시장에서 환율의 변화에 따라 자동적으로 조정
환위험	적음	환율의 변동성에 기인하여 환위험에 크게 노출되어 있음
환투기의 위험	적음	높음(이에 대해 프리드먼은 환투기는 환율을 오히려 안정시키는 효과가 존재한다고 주장)
해외교란요인의 파급 여부	국내로 쉽게 전파됨	환율의 변화가 해외교란요인의 전파를 차단(차단효과)
금융정책의 자율성 여부	자율성 상실(불가능성 정리)	자율성 유지
정책의 유효성	금융정책 무력	재정정책 무력

01 다음 중 서킷 브레이커(Circuit Breakers)에 대한 설명으로 옳지 않은 것은?

① 1 ~ 3단계별로 2번씩 발동할 수 있다.

② 거래를 중단한 지 20분이 지나면 10분간 호가를 접수해서 매매를 재개시킨다.

③ 주식시장에서 주가가 급등 또는 급락하는 경우 주식매매를 일시 정지하는 제도이다.

④ 2단계 서킷 브레이커는 1일 1회 주식시장 개장 5분 후부터 장이 끝나기 40분 전까지 발동할 수 있다.

02 다음 중 주가가 떨어질 것을 예측해 주식을 빌려 파는 공매도를 했으나, 반등이 예상되면서 빌린 주식을 되갚자 주가가 오르는 현상은?

① 사이드카
② 디노미네이션
③ 서킷브레이커
④ 숏커버링

01

정답 ①

서킷 브레이커

• 원래 전기 회로에 과부하가 걸렸을 때 자동으로 회로를 차단하는 장치를 말하는데, 주식시장에서 주가가 급등 또는 급락하는 경우 주식매매를 일시 정지하는 제도이다. 서킷 브레이커가 발동되면 매매가 20분간 정지되고, 20분이 지나면 10분간 동시호가, 단일가매매 전환이 이루어진다.

• 서킷 브레이커 발동조건
 – 1단계 : 종합주가지수가 전 거래일보다 8% 이상 하락하여 1분 이상 지속되는 경우
 – 2단계 : 종합주가지수가 전 거래일보다 15% 이상 하락하여 1분 이상 지속되는 경우
 – 3단계 : 종합주가지수가 전 거래일보다 20% 이상 하락하여 1분 이상 지속되는 경우

• 서킷 브레이커 유의사항
 – 총 3단계로 이루어진 서킷 브레이커의 각 단계는 하루에 한 번만 발동할 수 있다.
 – 1 ~ 2단계는 주식시장 개장 5분 후부터 장 종료 40분 전까지만 발동한다. 단, 3단계 서킷 브레이커는 장 종료 40분 전 이후에도 발동될 수 있고, 3단계 서킷 브레이커가 발동하면 장이 종료된다.

02

정답 ④

없는 주식이나 채권을 판 후 보다 싼 값으로 주식이나 그 채권을 구해 매입자에게 넘기는데, 예상을 깨고 강세장이 되어 해당 주식이 오를 것 같으면 손해를 보기 전에 빌린 주식을 되갚게 된다. 이때 주가가 오르는 현상을 숏커버링이라 한다.

주가지수

① 개념 : 주식가격의 상승과 하락을 판단하기 위한 지표(Index)가 필요하므로 특정 종목의 주식을 대상으로 평균적으로 가격이 상승했는지 하락했는지를 판단한다. 때문에 주가지수의 변동은 경제상황을 판단하게 해주는 지표가 될 수 있다.

② 주가지수 계산 : $\dfrac{\text{비교시점의 시가총액}}{\text{기준시점의 시가총액}} \times 100$

③ 주요국의 종합주가지수

국가	지수명	기준시점	기준지수
한국	코스피	1980년	100
	코스닥	1996년	1,000
미국	다우존스 산업평균지수	1896년	100
	나스닥	1971년	100
	S&P 500	1941년	10
일본	니케이 225	1949년	50
중국	상하이종합	1990년	100
홍콩	항셍지수	1964년	100
영국	FTSE 100지수	1984년	1,000
프랑스	CAC 40지수	1987년	1,000

주가와 경기 변동

① 주식의 가격은 장기적으로 기업의 가치에 따라 변동한다.
② 주가는 경제성장률이나 이자율, 통화량과 같은 경제변수에 영향을 받는다.
③ 통화공급의 증가와 이자율이 하락하면 소비와 투자가 늘어나서 기업의 이익이 커지므로 주가는 상승한다.

주식관련 용어

① 서킷브레이커(CB) : 주식시장에서 주가가 급등 또는 급락하는 경우 주식매매를 일시 정지하는 제도이다.
② 사이드카 : 선물가격이 전일 종가 대비 5%(코스피), 6%(코스닥) 이상 급등 또는 급락 상태가 1분간 지속될 경우 주식시장의 프로그램 매매 호가를 5분간 정지시키는 것을 의미한다.
③ 네 마녀의 날 : 주가지수 선물과 옵션, 개별 주식 선물과 옵션 등 네 가지 파생상품 만기일이 겹치는 날이다. '쿼드러플위칭 데이'라고도 한다.
④ 레드칩 : 중국 정부와 국영기업이 최대주주로 참여해 홍콩에 설립한 우량 중국 기업들의 주식을 일컫는 말이다.
⑤ 블루칩 : 오랜 시간 동안 안정적인 이익을 창출하고 배당을 지급해온 수익성과 재무구조가 건전한 기업의 주식으로 대형 우량주를 의미한다.
⑥ 숏커버링 : 외국인 등이 공매도한 주식을 되갚기 위해 시장에서 주식을 다시 사들이는 것으로, 주가 상승 요인으로 작용한다.
⑦ 공매도 : 주식을 가지고 있지 않은 상태에서 매도 주문을 내는 것이다. 3일 안에 해당 주식이나 채권을 구해 매입자에게 돌려주면 되기 때문에, 약세장이 예상되는 경우 시세차익을 노리는 투자자가 주로 활용한다.

다음 중 유로채와 외국채에 대한 설명으로 적절하지 않은 것은?

① 유로채는 채권의 표시통화 국가에서 발행되는 채권이다.

② 유로채는 이자소득세를 내지 않는다.

③ 외국채는 감독 당국의 규제를 받는다.

④ 외국채는 신용 평가가 필요하다.

정답 ①

외국채는 채권의 표시통화 국가에서 발행되는 채권이고, 유로채는 채권의 표시통화 국가 이외의 국가에서 발행되는 채권이다.

오답분석

② 외국채는 이자소득세를 내야 하지만, 유로채는 세금을 매기지 않는다.

③ 외국채는 감독 당국의 규제를 받지만, 유로채는 규제를 받지 않는다.

④ 외국채는 신용 평가가 필요하지만, 유로채는 필요하지 않다.

채권

정부, 공공기관, 특수법인과 주식회사 형태를 갖춘 사기업이 일반 대중 투자자들로부터 비교적 장기의 자금을 조달하기 위해 발행하는 일종의 차용증서로, 채권을 발행한 기관은 채무자, 채권의 소유자는 채권자가 된다.

발행주체에 따른 채권의 분류

국채	• 국가가 발행하는 채권으로 세금과 함께 국가의 중요한 재원 중 하나이다. • 국고채, 국민주택채권, 국채관리기금채권, 외국환평형기금채권 등이 있다.
지방채	• 지방자치단체가 지방재정의 건전한 운영과 공공의 목적을 위해 재정상의 필요에 따라 발행하는 채권이다. • 지하철공채, 상수도공채, 도로공채 등이 있다.
특수채	• 공사와 같이 특별법에 따라 설립된 법인이 자금조달을 목적으로 발행하는 채권으로 공채와 사채의 성격을 모두 가지고 있다. • 예금보험공사 채권, 한국전력공사 채권, 리스회사의 무보증 리스채, 신용카드회사의 카드채 등이 있다.
금융채	• 금융회사가 발행하는 채권으로 발생은 특정한 금융회사의 중요한 자금조달수단 중 하나이다. • 산업금융채, 장기신용채, 중소기업금융채 등이 있다.
회사채	• 상법상의 주식회사가 발행하는 채권으로 채권자는 주주들의 배당에 우선하여 이자를 지급받게 되며 기업이 도산하는 경우에도 주주들을 우선하여 기업자산에 대한 청구권을 갖는다. • 전환사채(CB), 신주인수권부사채(BW), 교환사채(EB) 등이 있다.

이자지급방법에 따른 채권의 분류

이표채	액면가로 채권을 발행하고, 이자지급일이 되면 발행할 때 약정한 대로 이자를 지급하는 채권이다.
할인채	이자가 붙지는 않지만, 이자 상당액을 미리 액면가격에서 차감하여 발행가격이 상환가격보다 낮은 채권이다.
복리채(단리채)	정기적으로 이자가 지급되는 대신에 복리(단리) 이자로 재투자되어 만기상환 시에 원금과 이자를 지급하는 채권이다.
거치채	이자가 발생한 이후에 일정기간이 지난 후부터 지급되는 채권이다.

상환기간에 따른 채권의 분류

단기채	통상적으로 상환기간이 1년 미만인 채권으로, 통화안정증권, 양곡기금증권 등이 있다.
중기채	상환기간이 1 ~ 5년인 채권으로 우리나라의 대부분의 회사채 및 금융채가 만기 3년으로 발행된다.
장기채	상환기간이 5년 초과인 채권으로 국채가 이에 해당한다.

특수한 형태의 채권

일반사채와 달리 계약 조건이 다양하게 변형된 특수한 형태의 채권으로 다양한 목적에 따라 발행된 채권이다.

전환사채 (CB: Convertible Bond)	발행을 할 때에는 순수한 회사채로 발행되지만, 일정기간이 경과한 후에는 보유자의 청구에 의해 발행회사의 주식으로 전환될 수 있는 사채이다.
신주인수권부사채 (BW: Bond with Warrant)	발행 이후에 일정기간 내에 미리 약정된 가격으로 발행회사에 일정한 금액에 해당하는 주식을 매입할 수 있는 권리가 부여된 사채이다.
교환사채 (EB: Exchangeable Bond)	투자자가 보유한 채권을 일정 기간이 지난 후 발행회사가 보유 중인 다른 회사 유가증권으로 교환할 수 있는 권리가 있는 사채이다.
옵션부사채	• 콜옵션과 풋옵션이 부여되는 사채이다. • 콜옵션은 발행회사가 만기 전 조기상환을 할 수 있는 권리이고, 풋옵션은 사채권자가 만기중도상환을 청구할 수 있는 권리이다.
변동금리부채권 (FRN: Floating Rate Note)	• 채권 지급 이자율이 변동되는 금리에 따라 달라지는 채권이다. • 변동금리부채권의 지급이자율은 기준금리에 가산금리를 합하여 산정한다.
자산유동화증권 (ABS: Asset Backed Security)	유동성이 없는 자산을 증권으로 전환하여 자본시장에서 현금화하는 일련의 행위를 자산유동화라고 하는데, 기업 등이 보유하고 있는 대출채권이나 매출채권, 부동산 자산을 담보로 발행하여 제3자에게 매각하는 증권이다.

01 다음 중 주가지수 상승률이 미리 정해놓은 수준에 단 한 번이라도 도달하면 만기 수익률이 미리
정한 수준으로 확정되는 ELS 상품은?

① 디지털형(Digital)

② 녹아웃형(Knock-out)

③ 불스프레드형(Bull-spread)

④ 리버스컨버터블형(Reverse Convertible)

02 주식이나 ELW를 매매할 때 보유시간을 통상적으로 2 ~ 3분 단위로 짧게 잡아 하루에 수십 번
또는 수백 번씩 거래를 하며 박리다매식으로 매매차익을 얻는 초단기매매자들이 있다. 이들을 가르
키는 용어는?

① 스캘퍼(Scalper)   ② 데이트레이더(Day Trader)

③ 스윙트레이더(Swing Trader)   ④ 포지션트레이더(Position Trader)

01

정답 ②

주가연계증권(ELS)의 유형
- 녹아웃형(Knock-out) : 주가지수 상승률이 미리 정해놓은 수준에 단 한 번이라도 도달하면 만기 수익률이 미리 정한 수준으로
확정되는 상품
- 불스프레드형(Bull-spread) : 만기 때 주가지수 상승률에 따라 수익률이 결정되는 상품
- 리버스컨버터블형(Reverse Convertible) : 미리 정해 놓은 하락폭 밑으로만 빠지지 않는다면 주가지수가 일정부분 하락해도
약속한 수익률을 지급하는 상품
- 디지털형(Digital) : 만기일의 주가지수가 사전에 약정한 수준 이상 또는 이하에 도달하면 확정 수익을 지급하고 그렇지 못하면
원금만 지급하는 상품

02

정답 ①

스캘퍼(Scalper)는 ELW시장 등에서 거액의 자금을 갖고 몇 분 이내의 초단타 매매인 스캘핑(Scalping)을 구사하는 초단타 매매자
를 말한다. 속칭 '슈퍼 메뚜기'로 불린다.

오답분석
② 데이트레이더 : 주가의 움직임만 보고 차익을 노리는 주식투자자
③ 스윙트레이더 : 선물시장에서 통상 2 ~ 3일 간격으로 매매 포지션을 바꾸는 투자자
④ 포지션트레이더 : 몇 주간 또는 몇 개월 동안 지속될 가격 변동에 관심을 갖고 거래하는 자로서 비회원거래자

이론 더하기

ELS(주가연계증권) / ELF(주가연계펀드)

① 개념 : 파생상품 펀드의 일종으로 국공채 등과 같은 안전자산에 투자하여 안전성을 추구하면서 확정금리 상품 대비 고수익을 추구하는 상품이다.

② 특징

ELS (주가연계증권)	• 개별 주식의 가격이나 주가지수에 연계되어 투자수익이 결정되는 유가증권이다. • 사전에 정한 2 ~ 3개 기초자산 가격이 만기 때까지 계약 시점보다 40 ~ 50% 가량 떨어지지 않으면 약속된 수익을 지급하는 형식이 일반적이다. • 다른 채권과 마찬가지로 증권사가 부도나거나 파산하면 투자자는 원금을 제대로 건질 수 없다. • 상품마다 상환조건이 다양하지만 만기 3년에 6개월마다 조기상환 기회가 있는 게 일반적이다. 수익이 발생해서 조기상환 또는 만기상환되거나, 손실을 본채로 만기상환된다. • 녹아웃형, 불스프레드형, 리버스컨버터블형, 디지털형 등이 있다.
ELF (주가연계펀드)	• 투자신탁회사들이 ELS 상품을 펀드에 편입하거나 자체적으로 원금보존 추구형 펀드를 구성해 판매하는 형태의 상품이다. • ELF는 펀드의 수익률이 주가나 주가지수 움직임에 의해 결정되는 구조화된 수익구조를 갖는다. • 베리어형, 디지털형, 조기상환형 등이 있다.

ELW(주식워런트증권)

① 개념 : 자산을 미리 정한 만기에 미리 정해진 가격에 사거나(콜) 팔 수 있는 권리(풋)를 나타내는 증권이다.

② 특징

- 주식워런트증권은 상품특성이 주식옵션과 유사하나 법적 구조, 시장구조, 발행주체와 발행조건 등에 차이가 있다.
- 주식처럼 거래가 이루어지며, 만기 시 최종보유자가 권리를 행사하게 된다.
- ELW 시장에서는 투자자의 환금성을 보장할 수 있도록 호가를 의무적으로 제시하는 유동성공급자(LP; Liquidity Provider) 제도가 운영된다.

01 | 경제 · 경영 · 금융 기출응용문제

정답 및 해설 p.038

01 경제

| 객관식 |

01 다음 소비자잉여, 생산자잉여에 대한 〈보기〉의 설명 중 옳은 것을 모두 고르면?

> **보기**
> ㄱ. 외부효과가 발생하는 완전경쟁시장에서의 경제적 후생은 소비자잉여와 생산자잉여의 합이다.
> ㄴ. 경제적 후생은 소비자 잉여와 생산자 잉여로 측정한다.
> ㄷ. 가격이 하락하면 소비자잉여는 증가한다.
> ㄹ. 생산자잉여는 소비자의 지불가능 금액에서 실제 지불금액을 뺀 것을 말한다.

① ㄱ, ㄴ ② ㄱ, ㄷ
③ ㄴ, ㄷ ④ ㄴ, ㄹ

02 다음 중 이자율과 화폐수요의 관계에 대한 설명으로 옳지 않은 것은?

① 케인스 학파는 이자율이 화폐의 수요와 공급에 의해 결정된다고 주장하였다.
② 화폐의 공급이 고정되어 있는 상태에서 소득이 증가할 경우, 이자율은 하락한다.
③ 총 화폐수요를 결정하는 세 가지 요소는 이자율, 물가수준, 실질국민소득이다.
④ 이자율이 상승하면 화폐의 상대적 수익률이 낮아지게 되어 화폐 수요가 감소한다.

03 다음 그래프는 케인스 모형에서 정부지출의 증가(ΔG)로 인한 효과를 나타내고 있다. 이에 대한 〈보기〉의 설명 중 옳은 것을 모두 고르면?(단, 그림에서 C는 소비, I는 투자, G는 정부지출이다)

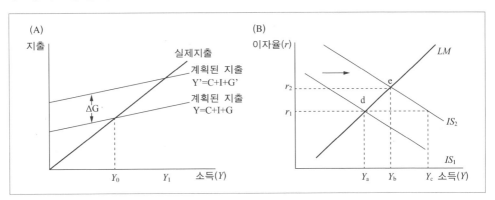

보기

ㄱ. (A)에서 $Y_0 \rightarrow Y_1$의 크기는 한계소비성향의 크기에 따라 달라진다.

ㄴ. (A)의 $Y_0 \rightarrow Y_1$의 크기는 (B)의 $Y_a \rightarrow Y_b$의 크기와 같다.

ㄷ. (B)의 새로운 균형점 e는 구축효과를 반영하고 있다.

ㄹ. (A)에서 정부지출의 증가는 재고의 예기치 않은 증가를 가져온다.

① ㄱ, ㄴ   ② ㄱ, ㄷ

③ ㄴ, ㄷ   ④ ㄴ, ㄹ

04 어느 마을에서는 사과가 오렌지보다 덜 귀하지만 사과의 가격이 오렌지의 가격보다 비싸다. 이로부 터 추론할 수 있는 사실은?

① 이 마을에서는 오렌지가 사과보다 희소성이 더 높다.

② 이 마을 주민들이 비합리적인 선택을 한 결과이다.

③ 이 마을 주민들은 오렌지를 사과보다 선호한다.

④ 이 마을 주민들의 선호보다 공급의 크기에 의존하여 희소성이 나타난다.

05 다음 중 리카도 대등정리(Ricardian Equivalence Theorem)에 대한 설명으로 적절한 것은?

① 국채 발행을 통해 재원이 조달된 조세삭감은 소비에 영향을 미치지 않는다.

② 국채 발행이 증가하면 이자율이 하락한다.

③ 경기침체 시에는 조세 대신 국채 발행을 통한 확대재정정책이 더 효과적이다.

④ 소비이론 중 절대소득가설에 기초를 두고 있다.

06 다음 중 솔로우(Solow)의 성장모형에 대한 설명으로 적절한 것은?

① 생산요소 간의 비대체성을 전제로 한다.

② 인구증가율이 높아질 경우 새로운 정상상태(Steady – state)의 1인당 산출량은 증가한다.

③ 저축률은 1인당 자본량을 증가시키므로 항상 저축률이 높을수록 좋다.

④ 기술진보는 균형성장경로의 변화 요인이다.

07 다음은 구축효과에 대한 설명이다. ㉠ ~ ㉣에 들어갈 용어를 순서대로 바르게 나열한 것은?

> 구축효과에 의하면 정부지출 증가가 ㉠를(을) 통해 민간의 ㉡를(을) 유발한다. ㉢ 학파 이론에서는 구축효과가 큰 반면에 ㉣ 학파 이론에서는 구축효과가 작다.

	㉠	㉡	㉢	㉣
①	소득 증가	소비수요 증가	고전	케인스
②	소득 증가	소비수요 증가	케인스	고전
③	이자율 상승	투자수요 감소	고전	케인스
④	이자율 상승	투자수요 증가	고전	케인스

08 다음 〈보기〉 중 주어진 물가수준에서 총수요곡선을 오른쪽으로 이동시키는 원인으로 적절한 것을 모두 고르면?

> **보기**
>
> ㄱ. 개별소득세 인하
> ㄴ. 장래경기에 대한 낙관적인 전망
> ㄷ. 통화량 감소에 따른 이자율 상승
> ㄹ. 해외경기 침체에 따른 순수출의 감소

① ㄱ, ㄴ

② ㄴ, ㄷ

③ ㄱ, ㄴ, ㄷ

④ ㄴ, ㄷ, ㄹ

09 다음 중 완전경쟁산업 내의 한 개별 기업에 대한 설명으로 적절하지 않은 것은?

① 한계수입은 시장가격과 일치한다.

② 이 개별 기업이 직면하는 수요곡선은 우하향한다.

③ 시장가격보다 높은 가격을 책정하면 시장점유율은 없다.

④ 이윤극대화 생산량에서는 시장가격과 한계비용이 일치한다.

10 기업은 가격차별을 통해 보다 많은 이윤을 획득하고자 한다. 다음 중 기업이 가격차별을 할 수 있는 환경이 아닌 것은?

① 제품의 재판매가 용이하다.

② 소비자들의 특성이 다양하다.

③ 기업의 독점적 시장지배력이 높다.

④ 분리된 시장에서 수요의 가격탄력성이 서로 다르다.

11 전력 과소비의 원인 중 하나로 낮은 전기료가 지적되고 있다. 다음 중 전력에 대한 수요곡선을 이동시키는 요인이 아닌 것은?

① 소득의 변화

② 전기요금의 변화

③ 도시가스의 가격 변화

④ 전기 기기에 대한 수요 변화

01 다음 〈보기〉의 내용을 참고하여 실업률을 구하면?

> 보기
> • 생산가능인구 : 50,000명
> • 취업자 : 20,000명
> • 실업자 : 5,000명

(%)

02 다음은 IS – LM 곡선에 대한 설명이다. 〈보기〉 중 빈칸 A ~ C에 들어갈 단어를 순서대로 모두 고르면?

> • IS – LM 곡선은 거시경제에서의 이자율과 ___A___ 을 분석하는 모형이다.
> • 경제가 IS곡선의 왼쪽에 있는 경우, 저축보다 투자가 많아지게 되어 ___B___ 이 / 가 발생한다.
> • LM곡선은 ___C___ 의 균형이 달성되는 점들의 조합이다.

> 보기
> ㉠ 총생산량   ㉡ 국민소득
> ㉢ 초과공급   ㉣ 초과수요
> ㉤ 상품시장   ㉥ 화폐시장

(   )

03 다음 빈칸에 들어갈 내용으로 적절한 것을 〈보기〉에서 고르면?

> 이란에서는 수년간 지속된 인플레이션으로 현재 1달러가 3만2천 리알이 될 만큼 리알화의 가치가 크게 하락했다. 리알화의 가치는 2012년 원유 수출이 중단되면서 급속히 위축되어 1달러에 약 1만 리알에서 3만 리알 이상으로 치솟았다. 화폐의 단위가 높다보니 리알에서 '0'을 4개 줄여 10만 리알을 10토만으로 부르기도 했다. 이에 이란 정부는 의회의 동의를 받아 _____을 추진했다.

> **보기**
> ㉠ 스태그플레이션(Stagflation)　　　　　㉡ 디노미네이션(Denomination)
> ㉢ 리디노미네이션(Redenomination)　　　㉣ 카니벌라이제이션(Cannibalization)
> ㉤ 통화스왑　　　　　　　　　　　　　　㉥ 젠트리피케이션(Gentrification)
> ㉦ 하이브리드　　　　　　　　　　　　　㉧ 밸류에이션(Valuation)

(　　　　　　　　　　　　　　　　　　　)

04 A제품만 생산하는 독점기업의 생산비는 생산량에 관계없이 1단위당 60원이고, A제품에 대한 시장 수요곡선은 $P = 100 - 2Q$이다. 이 독점기업의 이윤극대화 가격(P)은?

(　　　　　　　　　　　　　　　원)

05 다음 중 B에 해당하는 사람으로 옳은 것을 〈보기〉에서 모두 고르면?

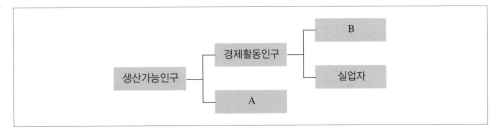

> **보기**
> ㉠ 실직한 뒤에 구직활동을 포기한 아버지
> ㉡ 교통사고를 당해 휴직 중인 어머니
> ㉢ 아버지가 운영하는 가게에서 무보수로 아르바이트를 하고 있는 누나
> ㉣ 일거리가 적어 일주일에 하루만 일하는 형
> ㉤ 내년도 대학입시를 준비하는 동생

(　　　　　　　　　　　　　　　　　　　)

| 객관식 |

01 다음이 설명하는 경제성 분석 기법은?

> • 투자의 경제성(수익성)을 나타내는 지표 중 하나이다.
> • 일정 기간 동안의 현금유입의 현재가치와 현금유출의 현재가치를 같게 만든다.
> • 기간에 따라 값이 달라지게 되어 투자의 우선순위를 판단하기 어렵다는 한계가 있다.

① 비용편익비율   ② 순현재가치
③ 내부수익률   ④ 손익분기점

02 다음 중 제시된 내용에 해당하는 마케팅 STP 단계는?

> • 서로 다른 욕구를 가지고 있는 다양한 고객들을 하나의 동질적인 고객집단으로 나눈다.
> • 인구, 지역, 사회, 심리 등을 기준으로 활용한다.
> • 전체시장을 동질적인 몇 개의 하위시장으로 구분하여 시장별로 차별화된 마케팅을 실행한다.

① 시장 세분화   ② 시장 매력도 평가
③ 표적시장 선정   ④ 포지셔닝

03 다음 제시된 기업의 재무회계 자료를 참고할 때, 기초부채를 계산하면 얼마인가?

> • 기초자산 : 100억 원
> • 기말자본 : 65억 원
> • 총수익 : 35억 원
> • 총비용 : 20억 원

① 35억 원   ② 40억 원
③ 50억 원   ④ 60억 원

04 다음 중 직무관리의 절차가 바르게 연결된 것은?

① 직무설계 → 직무분석 → 직무기술서 / 직무명세서 → 직무평가
② 직무설계 → 직무기술서 / 직무명세서 → 직무분석 → 직무평가
③ 직무분석 → 직무기술서 / 직무명세서 → 직무평가 → 직무설계
④ 직무분석 → 직무평가 → 직무기술서 / 직무명세서 → 직무설계

05 다음 중 기업이 사업 다각화를 추진하는 목적으로 볼 수 없는 것은?

① 기업의 수익성 강화
② 사업위험 분산
③ 유휴자원의 활용
④ 시장지배력 강화

06 다음은 어느 기업의 손익계산서 내용이다. 해당 기업의 당기순이익은?

• 매출액 : 10억 원	• 매출원가 : 6.5억 원
• 영업외이익 : 1억 원	• 특별이익 : 0.4억 원
• 영업외비용 : 0.4억 원	• 특별손실 : 0.6억 원
• 법인세비용 : 0.2억 원	• 판관비 : 0.5억 원

① 2.2억 원
② 2.4억 원
③ 2.8억 원
④ 3.2억 원

07 다음 중 소비자의 구매의사결정과정을 순서대로 바르게 나열한 것은?

① 정보탐색 → 문제인식 → 구매 → 대안평가 → 구매 후 행동
② 문제인식 → 정보탐색 → 대안평가 → 구매 → 구매 후 행동
③ 문제인식 → 대안평가 → 구매 → 정보탐색 → 구매 후 행동
④ 정보탐색 → 문제인식 → 대안평가 → 구매 → 구매 후 행동

08 다음 중 자재소요계획(MRP)에 대한 설명으로 옳은 것은?

① MRP는 풀 생산방식(Pull System)에 속하며 시장 수요가 생산을 촉발시키는 시스템이다.

② MRP는 독립수요를 갖는 부품들의 생산수량과 생산시기를 결정하는 방법이다.

③ 자재명세서의 부품별 계획 주문 발주시기를 근거로 MRP를 수립한다.

④ 생산 일정계획의 완제품 생산일정(MPS), 자재명세서(BOM), 재고기록철(IR)에 대한 정보를 근거로 MRP를 수립한다.

09 다음을 활용하여 경제적 주문량(EOQ)을 고려한 연간 총재고비용을 구하면?(단, 기준은 총재고비용＝주문비＋재고유지비이다)

- 연간 부품 수요량 : 1,000개
- 1회 주문비 : 200원
- 단위당 재고 유지비 : 40원

① 1,000원   ② 2,000원

③ 3,000원   ④ 4,000원

10 A회사는 B회사와 다음과 같은 기계장치를 상호 교환하였다. 교환과정에서 A회사는 B회사에게 현금을 지급하고, 기계장치 취득원가 470,000원, 처분손실 10,000원을 인식하였다. 교환과정에서 A회사가 지급한 현금은?(단, 교환거래에 상업적 실질이 있고 각 기계장치의 공정가치는 신뢰성 있게 측정된다)

(단위 : 원)

구분	A회사	B회사
취득원가	800,000	600,000
감가상각누계액	340,000	100,000
공정가치	450,000	480,000

① 10,000원   ② 20,000원

③ 30,000원   ④ 40,000원

11 D회사는 2022년 초 지방자치단체로부터 무이자조건의 자금 ₩100,000을 차입(2024년 말 전액 일시상환)하여 기계장치(취득원가 ₩100,000, 내용연수 4년, 잔존가치 ₩0, 정액법 상각)를 취득하는 데 전부 사용하였다고 할 때, 2022년 말 기계장치 장부금액은 얼마인가?(단, D회사가 2022년 초 금전대차 거래에서 부담할 시장이자율은 연 8%이고, 정부보조금을 자산의 취득원가에서 차감하는 원가 차감법을 사용한다)

기간	단일금액 ₩1의 현재가치(할인율=8%)
4	0.7350

① ₩48,500   ② ₩54,380

③ ₩55,125   ④ ₩75,000

12 다음 자료를 이용하여 계산한 회사의 주식가치는 얼마인가?(단, 소수점은 절사한다)

- 사내유보율=30%
- 자기자본이익률(ROE)=10%
- 자기자본비용=20%
- 당기의 주당순이익=3,000원

① 12,723원   ② 13,250원

③ 14,500원   ④ 15,670원

13 다음 중 재무레버리지에 대한 설명으로 옳은 것은?

① 재무레버리지란 자산을 획득하기 위해 조달한 자금 중 재무고정비를 수반하는 자기자본이 차지하는 비율이다.

② 재무고정비로 인한 영업이익의 변동률에 따른 주당순자산(BPS)의 변동폭은 확대되어 나타난다.

③ 재무고정비에는 부채뿐만 아니라 보통주배당도 포함된다.

④ 재무레버리지도(DFL; Degree of Financial Leverage)는 영업이익의 변동에 따른 주당이익(EPS)에 미치는 영향을 분석한 것이다.

01 다음 〈보기〉 중 애덤스의 공정성이론(Equity Theory)의 불공정성으로 인한 긴장을 해소할 수 있는 방법을 모두 고르면?

> **보기**
> ㉠ 투입의 변경 ㉡ 산출의 변경
> ㉢ 준거대상의 변경 ㉣ 현장 또는 조직으로부터 이탈

( )

02 다음 〈보기〉 중 재무제표 관련 용어의 설명이 바르게 연결된 것을 모두 고르면?

> **보기**
> ㉠ 매출채권 : 기업이 상품을 판매하는 과정에서 발생한 채권으로 외상매출금과 받을어음으로 구분된다.
> ㉡ 당좌자산 : 기업이 판매하기 위하여 또는 판매를 목적으로 제조 과정 중에 있는 자산을 의미한다.
> ㉢ 미수수익 : 수익이 실현되어 청구권이 발생했으나 아직 회수되지 않은 수익을 의미한다.
> ㉣ 자본잉여금 : 기업의 법정자본금을 초과하는 순자산금액 중 이익을 원천으로 하는 잉여금을 의미한다.

( )

03 다음은 A제품의 제조비용 관련 내용이다. 이를 참고하여 A제품의 당기 제조원가를 계산하면 얼마인가?

• 재료비 : 50,000원	• 기초 재공품 재고액 : 40,000원
• 노무비 : 60,000원	• 기말 재공품 재고액 : 20,000원
• 제조비 : 30,000원	• 당기 원재료 매입액 : 20,000원

(원)

04 주식회사 I그룹의 2023년 초 재고자산은 20,000원이고, 당기매입액은 96,000원이다. I그룹의 2023년 말 유동비율은 110%, 당좌비율은 80%, 유동부채는 70,000원일 때, 2023년도 매출원가는?(단, 재고자산은 상품으로만 구성되어 있다)

(원)

05 과거 미국에서부터 정치적 성향을 새에 빗대어 사용하기 시작한 것에서 유래된 용어로, 경기가 과열 조짐을 보일 때 기준금리를 인상하여 통화를 거둬들이고 물가를 안정시키려는 긴축파를 __A__파, 경기를 부양할 목적으로 기중금리를 내려 돈을 풀자는 완화파를 __B__파, 특정 입장을 지지하지 않는 중립파를 __C__파라고 칭한다. 다음 중 빈칸 A~C에 들어갈 단어를 순서대로 모두 고르면?

㉠ 독수리	㉡ 까마귀	㉢ 꿩	㉣ 공작
㉤ 매	㉥ 부엉이	㉦ 비둘기	㉧ 올빼미
㉨ 까치	㉩ 갈매기		

(   )

| 객관식 |

01 다음 〈보기〉 중 IRP의 특징으로 옳지 않은 것을 모두 고르면?

> **보기**
>
> ㄱ. IRP는 개인형 퇴직연금으로, 근로자가 본인의 퇴직금의 투자처를 직접 지정할 수 있다.
> ㄴ. IRP의 경직적인 운용을 보완하고자 IRA가 등장하였다.
> ㄷ. IRP는 근로자의 퇴직금을 회사가 운용한 후 근로자에게 정해진 금액을 지급하는 방식이다.
> ㄹ. IRP 가입 시, 납입금에 대해 정해진 조건 하에서 세액공제 혜택을 받을 수 있다.

① ㄱ, ㄴ   ② ㄱ, ㄹ
③ ㄴ, ㄷ   ④ ㄷ, ㄹ

02 다음 중 ETF에 대한 설명으로 옳지 않은 것은?

① ETF는 주식형 펀드에 비해 매매시기 및 매매가에 대한 투자자의 의사결정이 자유롭다.
② ETF는 매도 시 증권거래세를 면제받을 수 있다.
③ ETF는 배당소득세 면제 대상이라는 장점을 지닌다.
④ ETF 투자 시 추종하는 지수가 하락하더라도 수익을 얻을 수 있다.

03 다음 중 적은 돈을 장기간 저축하는 습관의 중요성을 나타내는 말로, 하루에 4,000원을 30년간 꾸준히 저축하면 약 2억 원의 목돈을 만들 수 있다는 경제용어는 무엇인가?

① 카페라테 효과   ② 딤섬본드
③ 치킨게임   ④ 스타벅스 효과

04 다음 중 주식편입비율을 70% 이상 유지하여 고수익을 추구하는 주식형 펀드는 무엇인가?

① 안정형 펀드

② 안정성장형 펀드

③ 성장형 펀드

④ 자산배분형 펀드

05 다음 기사의 빈칸 ㉠ ~ ㉢에 들어갈 내용을 바르게 짝지은 것은?

브렉시트에 따른 금융리스크의 현실화

브렉시트(영국의 유럽연합 탈퇴)로 인해 영국 부동산 시장에 대한 불안감이 확산되면서 영국 부동산 펀드의 대규모 환매 현상인 ＿㉠＿ 조짐이 나타났다. 이는 브렉시트로 기업들이 영국을 떠날 경우 부동산 가격이 폭락할 것을 우려한 투자자들이 환매요구에 나선 것으로 분석된다. 또한 영국 중앙은행이 금융안정보고서에서 시사한 금리 인하, 정치적 불안에 따른 영국 국채 투자 리스크 증가 등이 영국 경제의 불확실성을 증가시켜 영국 파운드화 가치를 ＿㉡＿ 시켰다. 이를 통해 국제통화기금은 브렉시트 여파로 영국의 국내총생산이 ＿㉢＿ 할 가능성이 있다는 분석을 내놨다.

	㉠	㉡	㉢
①	펀드런	하락	감소
②	뱅크런	하락	상승
③	펀드런	유지	상승
④	뱅크런	상승	감소

06 다음은 우리나라 금융상품의 기대수익률과 위험에 대한 학생들의 대화이다. 이들 중 옳게 말한 사람을 모두 고르면?

도경 : 금융상품의 위험은 수익률의 분산 또는 표준편차로 측정할 수 있어.

해영 : 위험도에 대한 상관관계가 높은 금융상품들에 분산 투자하면 투자의 위험을 낮출 수 있어.

진상 : 모든 주식에 공통적으로 영향을 미치기 때문에 여러 주식으로 포트폴리오를 구성해서 투자해도 제거할 수 없는 위험을 비체계적 위험이라고 해.

수경 : 위험도가 동일하다면 유동성이 높은 금융상품은 유동성이 낮은 금융상품에 비해 수익률이 낮아.

---

① 도경, 해영

② 도경, 수경

③ 해영, 진상

④ 해영, 수경

07 다음 중 주식시장에서 개별 종목 주가의 급변을 완화하기 위한 가격 안정화 장치는?

① VI   ② 어닝쇼크

③ 서킷브레이커   ④ 사이드카

08 다음 중 핫머니에 대한 설명으로 옳지 않은 것은?

① 국제금융시장의 안정을 저해한다.

② 유동적인 형태를 취한다는 특징이 있다.

③ 자금의 이동이 장기간에 걸쳐 지속적으로 이루어진다.

④ 국제투기자본으로 급격하게 유출입되면 통화위기가 촉발된다.

09 다음 중 통화스왑(Currency Swap)에 대한 설명으로 옳지 않은 것은?

① 통화스왑(Currency Swap)이란 미래의 특정한 날짜나 기간을 정해 통화를 다른 통화와 일정 비율로 바꾸는 것을 의미한다.

② CRS금리는 통화스왑 계약기간 동안 각 통화를 보유한 사람이 상대방에게 주는 이자로 통화스왑의 비용을 의미한다.

③ 통화스왑은 환율변동에 따른 위험을 줄이고자 안정적인 상대국 통화를 사용해 협약을 맺어 국가의 통화가치를 안정시키는데 1차적인 목적이 있다.

④ 말레이시아와 원화를 활용한 통화스왑을 체결한 것은 기축 통화인 미국 달러화의 위상이 확고하기 때문이다.

10 다음 중 캐리 트레이드(Carry Trade)에 대한 설명으로 옳지 않은 것은?

① 재정거래(Arbitrage)와 유사한 개념이다.

② 캐리 트레이드를 활성화시키기 위해 토빈세를 부과한다.

③ 최근 금리가 낮은 미국, 일본, 유럽 등에서 발생하는 거래 방법이다.

④ 금리가 낮은 나라에서 자금을 조달해 금리가 높은 나라의 금융상품에 투자하는 것이다.

01 다음 주식에 대한 〈보기〉의 설명 중 옳은 것을 모두 고르면?

> **보기**
> ㉠ 기업의 이익 중 일부를 주주에게 분배하는 것을 배당이라 한다.
> ㉡ 기업은 발행한 보통주에 대한 상환의무를 갖지 않는다.
> ㉢ 주식은 자금조달이 필요한 경우 추가로 발행될 수 있다.
> ㉣ 모든 주식은 채권과 달리 액면가가 없다.
> ㉤ 주주는 투자한 금액 내에서 유한책임을 진다.

(   )

PART 2

02 다음 〈보기〉 중 입출금이 자유로운 은행상품을 모두 고르면?

> **보기**
> ㉠ MMF   ㉡ MMDA
> ㉢ 저축예금   ㉣ 가계당좌예금

(   )

03   A   은/는 세계경제의 나침반으로 불리며 세계경제의 흐름을 파악하는 데 유용하게 쓰이는 금속
이다.   A   은/는 제조업의 전반에 걸쳐 중추적인 역할을 하기 때문에 산업의 쌀이라고도 불린다.
다음 〈보기〉에서 A에 들어갈 단어를 고르면?

보기
㉠ 금	㉡ 은	㉢ 구리	㉣ 철
㉤ 아연	㉥ 규소	㉦ 납	㉧ 청동
㉨ 알루미늄	㉩ 티타늄		

(   )

04 증권시장에서 잘못된 매매 정보를 입력한다는 의미를 가지는   A   의 사례는 개인투자자는 물론
거대 금융회사에서도 자주 나타나고 있다. 거래 단위를 잘못 누르거나 주식 1주와 1원을 착각하는
등의 실수로 인해 종종 치명적인 상황이 발생하기도 한다. 다음 〈보기〉에서 A에 들어갈 단어를
고르면?

보기
㉠ 더블 탭	㉡ 미스오더	㉢ 팻 핑거	㉣ 더블 클릭
㉤ 팻 핸드	㉥ 미스캐스팅	㉦ 미스디렉션	㉧ 더블 바잉
㉨ 팻 셀링	㉩ 미스 샷		

(   )

05 다음 그래프에서 브렉시트(Brexit, 영국의 유럽연합 탈퇴)로 사모펀드 규모가 공모펀드 규모를 추월한 것을 볼 수 있다. 이로부터 추론할 수 있는 내용을 〈보기〉에서 모두 고르면?

〈공모펀드 덩치를 넘어선 사모펀드〉

(단위 : 조 원)

사모펀드

235.2

226.1

228.9

227.9

213.7

218.4

209.2

공모펀드

199.8

2015년 12월   2016년 12월   4월   6월

※ 순자산, 6월은 27일 기준

보기

㉠ 49명 이하의 투자자로부터 모은 자금으로 운용하는 사모펀드는 공모펀드 규모보다 작다.

㉡ 공모펀드는 사모펀드보다 시장 환경에 기민하게 반응한다.

㉢ 사모펀드의 펀드매니저들은 사전에 정해진 수수료만 받는다.

㉣ 주가하락에 대한 사모펀드의 방어력이 공모펀드보다 크다.

(   )

02 | 시사상식

빈출키워드 1 금융

01 중앙은행 디지털화폐(CBDC)에 대한 〈보기〉의 설명 중 옳은 것을 모두 고르면?

> **보기**
> ㄱ. CBDC는 중앙은행에서 발행하는 전자적 형태의 법정화폐이다.
> ㄴ. CBDC는 일반적인 다른 암호화폐보다 안정성·신뢰성이 높다.
> ㄷ. CBDC는 화폐의 위조 우려가 없고, 현금처럼 화폐 발행에 드는 비용을 절감할 수 있다.
> ㄹ. CBDC는 은행의 자금 조달(중개) 기능을 더욱 강화시켜 저신용자들에 대한 '대출 문턱'을 낮출
>   것으로 기대된다.
> ㅁ. CBDC는 거래를 추적하기 어렵고 암시장을 억제하는 것 또한 어려워 자금세탁 등에 악용될 우
>   려가 있다.

① ㄱ, ㅁ
② ㄹ, ㅁ
③ ㄱ, ㄴ, ㄷ
④ ㄴ, ㄷ, ㄹ

02 다음 중 크레디트 라인(Credit Line)에 대한 설명으로 옳지 않은 것은?

① 금융기관이 일정 기간 동안 상대방에게 공여할 수 있는 신용공여의 종류와 최고 한도를 뜻한다.
② 크레디트 라인을 통해 약정한 조건에 따라 필요할 때마다 수시로 자금을 대출하고 갚을 수 있다.
③ 한도 수준은 공여 대상이 되는 상대방의 환거래 실적, 신용 상태, 보상예금, 기존 신용한도 등에
   따라 결정된다.
④ 자금을 공급하는 측은 자금 요구에 대한 거부권이 없으므로 비상시에 외화 확보 수단으로 유용하
   게 활용될 수 있다.

01

정답 ③

오답분석

ㄹ. 개인이 CBDC를 전자지갑에 직접 보관하기 때문에 요구불예금 등 은행권 수시입출금, 단기예금 계좌를 사용할 유인이 감소한다. 이로 인해 은행의 자금 조달(중개) 기능의 약화로 인한 각종 부작용이 발생할 수 있다. 자금 조달 기능이 약화되어 은행의 대출 여력이 감소하는 만큼 대출 금리가 높아지고, 신용도가 높은 개인·기업만 대출을 받게 되는 상황이 심화되어 서민·자영업자·중소기업 등에 대한 '대출 문턱'이 높아질 가능성이 크다.

ㅁ. CBDC는 전자 형태로 발행되기 때문에 화폐 거래 추적이 쉽고 익명성이 제한되므로 암시장 억제와 자금세탁 방지를 기대할 수 있다. 다만, 이러한 익명성 제한으로 인해 프라이버시 침해와 감시 수단으로 오용될 가능성이 있다.

02

정답 ④

크레디트 라인은 위기 때 상대방이 거부하면 자금을 차입할 수 없으므로 비상시에 외화 확보 수단이 되기 어렵다. 이와 달리 커미티드 라인(Committed Line)은 다른 금융사에 일정한 수수료를 지불하고 유사시 필요한 자금을 빌릴 수 있는 권한이 있으므로(외화 공급 요청에 대해 거부할 수 없음) 비상시에 외화 확보 수단으로 활용될 수 있다.

이론 더하기

서비스형 뱅킹(BaaS; Banking as a Service)
BaaS는 은행 등의 금융회사가 구축한 API(응용프로그램 인터페이스)를 비금융회사 등의 제3자에게 개방해 혁신적인 금융상품을 개발·출시하는 형태의 금융 서비스를 의미한다. 이때 비금융회사는 금융회사의 API를 이용한 대가로 금융회사에 수수료를 지불한다. 즉, 은행에서 제공하던 서비스를 하나의 솔루션처럼 만들어서 은행이 아닌 주체가 이용할 수 있게 하는 것을 뜻한다. BaaS를 통해서 금융회사는 신규 고객 데이터 확보와 수수료 등의 수익원 창출을 기대할 수 있으며, 비금융회사는 규제를 피하면서도 금융 라이선스 획득을 위해 필요한 막대한 인프라 구축 비용을 들이지 않고 고객에게 금융 서비스를 제공함으로써 기업 가치를 제고할 수 있다.

비트코인 도미넌스
전 세계 가상자산시장에서 비트코인 시가총액이 차지하는 비율을 뜻한다. 비트코인 도미넌스는 비트코인 가격이 강세를 기록하며 전반적인 가상자산시장이 불(Bull) 장일 때, 시가총액이 큰 알트코인 가격이 오를 때, 비트코인보다 알트코인의 투자매력이 클 때 하락하는 경향을 보인다.

중앙은행 디지털화폐(CBDC; Central Bank Digital Currency)
CBDC는 중앙은행이 발행하는 전자 형태의 법정화폐이며, 국제결제은행(BIS)은 '전통적인 지급준비금이나 결제계좌상 예치금과는 다른 전자적 형태의 중앙은행 화폐'라고 정의한다. CBDC는 비트코인 등의 암호화폐처럼 블록체인 기술, 분산원장 방식 등을 적용해 전자형태로 저장되지만, 국가가 발행하고 보증하기 때문에 민간에서 발행하는 암호화폐보다 안정성과 신뢰성이 높고 현금처럼 가격 변동이 거의 없다. 즉, '디지털화된 법정화폐'라 할 수 있다. 또한 전자 형태로 발행되기 때문에 화폐 거래 추적이 쉽고 익명성이 제한되므로 암시장 억제와 자금세탁 방지를 기대할 수 있으며, 블록체인으로 관리되므로 화폐 위조 위험이 없고, 현금 같은 실물을 발행할 필요가 없어 비용을 줄일 수 있으며, 국가간 지급결제망을 갖추면 번거로운 환전 과정 없이 바로 사용할 수 있다.

그리드플레이션
'탐욕(Greed)'과 '물가상승(Inflation)'의 합성어로, 대기업들이 탐욕으로 상품 및 서비스의 가격을 과도하게 올려 물가상승을 가중시키는 상황을 말한다. 2022년 여러 악조건이 겹치면서 미국의 물가가 40여 년 만에 최악의 수준으로 치솟자 집권여당인 민주당 일각에서 대기업의 탐욕이 인플레이션에 큰 영향을 미쳤다고 지적하면서 거론되었다. 이들은 코로나19 팬데믹과 러시아의 우크라이나 침공으로 인한 공급난 등으로 식량과 에너지 가격이 상승하면서 급격한 인플레이션이 촉발되자 대기업들이 시장지배력을 내세워 원가 상승요인 이상으로 상품가격을 부풀려 이익을 취하고 있다고 비판했다.

01   다음 중 미국, 캐나다, 멕시코 등의 3개 국가가 관세와 무역장벽을 폐지하고 자유무역권을 형성한
협정을 뜻하는 용어는?

① 나프타(NAFTA)

② 케네디(Kennedy) 라운드

③ 제네바(Geneva) 관세 협정

④ MSA(Mutual Security Act) 협정

02   다음 중 외교상의 중립정책, 즉 일종의 고립주의를 뜻하는 용어는?

① 먼로주의   ② 패권주의

③ 티토이즘   ④ 삼민주의

01

정답 ①

북미자유무역협정(NAFTA; North American Free Trade Agreement)은 북아메리카 지역 경제의 자유 무역을 촉진하기 위해
1992년 10월에 체결된 협정이다. 다만, NAFTA는 역내 보호무역주의적 성격을 띠고 있어 여러 수출국에게는 장벽이 되고 있다.

02

정답 ①

먼로주의(Monroe Doctrine)는 미국의 제5대 대통령 J. 먼로가 의회에 제출한 연례교서에서 밝힌 외교 방침으로, 유럽으로부터의
간섭을 받지 않기 위해 선언한 외교정책이다.

오답분석

② 패권주의 : 강대한 군사력에 의하여 세계를 지배하려는 강대국의 제국주의적 대외정책을 중국이 비난하면서 나온 용어이다.

③ 티토이즘 : 자주적이고 민족주의적인 공산주의 사회의 실현을 목표로 한, 유고슬라비아의 지도자 티토의 정책을 말한다.

④ 삼민주의 : 쑨원이 제창한 중국 근대 혁명의 기본 이념으로 민족주의, 민권주의, 민생주의로 이루어져 있다.

이론 더하기

세계무역기구(WTO; World Trade Organization)

세계무역기구(WTO)는 회원국들간의 무역 관계를 정의하는 많은 수의 협정을 관리 감독하기 위한 기구이다. 세계무역기구는 1947년 시작된 관세 및 무역에 관한 일반협정(GATT; General Agreement on Tariffs and Trade) 체제를 대체하기 위해 등장했으며, 세계 무역 장벽을 감소시키거나 없애기 위한 목적을 가지고 있다. 이는 국가 간의 무역을 보다 부드럽고, 자유롭게 보장해 준다.

아시아태평양경제협력체(APEC; Asia Pacific Economic Cooperation)

아시아 태평양 경제협력체는 환태평양 국가들의 경제적·정치적 결합 을 돈독하게 하고자 만든 국제 기구이다. 1989년 11월 5일부터 11월 7일까지 오스트레일리아의 캔버라에서 12개국이 모여 결성하였으며, 2024년 기준 21개국이 참여하고 있다.

양해각서(MOU; Memorandum of Understanding)

양해각서는 국가 또는 기업 간 서로 합의된 내용을 확인 및 기록하는 업무 협약 문서이다. 보통 법적 구속력을 갖지는 않으며, 경우에 따라 업무제휴서, 사업제휴서, 업무제휴 협약서 등으로 부르기도 한다. 주로 원활한 업무진행, 공동협의를 통한 업무 및 친선관계 개선, 대회 홍보의 역할을 위해 작성한다.

화이트리스트(White List)

흔히 경계를 요하는 인물들의 목록을 뜻하는 '블랙리스트'와는 달리, 식별된 일부 실체들이 특정 권한, 서비스, 이동, 접근, 인식에 대해 명시적으로 허가하는 목록을 뜻한다. 무역에서는 양국의 신뢰가 있는 만큼 수출 심사를 빠르게 진행해준다는 '우대'의 의미를 나타내며, 이에 해당하는 국가를 '백색국가'라고 부르기도 한다.

한미 방위비분담금특별협정(SMA)

한반도에 미국이 군대를 주둔시킴으로써 얻는 안보적 이득에 대한 대가로, 한국이 미국에 지급하는 미군의 운용·주둔비용 지원금에 대한 협상을 말한다. 미국은 6·25 전쟁 이후 한미상호방위조약에 따라 한국에 미군을 주둔시켜왔는데, 이에 대해 한국이 방위비분담금을 지불하기 시작한 것은 1991년 한미 SOFA(주둔군지위협정)를 개정하면서부터이다. 가장 최근 체결된 건은 2024년 11월 체결된 제12차 협정으로, 한국이 2026년에 약 1조 5천억 원을 분담금으로 지급하는 것이었다.

투자자 – 국가 간 소송(ISD)

투자한 국가에서 갑작스러운 정책 변경 등으로 이익을 침해당했을 때 기업이 해당 국가를 상대로 국제 민간 중재 기구에 중재를 신청해 손해배상을 받을 수 있도록 하는 제도이다. 국가가 자유무역협정(FTA) 같은 양국 간 투자협정 규정을 어기고 부당하게 개입해 상대국 투자자가 손해를 입었을 때 활용된다. 현재 외환은행을 매각한 미국계 사모펀드 론스타가 한국 정부의 자의적이고 차별적인 과세와 매각 시점 지연, 가격 인하 압박 등으로 손해를 봤다며 한국을 상대로 5조 원대 ISD를 제기한 상태다.

01 다음 중 값싼 가격에 질 낮은 제품만 유통되는 시장을 가리키는 용어는?

① 레몬마켓　　　　　　　　　　　　　② 프리마켓

③ 제3마켓　　　　　　　　　　　　　④ 피치마켓

02 다음 중 어떤 상품에 대한 사람들의 소비가 증가하면 오히려 그 수요가 줄어드는 것을 뜻하는 경제 용어는?

① 자산 효과　　　　　　　　　　　　② 전시 효과

③ 백로 효과　　　　　　　　　　　　④ 베블런 효과

01

정답　①

레몬마켓(Lemon Market)은 저급품만 유통되는 시장으로, 종국에는 소비자의 외면을 받게 된다.

오답분석

④ 피치마켓 : 레몬마켓의 반대어로, 고품질의 상품이나 우량의 재화·서비스가 거래되는 시장을 의미한다.

02

정답　③

스놉 효과(Snob Effect)라고도 불리며, 남을 따라하는 소비 행태를 뜻하는 밴드왜건 효과(Bandwagon Effect)와 달리 타인과의 차별성을 강하게 추구하는 경향의 구매자들이 특정 상품의 소비가 증가할 때, 오히려 해당 상품의 매력을 느끼지 못하게 되는 현상을 뜻한다. 주로 고가의 제품에서 나타난다.

오답분석

① 자산 효과 : 자산가격이 상승하면 소비도 증가하는 현상으로 현재의 소비가 현재의 소득뿐만 아니라 미래의 소득에 의해서도 영향을 받는다는 이론이다.

② 전시 효과 : 개인의 소비가 타인의 소비에 영향을 받는 현상을 말한다.

④ 베블런 효과 : 가격이 오르는데도 일부 계층의 과시욕이나 허영심 등으로 인해 수요가 줄어들지 않는 현상을 말한다.

이론 더하기

STP마케팅

'시장세분화(Segmentation)', '타깃설정(Targeting)', '포지셔닝(Positioning)'의 앞글자를 딴 조어로, 소비자 패턴에 따라 시장을 세분화하고, 이에 따라 목표 시장을 선정하며, 이에 따른 표적시장의 선정, 그리고 표적시장에 적절한 제품을 설정하는 것을 의미한다.

슬림마케팅(Slim Marketing)

최소한의 비용으로 마케팅 효과를 극대화하는 마케팅 방식의 하나로, TV・신문 등 기존 매체에 대한 광고 의존도에서 벗어나 주변 생활에서 흔히 볼 수 있는 것들을 마케팅 매체로 활용하는 방식이다. 사람들이 많이 모이는 공공장소 등에서 이색 이벤트 행사를 한다거나, 분야가 다른 타사의 서비스 공간에 제품이나 브랜드를 노출시키는 등의 전략을 주로 사용한다.

프리마케팅(Free Marketing)

서비스와 제품을 무료로 제공하는 새로운 마케팅 기법으로, 주로 벤처기업들이 초기에 고객을 끌기 위하여 사용한다. 덤마케팅 또는 보너스마케팅처럼 물건을 구입하면 하나를 더 주는 마케팅에서 더 나아간 적극적인 마케팅 기법으로, 인간의 공짜 심리를 역이용하는 발상에 기초한다.

녹색마케팅(Green Marketing)

기업의 제품 개발・유통・소비 과정에서 자사의 환경에 대한 사회적 책임과 환경보전 노력을 소비자들에게 호소함으로써 환경친화적인 소비자들과 공감대를 형성하려는 새로운 마케팅 전략이다.

풀마케팅(Pull Marketing)

제조업체가 도매상에게, 도매상은 소매상에게, 소매상은 최종소비자에게 적극적으로 판매하는 밀어붙이기 방식인 푸시 마케팅(Push Marketing)의 상반된 개념으로, 제조업체가 최종소비자를 상대로 적극적인 판촉활동을 하여 결국 소비자가 자사 제품을 찾게 하여 중간상들이 자발적으로 자사 제품을 취급하게 하는 방식이다.

뉴로마케팅(Neuro Marketing)

무의식적 반응과 같은 두뇌활동을 분석해 마케팅에 접목한 것을 의미한다. 소비자의 무의식에서 나오는 감정・구매행위를 뇌과학을 통해 분석해 기업마케팅에 적용하는 기법으로, 디자인, 광고 등을 통해 소비자들의 구매를 촉구하는 기법이다.

워커밸(Worker-Customer Balance)

일과 삶의 균형점을 찾는다는 '워라밸'과 비슷하지만 근로보다는 소비와 관련 있는 신조어이다. 고객중심주의의 현재 마케팅을 벗어나 노동자와 고객 간의 관계를 재정립한다. 갑질을 하지 않는 '매너 소비자'를 우대하는 서비스가 많아질 것이라는 것이다.

그레이네상스(Greynaissance)

국가에 고령 인구가 많아지면서 이들을 대상으로 한 시장의 파이가 커졌다. 점차 노년층의 소비가 시장 전체를 이끌기 시작하자 이를 가리켜 생겨난 용어다. 최근 경제력을 가진 노인들은 관습이나 나이에 얽매이지 않고 문화생활이나 소비를 즐기고 있다. 이러한 현실을 반영하여 명품 브랜드 구찌부터 중저가 브랜드 유니클로까지 다양한 패션 기업들이 노년층 모델과 협업하여 노인 소비자층을 대상으로 한 마케팅을 하고 있다.

다크넛지(Dark Nudge)

옆구리를 슬쩍 찌른다는 뜻의 넛지(Nudge)와 어두움을 의미하는 다크(Dark)가 결합된 단어로, 팔꿈치로 옆구리를 툭 찌르듯 비합리적 구매를 유도하는 상술을 지칭한다. 처음에 광고한 것과 다르게 부가적인 비용을 요구하거나 소비자에게 특별한 고지 없이 자동으로 과금하는 상술 등이 다크넛지의 하나다. 소비자 입장에선 상술에 속았지만 귀찮아서 불만을 제기하지 않아 불필요한 비용 지출을 경험하게 된다.

01 대기오염지수인 ppm단위에서 1ppm은 얼마인가?

① 1만 분의 1　　　　　　　　　　② 10만 분의 1
③ 100만 분의 1　　　　　　　　　④ 1,000만 분의 1

02 다음 중 국제적으로 문제가 되는 유해 폐기물의 국가 간 이동 및 그 발생을 억제하고, 폐기물의 건전한 처리 및 개도국 발생 폐기물에 대한 적정한 처리 지원의무를 규정한 협약은?

① 바젤협약　　　　　　　　　　　② 런던협약
③ 파리협정　　　　　　　　　　　④ 람사르협약

03 녹색화학(Green Chemistry)은 환경에 미치는 부정적인 효과가 적은 화학기술 및 화학산업의 총칭이다. 다음 중 녹색화학의 원칙과 가장 거리가 먼 것은?

① 사용하는 모든 원료가 전부 최종 생성물에 들어가도록 하는 합성방법을 개발해야 한다.
② 용매 등 보조 물질은 가능하면 사용하지 않아야 한다.
③ 가능하다면 물질 합성은 실온과 대기압에서 실시해야 한다.
④ 선택적 촉매보다는 가능한 한 화학양론적 시약을 사용해야 한다.

01

정답 ③

ppm은 백만분율을 나타내는 수치로, 1ppm은 100만 분의 1, 즉 0.0001%를 의미한다.

02

정답 ①

바젤협약은 1989년 3월 22일 유엔 환경계획 후원 하에 스위스 바젤에서 채택된 협약으로, 유해 폐기물의 수출입과 처리를 규제할 목적으로 맺어졌다.

03

정답 ④

녹색화학 실현을 위해서는 가능하다면 화학양론적 시약보다 선택적 촉매를 사용하는 것이 바람직하다.

이론 더하기

지구환경금융(GEF; Global Environment Facility)
개도국의 지구환경관련 비수익성 투자사업 및 기술지원 사업에 무상 또는 양허성 자금을 제공하기 위해 설치된 기금으로 1990년 10월 설립되었으며 우리나라는 1994년 5월에 가입하였다. 지구환경금융의 지원 분야는 생물다양성 보존, 지구온난화 방지, 오존층보호, 국제수역보호 및 사막화 방지 등이다.

녹색기후기금(GCF; Green Climate Fund)
국제연합 산하의 국제기구로서 선진국이 개발도상국들의 온실가스규제와 기후변화 적응을 위해 세워진 특화 기금으로, 2010년 멕시코에서 열린 UN기후변화협약(FCCC) 제16차 당사국 총회에서 GCF 설립을 공식화하고 기금 설립을 승인하였다. UN기후변화협약(UNFCCC)에 따라 만들어진 녹색기후기금은 선진국을 중심으로 482억 달러 규모의 사업을 통해 개발도상국을 지원한다. 본부는 우리나라 인천광역시 송도국제도시에 위치해 있다.

교토의정서(Kyoto Protocol)
1997년 일본 교토에서 개최된 기후변화협약 제3차 당사국 총회에서 채택되고 2005년 2월 16일 공식 발효된 지구온난화의 규제와 방지를 위한 기후변화협약의 구체적 이행 방안으로, 정식명칭은 '기후변화에 관한 국제연합 규약의 교토의정서'이다. 지구온난화를 유도하는 온실가스 6가지의 배출량을 감축해야 하며, 배출량을 줄이지 않는 국가에 대해서는 비관세 장벽을 적용한다.

미세먼지 저감 및 관리에 관한 특별법
2019년 2월 15일부터 시행된 미세먼지 특별법은 미세먼지가 이틀 연속 '나쁨' 수준($=50\mu g/m^3$)일 때 '고농도 미세먼지 비상저감조치'가 발령된다. 비상저감조치가 발령되면 배출가스 5등급 이하의 차량은 운행이 제한되며 위반 시 10만 원의 과태료가 부과된다. 어린이집・유치원・초중고교는 휴원・휴업 및 수업시간을 단축할 수 있으며, 화력발전소나 시멘트 제조사 등 미세먼지를 배출하는 시설은 가동중지 및 가동시간과 가동률을 변경・조정할 수 있다.

환경영향평가제
건설이나 지역개발계획을 시행하기 전에 공해발생 정도 등을 사전에 평가하는 제도다. 환경영향평가제는 무질서한 지역개발에 계획단계에서 제동을 걸거나 계획내용을 변경시키기 위해 과학적 근거를 마련하고 지역 주민의 의견을 반영하는 데 목적이 있다. 우리나라는 1999년 12월 31일 사전환경성검토제도를 도입, 개발초기 단계에서부터 환경이 고려될 수 있도록 「환경정책기본법」을 개정하였고, 평가대상 사업을 법령에 구체적으로 명시하는 방식(Positive List)을 취하고 있다.

비건 패션(Vegan Fashion)
채식을 추구하는 비거니즘에서 유래한 말로, 동물성 제품을 먹지 않는 식습관과 마찬가지로 동물의 가죽이나 털을 사용하는 의류를 거부하는 패션철학을 뜻한다. 살아있는 동물의 털이나 가죽을 벗겨 옷을 만드는 경우가 많다는 사실이 알려지면서 패션업계에서는 동물학대 논란이 끊이지 않았다. 과거 비건 패션이 윤리적 차원에서 단순한 대용품으로 쓰이기 시작했다면, 최근에는 윤리적 소비와 함께 합리적인 가격, 관리의 용이성까지 더해지면서 트렌드로 자리 잡아가고 있다.

패시브하우스(Passive House)
최소한의 냉난방으로 적절한 실내온도를 유지할 수 있게 설계된 주택을 말하며, 1년 내내 평균 20℃의 온도를 유지할 수 있다. 기밀성과 단열성을 강화하고, 태양광과 같은 자연에너지를 적극 활용하여 난방비용을 일반주택의 10% 수준으로 줄일 수 있다. 독일의 다름슈타트에는 1991년에 볼프강 파이스트 박사가 건축한 세계 최초의 패시브하우스가 있다. 대한민국뿐만 아니라 전 세계의 여러 나라들이 독일에 있는 패시브하우스연구소(PHI)를 통해 패시브하우스 인증을 받는다.

01 다음 중 윤석열 정부가 2024년 1학기부터 시범사업으로 도입했으며, 기존의 초등 방과후학교와 돌봄교실을 통합한 제도를 가리키는 용어는?

① 늘봄학교
② 늘푸른학교
③ 늘밝은학교
④ 늘기쁜학교

02 다음 중 공수처(고위공직자범죄수사처)에 대한 설명으로 적절하지 않은 것은?

① 사법 기구 산하에 위치하며 법무부로부터 독립되어 있다.
② 퇴직 2년 이내의 고위공직자도 수사 대상이 될 수 있다.
③ 검찰의 정치 권력화를 막는 것이 목적이다.
④ 수사권 및 기소권을 갖는다.

03 다음 중 국민의 권리이자 의무가 아닌 것은?

① 납세
② 교육
③ 근로
④ 환경보전

01

정답 ①

늘봄학교는 초등 방과후학교와 돌봄교실을 통합하여, 초등학교에서 평일 오전 7시부터 오후 8시까지 학생을 돌봐주는 제도이다. 2024년 2월 윤석열 정부가 발표한 방안으로 2024년 1학기에 전국적으로 시범사업을 진행했으며 2024년 2학기부터 모든 초등학교 1학년을 대상으로 실시된다. 또한, 교육부는 2025년에는 2학년까지 늘봄학교 대상을 확대하고, 2026년에는 모든 학년으로 대상을 늘린다는 방침이다.

02

정답 ①

공수처는 사법 기구에서 독립하여 공직자의 비리를 수사하며, 검찰이 행사하는 고위공직자에 대한 수사권, 기소권, 공소유지권을 이양해 검찰의 정치 권력화를 막고 독립성을 제고하는 것이 목적이다.

03

정답 ①

국민의 기본적인 의무는 국방 · 납세 · 교육 · 근로 · 환경보전의 의무가 있다. 한편 국민의 권리인 동시에 의무인 것은 교육 · 근로 · 환경보전의 의무가 속한다.

예비타당성조사제도

사회간접자본(SOC) 사업 등 대규모 국책 사업에 대해 우선순위, 적정 투자시기, 재원 조달방법 등 타당성을 검증함으로써 재정투자의 효율성을 높이기 위한 제도다. 신규 사업의 타당성을 사전에 평가해 불필요한 예산 누수를 막자는 취지에서 시행되지만 정치 논리에 휘둘려 효과를 제대로 보지 못할 때가 있다. 1999년에 도입됐으며 총사업비가 500억 원 이상이고 국가의 재정지원 규모가 300억 원 이상인 신규 사업에 대한 예산 편성 및 기금운용계획을 수립하기 위하여 실시한다.

고위공직자범죄수사처

기존 사법 기구로부터 독립되어 공직자의 비리를 고발하는 수사기관이다. 흔히 '공수처'라 불린다. 공수처의 설립은 정부·여당의 정책으로서 진행되고 있으며, 이를 위해 형사소송법 등의 개정이 필요하다. 현재 논의되는 내용상 공수처는 독립기구로서 수사권 및 기소권을 갖게 되며, 수사대상은 현직 및 퇴직 2년 이내의 대통령, 국무총리, 국회의원, 법관, 검사 등이다.

은산분리

금융자본과 산업자본을 분리해 기업(산업자본)이 은행을 일방적으로 소유하지 못하도록 법적으로 막아놓은 제도이다. 대기업과 같은 재벌들이 은행을 사금고화하는 것을 막기 위한 것으로 원칙적으로 비금융회사는 은행 지분을 4% 이상 보유할 수 없다. 다만 금융위원회의 승인을 얻을 경우 최대 10%까지 가능하다. 문 대통령은 인터넷 은행에 한해 은산분리 규제를 풀어주겠다는 '은산분리 완화' 방침을 밝혔다.

패스트트랙

2012년 5월 도입된 것으로, 국회선진화법으로도 불리는 현행 국회법의 핵심 내용 중 하나다. 여야 간 합의를 이루기 어려운 쟁점법안이 국회에서 장기간 표류하는 것을 막는 것이 주요 취지다. 여야 간 쟁점안으로 상임위원회 통과가 어려울 때 본회의에 자동 상정되는 제도로 상임위에서 재적의원 5분의 3 찬성으로 '신속처리안건'으로 지정한 뒤 일정 기간(최장 330일) 후 본회의에 자동 상정해 표결 처리된다. 패스트트랙으로 지정되면 상임위와 법사위 통과 없이 바로 본회의 표결에 들어갈 수 있다. '유치원3법'이 자유한국당의 반발 속에 패스트트랙 안건으로 지정됐다.

셧다운

셧다운 제도는 정당 간의 예산안 합의가 실패하여 새해 예산안 통과 시한을 넘기는 경우 예산이 배정되지 않아 정부기관이 일시 폐쇄되는 상태를 말한다. 정부는 일부 필수적인 기능만 유지된 채 업무를 잠정 중단하게 된다. 군인, 경찰, 소방, 교정, 기상예보, 우편, 항공, 전기 및 수도 등 국민의 생명 및 재산 보호에 직결되는 업무에 종사하는 핵심기관 서비스는 유지되지만 그 이외의 공무원들은 강제 무급휴가를 떠나야 하며, 예산이 배정될 때까지 자발적 무보수 근무도 할 수 없다. 핵심기관 공무원들도 일은 하지만 예산안 의결 전까지 보수를 받지 못한다.

늘봄학교

초등 방과후학교와 돌봄교실을 통합한 제도로 초등학교에서 평일 오전 7시부터 오후 8시까지 학생을 돌봐준다. 2024년 2월 윤석열 정부가 발표한 방안으로 2024년 1학기에 전국적으로 시범사업을 진행했으며 2학기부터 모든 초등학교 1학년을 대상으로 실시된다. 늘봄학교는 출근이 이른 맞벌이 부모를 위해 오전 7시부터 프로그램을 시작하며 정규 교육이 끝난 후에는 맞춤형 프로그램 2개를 시행하고, 퇴근이 늦은 부모를 위해 오후 8시까지 아이를 돌봐준다. 현재 1학년만을 대상으로 하고 있으니 학생들의 학교생활 적응을 위한 놀이활동 중심의 예체능, 심리·정서 프로그램 등을 무상 제공 중이다. 교육부는 2025년에는 2학년까지 늘봄학교 대상을 확대하고 2026년에는 모든 학년으로 대상을 늘린다는 방침이다.

01 다음 중 트리비아(Trivia)의 뜻으로 적절하지 않은 것은?

① 사소한 정보
② 일반 상식
③ 체계적으로 전달하기 어려운 여담
④ 사람들이 알고 싶어 하지 않는 이야기

02 오늘날 스마트폰, IPTV, VOD 서비스 등의 발달로 단기간에 TV 프로그램을 몰아보는 행위가 증가하고 있다. 다음 중 이러한 행위를 일컫는 말로 가장 적절한 것은?

① 빈지 워치(Binge Watch)
② 스톱 워치(Stop Watch)
③ 블랙 워치(Black Watch)
④ 콜 워치(Call Watch)

03 다음 중 서구권에서 각광받는 SNS 형식의 구인구직 서비스로, '1촌 맺기'와 같이 다양한 연결망을 통한 일자리 매칭 서비스를 갖추고 있는 것은?

① 페이스북
② 플리커
③ 인스타그램
④ 링크드인

01

정답 ④

라틴어로 '삼거리'라는 의미의 트리비아는 로마 시대에 도시 어디에서나 삼거리를 찾아볼 수 있었다는 점에서 '어디에나 있는 시시한 것'이라는 뜻으로 사용되었다. 사전적으로는 사람들이 알고 싶어 하는 숨겨진 이야기나 여러 방면에 걸친 사소한 지식 따위를 의미하며, 일반 상식, 체계적으로 전달하기 어려운 여담 등을 가리킬 때 사용한다.

02

정답 ①

빈지 워치는 '폭음, 폭식'이라는 뜻의 빈지(Binge)와 '본다'는 뜻의 워치(Watch)를 합쳐 만든 신조어로, 휴일이나 주말, 방학 등 단기간에 TV 프로그램을 몰아보는 행위를 가리킨다.

오답분석

② 스톱 워치(Stop Watch) : 1개의 바늘을 마음대로 시동·정지시켜서 여러 가지 활동의 소요시간이나 시간적 기록을 초 이하의 단위로 정밀하게 측정하기 위한 휴대형 시계이다.
③ 블랙 워치(Black Watch) : 1725년에 창설된 영국 최강의 육군 전투부대이다.
④ 콜 워치(Call Watch) : 채권발행자의 행동을 감시하는 독립기구에 의해 제공되는 서비스이다.

03

정답 ④

오답분석

① 페이스북(Facebook) : 미국의 메타가 운영 중인 유명 소셜 네트워크 서비스 웹사이트로, 2004년 2월 4일 개설되었다.
② 플리커(Flickr) : 미국의 기업 야후의 온라인 사진 공유 커뮤니티 사이트로, 캐나다 회사인 루디코프사에서 2004년 2월에 개발하였고, 2005년 3월에 야후가 인수하였다.
③ 인스타그램(Instagram) : 사진 및 동영상을 공유할 수 있는 소셜미디어 플랫폼이다.

이론 더하기

플렉스(Flex)
사전적 의미는 '구부리다' '수축시키다'이지만 최근에는 미디어와 소셜네트워크서비스(SNS) 등에서 '과시하다'는 뜻으로 널리 사용되고 있다. 과거 1990년대 미국 힙합 문화에서 주로 '금전을 뽐내거나 자랑하다'는 의미의 속어로 쓰이던 것이 변형된 것으로 보고 있다. 가장 최근에는 20대인 1990년대생을 중심으로 명품 소비 문화가 확산되는 것을 두고 '플렉스'를 즐기기 위한 것이라는 해석이 나오고 있다. 유튜브와 인스타그램 등 SNS에 명품 구매 인증샷을 올리는 것이 일종의 과시 행위라는 것이다. 이를 금수저들에 대한 동경 현상으로 보는 이들도 있다.

트리비아(Trivia)
단편적이고 체계적이지 않은 실용·흥미 위주의 잡다한 지식을 가리키는 말이다. 라틴어로 'Tri'는 '3'을 'Via'는 '길'을 의미하여 '삼거리'라는 의미로 사용되던 단어인데, 로마 시대에 도시 어디에서나 삼거리를 찾아볼 수 있었다는 점에서, '어디에나 있는 시시한 것'이라는 뜻으로 단어의 의미가 전이되어 사용되었다. 현대에는 각종 퀴즈 소재로 활용되기 쉬운 상식, 체계적으로 전달하기 어려운 여담 등을 가리킬 때 사용한다.

빈지 워치(Binge Watch)
폭식·폭음을 의미하는 빈지(Binge)와 본다는 워치(Watch)를 합성한 단어로 주로 휴일, 주말, 방학 등에 콘텐츠를 몰아보는 것을 폭식에 비유한 말이다. 빈지 워치는 2013년 넷플릭스가 처음 자체 제작한 드라마 '하우스 오브 카드'의 첫 시즌 13편을 일시에 선보이면서 알려졌고, 이용자들은 전편을 시청할 수 있는 서비스를 선호했다. 빈지 워치 현상은 구독 경제의 등장으로 확산되고 있다.

홈루덴스족
홈루덴스족은 집을 뜻하는 '홈(Home)'과 놀이를 뜻하는 '루덴스(Ludens)'를 합친 단어로 자신의 주거공간에서 휴가를 즐기는 이들을 가리키는 신조어이다. 홈캉스를 즐기는 사람들의 대표적인 형태라고 말할 수 있다. 홈루덴스족은 취향에 맞는 아이템을 구비해 자신만의 공간을 꾸미는 데 적극적이어서 새로운 소비계층으로 떠오르고 있다.

링크드인(Linked In)
유럽과 북미 등지에서 이용 계층이 늘어나고 있는 SNS(사회관계망서비스) 형식의 웹 구인구직 서비스이다. '1촌 맺기'와 같이 다양한 연결망을 통한 일자리 매칭 서비스를 갖추고 있다. 하지만 SNS의 특성상 매우 공개적인 구직이 진행되기 때문에 한국과 일본 같은 이직 사실을 회사에 알리기 어려운 직장 문화에서는 각광받지 못하고 있다고 한다.

01 다음 〈보기〉 중 맵리듀스(Map Reduce)에 대한 설명으로 옳은 것을 모두 고르면?

> **보기**
>
> ㄱ. 막대한 양의 데이터의 병행 처리를 위해 고안된 소프트웨어이다.
> ㄴ. 막대한 양의 데이터를 합쳐 처리한 후 나누는 방식으로 진행된다.
> ㄷ. 복잡하여 사용이 불편하나, 확장이 쉬워 데이터 분석에 용이하다는 장점이 있다.
> ㄹ. 독립적으로 저장할 수 있어, 데이터 복사 시 변형가능성이 낮다.

① ㄱ, ㄴ   ② ㄱ, ㄹ

③ ㄴ, ㄷ   ④ ㄴ, ㄹ

02 다음 중 온라인상의 데이터를 해석하여 대중적인 흐름을 파악하는 기술을 일컫는 용어는?

① 소셜 미디어 리서치

② 소셜 미디어 마이닝

③ 소셜 미디어 알고리즘

④ 소셜 미디어 애널리시스

03 다음 중 딥러닝에 대한 설명으로 옳지 않은 것은?

① 인공지능이 스스로 문제를 해결하도록 한다.
② 인공신경망을 기반으로 한다.
③ 머신러닝 이전에 먼저 개발되었다.
④ 인공지능의 획기적 도약을 이끌었다.

04 다음 내용이 설명하는 용어는 무엇인가?

> • 주인의식 없이 회사의 상황에 따라 적절히 처신하다가 더 나은 직장이 생기면 미련 없이 떠나는 직장인들
> • 최근 조사에서 직장인 10명 중 3명은 자신을 이것이라고 생각하는 것으로 나타났다.

① 갤러리족
② 공소증후군
③ 네가홀리즘
④ 네스팅족

05 다음 중 기업이나 학교, 공공기관, 정부조직 내의 부정과 비리를 세상에 고발하는 내부고발자 또는 법적 용어로 공익신고자를 가리키는 용어는?

① 프로파간다
② 디스인포메이션
③ 휘슬블로어
④ 매니페스토

06 다음 정부실패(Government Failure)에 대한 〈보기〉의 설명 중 옳은 것을 모두 고르면?

보기

ㄱ. 정부실패는 시장실패를 바로잡기 위한 정부의 개입이 오히려 자원 배분의 효율성 또는 공정한 소득 분배의 실현을 저해하는 상황을 뜻한다.

ㄴ. 시장에 대한 정부의 개입의 전제가 되는 시장실패는 시장경제 제도에서 가격 기구에 맡길 경우에 공정한 소득 분배와 효율적인 자원 배분이 불가능한 상황을 뜻한다.

ㄷ. 정부가 시장 상황에 대해 지나치게 많은 정보를 알고 있거나 규제 수단의 완비성, 매우 유연한 규제 등의 경우에 정부실패가 발생할 우려가 높아진다.

ㄹ. 정부는 사회 대부분의 영역에서 독점적인 지위에 있기 때문에 경쟁을 통한 비용 통제의 내부 기준을 마련하기 위한 경쟁적 유인이 약하다.

ㅁ. 정부가 불필요한 활동에 자원을 투입하거나, 필요한 활동이더라도 지나치게 많은 자원을 투입함으로써 자원 배분의 비효율성이 높아질 수 있다.

① ㄱ, ㄴ, ㄷ 　　　　　　② ㄱ, ㄷ, ㅁ
③ ㄱ, ㄴ, ㄹ, ㅁ 　　　　④ ㄱ, ㄷ, ㄹ, ㅁ

07 다음은 경제현상 ㉠에 대한 설명 및 사례이다. 다음 중 ㉠의 개념으로 옳은 것은?

경기가 두 번 떨어진다는 뜻으로, 경기침체가 발생한 후 잠시 경기가 회복되다가 다시 경기침체로 접어드는 연속적인 침체 현상을 의미한다. 　㉠　은 2001년 미국 모건스탠리사의 이코노미스트였던 로치(S. Roach)가 미국 경제를 진단하면서 처음 사용한 용어로, 경기순환의 모습이 영문자 'W'를 닮았다 해서 'W자형 경기변동' 또는 'W자형 불황'이라고도 한다. 일반적으로 경기침체는 2분기 연속 마이너스 성장을 보이는 경우를 말하므로 　㉠　은 경기침체가 발생하고 잠시 회복 기미가 관측되다 다시 2분기 연속 마이너스 성장에 빠지는 것으로, 1980년대 초 있었던 미국의 경기침체가 예로 자주 거론된다. 당시 미국 경제는 석유파동의 영향 등으로 1980년 1월부터 7월까지 침체에 빠졌으나 이후 1981년 1/4분기까지 빠르게 성장하였는데, 연방준비제도가 인플레이션을 제압하기 위하여 금리를 빠르게 올림에 따라 1981년 7월부터 1982년 11월까지 다시 불황에 빠지는 경기침체를 경험한 바 있다.

① 디레버레이징 　　　　　② 디커플링
③ 더블딥 　　　　　　　　④ 디플레이션

08 다음 중 기업이나 조직의 모든 정보가 컴퓨터에 저장되면서, 컴퓨터의 정보 보안을 위해 외부에서 내부 또는 내부에서 외부의 정보통신망에 불법으로 접근하는 것을 차단하는 시스템은?

① 쿠키

② DNS

③ 방화벽

④ 아이핀

09 다음 중 프로젝트 파이낸싱에 대한 설명으로 옳지 않은 것은?

① 건물·토지 등이 아니라 사업의 장래성과 발생 가능한 현금 흐름을 담보로 삼는다.

② 프로젝트가 실패할 경우에도 모회사는 차입금 상환 부담이 없고, 투자 리스크를 분산할 수 있다.

③ 은행 등의 금융기관은 자금을 투자할 뿐이며, 사업성 검토나 입찰 준비 등에 참여하지 않는다.

④ 모회사로부터 독립된 별도의 특수목적 회사가 프로젝트의 주체가 되어 자금 조달과 수익 배분을 담당한다.

10 다음 내용이 설명하는 현상을 뜻하는 용어는 무엇인가?

> 집단에 참여하는 구성원이 많을수록 개인이 발휘하는 힘과 역량의 크기는 예상과 반대로 감소하는 경우가 많다. 예컨대 줄다리기 경기에 참여하는 인원이 증가할수록 개인이 최대로 발휘하는 힘은 오히려 크게 감소하는 경향이 있다. 이는 일종의 사회적 태만 심리에 기안한 것으로 분석된다. 자신이 노력하지 않더라도 다른 사람이 노력할 것이라고 생각해 '무임승차'하려는 것이다.

① 마태 효과

② 링겔만 효과

③ 앵커링 효과

④ 기니피그 효과

11 다음 와이어링 하니스에 대한 〈보기〉의 설명 중 옳지 않은 것을 모두 고르면?

> **보기**
>
> ㄱ. 자동차 1대에 약 3,000 ~ 4,000개의 전선이 필요하다.
> ㄴ. 자동차 내부에 장착되는 전자장치 등의 부품에 전원을 공급하고 전기신호를 전달하는 배선뭉치
>   이다.
> ㄷ. 차량별로 필요한 전선의 길이나 종류가 다르고 기계가 작업하기 어려워 대체로 수작업을 통해
>   자동차 모델에 따라 맞춤형으로 제작된다.
> ㄹ. 전기차나 자율주행차 등은 더 많은 센서가 필요하지만 와이어링 하니스는 간단하게 적용할 수
>   있다.

① ㄱ, ㄴ
② ㄱ, ㄹ
③ ㄴ, ㄷ
④ ㄷ, ㄹ

12 사이버 보안 전문가이자 포레스터 리서치 수석연구원인 존 킨더버그가 2010년에 제시한 사이버
보안모델은 무엇인가?

① 국제 트러스트
② 제로 트러스트
③ 시빅 트러스트
④ 내셔널 트러스트

13 다음 중 〈보기〉에서 설명한 것으로 옳은 것은?

> **보기**
>
> 인공지능(AI)을 통해 콜봇이나 챗봇이 고객의 질문에 답변하는 지능형 고객센터를 말한다. 음성인
> 식, 문장 분석, 대화엔진 등의 각종 AI 기술이 동시 적용되어 인간과 유사한 목소리로 일상적인 언
> 어를 구사해 고객의 질문에 적절하게 대응하며, 실시간으로 상담내용을 파악해 상담사에게 관련 정
> 보를 찾아주는 기능도 한다.

① AI 콘택트센터
② AI 네트워크
③ AI 데이터 라벨링
④ AI 홀로그램

14 다음 비트코인 도미넌스에 대한 〈보기〉의 설명 중 옳은 것을 모두 고르면?

> **보기**
> ㄱ. 비트코인 등장 이후 새로운 알트코인들이 연이어 등장하면서 상승하기 시작했다.
> ㄴ. 비트코인은 정부나 중앙은행, 금융회사의 개입이 있으나 온라인상에서도 개인과 개인이 직접 돈을 주고받을 수 있도록 암호화된 가상자산이다.
> ㄷ. 전 세계 가상자산에서 비트코인 시가총액이 차지하는 비율을 뜻한다.
> ㄹ. 비트코인 가격이 강세를 기록하며 전반적으로 가상자산 시장이 불(Bull) 장일 때 하락하는 경향을 보인다.

① ㄱ, ㄴ   ② ㄴ, ㄷ

③ ㄷ, ㄹ   ④ ㄱ, ㄴ, ㄷ

PART 2

15 다음 컨셔스 패션에 대한 〈보기〉의 설명 중 옳지 않은 것을 모두 고르면?

> **보기**
> ㄱ. 친환경적이고 윤리적인 과정에서 생산된 의류 및 이를 소비하고자 하는 트렌드를 말한다.
> ㄴ. '의식 있는'이라는 뜻의 컨셔스(Conscious)와 패션(Fashion)의 합성어이다.
> ㄷ. 대표적으로 버려진 의류나 폐기물을 재활용한 의류나 물을 사용하지 않는 염색법으로 염색한 의류, 합성섬유를 재활용한다.
> ㄹ. 컨셔스 패션은 패스트 패션이 유행하는 데 큰 역할을 했다.

① ㄱ, ㄴ   ② ㄱ, ㄹ

③ ㄴ, ㄷ   ④ ㄷ, ㄹ

03 | IT · 디지털

빈출키워드 1   디지털

01 다음 중 28GHz(39GHz)의 초고대역 주파수를 사용하여 무선으로 통신 서비스를 제공하는 이동통신
기술은?

    ① 2G   ② 3G

    ③ 4G   ④ 5G

02 다음 중 통신망 제공사업자는 모든 콘텐츠를 동등하고 차별 없이 다루어야 한다는 원칙을 뜻하는
용어는?

    ① 제로 레이팅   ② 망 중립성

    ③ MARC   ④ 멀티 캐리어

01

정답 ④

5G FWA는 유선 대신 무선으로 각 가정에 초고속 통신 서비스를 제공하는 기술이다. 2018년 삼성전자는 미국 최대 이동통신
사업자인 버라이즌과 5G 기술을 활용한 통신 장비 공급 계약을 체결하였다.

02

정답 ②

망 중립성(Network Neutrality)은 통신사 등 인터넷서비스사업자(ISP)가 특정 콘텐츠나 인터넷 기업을 차별·차단하는 것을 금지
하는 정책으로, 인터넷 기업인 구글, 페이스북, 아마존, 넷플릭스 등이 거대 기업으로 성장할 수 있었던 주된 배경 중 하나이다.

오답분석

① 제로 레이팅(Zero Rating) : 콘텐츠 사업자가 이용자의 데이터 이용료를 면제 또는 할인해 주는 제도이다.

③ MARC(MAchine Readable Cataloging) : 컴퓨터가 목록 데이터를 식별하여 축적·유통할 수 있도록 코드화한 일련의 메타데
   이터 표준 형식이다.

④ 멀티 캐리어(Multi Carrier) : 2개 주파수를 모두 사용해 통신 속도를 높이는 서비스이다.

이론 더하기

4차 산업혁명

2010년대부터 물리적 세계, 디지털 및 생물학적 세계가 융합되어 모든 학문·경제·산업 등에 전반적으로 충격을 주게 된 새로운 기술 영역의 등장을 뜻하는 4차 산업혁명은 독일의 경제학 박사이자 세계경제포럼(WEF)의 회장인 클라우스 슈밥이 2016년 다보스 포럼(WEF)에서 제시한 개념이다.

클라우스 슈밥은 인공지능, 로봇공학, 사물인터넷, 3D프린팅, 자율주행 자동차, 양자 컴퓨팅, 클라우드 컴퓨팅, 나노테크, 빅데이터 등의 영역에서 이루어지는 혁명적 기술 혁신을 4차 산업혁명의 특징으로 보았다. 4차 산업혁명은 초연결성·초지능, 더 빠른 속도, 더 많은 데이터 처리 능력, 더 넓은 파급 범위 등의 특성을 지니는 '초연결 지능 혁명'으로 볼 수 있다. 그러나 인공지능 로봇의 작업 대체로 인한 인간의 일자리 감소, 인간과 인공지능(로봇)의 공존, 개인정보·사생활 보호, 유전자 조작에 따른 생명윤리 등 여러 과제가 사회적 문제로 떠오르고 있다.

빅데이터(Big Data)

빅데이터는 다양하고 복잡한 대규모의 데이터 세트 자체는 물론, 이러한 데이터 세트로부터 정보를 추출한 결과를 분석하여 더 큰 가치를 창출하는 기술을 뜻한다. 기존의 정형화된 정보뿐만 아니라 이미지, 오디오, 동영상 등 여러 유형의 비정형 정보를 데이터로 활용한다. 저장 매체의 가격 하락, 데이터 관리 비용의 감소, 클라우드 컴퓨팅의 발전 등으로 인해 데이터 처리·분석 기술 또한 진보함에 따라 빅데이터의 활용 범위와 환경이 꾸준히 개선되고 있다.

빅데이터의 특징으로 제시되는 3V는 데이터의 'Volume(크기), Velocity(속도), Variety(다양성)'이다. 여기에 'Value(가치)' 또는 'Veracity(정확성)' 중 하나를 더해 4V로 보기도 하고, 둘 다 더해 5V로 보기도 한다. 또한 5V에 'Variability(가변성)'을 더해 6V로 정리하기도 한다. 한편 기술의 진보에 따라 빅데이터의 특징을 규명하는 'V'는 더욱 늘어날 수 있다.

합성데이터(Synthetic Data)

합성데이터는 실제 수집·측정으로 데이터를 획득하는 것이 아니라 시뮬레이션·알고리즘 등을 이용해 인공적으로 생성한 인공의 가상 데이터를 뜻한다. 즉, 현실의 데이터가 아니라 인공지능(AI)을 교육하기 위해 통계적 방법이나 기계학습 방법을 이용해 생성한 가상 데이터를 말한다.

고품질의 실제 데이터 수집이 어렵거나 불가능함, AI 시스템 개발에 필수적인 대규모 데이터 확보의 어려움, 인공지능 훈련에 드는 높은 수준의 기술·비용, 실제 데이터의 이용에 수반되는 개인정보·저작권 보호 및 윤리적 문제 등에 대한 해결 대안으로 등장한 것이 합성데이터이다.

임베디드 금융(Embedded Finance)

비금융기업이 금융기업의 금융 상품을 중개·재판매하는 것을 넘어 IT·디지털 기술을 활용해 자체 플랫폼에 결제·대출 등의 비대면 금융 서비스(핀테크) 기능을 내재화(Embed)하는 것을 뜻한다. 은행이 제휴를 통해 금융 서비스의 일부를 비금융 기업에서 제공하는 서비스형 은행(BaaS; Banking as a Service)도 임베디드 금융의 한 형태로 볼 수 있다.

사물인터넷(IoT; Internet of Things)

사물에 센서와 통신 프로세서를 장착해 실시간으로 정보를 수집·교환하고 제어·관리할 수 있도록 인터넷 등 다양한 방식의 네트워크로 연결되어 있는 시스템을 뜻한다. 이때 '사물인터넷'에서 말하는 '사물'은 인간을 포함한 모든 가시적인 물리적 대상은 물론 어떠한 패턴 등의 무형·가상의 대상을 아우르는 광범위한 개념이다.

딥페이크(Deepfake)

인공지능이 축적된 자료를 바탕으로 스스로 학습하는 '딥러닝(Deep Learning)' 기술과 'Fake(가짜, 속임수)'의 조합어로, 인공지능을 통해 만들어낸 가짜 이미지·영상, 오디오성 기술을 뜻한다.

핀테크(Fin-tech)

모바일, 소셜네트워크서비스(SNS), 빅데이터 등의 첨단 정보 기술(Technology)을 기반으로 한 금융(Finance) 서비스 또는 그러한 서비스를 제공하는 회사를 뜻한다. 핀테크를 통해 예금, 대출, 자산 관리, 결제, 송금 등 다양한 금융 서비스가 정보통신 및 모바일 기술과 결합되어 혁신적인 유형의 금융 서비스가 가능하다.

디지털 뉴딜(Digital New Deal)

2020년 7월 14일에 확정한 정부의 한국판 뉴딜 정책 중 하나이다. 핵심 내용은 현재 세계 최고 수준인 전자정부 인프라나 서비스 등의 ICT를 기반으로 디지털 초격차를 확대하는 것이다. 디지털 뉴딜의 내용으로는 DNA(Data, Network, AI) 생태계 강화, 교육인프라 디지털 전환, 비대변 사업 육성, SOC 디지털화가 있다.

VR, AR, MR, XR, SR

- VR(Virtual Reality, 가상현실) : 어떤 특정한 상황·환경을 컴퓨터로 만들어 이용자가 실제 주변 상황·환경과 상호작용하고 있는 것처럼 느끼게 하는 인간과 컴퓨터 사이의 인터페이스이다. 즉, VR은 실존하지 않지만 컴퓨터 기술로 이용자의 시각·촉각·청각을 자극해 실제로 있는 것처럼 느끼게 하는 가상의 현실을 말한다.
- AR(Augmented Reality, 증강현실) : 머리에 착용하는 방식의 컴퓨터 디스플레이 장치는 인간이 보는 현실 환경에 컴퓨터 그래픽 등을 겹쳐 실시간으로 시각화함으로써 AR을 구현한다. AR이 실제의 이미지·배경에 3차원의 가상 이미지를 겹쳐서 하나의 영상으로 보여주는 것이라면, VR은 자신(객체)과 환경·배경 모두 허구의 이미지를 사용하는 것이다.
- MR(Mixed Reality, 혼합현실) : VR과 AR이 전적으로 시각에 의존한다면, MR은 시각에 청각·후각·촉각 등 인간의 감각을 접목할 수 있다. VR과 AR의 장점을 융합함으로써 한 단계 더 진보한 기술로 평가받는다.
- XR(eXtended Reality, 확장현실) : VR, AR, MR 등을 아우르는 확장된 개념으로, 가상과 현실이 매우 밀접하게 연결되어 있고, 현실 공간에 배치된 가상의 물체를 손으로 만질 수 있는 등 극도의 몰입감을 느낄 수 있는 환경 혹은 기술을 뜻한다.
- SR(Substitutional Reality, 대체현실) : VR, AR, MR과 달리 하드웨어가 필요 없으며, 스마트 기기에 광범위하고 자유롭게 적용될 수 있다. SR은 가상현실과 인지 뇌과학이 융합된 한 단계 업그레이드된 기술이라는 점에서 VR의 연장선상에 있는 기술로 볼 수 있다.

스니핑(Sniffing)

'Sniffing'은 '코를 킁킁거리기, 냄새 맡기'라는 뜻으로, 네트워크 통신망에서 오가는 패킷(Packet)을 가로채 사용자의 계정과 암호 등을 알아내는 해킹 수법이다. 즉, 스니핑은 네트워크 트래픽을 도청하는 행위로서, 사이버 보안의 기밀성을 침해하는 대표적인 해킹 수법이다. 그리고 이러한 스니핑을 하기 위해 쓰이는 각종 프로그램 등의 도구를 '스니퍼'라 부른다.

원래는 네트워크 상태를 체크하는 데 사용되었으나, 해커들은 원격에서 로그인하는 사용자들이 입력하는 개인정보를 중간에서 가로채는 수법으로 악용한다. 즉, 네트워크에 접속하는 시스템의 상대방 식별 방식의 취약점을 악용하는 것이다. 네트워크에 접속하는 모든 시스템에는 설정된 IP 주소와 고유한 MAC 주소가 있으며, 통신을 할 때 네트워크 카드는 IP 주소와 MAC 주소를 이용해 수신하고 저장할 신호를 선별한다. 스니핑 공격은 이러한 선별 장치를 해제해 타인의 신호까지 수신할 수 있는 환경을 구성하는 방식으로 구현된다. 이러한 원리를 통해 해커는 이메일 트래픽, 웹 트래픽, FTP 비밀번호, 텔넷 비밀번호, 공유기 구성, 채팅 세션, DNS 트래픽 등을 스니핑할 수 있다.

한편, 스니핑이 다른 사람의 대화를 도청·염탐하는 소극적 공격이라면, '스푸핑'은 다른 사람으로 위장해 정보를 탈취하는 적극적 공격이다. 즉, 스니핑은 시스템 자체를 훼손·왜곡할 수 없는 수동적 공격이고, 스푸핑은 시스템을 훼손·왜곡할 수 있는 능동적 공격이다.

스테이블 코인(Stable Coin)

법정화폐와 일대일(1코인=1달러)로 가치가 고정되게 하거나(법정화폐 담보 스테이블 코인) 다른 암호화폐와 연동하는(가상자산 담보 스테이블 코인) 등의 담보 방식 또는 알고리즘을 통한 수요 − 공급 조절(알고리즘 기반 스테이블 코인)로 가격 변동성이 최소화되도록 설계된 암호화폐(가상자산)이다. 다른 가상화폐와 달리 변동성이 낮기 때문에 다른 가상화폐 거래, 탈중앙화 금융(De-Fi) 등에 이용되므로 '기축코인'이라고 볼 수 있다. 우리나라와 달리 대부분 해외 가상자산 거래소에서는 법정화폐가 아닌 스테이블 코인으로 가상화폐를 거래하는데, 이렇게 하면 다른 나라의 화폐로 환전해 다시 가상화폐를 구매하는 불편을 해소하고, 환율의 차이에 따른 가격의 변동으로부터 자유롭다. 아울러 디파이를 통해 이자 보상을 받을 수 있으며, 계좌를 따로 개설할 필요가 없고, 휴일에도 송금이 가능하며 송금의 속도 또한 빠르고, 수수료도 거의 없다. 스테이블 코인은 기본적으로 가격이 안정되어 있기 때문에 안정적인 투자 수익을 얻을 수 있으나 단기적인 매매 차익을 기대하기 어렵다. 아울러 자금세탁이나 사이버 보안 등의 문제점을 보완하기 위한 법적 규제와 기술적 장치가 반드시 필요하다.

디파이(De-Fi)

디파이는 '금융(Finance)의 탈중앙화(Decentralized)'라는 뜻으로, 기존의 정부·은행 같은 중앙기관의 개입·중재·통제를 배제하고 거래 당사자들끼리 송금·예금·대출·결제·투자 등의 금융 거래를 하자는 게 주요 개념이다. 디파이는 거래의 신뢰를 담보하기 위해 높은 보안성, 비용 절감 효과, 넓은 활용 범위를 자랑하는 블록체인 기술을 기반으로 한다.

디파이는 서비스를 안정적으로 제공하기 위해 기존의 법정화폐에 연동되거나 비트코인 같은 가상자산을 담보로 발행된 스테이블 코인(가격 변동성을 최소화하도록 설계된 암호화폐)을 거래 수단으로 주로 사용한다. 디파이는 거래의 속도를 크게 높일 수 있고, 거래 수수료 등 부대비용이 거의 들지 않기 때문에 비용을 절감할 수 있다는 것이 가장 큰 특징이다.

디파이는 블록체인 자체에 거래 정보를 기록하기 때문에 중개자가 필요 없을 뿐만 아니라 위조·변조 우려가 없어 신원 인증 같은 복잡한 절차도 없고, 휴대전화 등으로 인터넷에 연결되기만 하면 언제든지, 어디든지, 누구든지 디파이에 접근할 수 있으며, 응용성·결합성이 우수해 새로운 금융 서비스를 빠르게 개발할 수 있다. 다만, 디파이는 아직 법적 규제와 이용자 보호장치가 미비하여 금융사고 발생 가능성이 있고 상품 안정성 또한 높지 않다는 한계가 있다.

인터넷 전문은행(Direct Bank, Internet-only Bank)
영업점을 통해 대면거래를 하지 않고, 금융자동화기기(ATM)나 인터넷·모바일 응용프로그램(앱) 같은 전자매체를 통해 온라인으로 사업을 벌이는 은행이다.

서비스형 블록체인(BaaS; Blockchain as a Service)
서비스형 블록체인은 개발 환경을 클라우드로 서비스하는 개념이다. 블록체인 네트워크에 노드를 추가하고 제거하는 일이 간단해져서 블록체인 개발 및 구축을 쉽고 빠르게 할 수 있다. 현재 마이크로소프트나 IBM, 아마존, 오라클 등에서 도입하여 활용하고 있으며, 우리나라의 경우 KT, 삼성 SDS, LG CNS에서 자체적인 BaaS를 구축하고 있다.

데이터 리터러시(Data Literacy)
정보활용 능력을 일컫는 용어로 빅데이터 속에서 목적에 맞게 필요한 정보를 취합하고 해석하여 적절하게 활용할 수 있는 능력을 말한다.

데이터 레이블링(Data Labeling)
인공지능을 만드는 데 필요한 데이터를 입력하는 작업이다. 높은 작업 수준을 요구하지는 않으며, 각 영상에서 객체를 구분하고, 객체의 위치와 크기 등을 기록해야 한다. 인공지능이 쉽게 사물을 알아볼 수 있도록 영상 속의 사물에 일일이 명칭을 달아주는 작업이다.

이노드비(eNodB; Evolved Node B)
이동통신 사실 표준화 기구인 3GPP에서 사용하는 공식 명칭으로, 기존 3세대(3G) 이동통신 기지국의 이름 'Node B'와 구별하여 LTE의 무선 접속망 E-UTRAN(Evolved UTRAN) 기지국을 'E-UTRAN Node B' 또는 'Evolved Node B'라 한다. 모바일 헤드셋(UE)과 직접 무선으로 통신하는 휴대전화망에 연결되는 하드웨어이며, 주로 줄임말 eNodeB(eNB)로 사용한다.

5세대 이동통신(5G; 5th Generation Mobile Communication)
국제전기통신연합(ITU)이 정의한 5G는 최대 다운로드 속도가 20Gbps, 최저 다운로드 속도가 100Mbps인 이동통신 기술이다. 4세대 이동통신에 비해 속도가 20배가량 빠르고 처리 용량은 100배가 많아져 4차 산업혁명의 핵심 기술인 가상현실(VR·AR), 자율주행, 사물인터넷(IoT) 기술 등을 구현할 수 있다.

만리방화벽(GFW; Great Firewall of China)
만리방화벽(GFW)은 만리장성(Great Wall)과 컴퓨터 방화벽(Firewall)의 합성어로, 중국 정부의 인터넷 감시·검열 시스템을 의미한다. 중국 내에서 일부 외국 사이트에 접속할 수 없도록 하여 사회 안정을 이루는 것이 목적이다.

와이선(Wi-SUN)
사물인터넷(IoT)의 서비스 범위가 확대되면서 블루투스나 와이파이 등 근거리 무선통신을 넘어선 저전력 장거리(LPWA; Low-Power Wide Area) IoT 기술이다.

라이파이(Li-Fi; Light-Fidelity)
무선랜인 와이파이(초속 100Mb)의 100배, 무선통신 중 가장 빠르다는 LTE-A(초속 150Mb)보다 66배나 빠른 속도를 자랑하는 무선통신기술이다.

디지털세(Digital Tax)
구글이나 페이스북, 아마존과 같이 국경을 초월해 사업하는 인터넷 기반 글로벌 기업에 부과하는 세금을 지칭한다. 유럽연합(EU)이 2018월 3월 디지털세를 공동으로 도입하는 방안을 제안했지만 합의가 이루어지지 않자 회원국인 프랑스가 2019년 7월 독자적으로 부과하기로 했다. 프랑스는 글로벌 IT 기업들이 실질적으로 유럽 각국에서 이윤을 창출하면서도 세율이 가장 낮은 아일랜드 등에 법인을 두는 방식으로 조세를 회피한다는 지적이 계속되자 프랑스 내에서 2,500만 유로(약 330억 원) 이상의 수익을 내는 기업에 연간 총매출의 3%를 과세하는 디지털 서비스 세금(DST)법을 발효했다. 이에 미국은 자국 기업이 주요 표적이라며 강하게 반발했다. 영국과 스페인이 DST법과 거의 같은 내용의 법안을 추진하고 나서면서 유럽 대(對) 미국의 대립 구도가 굳어졌다.

프롭테크(Proptech)
부동산(Property)과 기술(Technology)의 합성어로, 기존 부동산 산업과 IT의 결합으로 볼 수 있다. 프롭테크의 산업 분야는 크게 중개 및 임대, 부동산 관리, 프로젝트 개발, 투자 및 자금조달 부분으로 구분할 수 있다. 프롭테크 산업 성장을 통해 부동산 자산의 고도화와 신기술 접목으로 편리성이 확대되고, 이를 통한 삶의 질이 향상될 전망이다. 무엇보다 공급자 중심의 기존 부동산 시장을 넘어 정보 비대칭이 해소되어 고객 중심의 부동산 시장이 형성될 것으로 보인다.

바이오컴퓨터(Biocomputer)

생물의 세포에 들어 있는 단백질이나 효소를 사용한 바이오칩을 컴퓨터 내부 반도체 소자와 교체하여 조립한다. 인간의 뇌와 유사한 기능을 하도록 설계되어 최종적으로 인간의 두뇌 기능을 구현하기 위한 목적을 갖는다.

다크 데이터(Dark Data)

정보를 수집한 후 저장만 하고 분석에 활용하고 있지 않은 다량의 데이터로, 처리되지 않은 채 미래에 사용할 가능성이 있다는 이유로 삭제되지 않고 방치되고 있었다. 하지만 최근 빅데이터와 인공지능이 발달하면서 방대한 양의 자료가 필요해졌고, 이에 유의미한 정보를 추출하고 분석할 수 있게 되면서 다양한 분야에 활용될 전망이다.

무어의 법칙(Moore's Law)

반도체 집적회로의 성능이 18개월마다 2배씩 증가한다는 법칙이다. 인텔 및 페어 차일드 반도체의 창업자인 고든 무어가 1965년에 설명한 것이다. 당시에는 일시적일 것이라 무시당하기도 했으나, 30년 간 비교적 정확하게 그의 예측이 맞아 떨어지면서 오늘날 반도체 산업의 중요한 지침이 되고 있다. 이와 함께 언급되는 규칙으로 '황의 법칙(반도체 메모리의 용량이 1년마다 2배씩 증가한다는 이론)'이 있다.

튜링 테스트(Turing Test)

기계가 인공지능을 갖추었는지를 판별하는 실험으로 1950년에 영국의 수학자인 앨런 튜링이 제안한 인공지능 판별법이다. 기계의 지능이 인간처럼 독자적인 사고를 하거나 의식을 가졌는지 인간과의 대화를 통해 확인할 수 있는데, 아직 튜링 테스트를 통과한 인공지능이 드문 것으로 알려져 있다.

메칼프의 법칙(Metcalfe's Law)

인터넷 통신망이 지니는 가치는 망에 가입한 사용자 수의 제곱에 비례한다는 법칙이다. 1970년대 네트워크 기술인 이더넷을 개발한 로버트 메칼프에 의해 처음 언급되었다. 예를 들어 사용자 수가 2명인 A통신망의 가치는 2의 제곱인 4인 반면, 사용자 수가 4명인 B통신망의 가치는 4의 제곱인 16인 것이다. 이는 통신망을 이용하는 개개인이 정보의 연결을 통해 향상된 능력을 발휘할 수 있게 되면서 네트워크의 효과가 증폭되기 때문이다.

PBV(Purpose Built Vehicle)

우리말로는 '목적 기반 모빌리티'라고 부른다. 2020년 열린 세계 최대 소비자 가전·IT(정보기술) 전시회인 미국 CES(Consumer Electronics Show)에서 발표됐다. 차량이 단순한 이동수단 역할을 넘어서 승객이 필요한 서비스를 누릴 수 있는 공간으로 확장된 것이다. 개인화 설계 기반의 친환경 이동수단으로, 식당, 카페, 호텔 등 여가 공간부터 병원, 약국 등 사회 필수 시설까지 다양한 공간으로 연출돼 고객이 맞춤형 서비스를 누릴 수 있도록 해준다.

클라우드 컴퓨팅(Cloud Computing)

정보처리를 자신의 컴퓨터가 아닌 인터넷으로 연결된 다른 컴퓨터로 처리할 수 있는 기술을 말한다. 클라우드 컴퓨팅의 핵심 기술은 가상화와 분산처리로 어떠한 요소를 기반으로 하느냐에 따라 소프트웨어 서비스, 플랫폼 서비스, 인프라 서비스로 구분한다.

SOAR(Security Orchestration, Automation and Response)

가트너가 2017년에 발표한 용어로 보안 오케스트레이션 및 자동화(SOA; Security Orchestration and Automation), 보안 사고 대응 플랫폼(SIRP; Security Incident Response Platforms), 위협 인텔리전스 플랫폼(TIP; Threat Intelligence Platforms)의 세 기능을 통합한 개념이다. 보안 사고 대응 플랫폼은 보안 이벤트별 업무 프로세스를 정의하고, 보안 오케스트레이션 및 자동화는 다양한 IT 보안 시스템을 통합하고 자동화하여 업무 프로세스 실행의 효율성을 높일 수 있다. 마지막으로 위협 인텔리전스 플랫폼은 보안 위협을 판단해 분석가의 판단을 보조할 수 있다.

다음 중 회원(회원번호, 이름, 나이, 주소) 테이블에서 주소가 '인천'인 회원의 이름, 나이 필드만 검색하되 나이가 많은 순으로 검색하는 질의문으로 옳은 것은?

① SELECT 이름, 나이 FROM 회원 ORDER BY 나이 WHERE 주소='인천'

② SELECT 이름, 나이 FROM 회원 WHERE 주소='인천' ORDER BY 나이 ASC

③ SELECT 이름, 나이 FROM 회원 WHERE 주소='인천' ORDER BY 나이 DESC

④ SELECT 이름, 나이 FROM 회원 ORDER BY 나이 DESC WHERE 주소='인천'

정답 ③

• SELECT 이름, 나이 : 이름과 나이를 검색한다.

• FROM 회원 : 회원 테이블에서 검색한다.

• WHERE 주소='인천' : 주소가 인천인 레코드를 검색한다.

• ORDER BY 나이 DESC : 나이가 많은 순으로 검색한다.

DDL(데이터 정의어)

스키마, 도메인, 테이블, 뷰, 인덱스를 정의하거나 변경 또는 삭제할 때 사용하는 언어이다.

① CREATE문 : 새로운 테이블을 만들며 스키마, 도메인, 테이블, 뷰, 인덱스를 정의할 때 사용한다.

> CREATE TABLE STUDENT ~; (STUDENT명의 테이블 생성)

② ALTER문 : 기존 테이블에 대해 새로운 열의 첨가, 값의 변경, 기존 열의 삭제 등에 사용한다.

> ALTER TABLE STUDENT ADD ~; (STUDENT명의 테이블에 속성 추가)

③ DROP문 : 스키마, 도메인, 테이블, 뷰, 인덱스의 전체 제거 시 사용한다.

> DROP TABLE STUDENT [CASCADE / RESTRICTED]; (STUDENT명의 테이블 제거)

DML(데이터 조작어)

데이터베이스 사용자가 응용 프로그램이나 질의어를 통하여 저장된 데이터를 처리하는 데 사용하는 언어이다.

① 검색(SELECT)문

> SELECT [DISTINCT] 속성 LIST(검색 대상) FROM 테이블명 [WHERE 조건식]
> [GROUP BY 열_이름 [HAVING 조건]] [ORDER BY 열_이름 [ASC or DESC]];

SELECT	질문의 결과에 원하는 속성을 열거하거나 테이블을 구성하는 튜플(행) 중에서 전체 또는 조건을 만족하는 튜플(행)을 검색한다(ALL이 있는 경우 모든 속성을 출력하므로 주로 생략하거나 * 로 표시).
FROM	검색 데이터를 포함하는 테이블명을 2개 이상 지정할 수 있다.
WHERE	조건을 설정할 때 사용하며, 다양한 검색 조건을 활용한다(SUM, AVG, COUNT, MAX, MIN 등의 함수와 사용 불가능).
DISTINCT	중복 레코드를 제거한다(DISTINCTROW 함수는 튜플 전체를 대상으로 함).
HAVING	• 추가 검색 조건을 지정하거나 행 그룹을 선택한다. • GROUP BY절을 사용할 때 반드시 기술한다(SUM, AVG, COUNT, MAX, MIN 등의 함수와 사용 가능).
GROUP BY	그룹 단위로 함수를 이용하여 평균, 합계 등을 구하며, 집단 함수 또는 HAVING절과 함께 기술한다(필드명을 입력하지 않으면 오류 발생).
ORDER BY	검색 테이블을 ASC(오름차순, 생략 가능), DESC(내림차순)으로 정렬하며, SELECT문의 마지막에 위치한다.

② 삽입(INSERT)문 : 기존 테이블에 행을 삽입하는 경우로 필드명을 사용하지 않으면 모든 필드가 입력된 것으로 간주한다.

> INSERT INTO 테이블[(열_이름…)] → 하나의 튜플을 테이블에 삽입
> VALUES(열 값_리스트); → 여러 개의 튜플을 테이블에 한번에 삽입

③ 갱신(UPDATE)문 : 기존 레코드의 열 값을 갱신할 경우 사용하며, 연산자를 이용하여 빠르게 레코드를 수정한다.

> UPDATE 테이블 SET 열_이름=식 [WHERE 조건];

④ 삭제(DELETE)문 : 테이블의 행을 하나만 삭제하거나 조건을 만족하는 튜플을 테이블에서 삭제할 때 사용한다.

> DELETE FROM 테이블 [WHERE 조건];

DCL(데이터 제어어)

① GRANT문 : 유저, 그룹 혹은 모든 사용자들에게 조작할 수 있는 사용 권한을 부여한다.

GRANT 권한 ON 개체 TO 사용자 (WITH GRANT OPTION);

② REVOKE문 : 유저, 그룹 혹은 모든 유저들로부터 주어진 사용 권한을 해제한다.

REVOKE 권한 ON 개체 FROM 사용자 (CASCADE);

③ CASCADE문 : Main Table의 데이터를 삭제할 때 각 외래 키에 부합되는 모든 데이터를 삭제한다(연쇄 삭제, 모든 권한 해제).

④ RESTRICTED문 : 외래 키에 의해 참조되는 값은 Main Table에서 삭제할 수 없다(FROM절에서 사용자의 권한만을 해제).

01 다음과 같은 논리식으로 구성되는 회로는?[단, S는 합(Sum), C는 자리 올림 수(Carry)이다]

$$S = \overline{A}B + A\overline{B}$$
$$C = AB$$

① 반가산기(Half Adder) ② 전가산기(Full Adder)
③ 전감산기(Full Subtracter) ④ 부호기(Encoder)

02 다음과 같이 명령어에 오퍼랜드 필드를 사용하지 않고, 명령어만 사용하는 명령어의 형식은?

AND : (덧셈), MUL : (곱셈)

① Zero-Address Instruction Mode
② One-Address Instruction Mode
③ Two-Address Instruction Mode
④ Three-Address Instruction Mode

01

정답 ①

반가산기는 2개의 비트를 더해 합(S)과 자리 올림 수(C)를 구하는 회로로, 하나의 AND 회로와 하나의 XOR 회로로 구성된다.

02

정답 ①

제로 어드레스 명령어 형식(Zero-Address Instruction Mode)
명령어 내에서 피연산자의 주소 지정을 하지 않아도 되는 명령어 형식으로, 명령어에 나타난 연산자의 실행 시에 입력 자료의 출처와 연산의 결과를 기억시킬 장소가 고정되어 있을 때 사용된다.

논리게이트(Logic Gate)

게이트	기호	의미	진리표	논리식
AND		입력 신호가 모두 1일 때만 1 출력	A B Y 0 0 0 0 1 0 1 0 0 1 1 1	$Y=A \cdot B$ $Y=AB$
OR		입력 신호 중 1개만 1이어도 1 출력	A B Y 0 0 0 0 1 1 1 0 1 1 1 1	$Y=A+B$
BUFFER		입력 신호를 그대로 출력	A Y 0 0 1 1	$Y=A$
NOT (인버터)		입력 신호를 반대로 변환하여 출력	A Y 0 1 1 0	$Y=A'$ $Y=\overline{A}$
NAND		NOT+AND 즉, AND의 부정	A B Y 0 0 1 0 1 1 1 0 1 1 1 0	$Y=\overline{A \cdot B}$ $Y=\overline{AB}$ $Y=\overline{A}+\overline{B}$
NOR		NOT+OR 즉, OR의 부정	A B Y 0 0 1 0 1 0 1 0 0 1 1 0	$Y=\overline{A+B}$ $Y=\overline{A} \cdot \overline{B}$
XOR		입력 신호가 같으면 0, 다르면 1 출력	A B Y 0 0 0 0 1 1 1 0 1 1 1 0	$Y=A \oplus B$ $Y=A'B+AB'$ $Y=(A+B)(A'+B')$ $Y=(A+B)(AB)'$
XNOR		NOT+XOR 입력 신호가 같으면 1, 다르면 0 출력	A B Y 0 0 1 0 1 0 1 0 0 1 1 1	$Y=A \odot B$ $Y=\overline{A \oplus B}$

다음은 스케줄링에 대한 자료이다. 빈칸 ㉠과 ㉡에 해당하는 알고리즘을 〈보기〉에서 찾아 바르게 연결한 것은?

〈스케줄링〉

• 스케줄링이란?
 다중 프로그래밍을 지원하는 운영체제에서 CPU 활용의 극대화를 위해 프로세스를 효율적으로 CPU에게 할당하는 것
• 스케줄링 알고리즘
 ─ ___㉠___ 스케줄링 : 한 프로세스가 CPU를 점유하고 있을 때 다른 프로세스가 CPU를 빼앗을 수 있는 방식
 ─ ___㉡___ 스케줄링 : 한 프로세스에 CPU가 할당되면 작업이 완료되기 전까지 CPU를 다른 프로세스에 할당할 수 없는 방식

보기

가. FIFO(First In First Out)   나. 우선순위(Priority)
다. RR(Round Robin)   라. 기한부(Deadline)
마. MLQ(Multi-Level Queue)

	㉠	㉡		㉠	㉡
①	가, 다	나, 라, 마	②	나, 라	가, 다, 마
③	다, 라	가, 나, 마	④	다, 마	가, 나, 라

정답 ④

㉠ 선점형(Preemption)
 • 다. RR(Round Robin) : 먼저 들어온 프로세스가 먼저 실행되나, 각 프로세스는 정해진 시간 동안만 CPU를 사용하는 방식
 • 마. MLQ(Multi-Level Queue) : 서로 다른 작업을 각각의 큐에서 타임 슬라이스에 의해 처리
㉡ 비선점형(Non-Preemption)
 • 가. FIFO(First In First Out) : 요구하는 순서에 따라 CPU를 할당하는 방식
 • 나. 우선순위(Priority) : 우선순위가 높은 프로세스에 CPU를 할당하는 방식
 • 라. 기한부(Deadline) : 제한된 시간 내에 프로세스가 반드시 완료되도록 하는 방식

비선점형 스케줄링

① FIFO(First Input First Output, =FCFS)
- 먼저 입력된 작업을 먼저 처리하는 방식으로 가장 간단한 방식이다.
- 디스크 대기 큐에 들어온 순서대로 처리하기 때문에 높은 우선순위의 요청이 입력되어도 순서가 바뀌지 않지만, 평균 반환 시간이 길다.

② SJF(Shortest Job First, 최단 작업 우선)
- 작업이 끝나기까지의 실행 시간 추정치가 가장 작은 작업을 먼저 실행시키는 방식이다.
- 긴 작업들을 어느 정도 희생시키면서 짧은 작업들을 우선적으로 처리하기 때문에 대기 리스트 안에 있는 작업의 수를 최소화하면서 평균 반환 시간을 최소화할 수 있다.

③ HRN(Highest Response-ratio Next)
- 서비스 시간(실행 시간 추정치)과 대기 시간의 비율을 고려한 방식으로 SJF의 무한 연기 현상을 극복하기 위해 개발되었다.
- 대기 리스트에 있는 작업들에게 합리적으로 우선순위를 부여하여 작업 간 불평등을 해소할 수 있다.
- 프로그램의 처리 순서는 서비스 시간의 길이뿐만 아니라 대기 시간에 따라 결정된다.
- (우선순위)={(대기 시간)+(서비스 시간)}÷(서비스 시간)이다.

④ 우선순위(Priority)
- 대기 중인 작업에 우선순위를 부여하여 CPU를 할당하는 방식이다.
- 우선순위가 가장 빠른 작업부터 순서대로 수행한다.

⑤ 기한부(Deadline)
- 제한된 시간 내에 반드시 작업이 종료되도록 스케줄링하는 방식이다.
- 작업이 완료되는 시간을 정확히 측정하여 해당 시간 만큼에 CPU의 사용 시간을 제한한다.
- 동시에 많은 작업이 수행되면 스케줄링이 복잡해지게 된다는 단점이 있다.

선점형 스케줄링

① 라운드 로빈(RR; Round-Robin)
- 여러 개의 프로세스에 시간 할당량이라는 작은 단위 시간이 정의되어 시간 할당량만큼 CPU를 사용하는 방식으로 시분할 시스템을 위해 고안되었다.
- FIFO 스케줄링을 선점형으로 변환한 방식으로 먼저 입력된 작업이더라도 할당된 시간 동안만 CPU를 사용할 수 있다.
- 프로세스가 CPU에 할당된 시간이 경과될 때까지 작업을 완료하지 못하면 CPU는 다음 대기 중인 프로세스에게 사용 권한이 넘어가고, 현재 실행 중이던 프로세스는 대기 리스트의 가장 뒤로 배치된다.
- 적절한 응답 시간을 보장하는 대화식 사용자에게 효과적이다.

② SRT(Shortest Remaining Time)
- 작업이 끝나기까지 남아 있는 실행 시간의 추정치 중 가장 작은 프로세스를 먼저 실행하는 방식으로 새로 입력되는 작업까지도 포함한다.
- SJF는 한 프로세스가 CPU를 사용하면 작업이 모두 끝날 때까지 계속 실행되지만, SRT는 남아 있는 프로세스의 실행 추정치 중 더 작은 프로세스가 있다면 현재 작업 중인 프로세스를 중단하고, 작은 프로세스에게 CPU의 제어권을 넘겨준다.
- 임계치(Threshold Value)를 사용한다.

③ 다단계 큐(MLQ; Multi-Level Queue)
- 프로세스를 특정 그룹으로 분류할 경우 그룹에 따라 각기 다른 큐(대기 리스트)를 사용하며, 선점형과 비선점형을 결합한 방식이다.
- 각 큐(대기 리스트)는 자신보다 낮은 단계의 큐보다 절대적인 우선순위를 갖는다(각 큐는 자신보다 높은 단계의 큐에게 자리를 내주어야 함).

④ 다단계 피드백 큐(MFQ; Multi-Level Feedback Queue)
- 특정 그룹의 준비 상태 큐에 들어간 프로세스가 다른 준비 상태 큐로 이동할 수 없는 다단계 큐 방식을 준비 상태 큐 사이를 이동할 수 있도록 개선한 방식이다.
- 큐마다 시간 할당량이 존재하며, 낮은 큐일수록 시간 할당량이 커진다.
- 마지막 단계에서는 라운드 로빈(RR) 방식으로 처리한다.

01　다음 정규화 과정에서 A → B이고, B → C일 때 A → C인 관계를 제거하는 관계는?

　　① 1NF → 2NF　　　　　　　　　　② 2NF → 3NF

　　③ 3NF → BCNF　　　　　　　　　 ④ BCNF → 4NF

02　다음 중 데이터베이스 설계 시 정규화(Normalization)에 대한 설명으로 옳지 않은 것은?

　　① 정규형에는 제1정규형에서부터 제5정규형까지 있다.

　　② 정규화는 데이터베이스의 물리적 설계 단계에서 수행된다.

　　③ 데이터의 이상(Anomaly) 현상이 발생하지 않도록 하는 것이다.

　　④ 릴레이션 속성들 사이의 종속성 개념에 기반을 두고 이들 종속성을 제거하는 과정이다.

01

정답　②

3정규화(3NF)은 1정규형, 2정규형을 만족하고, 이행 함수적 종속(A → B, B → C, A → C)을 제거한다.

02

정답　②

정규화는 데이터베이스의 물리적 설계 단계가 아닌 논리적 설계 단계에서 수행된다.

정규화

① 개념
- 릴레이션에 데이터의 삽입·삭제·갱신 시 발생하는 이상 현상이 발생하지 않도록 릴레이션을 보다 작은 릴레이션으로 표현하는 과정이다.
- 현실 세계를 표현하는 관계 스키마를 설계하는 작업으로 개체, 속성, 관계성들로 릴레이션을 만든다.
- 속성 간 종속성을 분석해서 하나의 종속성은 하나의 릴레이션으로 표현되도록 분해한다.

② 목적
- 데이터 구조의 안정성을 최대화한다.
- 중복 데이터를 최소화한다.
- 수정 및 삭제 시 이상 현상을 최소화한다.
- 테이블 불일치 위험을 간소화한다.

함수의 종속에 따른 추론 규칙

규칙	추론 이론
반사 규칙	A⊇B이면, A → B
첨가 규칙	A → B이면, AC → BC, AC → B
이행 규칙	A → B, B → C이면, A → C
결합 규칙	A → B, A → C이면, A → BC
분해 규칙	A → BC이면, A → B, A → C

정규형의 종류

종류	특징
제1정규형 (1NF)	• 모든 도메인이 원자의 값만으로 된 릴레이션으로 모든 속성값은 도메인에 해당된다. • 기본 키에서 부분 함수가 종속된 속성이 존재하므로 이상 현상이 발생할 수 있다. • 하나의 항목에는 중복된 값이 입력될 수 없다.
제2정규형 (2NF)	• 제1정규형을 만족하고 모든 속성들이 기본 키에 완전 함수 종속인 경우이다(부분 함수 종속 제거). • 기본 키가 아닌 애트리뷰트 모두가 기본 키에 완전 함수 종속이 되도록 부분 함수적 종속에 해당하는 속성을 별도 테이블로 분리한다.
제3정규형 (3NF)	• 제1, 2정규형을 만족하고, 모든 속성들이 기본 키에 이행적 함수 종속이 아닌 경우이다. • 무손실 조인 또는 종속성 보존을 방해하지 않고도 항상 3NF를 얻을 수 있다. • 이행 함수적 종속(A → B, B → C, A → C)을 제거한다.
보이스 - 코드 정규형 (BCNF)	• 모든 BCNF 스킴은 3NF에 속하게 되므로 BCNF가 3NF보다 한정적 제한이 더 많다. • 제3정규형에 속하지만 BCNF에 속하지 않는 릴레이션이 있다. • 릴레이션 R의 모든 결정자가 후보 키이면 릴레이션 R은 BCNF에 속한다. • 결정자가 후보 키가 아닌 함수 종속을 제거하며, 모든 BCNF가 종속성을 보존하는 것은 아니다. • 비결정자에 의한 함수 종속을 제거하여 모든 결정자가 후보 키가 되도록 한다.
제4정규형 (4NF)	• 릴레이션에서 다치 종속(MVD)의 관계가 성립하는 경우이다(다중치 종속 제거). • 릴레이션 R(A, B, C)에서 다치 종속 A → B가 성립하면, A → C도 성립하므로 릴레이션 R의 다치 종속은 함수 종속 A → B의 일반 형태이다.
제5정규형 (5NF)	• 릴레이션 R에 존재하는 모든 조인 종속성이 오직 후보 키를 통해서만 성립된다. • 조인 종속이 후보 키로 유추되는 경우이다.

01 다음 중 통신 경로에서 오류 발생 시 수신 측은 오류의 발생을 송신 측에 통보하고, 송신 측은 오류가 발생한 프레임을 재전송하는 오류 제어 방식은?

① 순방향 오류 수정(FEC)

② 역방향 오류 수정(BEC)

③ 에코 점검

④ ARQ(Automatic Repeat reQuest)

02 다음 중 전진 에러 수정(FEC; Forward Error Correction) 방식에서 에러를 수정하기 위해 사용하는 방식은?

① 해밍 코드(Hamming Code)의 사용

② 압축(Compression) 방식 사용

③ 패리티 비트(Parity Bit)의 사용

④ Huffman Coding 방식 사용

01

정답 ④

자동 반복 요청(ARQ)은 가장 널리 사용되는 에러 제어 방식으로, 에러 검출 후 송신 측에 에러가 발생한 데이터 블록을 다시 재전송해 주도록 요청함으로써 에러를 정정한다. 또한, 송신 측에서 긍정 응답 신호가 도착하지 않으면 데이터를 수신 측으로 재전송한다.

02

정답 ①

전진 에러 수정(FEC)은 송신 측에서 정보 비트에 오류 정정을 위한 제어 비트를 추가하여 전송하면 수신 측에서 해당 비트를 사용하여 에러를 검출하고 수정하는 방식으로, 해밍 코드(Hamming Code)와 상승 코드 등의 알고리즘이 해당된다.

오류(에러) 수정 방식

방식	특징
전진 에러 수정 (FEC)	• 에러 검출과 수정을 동시에 수행하는 에러 제어 기법이다. • 연속된 데이터 흐름이 가능하지만 정보 비트 외에 잉여 비트가 많이 필요하므로 널리 사용되지 않는다. • 역 채널을 사용하지 않으며, 오버헤드가 커서 시스템 효율을 저하시킨다. • 해밍 코드(Hamming Code)와 상승 코드 등의 알고리즘이 해당된다.
후진 에러 수정 (BEC)	• 송신 측에서 전송한 프레임 중 오류가 있는 프레임을 발견하면 오류가 있음을 알리고, 다시 재전송하는 방식으로 역 채널을 사용한다. • 자동 반복 요청(ARQ), 순환 잉여 검사(CRC) 등의 알고리즘이 해당된다.
자동 반복 요청 (ARQ)	• 통신 경로의 오류 발생 시 수신 측은 오류 발생을 송신 측에 통보하고, 송신 측은 오류가 발생한 프레임을 재전송하는 방식이다. • 전송 오류가 발생하지 않으면 쉬지 않고 송신이 가능하다. • 오류가 발생한 부분부터 재송신하므로 중복 전송의 위험이 있다.
정지 대기 (Stop-and-Wait) ARQ	• 송신 측에서 하나의 블록을 전송하면 수신 측에서 에러 발생을 점검한 후 에러 발생 유무 신호를 보내올 때까지 기다리는 가장 단순한 방식이다. • 수신 측의 에러 점검 후 제어 신호를 보내올 때까지 오버헤드(Overhead)의 부담이 크다. • 송신 측은 최대 프레임 크기의 버퍼를 1개만 가져도 되지만 송신 측이 ACK를 수신할 때까지 다음 프레임을 전송할 수 없으므로 전송 효율이 떨어진다.
연속적(Continuous) ARQ	정지 대기 ARQ의 오버헤드를 줄이기 위하여 연속적으로 데이터 블록을 전송하는 방식이다.
Go-Back-N ARQ	• 송신 측에서 데이터 프레임을 연속적으로 전송하다가 NAK(부정응답)를 수신하면 에러가 발생한 프레임을 포함하여 그 이후에 전송된 모든 데이터 프레임을 재전송하는 방식이다. • 송신 측은 데이터 프레임마다 일련번호를 붙여서 전송하고, 수신 측은 오류 검출 시 오류 발생 이후의 모든 블록을 재전송한다. • 중복전송의 위험이 있다.
선택적(Selective) ARQ	• 송신 측에서 블록을 연속적으로 보낸 후 에러가 발생한 블록만 다시 재전송하는 방식이다. • 원래 순서에 따라 배열하므로 그 사이에 도착한 모든 데이터 프레임을 저장할 수 있는 대용량의 버퍼와 복잡한 논리회로가 필요하다.
적응적(Adaptive) ARQ	• 전송 효율을 최대로 하기 위하여 프레임 블록 길이를 채널 상태에 따라 변경하는 방식이다. • 통신 회선의 품질이 좋지 않아 에러 발생율이 높을 경우는 프레임 길이를 짧게 하고, 에러 발생율이 낮을 경우는 프레임 길이를 길게 한다. • 전송 효율이 가장 높으나 제어 회로가 복잡하여 거의 사용되지 않는다.

PART 2

01 다음 중 이진 트리 검색(Binary Tree Search)의 특징으로 옳지 않은 것은?

① 데이터의 값에 따라 자리가 정해져 자료의 탐색·삽입·삭제가 효율적이다.

② 데이터가 입력되는 순서에 따라 첫 번째 데이터가 근노드가 된다.

③ 데이터는 근노드와 비교하여 값이 작으면 우측으로 연결하고, 값이 크면 좌측으로 연결하여 이진 검색 트리로 구성한다.

④ 정렬이 완료된 데이터를 이진 검색 트리로 구성할 경우 사향 이진 트리가 되어 비교 횟수가 선형 검색과 동일해진다.

02 다음의 Infix로 표현된 수식을 Postfix 표기로 옳게 변환한 것은?

$$A=(B-C) * D+E$$

① ABC−D ∗ E+=   ② =+ ABC−D ∗ E

③ ABCDE+−=∗   ④ ABC−D ∗ E+=

01

정답 ③

이진 트리 검색의 특징

• 데이터의 값에 따라 자리가 정해져, 자료의 탐색·삽입·삭제가 효율적이다.

• 데이터가 입력되는 순서에 따라 첫 번째 데이터가 근노드가 된다.

• 다음 데이터는 근노드와 비교하여 값이 작으면 좌측으로 연결하고, 값이 크면 우측으로 연결하여 이진 검색 트리로 구성한다.

• 정렬이 완료된 데이터를 이진 검색 트리로 구성할 경우 사향 이진 트리가 되어 비교 횟수가 선형 검색과 동일해진다.

02

정답 ①

중위식을 후위식으로 변환하려면 순번에 따라 (대상, 연산자, 대상)을 (대상, 대상, 연산자)로 바꾸어 표현한다. 즉, 순번을 매기면서 괄호로 묶은 후 연산자를 오른쪽으로 보낸다.

A={[(B−C) ∗ D]+E} → A={[(BC−) ∗ D]+E} → A={[(BC−)D∗]+E}

→ A={[(BC−)D∗]E+} → A{[(BC−)D∗]E+}=

따라서 괄호를 제거하면 ABC−D∗E+=가 된다.

이론 더하기

트리(Tree)

① 1 : N 또는 1 : 1 대응 구조로 노드(Node, 정점)와 선분(Branch)으로 되어 있고, 정점 사이에 사이클이 형성되지 않으며, 자료 사이의 관계성이 계층 형식으로 나타나는 구조이다.

② 노드 사이의 연결 관계가 계급적인 구조로 뻗어나간 정점들이 다른 정점들과 연결되지 않는다(1 : N 또는 1 : 1 대응 구조라 함).

트리 운행법

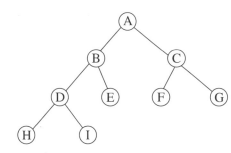

전위 운행, 중위 운행, 후위 운행의 기준은 근노드(Root Node)의 위치이다. 순서에서 근노드가 앞쪽이면 전위, 중간이면 중위, 뒤쪽이면 후위가 된다. 좌측과 우측의 순서는 전위든 중위든 후위든 상관없이 항상 좌측이 먼저이고 우측이 나중이다.

① 전위 운행(Preorder Traversal) : 근 → 좌측 → 우측(Root → Left → Right) 순서로 운행하는 방법으로 먼저 근노드를 운행하고 좌측 서브 트리를 운행한 후 우측 서브 트리를 운행한다. 따라서 순서대로 나열하면 A, B, D, H, I, E, C, F, G가 된다.

② 중위 운행(Inorder Traversal) : 좌측 → 근 → 우측(Left → Root → Right) 순서로 운행하는 방법으로 먼저 좌측 서브 트리를 운행한 후 근노드를 운행하고, 우측 서브 트리를 운행한다. 따라서 순서대로 나열하면 H, D, I, B, E, A, F, C, G가 된다.

③ 후위 운행(Postorder Traversal) : 좌측 → 우측 → 근(Left → Right → Root) 순서로 운행하는 방법으로 먼저 좌측 서브 트리를 운행한 후 우측 서브 트리를 운행하고, 마지막으로 근노드를 운행한다. 따라서 순서대로 나열하면 H, I, D, E, B, F, G, C, A가 된다.

수식의 표기법

① 전위식(Prefix) : 연산자(+, −, *, /)가 맨 앞에 놓인다(연산자 – 피연산자 – 피연산자). 예 +AB

② 중위식(Infix) : 연산자가 피연산자 중간에 놓인다(피연산자 – 연산자 – 피연산자). 예 A+B

③ 후위식(Postfix) : 연산자가 맨 뒤에 놓인다(피연산자 – 피연산자 – 연산자). 예 AB+

01   다음 중 객체 지향 기법에서 상속성(Inheritance)의 결과로서 얻을 수 있는 가장 중요한 이점은?

① 모듈 라이브러리의 재이용

② 객체 지향 DB를 사용할 수 있는 능력

③ 클래스와 오브젝트를 재사용할 수 있는 능력

④ 프로젝트들을 보다 효과적으로 관리할 수 있는 능력

02   다음 중 럼바우(Rumbaugh)의 객체 지향 분석 절차를 바르게 나열한 것은?

① 객체 모델링 → 동적 모델링 → 기능 모델링

② 객체 모델링 → 기능 모델링 → 동적 모델링

③ 기능 모델링 → 동적 모델링 → 객체 모델링

④ 기능 모델링 → 객체 모델링 → 동적 모델링

01

정답 ③

상속성(Inheritance)은 상위 클래스의 메소드(연산)와 속성을 하위 클래스가 물려받는 것으로 클래스를 체계화할 수 있어 기존 클래스로부터 확장이 용이하며, 클래스와 오브젝트를 재사용할 수 있는 능력을 얻을 수 있다.

02

정답 ①

럼바우의 객체 지향 분석 절차는 객체 모델링 → 동적 모델링 → 기능 모델링이다.

객체 모델링 (Object Modeling)	• 객체, 속성, 연산 등의 식별 및 객체 간의 관계를 정의한다. • 객체도(객체 다이어그램) 작성
동적 모델링 (Dynamic Modeling)	• 객체들의 제어 흐름, 상호 반응, 연산 순서를 나타낸다. • 상태도 작성
기능 모델링 (Functional Modeling)	입·출력 결정 → 자료 흐름도 작성 → 기능의 내용 상세 기술 → 제약사항 결정 및 최소화

이론 더하기

객체 지향 분석의 개발 방법

객체 지향 분석 (OOA: Object Oriented Analysis)	• 모델링의 구성 요소인 클래스, 객체, 속성, 연산 등을 이용하여 문제를 모형화시키는 것이다. • 모형화 표기법 관계에서 객체의 분류, 속성의 상속, 메시지의 통신 등을 결합한다. • 객체를 클래스로부터 인스턴스화하거나 클래스를 식별하는 것이 주요 목적이다.
객체 지향 설계 (OOD: Object Oriented Design)	• 객체의 속성과 자료 구조를 표현하며, 개발 속도의 향상으로 대규모 프로젝트에 적합하다. • 시스템을 구성하는 개체, 속성, 연산을 통해 유지 보수가 용이하고, 재사용이 가능하다. • 시스템 설계는 성능 및 전략을 확정하고, 객체 설계는 자료 구조와 알고리즘을 상세화한다. • 객체는 순차적으로 또는 동시적으로 구현될 수 있다. • 서브 클래스와 메시지 특성을 세분화하여 세부 사항을 정제화한다.
객체 지향 프로그래밍 (OOP: Object Oriented Programming)	• 설계 모형을 특정 프로그램으로 번역하고, 객체 클래스 간에 상호 작용할 수 있다. • 객체 모델의 주요 요소에는 추상화, 캡슐화, 모듈화, 계층 등이 있다. • 객체 지향 프로그래밍 언어에는 Smalltalk, C++ 등이 있다. • 설계 시 자료 사이에 가해지는 프로세스를 묶어 정의하고, 관계를 규명한다.

코드(Coad)와 요든(Yourdon)의 객체 지향 분석
① 객체와 클래스 사이의 관계를 상속과 집단화의 관계로 표현한다.
② E-R 다이어그램으로 객체를 모형화하며, 소규모 시스템 개발에 적합하다.
③ 모델링 표기법과 분석 모형이 간단하며, 하향식 방법으로 설계에 접근한다.
④ 객체에 대한 속성 및 관계 정의와 시스템의 수행 역할을 분석한다.

럼바우(Rumbaugh)의 객체 지향 분석
① OMT(Object Modeling Technical)의 3가지(객체 → 동적 → 기능) 모형을 개발한다.
② 코드에 대한 연결성이 높기 때문에 중규모 프로젝트에 적합하다.
③ 분석 설계, 시스템 설계, 객체-수준 설계 등 객체 모형화 시 그래픽 표기법을 사용한다.
④ 문제 정의, 모형 제작, 실세계의 특성을 나타내며, 분석 단계를 상세하게 표현한다.

모델링	설명
객체(Object) 모델링	객체와 클래스 식별, 클래스 속성, 연산 표현, 객체 간의 관계 정의 등을 처리하며, 객체 다이어그램을 작성한다.
동적(Dynamic) 모델링	객체들의 제어 흐름, 상호 반응 연산 순서를 표시하며 상태도, 시나리오, 메시지 추적 다이어그램 등이 해당된다.
기능(Functional) 모델링	입출력을 결정한 후 자료 흐름도를 작성하고, 기능 내용을 기술하며, 입출력 데이터 정의, 기능 정의 등이 해당된다.

부치(Booch)의 객체 지향 분석
① 모든 설계가 이루어질 때까지 문제 정의, 비공식 전략 개발, 전략 공식화를 적용한다.
② 프로그램의 구성 요소는 명세 부분과 외부로부터 감추어진 사각 부분으로 표시한다.
③ 클래스와 객체를 구현한다.

야콥슨(Jacobson)의 객체 지향 분석
① Usecase 모형을 사용하여 시스템 사용자에 대한 전체 책임을 파악한다.
② Usecase 모형을 검토한 후 객체 분석 모형을 작성한다.

01 다음 중 화이트 박스(White Box) 검사에 대한 설명으로 옳지 않은 것은?

① 프로그램의 제어 구조에 따라 선택, 반복 등의 부분들을 수행함으로써 논리적 경로를 제어한다.

② 모듈 안의 작동을 직접 관찰할 수 있다.

③ 소프트웨어 산물의 기능별로 적절한 정보 영역을 정하여 적합한 입력에 대한 출력의 정확성을 점검한다.

④ 원시 코드의 모든 문장을 한 번 이상 수행함으로써 수행된다.

02 다음 중 블랙 박스(Black Box) 테스트를 이용하여 발견할 수 있는 오류가 아닌 것은?

① 비정상적인 자료를 입력해도 오류 처리를 수행하지 않는 경우

② 정상적인 자료를 입력해도 요구된 기능이 제대로 수행되지 않는 경우

③ 반복 조건을 만족하는데도 루프 내의 문장이 수행되지 않는 경우

④ 경계값을 입력할 경우 요구된 출력 결과가 나오지 않는 경우

01

정답 ③

소프트웨어 산물의 기능별로 적절한 정보 영역을 정하여 적합한 입력에 대한 출력의 정확성을 점검하는 것은 블랙 박스(Black Box) 검사에 대한 설명이다.

02

정답 ③

화이트 박스(White Box) 테스트에 대한 내용으로, 화이트 박스 테스트는 프로그램 내부 구조의 타당성 여부를 시험하는 방식이며, 내부 구조를 해석해서 프로그램의 모든 처리 루틴에 대해 시험하는 기본 사항이다. 따라서 가끔 발생하는 조건도 고려해서 처리 루틴을 검증하기 위한 시험 데이터를 작성하여 시험을 실시할 필요가 있다.

이론 더하기

소프트웨어 검사(Test)

① 요구사항 분석, 설계, 구현 결과를 최종 점검하는 단계이다.

② 문제점을 찾는 데 목적을 두고, 해당 문제점을 어떻게 수정해야 하는지도 제시한다.

화이트 박스(White Box) 검사

① 소프트웨어 테스트에 사용되는 방식으로 모듈의 논리적 구조를 체계적으로 점검하며, 프로그램 구조에 의거하여 검사한다.

② 원시 프로그램을 하나씩 검사하는 방법으로 모듈 안의 작동 상태를 자세히 관찰할 수 있다.

③ 검사 대상의 가능 경로는 어느 정도 통과하는지의 적용 범위성을 측정 기준으로 한다.

④ 검증 기준(Coverage)을 바탕으로 원시 코드의 모든 문장을 한 번 이상 수행한다.

⑤ 프로그램의 제어 구조에 따라 선택, 반복 등을 수행함으로써 논리적 경로를 제어한다.

⑥ Nassi-Shneiderman 도표를 사용하여 검정 기준을 작성할 수 있다.

⑦ 화이트 박스 검사의 오류에는 세부적 오류, 논리 구조상의 오류, 반복문 오류, 수행 경로 오류 등이 있다.

화이트 박스 검사의 종류

검사 방법에는 기초 경로(Basic Path) 검사, 조건 기준(Condition Coverage) 검사, 구조(Structure) 검사, 루프(Roof) 검사, 논리 위주(Logic Driven) 검사, 데이터 흐름(Data Flow) 검사 등이 있다.

기초 경로 검사	원시 코드로 흐름 도표와 복잡도를 구하고, 검사 대상을 결정한 후 검사를 수행한다.
루프(반복문) 검사	• 루프를 벗어나는 값 대입 → 루프를 한 번 수행하는 값 대입 → 루프를 두 번 수행하는 값 대입의 과정을 통해 검사를 수행한다. • 검사 형태에는 단순 루프, 중첩 루프, 접합 루프가 있다.

블랙 박스(Black Box) 검사

① 소프트웨어 인터페이스에서 실시되는 검사로 설계된 모든 기능이 정상적으로 수행되는지 확인한다.

② 기초적 모델 관점과 데이터 또는 입출력 위주의 검사 방법이다.

③ 소프트웨어의 기능이 의도대로 작동하고 있는지, 입력은 적절하게 받아들였는지, 출력은 정확하게 생성되는지를 보여주는 데 사용된다.

④ 블랙 박스 검사의 오류에는 성능 오류, 부정확한 기능 오류, 인터페이스 오류, 자료 구조상의 오류, 초기화 오류, 종료 오류 등이 있다.

블랙 박스 검사의 종류

검사 방법에는 균등(동등) 분할(Equivalence Partitioning) 검사, 경계값(Boundary Value Analysis) 검사, 오류 예측(Error Guessing) 검사, 원인 – 결과 그래프(Cause-Effect Graph) 검사, 비교(Comparison) 검사 등이 있다.

균등(동등) 분할 검사	정상 자료와 오류 자료를 동일하게 입력하여 검사한다.
경계(한계) 값 검사	경계(한계)가 되는 값을 집중적으로 입력하여 검사한다.
오류 예측 검사	오류가 수행될 값을 입력하여 검사한다.
원인 – 결과 그래프 검사	테스트 케이스를 작성하고, 검사 경우를 입력하여 검사한다(원인과 결과를 결정하여 그래프를 작성).

다음은 숫자를 처리하는 C언어 프로그램이다. 프로그램에서 ㉠과 ㉡에 들어갈 내용과 3 2 1 4를 입력하였을 때의 출력결과를 바르게 짝지은 것은?(단, 다음 프로그램에 문법적 오류는 없다고 가정한다)

```c
#include <stdio.h>
#include <stdlib.h>

void a (int n, int *num) {
    for (int i=0; i<n; i++)
        scanf("%d", &(num[i]));
}
void c(int *a, int *b) {
    int t;
    t=*a; *a=*b; *b=t;
}
void b(int n, int *lt) {
    int a, b;
    for (a=0; a<n-1; a++)
        for (b=a+1; b<n; b++)
            if (lt[a]>lt[b]) c ( ㉠ , ㉡ ) ;
}
int main( ) {
    int n;
    int *num;
    printf("How many numbers?");
    scanf("%d", &n);
    num=(int *)malloc(sizeof(int) *n);
    a(n, num);
    b(n, num);
    for (int i=0; i<n; i++)
        printf("%d ", num[i]);
}
```

	㉠	㉡	출력결과
①	lt+a	lt+b	1 2 3 4
②	lt+a	lt+b	1 2 4
③	lt[a]	lt[b]	4 3 2 1
④	lt[a]	lt[b]	4 2 1

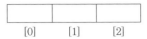 ②

실행과정은 다음과 같다.

- main( ) 함수 : scanf("%d", &n); 키보드로 3 입력받음(문제에서 제시) n=3

num=(int*)malloc(sizeof(int) * n); num

[0]	[1]	[2]

a(n,num) 함수 호출 a(3,num)

배열이름이자 시작주소

- void a (int n, int *num) {

for (int i=0; i<n; i++) 0부터 2까지 1씩 증가

scanf("%d", &(num[i])); 키보드 2, 1, 4 입력받아 num 배열에 저장

} num

2	1	4
[0]	[1]	[2]

- main( ) 함수 : b(n,num) 함수 호출 b(3,num)

- void b(int n, int .lt) {

int a, b;

for (a=0; a<n−1; a++) 0부터 2까지 1씩 증가

for (b=a+1; b<n; b++) 1부터 2까지 1씩 증가

if (lt[a]>lt[b]) c (lt+a , lt+b) ;

비교 : > 오름차순을 의미, 크면 c 함수 호출

2	1	4
lt[0]	lt[1]	lt[2]
lt+0	lt+1	lt+2

- void c(int *a, int *b) {

int t;

t=*a; *a=*b; *b=t; a와 b 교환(실제 정렬이 되는 부분)

}

- main( ) 함수 : 배열에 있는 값 출력하고 종료(오름차순이므로 1 2 4 출력)

이론 더하기

코딩 결괏값 찾기의 경우 C언어부터 자바, 파이썬까지 여러 가지 언어가 출제되고 있다. 때문에 손코딩하기, 코딩 결괏값 찾기에 관한 다양한 문제를 풀어보고, 각 언어의 기본적인 명령어는 정리해두어야 한다.

03 | IT · 디지털 기출응용문제

정답 및 해설 p.050

| 객관식 |

01 다음 중 데이터 정의어(DDL)에 해당하는 SQL 명령은?

① UPDATE   ② CREATE

③ INSERT   ④ SELECT

02 다음 제시문의 밑줄 친 '이것'을 가리키는 용어로 적절한 것은?

> 이것은 초고속 반도체 메모리를 저장 매체로 사용하는 대용량 저장 장치를 뜻한다. 임의접근을 하여 탐색시간 없이 고속으로 데이터를 입출력할 수 있으면서도 기계적 지연이나 실패율이 현저히 낮다. 또한 외부의 충격에도 데이터가 손상되지 않으며, 발열·소음 및 전력소모가 적다.

① ODD   ② ROM

③ SSD   ④ HDD

03 다음 내용이 설명하는 기술로 적절한 것은?

> 인간의 뇌 기능을 적극적으로 모방하려는 의도에 기초하고 있다. 제어 대상과 관련된 복수의 요인을 설정하고, 복수 요인의 결합과 그 경중을 판단하는 일종의 통계학적 학습 알고리즘이다. 병렬적 처리와 분석이 이루어진다는 점에서 생물학적 신경망과 유사하다.

① 슈퍼 컴퓨터   ② 양자 컴퓨터

③ 뉴럴 네트워크   ④ 데이터 마이닝

04 다음 중 네트워크 전송의 용량 단위로 전송하기 쉽도록 데이터를 일정 단위로 나눠 보내는 것을 가리키는 용어는?

① 패킷　　　　　　　　　　　　② 프로토콜
③ TCP/IP　　　　　　　　　　　④ 이더넷

05 다음 중 데이터베이스 접근통제 구축 방식 중 DB 서버로 접속하기 위한 모든 요청을 DB 접근통제 서버를 경유하도록 하는 방식으로 강력한 접근통제 기능을 제공하는 것은?

① 에이전트 방식　　　　　　　　② 하이브리드 방식
③ 네트워크 스니핑 방식　　　　　④ 게이트웨이 방식

06 다음 중 데이터베이스의 특징으로 적절하지 않은 것은?

① 실시간 접근성　　　　　　　　② 계속적 변화
③ 동시 공용　　　　　　　　　　④ 중복성

07 다음은 데이터 모델링에 대한 설명이다. 빈칸 ㉠ ~ ㉢에 들어갈 단어가 바르게 연결된 것은?

⟨데이터 모델링⟩

• 정의
  – 현실 세계를 데이터베이스화하는 과정
  – 현실 세계를 ___㉠___, ___㉡___, ___㉢___ 하기 위해 일정한 표기법에 의해 표현하는 기술
• 특징
  – ___㉠___ : 현실 세계를 일정한 형식에 맞추어 표현
  – ___㉡___ : 현실 세계를 약속된 규약이나 제한된 표기법과 언어로 표현
  – ___㉢___ : 누구나 이해하기 쉽도록 현상을 정확하게 기술
• 절차

| 요구사항 분석 | → | 개념적 모델링 | → | 논리적 모델링 | → | 물리적 모델링 |

	㉠	㉡	㉢
①	추상화	단순화	명확화
②	추상화	명확화	단순화
③	단순화	추상화	명확화
④	단순화	명확화	추상화

08 다음 중 개체(Entity)에 대한 설명으로 옳은 것은?

① 컴퓨터가 취급하는 파일의 레코드에 대응된다.
② 하나의 개체는 하나의 속성만을 가진다.
③ 한 속성이 취할 수 있는 모든 값을 의미한다.
④ 개체는 단독으로는 존재하지 못한다.

09 다음 중 기존 관계형 데이터베이스의 한계를 벗어난 데이터베이스 NoSQL의 특징으로 옳지 않은 것은?

① 기존에 정의된 스키마 없이 데이터를 상대적으로 자유롭게 저장할 수 있다.
② PC 수준의 상용 하드웨어를 활용하여 데이터를 복제 또는 분산 저장할 수 있다.
③ 데이터 항목을 클러스터 환경에 자동적으로 분할하여 적재한다.
④ 기존 관계형 데이터베이스의 SQL과 같은 질의 언어를 제공한다.

10 다음은 데이터웨어하우스 모델링 기법의 예를 나타낸 자료이다. 자료에 나타난 데이터웨어하우스 모델링 기법의 특징으로 옳지 않은 것은?

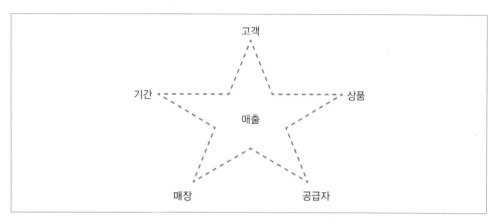

① 데이터를 팩트 테이블과 차원 테이블로 분리하여 설계한다.
② 차원 테이블의 데이터가 정규화되어 있지 않다.
③ 조인 수가 적어 질의 성능이 좋지 않다.
④ 데이터 중복으로 인한 데이터 일관성의 문제가 발생할 수 있다.

11 다음 중 영상 데이터를 압축하는 방법의 성격이 다른 하나는?

① 사전 부호화 방식
② 허프만 부호화 방식
③ 예측 부호화 방식
④ 산술 부호화 방식

12 다음 중 그리드 컴퓨팅과 클라우드 컴퓨팅의 차이점으로 옳지 않은 것은?

구분		그리드 컴퓨팅	클라우드 컴퓨팅
①	컴퓨터의 위치	지리적으로 분산된 컴퓨터를 각기 다른 조직이 관리	지리적으로 분산되어 있지만, 중앙에서 단일 조직이 관리
②	컴퓨터 구성	다양한 기종이 혼재함	동일한 기종이 대부분
③	기술표준	리소스 관리, 스케줄링, 데이터 관리 보안 등의 표준 존재	표준이 존재하지 않음
④	상호 접속성	고려하지 않음	중시

13 다음 중 네트워크와 네트워크를 연결하는 인터네트워킹(Internetworking) 장비에 해당하지 않는 것은?

① 리피터(Repeater)

② 브리지(Bridge)

③ 스위치(Switch)

④ 레지스터(Register)

14 다음 기억장치의 계층구조에서 상위층으로 갈수록 나타나는 기억장치의 특징으로 옳지 않은 것은?

① 저장 용량이 증가한다.

② 비트당 가격이 높아진다.

③ 액세스 시간이 짧아진다.

④ CPU에 의한 엑세스 빈도가 높아진다.

15 TOS 필드는 패킷에 포함되어 있는 TOS 필드 등급을 패킷마다 지정하여 처리 우선순위를 결정한다. 다음 중 4bit의 이진수로 표현되는 TOS 필드 값과 의미의 연결이 바르지 않은 것은?

① 1000 : 지연 최소화를 가장 우선

② 0100 : 처리량을 가장 우선

③ 0010 : 정확성을 가장 우선

④ 0001 : 비용 최소화를 가장 우선

01 다음 중 소프트웨어 재사용에 대한 설명으로 옳은 것을 모두 고르면?

> • 소프트웨어 재사용 원칙
>   ㉠ 특정 응용 분야가 아닌 일반적으로 활용할 수 있어야 한다.
>   ㉡ OS 또는 DBMS에서 운영되어야 한다.
>   ㉢ 가능한 실행 하드웨어 기종과 무관해야 한다.
> • 실무에서의 소프트웨어 재사용 구형의 문제점
>   ㉣ 재사용을 위한 소프트웨어 부품은 개발비가 더 클 수 있다.
>   ㉤ 공통으로 사용할 수 있는 소프트웨어 모듈이 적다.

(   )

02 관계 데이터베이스 언어는 데이터 정의어(DDL), 데이터 제어어(DCL), 데이터 조작어(DML)로 분류할 수 있다. 다음 〈보기〉의 주요 명령어 중 DDL에 해당하는 것은?

> **보기**
>
> ㉠ CREATE   ㉡ GRANT
> ㉢ ALTER   ㉣ INSERT
> ㉤ SELECT   ㉥ COMMIT

(   )

03 다음 프로그램의 실행 결과로 나타나는 값은?

```c
#include <stdio.h>
int main() {
        int num1=5;
        int num2=12;
        int num3=1
        int sum;

        sum=num1+num2;
        sum+=num3;

        prinft("\n",sum);

        return 0;
}
```

(   )

04 다음 Java 프로그램의 실행 결과로 나타나는 값은?

```java
public class C {
  private int a;
  public void set(int a) {this.a=a;}
  public void add(int d) {a+=d;}
  public void print() {System.out.println(a);}
  public static void main(String args[]) {
    C p=new C();
    C q;
    p.set(10);
    q=p;
    p.add(10);
    q.set(30);
    p.print();
  }
}
```

(   )

PART 3

합격의 공식 시대에듀 www.sdedu.co.kr

최종점검 모의고사

IBK기업은행 필기시험				
구분	영역	문항 수(배점)	범위	시험시간
금융 일반	NCS 직업기초능력	객관식 40문항(60점)	의사소통, 문제해결, 조직이해, 자원관리, 수리, 정보	120분
	직무수행능력	객관식 30문항(30점) 주관식 5문항(10점)	경제, 경영, 시사	
디지털	NCS 직업기초능력	객관식 40문항(60점)	의사소통, 문제해결, 조직이해, 자원관리, 수리, 정보	120분
	직무수행능력	객관식 30문항(30점) 주관식 5문항(10점)	데이터베이스, 빅데이터, AI, 블록체인, 시사	

※ 문항 및 시험시간은 2024년 하반기 채용공고문을 참고하여 구성하였습니다.

01   NCS 직업기초능력

※ 다음은 A대리가 가입하고자 하는 I은행의 신상 단리 적금 상품인 '별빛적금'에 대한 정보이다. 이어지는 질문에 답하시오. [1~2]

〈별빛적금〉

- 가입대상
  실명의 개인
- 가입기간
  24개월, 36개월, 48개월 중 선택
- 적립방법 및 저축금액
  – 정액적립 : 매월 1만 원 이상 250만 원 이하
  – 추가적립 : 월 정액적립금액을 초과한 금액으로 최대 50만 원 이하
- 기본금리

가입기간	금리
24개월	연 1.20%
36개월	연 1.50%
48개월	연 2.00%

- 우대금리

우대사항	적용이율	내용
월급이체 우대	연 0.20%p	월급통장에서 해당 적금 계좌로 정기 이체할 경우
제휴통신사 우대	연 0.10%p 또는 연 0.15%p	– 해당 적금 가입일 현재 K통신사 고객이며, I은행 계좌에서 통신요금을 자동이체 중인 경우(연 0.10%p) – 해당 적금 가입일 현재 P통신사 고객이며, I은행 계좌에서 통신요금을 자동이체 중인 경우(연 0.15%p)
제휴보험사 보험상품 가입 우대	연 0.20%p	해당 적금 가입일 현재 T보험사의 자동차보험 또는 생명보험에 가입한 경우
우수거래 고객 우대	연 0.20%p	해당 적금 가입일 기준 예금주의 I은행 거래기간이 2년 이상인 경우(I은행 계좌 최초개설일을 거래기간의 기산점으로 함)

※ 우대금리는 최대 연 0.4%p까지 적용
※ 만기 전 해지 시 우대이율 미적용

01 A대리는 2025년 2월 1일에 별빛적금에 가입하고자 한다. A대리에 대한 정보가 다음과 같을 때, A대리의 만기 수령액은 얼마인가?(단, 세금은 고려하지 않는다)

<정보>

- 가입기간을 36개월로 하여 본인 명의로 가입하고자 한다.
- 월급통장에서 별빛적금 계좌로 매월 1일 100만 원을 납입할 계획이다.
- K통신사 고객이며, 타 은행 계좌에서 통신요금을 자동이체 중이다.
- 2024년 8월부터 T보험사의 생명보험에 가입 중이다.
- 별빛적금 가입이 I은행과의 최초거래이다.

① 36,150,700원

② 36,940,200원

③ 37,054,500원

④ 37,505,000원

02 A대리의 상황에 대한 정보가 다음과 같이 바뀌었다. A대리가 2025년 3월 1일에 별빛적금에 가입하고자 할 때, A대리에게 적용되는 금리와 만기 시 받을 수 있는 이자액이 바르게 연결된 것은?(단, 세금은 고려하지 않는다)

<정보>

- 가입기간을 24개월로 하여 본인 명의로 가입하고자 한다.
- 월급통장이 아닌 통장에서 매월 1일 150만 원을 납입할 계획이다.
- P통신사 고객이며, I은행 계좌에서 통신요금을 자동이체 중이다.
- 2024년 12월부터 Q보험사의 자동차보험에 가입 중이다.
- 2022년 1월에 I은행 계좌를 처음으로 개설하였다.

	적용금리	만기 수령 이자액
①	연 1.55%	581,250원
②	연 1.55%	637,500원
③	연 1.70%	581,250원
④	연 1.70%	637,500원

03 다음은 W예금 상품에 대한 설명이다. 〈보기〉의 가입자들 중 적용 금리가 낮은 순서대로 나열한 것은?

〈W예금 상품〉

가입대상	실명의 개인 또는 개인사업자(1인 1계좌)	가입기간	1년
금리	최저 연 1.90% ~ 최고 연 2.40%(세전) ■ 기본금리 : 연 1.90%		

■ 우대금리(최대 연 0.3%p) : 최초 1년 구간에만 적용되며, 요건을 충족하는 경우 우대금리는 만기해지 시에 지급

우대금리	우대사항		내용
	카드결제 우대(연 0.2%p)		이 예금 가입 후 3개월이 되는 달의 말일까지 본인 명의 W은행 계좌에서 H카드 또는 Y카드 결제실적이 있는 경우 연 0.2%p 우대
	비대면 신규 or 만 65세 이상 or 장애인 우대(연 0.1%p)		비대면 채널을 통해 이 예금에 가입하거나, 가입시점에 만 65세 이상 또는 장애인 손님인 경우 연 0.1%p 우대

중도해지금리	구분	1개월 미만	1개월 이상 3개월 미만	3개월 이상 6개월 미만	6개월 이상
	금리	연 0.1%	연 0.3%	연 0.5%	가입 당시 기본금리 1/2 (단, 연 0.5% 미만 시 연 0.5% 적용)

보기

㉠ 예금 가입 후 2주 뒤 본인 명의의 Y카드 결제실적이 있는 갑
㉡ 비대면 채널을 통해 예금에 가입한 을
㉢ 예금 가입 후 8개월 차에 해지한 만 70세인 병
㉣ 비대면 채널을 통해 예금에 가입한 직후 H카드로 결제하고 4개월 뒤에 해지한 정

① ㉠－㉡－㉢－㉣   ② ㉠－㉢－㉡－㉣
③ ㉢－㉡－㉠－㉣   ④ ㉣－㉢－㉡－㉠

04 다음은 우리나라 국고제도에 대한 개요이다. 이에 대한 설명으로 적절하지 않은 것은?

〈우리나라 국고제도의 개요〉

• 국고금의 범위

국고금에는 중앙정부가 징수하는 국세와 관련 법규에 따른 각종 범칙금, 과징금, 연금보험료, 고용보험료, 국유재산 등에 대한 점용료·사용료, 각종 벌금 등이 있으며, 지방자치단체가 징수하는 지방세(주민세, 재산세, 자동차세 등)나 공공기관이 부과하는 공과금(전기요금, 전화요금 등)은 포함되지 않는다.

• 국고금의 종류

국고금이 효율적이고 투명하게 관리·운용되기 위해서는 국고관련 법령에 근거한 계획적인 수입 및 지출이 필요한데, 이를 위해 한국은행은 국고금을 그 성격 및 계리체계 등을 기준으로 '수입금과 지출금', '자금관리용 국고금' 그리고 '기타의 국고금'으로 구분하여 관리한다.

① 수입금과 지출금

수입금은 법령 또는 계약 등에 의해 국가의 세입으로 납입되거나 기금에 납입되는 자금을 말하고, 지출금은 세출예산 및 기금운용 계획의 집행에 따라 국고에서 지출되는 자금을 말한다. 세입·세출은 일반회계, 특별회계를 말하며 기금은 중앙행정기관이 관리하는 공공기금만을 말한다.

② 자금관리용 국고금

국고금의 상호예탁·운용, 일시차입, 결산상잉여금의 처분 등 수입금과 지출금의 관리를 위하여 부수적으로 따르는 자금관리 거래로 발생하는 자금을 말한다.

③ 기타의 국고금

수입·지출금 및 자금관리에는 포함되지 않으나 한국은행 및 정부관서의 국고금 관리의 정확성, 효율성 또는 편의성을 제고하기 위하여 취급하는 자금을 말한다.

• 국고금 취급기관

국고금은 정해진 절차에 따라 수입과 지출을 결정하고 결정된 대로 집행(출납)함으로써 종료되는데 국고금의 수입과 지출을 결정하는 국가회계기관을 '결정기관', 동 기관의 결정에 의해 국고금의 실질적인 출납을 담당하는 기관을 '출납기관'이라고 한다. 결정기관은 수입을 담당하는 '수입징수관'과 지출을 담당하는 '지출관'으로 구분되며, 출납기관은 출납공무원과 한국은행 등으로 구성된다. 대부분의 국고금은 최종적으로 한국은행에 예탁하여 출납하고 있으나 일부 기금의 경우에는 금융기관에 예탁하여 출납하고 있다. 한편 국고금 관리법에서는 국가회계 사무의 엄정성을 확보하고 위법·부정을 방지하기 위하여 양 기관의 겸직을 원칙적으로 금지하고 있다.

---

① 각 가구에서 납부하는 전기요금 및 수도세는 국고금의 구성에 포함되지 않는다.

② 한국은행은 계획적인 국고금 관리를 위해 국고금을 3가지로 분류하여 관리하고 있다.

③ 일시차입으로 인하여 발생하는 자금은 자금관리용 국고금에 해당한다.

④ 자금관리의 효율성 확보를 위해 국고금 관리법에서는 출납기관과 결정기관 간 겸직을 허용하고 있다.

05 I씨는 현재 1억 원의 자산이 있으며 매달 300만 원씩 저축한다. I씨가 원금 10억 원이 넘을 때까지 최소 몇 년이 필요한가?(단, 값은 소수점 첫째 자리에서 반올림하고 이자는 생략한다)

① 22년 ② 23년

③ 24년 ④ 25년

06 다음은 A, B기업의 경력사원 채용 지원자 특성에 대한 자료이다. 이에 대한 〈보기〉의 설명 중 옳은 것을 모두 고르면?

〈경력사원 채용 지원자 특성〉

(단위 : 명)

지원자 특성	기업	A기업	B기업
성별	남성	53	57
	여성	21	24
최종학력	학사	16	18
	석사	19	21
	박사	39	42
연령대	30대	26	27
	40대	25	26
	50대 이상	23	28
관련 업무 경력	5년 미만	12	18
	5년 이상 ~ 10년 미만	9	12
	10년 이상 ~ 15년 미만	18	17
	15년 이상 ~ 20년 미만	16	9
	20년 이상	19	25

※ A기업과 B기업에 모두 지원한 인원은 없음

보기

㉠ A기업 지원자 중 남성 지원자의 비율은 관련 업무 경력이 10년 이상인 지원자의 비율보다 높다.
㉡ 최종학력이 석사 또는 박사인 B기업 지원자 중 관련 업무 경력이 20년 이상인 지원자는 7명 이상이다.
㉢ 기업별 여성 지원자의 비율은 A기업이 B기업보다 높다.
㉣ A, B기업 전체 지원자 중 40대 지원자의 비율은 35% 미만이다.

① ㉠, ㉡ ② ㉠, ㉢

③ ㉡, ㉢ ④ ㉡, ㉣

07 다음은 I사 체육대회 결과이다. 이에 대한 〈보기〉의 설명 중 옳은 것을 모두 고르면?

〈종목별 체육대회 결과〉
- I사는 청팀과 백팀으로 나누어 체육대회를 진행하였다.
- 각 팀에 속한 부서의 점수의 합산하여 청팀과 백팀의 최종점수를 산정하며, 최종점수가 더 높은 쪽이 승리한다.
- 종목별로 부서들이 획득한 승점은 다음과 같다.

구분		청팀			백팀		
		재정팀	운영팀	기획팀	전략팀	기술팀	지원팀
구기 종목	축구	590	742	610	930	124	248
	배구	470	784	842	865	170	443
육상 종목	50m 달리기	471	854	301	441	653	321
	100m 달리기	320	372	511	405	912	350

보기

㉠ 모든 종목에서 가장 높은 승점을 획득한 부서는 운영팀이며, 가장 낮은 승점을 획득한 부서는 기술팀이다.
㉡ 청팀이 축구에서 획득한 승점은 청팀이 구기종목에서 획득한 승점의 45% 미만이다.
㉢ 체육대회 결과, 백팀의 최종점수는 청팀의 최종점수의 75% 이상이다.
㉣ 백팀이 구기종목에서 획득한 승점은 백팀이 육상종목에서 획득한 승점의 85% 이상이다.

① ㉠, ㉡   ② ㉠, ㉢
③ ㉡, ㉢   ④ ㉢, ㉣

※ I은행은 신규 고객 유치를 위해 주거래 우대 적금 상품을 개발하였으며, 다음은 I은행 주거래 우대 적금의 조건 및 세부 내용이다. 이어지는 질문에 답하시오. **[8~9]**

〈주거래 우대 적금〉

■ 상품 설명

가입 가능 계좌 수	1개 가입 가능
납입 금액	매월 최대 500,000원
대상	가입시점 기준 15세 이상
중도해지금리	• 1개월 미만 : 연 0.10% • 1개월 이상 : 연 0.25% • 3개월 이상 : (기본 연 이자율)×(1−차감률)×(경과월수)÷(계약월수) ※ 차감률 40% 적용(2021.01.01. ~ 현재) ※ 중도해지 시 우대금리는 적용되지 않음
만기 후 금리	• 만기 후 1개월 이내 : 만기일 당시의 가입기간에 해당하는 일반정기적금 연 이자율의 $\frac{1}{2}$ • 만기 후 1개월 초과 6개월 이내 : 만기일 당시의 가입기간에 해당하는 일반정기적금 연 이자율의 $\frac{1}{4}$ • 만기 후 6개월 초과 : 연 0.20% ※ 이자율이 변경될 경우 기간 구분하여 변경일부터 변경된 이자율 적용

■ 기본금리(단리, 세전)

가입기간	12개월	24개월	36개월
기본금리	1.05%	1.10%	1.25%

■ 우대금리(최대 1.3%p)

◎ 기본거래에 따른 우대이자율 : I은행 입출금계좌를 통하여 아래의 우대조건을 (1년제 : 6개월, 2년제 : 12개월, 3년제 : 18개월) 1개 이상 충족한 경우 연 0.4%p를 추가로 더한다.
  • 대량 급여이체로 이체되거나 내용상 급여 혹은 상여금 등 기타 직장에서 받은 입금실적이 월 50만 원 이상 있는 경우
  • 'I 주거래 우대통장' 가입고객으로 급여일 수기로 작성 등록 후 급여일 전후 영업일에 50만 원 이상 급여 입금되어 추가우대 고객으로 인정된 경우
  • 국민연금, 공무원연금, 사학연금, 군인연금, 보훈연금, 개인연금 등 연금수급실적이 월 50만 원 이상 있는 경우
  • 월 50만 원 이상의 입금실적과 I카드(신용 / 체크) 월 30만 원 결제실적이 같은 월에 있는 경우
  • 월 50만 원 이상 입금실적과 공과금 자동이체실적이 같은 월에 있는 경우(공과금 : 아파트관리비, 전기요금, 전화요금, 도시가스요금, 상하수도요금, 보험료, 국민연금, 정보통신요금, 무선호출요금, 핸드폰요금, 유선방송사용료)
  • 'I 주거래 온가족 서비스'의 가족 금리우대를 받은 경우
◎ 추가거래에 따른 우대이자율 : 최고 연 0.9%p 가산이 가능함(기본거래에 따른 우대이자율 적용 고객 중 아래의 요건 충족 시 우대이자율 제공).
  • I−BANK 가입 후 로그인 실적이 있는 경우 : 0.10%p
  • 비대면 채널을 통하여 가입한 경우 : 0.20%p

- I은행 적립식 상품 가입 후 자동이체 월 15만 원 이상 실적이 3개월 이상 있는 경우(적금, 신탁, 펀드, 청약, 골드리슈 상품에 한함) : 0.20%p
- I카드(신용카드 및 체크카드 포함) 결제계좌를 I은행으로 지정하고 월 20만 원 이상 결제 실적이 3개월 이상 있는 경우(취소거래 제외) : 0.30%p
- I은행의 금융투자 증권거래예금계좌의 증권거래실적이 월 3일 이상 있는 경우 혹은 I생명 보험료 납부계좌를 I은행으로 지정하고 납부실적이 3개월 이상 있는 경우 : 0.20%p
- ISA가입고객 특별 금리우대 쿠폰 : 발급고객이 쿠폰 유효기간 내 이 예금에 가입하고, 이 예금의 만기시점에 I은행 ISA를 보유하고 있는 경우 : 0.30%p

08 회사원 K씨는 I은행의 주거래 우대 적금에 가입하려고 한다. K씨의 〈조건〉이 다음과 같을 때, 만기에 갑돌이가 받을 세후 금액은?(단, 이자소득세는 8%이며 다른 세금은 고려하지 않는다)

> **조건**
> - 총 24개월, 월 40만 원씩 납입하기로 하였다.
> - 매달 받은 월급 중 60만 원을 I은행 입출금계좌를 통하여 넣고 있다. 18개월 동안은 I은행 입출금 계좌를 이용할 예정이다.
> - 증권거래예금계좌를 통해 매달 하루는 펀드를 거래하고 있다.
> - ISA가입을 P은행에서 하고 있으며 주거래 적금의 만기 날짜까지 유지하려고 한다.
> - 비대면 채널을 통해 가입하려고 하며 I-BANK 가입 후에 로그인을 하였다.

① 962.44만 원
② 976.56만 원
③ 978만 원
④ 1,024만 원

09 회사원 R씨는 들어놓았던 I은행의 주거래 우대 적금을 해지하려고 한다. R씨의 〈조건〉이 다음과 같을 때, 해지할 경우 R씨가 받을 금액은?(단, 세금은 고려하지 않는다)

> **조건**
> - 2023년 2월 20일에 적금을 들었으며 월 36만 원씩 3년 동안 납입하기로 하였다.
> - 2024년 5월 14일에 급전이 필요하여 해지하였다. 해지 전까지는 성실하게 매달 납부하였다.
> - 월급 300만 원을 전부 I은행 입출금계좌를 통하여 지급받고 있었으며 해지일까지 지속되었다.
> - ISA가입을 I은행을 통해 하고 있으며 해지일까지 보유하고 있었다.
> - 2024년 3월에 비대면 채널을 통해 I은행의 타 적립식 상품을 가입하였고 이후 해지일까지 매달 20만 원씩 자동이체로 등록하였다.

① 5,211,250원
② 5,311,250원
③ 5,411,250원
④ 5,411,550원

10 다음 글의 내용으로 적절하지 않은 것은?

재화나 용역 중에는 비경합적이고 비배제적인 방식으로 소비되는 것들이 있다. 먼저 재화나 용역이 비경합적으로 소비된다는 말은 그것에 대한 누군가의 소비가 다른 사람의 소비 가능성을 줄어들게 하지 않는다는 것을 뜻한다. 예컨대 10개의 사탕이 있는데 내가 8개를 먹어 버리면 다른 사람이 그 사탕을 소비할 가능성은 그만큼 줄어들게 된다. 반면에 라디오 방송 서비스 같은 경우는 내가 그것을 이용한다고 해서 다른 사람의 소비 가능성이 줄어들게 되지 않는다는 점에서 비경합적이다. 재화나 용역이 비배제적으로 소비된다는 말은 그것이 공급되었을 때 누군가 그 대가를 지불하지 않았다고 해서 그 사람이 그 재화나 용역을 소비하지 못하도록 배제할 수 없다는 것을 뜻한다. 이러한 의미에서 국방 서비스는 비배제적으로 소비된다. 정부가 국방 서비스를 제공받는 모든 국민에게 그 비용을 지불하도록 하는 정책을 채택했다고 하자. 이때 어떤 국민이 이런 정책에 불만을 표하며 비용 지불을 거부한다고 해도 정부는 그를 국방 서비스의 수혜에서 배제하기 어렵다. 설령 그를 구속하여 감옥에 가두더라도 그는 국방 서비스의 수혜자 범위에서 제외되지 않는다.

비경합적이고 비배제적인 방식으로 소비되는 재화와 용역의 생산과 배분이 시장에서 제대로 이루어질 수 있을까? 국방의 예를 이어나가 보자. 대부분의 국민은 자신의 생명과 재산을 보호받고자 하는 욕구가 있고 국방 서비스에 대한 수요도 있기 마련이다. 그러나 만약 국방 서비스를 시장에서 생산하여 판매한다면, 경제적으로 합리적인 국민은 국방 서비스를 구매하지 않을 것이다. 왜냐하면 다른 이가 구매하는 국방 서비스에 자신도 무임승차할 수 있기 때문이다. 결과적으로 국방 서비스는 과소 생산되는 문제가 발생하고, 그 피해는 모든 국민에게 돌아가게 될 것이다. 따라서 이와 같은 유형의 재화나 용역을 사회적으로 필요한 만큼 생산하기 위해서는 국가가 개입해야 하기에 이런 재화나 용역에는 공공재라는 이름을 붙이는 것이다.

① 유료 공연에서 일정한 돈을 지불하지 않은 사람의 공연장 입장을 차단한다면, 그 공연은 배제적으로 소비될 수 있다.

② 국방 서비스를 소비하는 모든 국민에게 그 비용을 지불하도록 한다면, 그 서비스는 비경합적으로 소비될 수 없다.

③ 이용할 수 있는 수가 한정된 여객기 좌석은 경합적으로 소비될 수 있다.

④ 무임승차를 쉽게 방지할 수 없는 재화나 용역은 과소 생산될 수 있다.

11 I컨벤션에서 회의실 예약 업무를 담당하고 있는 K씨는 2주 전 B기업으로부터 오전 10시 ~ 낮 12시에 35명, 오후 1시 ~ 오후 4시에 10명이 이용할 수 있는 회의실 예약문의를 받았다. K씨는 회의실 예약 설명서를 B기업으로 보냈고 B기업은 자료를 바탕으로 회의실을 선택하여 결제했다. 하지만 이용일 4일 전 B기업이 오후 회의실 사용을 취소하게 되었다고 할 때, 〈조건〉을 참고하여 B기업이 환불받게 될 금액은?(단, 회의에서는 노트북과 빔프로젝터를 이용하며, 부대장비 대여료도 환불규칙에 포함된다)

〈회의실 사용료(VAT 포함)〉

회의실	수용 인원(명)	면적(m²)	기본임대료(원)		추가임대료(원)	
			기본시간	임대료	추가시간	임대료
대회의실	90	184		240,000		120,000
별실	36	149		400,000		200,000
세미나 1	21	43		136,000		68,000
세미나 2			2시간		시간당	
세미나 3	10	19		74,000		37,000
세미나 4	16	36		110,000		55,000
세미나 5	8	15		62,000		31,000

〈부대장비 대여료(VAT 포함)〉

장비명	사용료(원)				
	1시간	2시간	3시간	4시간	5시간
노트북	10,000	10,000	20,000	20,000	30,000
빔프로젝터	30,000	30,000	50,000	50,000	70,000

조건

• 기본임대 시간은 2시간이며, 1시간 단위로 연장할 수 있습니다.

• 예약 시 최소 인원은 수용 인원의 $\frac{1}{2}$ 이상이어야 합니다.

• 예약 가능한 회의실 중 비용이 저렴한 쪽을 선택해야 합니다.

〈환불규칙〉

• 결제완료 후 계약을 취소하시는 경우 다음과 같이 취소 수수료가 발생합니다.
 – 이용일 기준 7일 이전 : 취소수수료 없음
 – 이용일 기준 6일 ~ 3일 이전 : 취소수수료 10%
 – 이용일 기준 2일 ~ 1일 이전 : 취소수수료 50%
 – 이용일 당일 : 환불 없음

• 회의실에는 음식물을 반입하실 수 없습니다.

• 이용일 7일 전까지(7일 이내 예약 시에는 금일 중) 결제하셔야 합니다.

• 결제변경은 해당 회의실 이용시간 전까지 가능합니다.

① 162,900원　　　　　　　② 183,600원

③ 211,500원　　　　　　　④ 246,600원

※ 최대리는 오전 11시에 지방에서 개최하는 세미나에 참석하고자 하며, 세미나 장소로 가기 위한 이동 정보는 다음과 같다. 이어지는 질문에 답하시오(단, 최대리는 오전 9시 정각에 사무실을 떠날 계획이며, 제시된 이동시간 및 소요시간만 고려한다). [12~13]

- 사무실에서 서울역 또는 김포공항까지 이동시간

장소	서울역(KTX)	김포공항
소요시간	19분	38분

- 서울역 ~ 대전역 열차 시간표

열차번호	서울역(KTX) 출발	대전역(KTX) 도착
A380	9 : 10	10 : 05
A410	9 : 22	10 : 18
A498	9 : 35	10 : 30
A504	9 : 45	10 : 40

- 김포공항 ~ 청주공항 운항 시간표

항공편	김포공항 출발	청주공항 도착
K110	9 : 28	9 : 45
K138	9 : 40	9 : 58
K210	9 : 45	10 : 10

- 열차 / 공항셔틀버스 시간
  - 대전역 : 오전 10시부터 10분마다 1대씩 출발, 세미나 장소까지 25분 소요
  - 청주공항 : 오전 9시 30분부터 15분마다 1대씩 출발, 세미나 장소까지 45분 소요

12 최대리가 KTX를 타고 이동할 때, 서울역에서 세미나 장소까지 걸리는 이동시간이 가장 짧은 열차는?

① A380
② A410
③ A498
④ A504

13 최대리가 세미나에서의 불필요한 대기시간을 최소화하기 위하여 사무실에서 출발하는 시간을 9시 이후로 조정하고자 한다. 비행기를 타고 간다면 늦어도 언제 출발하여야 세미나 장소에 늦지 않게 도착할 수 있는가?(단, 정각에 도착하여도 늦지 않은 것으로 한다)

① 9시 2분
② 9시 5분
③ 9시 7분
④ 9시 11분

14 I사는 현재 모든 사원과 연봉 협상을 하는 중이다. 연봉은 전년도 성과지표에 따라서 결정되고 직원들의 성과지표가 다음과 같을 때, 가장 많은 연봉을 받을 직원은?

〈성과지표별 가중치〉

(단위 : 원)

성과지표	수익 실적	업무 태도	영어 실력	동료 평가	발전 가능성
가중치	3,000,000	2,000,000	1,000,000	1,500,000	1,000,000

〈사원별 성과지표 결과〉

구분	수익 실적	업무 태도	영어 실력	동료 평가	발전 가능성
A사원	3	3	4	4	4
B사원	3	3	3	4	4
C사원	5	2	2	3	2
D사원	3	3	2	2	5

※ (당해 연도 연봉)=3,000,000원+(성과급)
※ 성과급은 각 성과지표와 그에 해당하는 가중치를 곱한 뒤 모두 더함
※ 성과지표의 평균이 3.5 이상인 경우 당해 연도 연봉에 1,000,000원이 추가됨

① A사원
② B사원
③ C사원
④ D사원

15 다음은 I은행의 전세자금대출 관련 설명서의 일부이다. 다음 중 홈페이지의 Q&A 담당인 A사원이 게시판에 올라온 질문에 잘못 답변한 것은?

◆ 대출대상자

부동산중개업소를 통해 임대차계약(임차보증금이 있는 월세계약 포함)을 체결하고 5% 이상의 계약금을 지급한 임차인으로 다음 요건을 모두 충족하는 고객[임대인이 주택사업자(법인 임대사업자 포함)인 경우에는 부동산중개업소를 통하지 않은 자체계약서 인정 가능]

• 대출신청일 현재 만 19세 이상인 고객
• 대출신청일 현재 임대차계약기간이 1년 이상 남은 고객
• 임차보증금이 수도권(서울특별시 포함) 4억 원, 그 외 지역의 경우 3억 원 이하여야 함[단, 임대인이 주택사업자(법인 임대사업자 포함)인 경우 임차보증금 제한 없음]
• 임차권의 대항력 및 우선변제권을 확보한 고객 또는 확보할 수 있는 고객
• 외국인 및 재외국민이 아닌 고객

◆ 대상주택

전 지역 소재 주택으로서 다음의 조건을 모두 갖추어야 함

• 임대인에 따라 다음 주택을 대상으로 함
  − 임대인이 개인인 경우 : 아파트(주상복합아파트 포함), 연립주택, 다세대주택, 단독주택, 다가구주택, 주거용 오피스텔
  − 임대인이 주택사업자(법인 임대사업자 포함)인 경우 : 아파트(주상복합아파트 포함), 연립주택, 주거용 오피스텔
• 소유권에 대한 권리침해 사항(경매신청, 압류, 가압류, 가처분, 가등기 등)이 없어야 함
• 전입세대열람내역 확인 시 타 세대의 전입내역이 없을 것(단, 단독주택 및 다가구주택은 여러 세대가 공동 거주하므로 다른 세대의 전입내역이 있는 경우에도 취급 가능)
• 미등기 건물 또는 건축물대장상 위반건축물이 아닌 경우
• 선순위채권이 존재하는 경우 주택가격의 60% 이내일 것
• 임대인이 외국인, 해외거주자인 경우 취급할 수 없음

---

① Q : 아직 계약금을 내지 않았는데, 전세자금대출을 받아 계약금을 먼저 내고 싶습니다.
   A : 부동산중개업소를 통해 임대차계약(임차보증금이 있는 월세계약 포함)을 체결하고 5% 이상의 계약금을 지급하여야만 대출을 진행할 수 있습니다.

② Q : 내년에 입주 예정인 만 18세 예비 대학생입니다. 올해 대출을 받아 내년에 입주하고 싶은데, 가능한가요?
   A : 대출신청일 현재 만 19세 이상이셔야 합니다.

③ Q : 다음 달이 전세계약 만기라 대출을 받고 싶습니다.
   A : 대출신청일 현재 임대차계약기간이 1년 이상 남아야 합니다.

④ Q : 필리핀에서 한국으로 귀화한 지 2년이 지났습니다. 다른 조건을 만족하면 대출이 가능한가요?
   A : 외국인인 경우 대출이 불가합니다.

16 다음 일정표를 보고 〈조건〉에 따라 모든 직원이 외부출장을 갈 수 있는 날짜는?

〈8월 일정표〉

일	월	화	수	목	금	토
		1 건축목공 기능사 시험	2	3	4	5
6	7	8	9 경영지도사 시험	10	11 건축도장 기능사 합격자 발표	12
13	14	15 가스기사 시험	16	17 기술행정사 합격자 발표	18	19
20 기술행정사 원서 접수일	21 기술행정사 원서 접수일	22 기술행정사 원서 접수일	23 기술행정사 원서 접수일	24 경영지도사 합격자 발표	25 물류관리사 원서 접수일	26 물류관리사 원서 접수일
27 물류관리사 원서 접수일	28 물류관리사 원서 접수일	29	30	31		

※ 기사, 기능사, 기술사, 기능장, 산업기사 외에는 전문자격시험에 해당함

조건
- 기능사 시험이 있는 주에는 외부출장을 갈 수 없다.
- 전문자격증 시험이 있는 주에는 책임자 1명은 있어야 한다.
- 전문자격시험 원서 접수 및 시험 시행일에는 모든 직원이 시외 출장을 갈 수 없다.
- 전문자격시험별 담당자는 1명이며, 합격자 발표일에 담당자는 사무실에서 대기 근무를 해야 한다.
- 전문자격시험 시행일이 있는 주에는 직무 교육을 실시할 수 없으며 모든 직원이 의무는 아니다.
- 대리자는 담당자의 책임과 권한이 동등하다.
- 출장은 주중에만 갈 수 있다.

① 8월 10일
② 8월 17일
③ 8월 19일
④ 8월 29일

※ 자산투자가 I씨는 자신이 투자한 금융상품 역시 과세 대상이 된다는 것을 확인하였으며, 다음은 I씨가 조사한 종합금융과세 내용이다. 이어지는 질문에 답하시오. [17~18]

대상자	① 금융소득이 연간 2천만 원을 초과하는 경우 　－ 2천만 원까지는 원천징수세율(2005.01.01.부터 소득세 14%, 지방소득세 1.4%)로 분리과세 　－ 2천만 원을 초과하는 금액에 대하여 다른 종합소득과 합산하여 종합과세 ② 금융소득이 연간 2천만 원 이하인 경우 　종전과 같이 원천징수세율(소득세 14%, 지방소득세 1.4%)로 분리과세되고, 종합대상의 과세서 　제외됨 　단, 다음의 소득은 종합과세 기준금액(2천만 원)의 이하인 경우에도 종합과세 대상임 　－ 국내에서 원천징수되지 않은 국외 금융소득 　－ 자본을 투자한 공동사업에서 분배받은 배당소득
종합과세 대상	① 금융소득(이자소득, 배당소득) ② 비과세 금융소득 　공익신탁의 이익, 장기저축성보험차익 　장기주택마련저축 이자·배당, 개인연금저축 이자·배당, 비과세종합저축 이자·배당(1명당 5천만 　원 이하), 농·어민 조합 예탁금 이자, 농어가 목돈 마련저축 이자, 녹색예금·채권 이자, 재형저축에 　대한 이자·배당, 경과규정에 따른 국민주택채권 이자, 우리사주조합원이 지급받는 배당, 조합 등 　예탁금의 이자 및 출자금에 대한 배당, 영농·영어조합법인 배당, 재외동포 전용 투자신탁(1억 원 　이하) 등으로부터 받는 배당, 녹색투자신탁 등 배당, 저축지원을 위한 조특법에 따른 저축에서 발생하 　는 배당 ③ 분리과세 금융소득 　장기채권이자 분리과세 신청(30%), 비실명금융소득(90%), 직장공제회 초과반환금(기본세율), 7년 　이상 사회기반시설채권이자(14%), 영농·영어조합법인(1천 2백만 원 초과분)으로부터 받는 배당 　(5%), 농업회사법인 출자 거주자의 식량작물재배업소득 외의 소득에서 발생한 배당(14%), 사회기반 　시설 투융자집합투자기구의 배당(5%, 14%), 해외자원개발투자회사 배당(9%), 세금우대종합저축 　이자·배당(9%) 등 　※ 괄호 안의 숫자는 세율임 ④ 종합과세 대상 금융소득 　• ①－(②＋③)의 금액 중 2천만 원을 초과하는 금액을 종합과세 　• ①－(②＋③)의 금액이 2천만 원 이하인 경우에는 국내외 금융소득으로서 국내에서 원천징수되지 　　아니한 소득에 대해서는 종합과세 　• 그 외 금융소득은 원천징수로 분리과세
과세방법	• 종합과세 : 이자, 배당, 부동산임대, 사업, 근로, 연금, 기타소득 중 비과세소득과 분리과세 소득을 　제외한 소득을 합산 누진세율을 적용하여 과세하는 방법 • 분리과세 : 타소득과 합산되지 아니하고 분리과세 대상소득이 발생할 때에 건별로 단일세율에 의하여 　원천징수 의무자가 원천징수함으로써 당해 소득자는 납세의 의무가 종결되는 과세방식

종합소득 확정 신고	• 종합소득금액(이자, 배당, 사업, 근로, 연금, 기타소득)이 있는 자는 원칙적으로 모두 종합소득 확정 신고를 하여야 함 • 다음에 해당하는 사람은 확정 신고를 하지 않아도 됨 − 근로소득만 있는 자 − 퇴직소득만 있는 자 − 공적연금소득만 있는 자 − 원천징수 되는 사업소득으로서 대통령령으로 정하는 사업소득만 있는 자 − 근로소득 및 퇴직소득만 있는 자 − 퇴직소득 및 공적연금소득만 있는 자 − 퇴직소득 및 대통령령으로 정하는 사업소득만 있는 자 − 분리과세이자소득, 분리과세배당소득, 분리과세연금소득 및 분리과세 기타소득만 있는 자 − 위에 해당하는 자로서 분리과세이자소득, 분리과세배당소득, 분리과세 연금소득 및 분리과세기타소 득이 있는 자 − 수시부과 후 추가로 발생한 소득이 없는 경우 등
신고 및 납부기한	종합소득세의 확정 신고는 당해 연도 1월 1일 ~ 12월 31일까지 얻은 소득에 대하여 다음 해 5월 1일부터 5월 31일까지 주소지 관할세무서에 자진신고하고, 세금은 은행 등에 납부하여야 함

17 다음 중 금융소득 종합과세에 대한 설명으로 옳지 않은 것은?

① I씨가 올해 벌어들인 금융소득은 1,000만 원이고 국내에서만 금융소득이 있었으며, 배당소득이 없었다고 한다면 분리과세 대상에 해당되겠군.

② 금융소득이 4천만 원을 초과한다고 해도 2천만 원까지는 동일한 과세 비율이 적용되겠군.

③ I씨가 퇴직소득만 받는다고 할 때, I씨가 벌어들인 소득은 확정 신고를 하지 않아도 되겠군.

④ I씨가 벌어들인 금융소득이 총 5천만 원이고 이 중 분리과세와 비과세가 80% 이상을 차지한다면, I씨는 종합과세 대상이겠군.

Hard

18 I씨가 다음 〈보기〉와 같이 소득이 생겼을 때, I씨가 다음 해에 내야 할 총세금은?(단, 종합과세율은 20%이며, 분리과세의 경우 세율은 15%로 가정한다. I씨는 국내에서 원천징수되지 않은 소득과 배당수익은 없다)

> **보기**
> • 총금융소득은 7천만 원이다.
> • 해외자원개발투자회사에 투자하여 배당액 천만 원을 벌어들였다.
> • 개인연금저축을 활용하여 이자를 받았으며 이자액은 5백 만 원이다.
> • 녹색투자신탁에 투자한 결과 5백만 원의 이득을 얻었다.
> • 비과세종합저축 배당액이 3천만 원이다.

① 300만 원   ② 350만 원

③ 390만 원   ④ 420만 원

※ 다음은 I은행 적금 상품 중 하나인 'N적금'에 대한 자료이다. 이어지는 질문에 답하시오. [19~20]

〈N적금〉

- 가입대상

  만 40세 이상 개인 및 개인사업자(1인 1계좌)
- 가입기간

  12개월
- 가입금액

  매월 1만 원 ~ 30만 원(단, 초입금은 10만 원 이상)
- 기본금리

  연 0.7%, 단리식
- 우대금리

  최대 연 0.3%p

조건 내용	우대금리
가입 월부터 만기 전전월 말까지 급여 또는 연금이 2개월 이상 당행 계좌로 입금 시	0.2%p
비대면 채널(인터넷 / 스마트뱅킹)에서 가입	0.1%p

  - 우대금리는 만기해지 시 적용(중도해지 시 미적용)
  - 연금 : 4대 연금(국민연금 / 공무원연금 / 사학연금 / 군인연금), I은행 연금 및 기타연금(타행에서 입금
    되는 기타연금은 '연금' 문구가 포함된 경우 연금으로 인정)
- 세제혜택안내

  비과세종합저축으로 가입 가능(전 금융기관 통합한도 범위 내)
- 이자지급방법

  만기일시지급식
- 가입 / 해지안내
  - 가입 : 영업점, 인터넷 / 스마트뱅킹에서 가능
  - 해지 : 영업점, 인터넷 / 스마트뱅킹에서 가능
- 추가적립

  자유적립식 상품으로 가입금액 한도 내 추가입금 가능
- 양도 및 담보 제공

  은행의 승인을 받은 경우 양도 및 질권설정 가능
- 원금 또는 이자 지급 제한

  계좌에 질권설정 및 법적 지급 제한이 등록될 경우 원금 및 이자 지급 제한

19 다음 〈보기〉에서 'N적금'에 대한 설명으로 옳은 것을 모두 고르면?

보기

ㄱ 해당 적금은 비대면 채널을 통하여 판매되고 있다.

ㄴ 은행에 신고하는 경우 해당 상품에 대해 질권설정이 가능하다.

ㄷ 타행의 연금에 가입한 경우에도 만기 전전월 말 이전의 가입 기간 중 2개월 이상 연금이 당행 계좌로 입금된다면 우대금리를 적용받을 수 있다.

ㄹ 중도에 해지하더라도 요건을 충족하는 항목에 대하여는 우대금리를 적용받을 수 있다.

① ㄱ, ㄷ

② ㄴ, ㄷ

③ ㄴ, ㄹ

④ ㄷ, ㄹ

20 최과장은 'N적금'에 가입하였다. 최과장에 대한 정보가 다음과 같을 때, 최과장이 만기에 수령할 원리금을 구하면?(단, 이자 소득에 대한 세금은 고려하지 않는다)

〈정보〉

• 최과장은 만 41세로, 2024년 11월부터 자신의 명의로 I은행의 적금 상품 중 하나에 가입하고자 하였다.

• 최과장은 2024년 12월 1일에 스마트뱅킹을 통하여 I은행의 N적금에 가입하였다.

• 최과장은 가입기간 동안 매월 1일마다 20만 원을 적립한다.

• 최과장은 2025년 1월부터 급여를 I은행 입출금계좌를 통하여 지급받고 있었으며, 만기해지일까지 지속된다.

• 해당 적금 계좌에 대하여 질권설정을 하지 않았으며, 지급제한 사항도 해당되지 않는다.

① 2,075,000원

② 2,210,000원

③ 2,350,000원

④ 2,413,000원

※ 다음은 I기업의 직무연수 신청표 및 사원번호 발급체계에 대한 자료이다. 이어지는 질문에 답하시오.
[21~22]

〈직무연수 신청표〉

이름	부서	직급	사원번호	연수 일정
A	인사	주임	2110230	2024. 03. 13
B	총무	대리	2011172	2024. 06. 28
C	마케팅	대리	1915578	2024. 03. 17
D	마케팅	사원	2425384	2024. 03. 10
E	자재	과장	1517194	2024. 03. 19
F	회계	사원	2315568	2024. 04. 02
G	지원	주임	2217372	2024. 05. 18

※ 연수 일정 전까지 연수 취소는 가능하나 취소 시 차주 연수 신청 불가능
※ 연수 시작 7일 전까지 일정 변경 가능

〈사원번호 발급체계〉

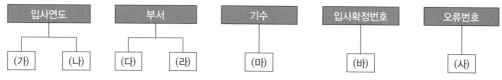

구분	인사	총무	회계	자재	지원	마케팅
부서코드	10	11	15	17	20	25

※ 입사연도는 네 자릿수 중에 뒤의 두 자리만 사용함 예 2023 → 23
※ 입사확정번호는 2006년도 이후 입사자부터 적용됨

〈오류번호 연산법〉

$$0 \leq (가)+(나)+(다)+(라)+(마)+(바) < 10 \rightarrow 0$$
$$10 \leq (가)+(나)+(다)+(라)+(마)+(바) < 20 \rightarrow 값-10$$
$$20 \leq (가)+(나)+(다)+(라)+(마)+(바) < 30 \rightarrow 값-20$$

21 다음 중 자료를 바탕으로 한 설명으로 옳은 것은?

① 2022년에 2기 3번으로 입사한 지원 부서 K주임은 사원번호가 2220231이다.

② 2004년에 입사한 총무 부서 L부장의 사원번호는 8번이다.

③ C대리는 연수 일정을 3월 17일에 취소하고 차주 연수를 들을 예정이다.

④ D사원은 3월 4일에 연수 일정을 변경해 3월 10일에 연수를 들을 예정이다.

22 직무연수 신청표의 사원번호가 올바르지 않은 사람끼리 짝지어진 것은?(단, 입사연도, 기수, 입사 확정번호는 정확하다)

① B, C
② A, C
③ E, F, G
④ C, F, G

23 다음은 사업주 외국인근로자 채용 지원 안내문 중 대행 업무 수수료에 대한 내용이다. 이에 대한 설명으로 적절하지 않은 것은?

- 일반외국인근로자 대행 수수료
  - 고용허가제 대행 업무의 근거조항 법 제27조의 2(각종 신청 등의 대행)
  - 한국산업인력공단과 업종별 민간대행기관이 병행하던 각종 행정 대행 업무를 외국인고용법 개정(2010.4.10. 시행)으로 위탁 업무(공단)와 대행 업무(민간대행기관)로 구분
  - 위탁 업무에 대한 대행수수료는 필수로 하되, 각종 신청 업무에 대한 대행신청 여부는 사업주가 선택하여 이에 따라 대행 수수료를 납부토록 대행 수수료를 임의화함

※ 대행 수수료 기준

대행 업무			세부업무		1인당 수수료	
필수	신규 입국자	근로자 도입위탁	근로계약 체결 및 출입국 지원		신규 60,000원 / 재입국 119,000원	
		취업교육	외국인근로자 취업교육	제조·서비스	195,000원	
				농축·어업	210,000원	
				건설업	224,000원	
선택	신규 입국자 및 사업장 변경자	각종신청 대행	– 내국인 구인신청, 고용허가서 발급 신청, 수령 – 사증발급인정서 신청, 수령	신규입국자 고용 시	31,000원 입국 전	61,000원

			– 고용변동신고, 고용허가기간 연장
			  신청
			– 외국인근로자 업무상 재해 시 산재·
			  사망신고
			– 각종 정보제공 등
				신규입국자
				고용 시
					30,000원
					(3년)
					입국 후	

				사업장 변경자	800원× 잔여체류기간(월)	

		편의제공	– 통역지원 및 사용자의 고충상담
			– 전용보험 가입 및 보험금 신청, 지원
			– 외국인근로자의 업무 외 질병 및
			  상해 수습지원
			– 기타 고용노동부장관이 인정하는
			  업무 등
				신규입국자
				고용 시
					72,000원
					(3년)	

				사업장 변경자	2,000원× 잔여체류기간(월)	

- 소수업종 : 농축산업, 건설업, 어업, 냉장냉동창고업
- 취업교육비에 건강진단비용 포함됨
- 근로자 도입위탁(필수) : 60,000(신규), 119,000원(재입국)
- 취업교육비(필수)
  - 농축산업, 어업 : 210,000원/1인
  - 제조업, 서비스업 : 195,000원/1인
  - 건설업 : 224,000원/1인
- 입국 전·후 행정 대행료(선택) : 61,000원(3년)
- 편의제공 비용(선택) : 72,000원(3년)

① 건설업체에서 신규 입국자인 외국인근로자 1명을 고용하고자 도입위탁과 취업교육을 신청하려고 할 때, 이 위탁 업무에 대한 총수료는 270,000원이다.

② 농부 B씨는 신규 입국자인 외국인근로자 2명에 대한 도입위탁 대행을 맡기려고 하며, 이에 대한 수수료는 120,000원이다.

③ 축산에 종사하는 A씨가 외국인근로자 신규 입국자 2명을 민간대행기관에 각종신청 대행 업무를 맡기려고 할 때, 이에 대한 총수료는 122,000원이다.

④ 제조회사를 운영 중인 D씨는 공단에 3명의 외국인근로자 필수 대행 업무를 신청하였다. 1명의 재입국자와 2명의 신규 입국자에게 들어가는 총수료는 824,000원이다.

24 다음은 임직원 출장여비 지급규정과 I차장의 출장비 지출 내역이다. I차장이 받을 수 있는 여비는?

<그 임직원 출장여비 지급규정〉

- 출장여비는 일비, 숙박비, 식비, 교통비로 구성된다.
- 일비는 출장일수에 따라 매일 10만 원씩 지급한다.
- 숙박비는 숙박일수에 따라 실비 지급한다. 다만, 항공 또는 선박 여행 시 항공기 내 또는 선박 내에서의 숙박은 숙박비를 지급하지 아니한다.
- 식비는 일수에 따라 식사 여부에 상관없이 1일 3식으로 지급하며, 1끼니당 1만 원씩 지급한다. 단, 항공 또는 선박 여행 시에는 기내식이 포함되지 않을 경우만 지급하며, 출장 마지막 날 저녁은 지급하지 않는다.
- 교통비는 교통편의 운임 혹은 유류비 산출액을 실비 지급한다.

〈I차장의 2박 3일 출장비 지출 내역〉

3월 8일	3월 9일	3월 10일
• 인천 – 일본 항공편 84,000원 (아침 기내식 포함 ×) • 점심 식사 7,500원 • 일본 J공항 – B호텔 택시비 10,000원 • 저녁 식사 12,000원 • B호텔 숙박비 250,000원	• 아침 식사 8,300원 • 호텔 – 거래처 택시비 16,300원 • 점심 식사 10,000원 • 거래처 – 호텔 택시비 17,000원 • B호텔 숙박비 250,000원	• 아침 식사 5,000원 • 일본 – 인천 항공편 89,000원 (점심 기내식 포함)

① 880,000원

② 1,053,000원

③ 1,059,100원

④ 1,086,300원

25 다음은 I은행의 송금과 관련된 내용이다. 이에 대한 내용으로 가장 적절한 것은?

〈I은행 송금 안내사항〉

구분		영업시간	영업시간 외
송금 종류		소액 송금, 증빙서류 미제출 송금, 해외유학생 송금, 해외체재자 송금, 외국인 또는 비거주자 급여 송금	
송금 가능 통화		USD, JPY, GBP, CAD, CHF, HKD, SEK, AUD, DKK, NOK, SAR, KWD, BHD, AED, SGD, NZD, THB, EUR	
송금 가능 시간		03:00 ~ 23:00(단, 외화계좌출금은 영업시간 09:10 ~ 23:00에 가능)	
인출 계좌		원화 또는 외화 인터넷뱅킹 등록계좌	
환율 우대		매매마진율의 30%	환율 우대 없음
송금 한도	소액 송금	건당 미화 3,000불 상당액 이하	
	증빙서류 미제출 송금	1일 미화 5만 불 상당액 이하, 연간 미화 5만 불 상당액 이하 (미화 3천 불 상당액 이상 송금 건만 합산)	
	해외유학생 송금	건당 미화 10만 불 상당액 이하	건당 미화 5만 불 상당액 이하
	해외체재자 송금	건당 미화 10만 불 상당액 이하	건당 미화 5만 불 상당액 이하
	외국인 또는 비거주자 급여 송금	건당 미화 5만 불 상당액 이하, 연간 5만 불 상당액 이하	
		※ 인터넷 해외송금은 최저 미화 100불 상당액 이상만 송금 가능함	
거래외국환은행 지정		영업시간 내에 인터넷뱅킹으로 증빙서류 미제출 송금할 경우는 지정이 가능합니다 (유학생, 체재자, 외국인 또는 비거주자 급여 송금은 영업점 방문 후 지정 신청을 하셔야 하며 소액 송금은 지정하지 않습니다).	

① 가까운 일본으로 미화 200불의 소액 송금을 하기 때문에 하루 중 아무 때나 증빙서류를 제출하지 않고 송금할 수 있다.

② 미국에 유학생으로 가 있는 동생에게 05:00에 해외유학생 송금을 이용하여 10만 불을 송금할 것이다. 다만, 환율 우대를 받을 수 없는 것이 아쉽다.

③ 외국에 파견 나가 있는 사원(비거주자)에게 외국인 또는 비거주자 급여 송금을 이용하여 올해 상반기에 3만 불을 보냈고, 올해 하반기에 남은 3만 불을 마저 보낼 것이다.

④ 해외에 체류 중인 부모님에게 해외체재자 송금을 이용하여 생활비 5만 불을 송금하기 위해 10:00에 영업점에 도착했다. 외화계좌에서 출금할 것이고, 환율 우대를 받을 수 있다.

26 다음은 예금보험공사의 금융회사 파산절차에 대한 기사이다. 기사를 읽고 이해한 내용으로 가장 적절한 것은?

> 일반적으로 파산제도는 채무자의 재산상태가 악화되어 총 채권자에 대한 채무를 완제할 수 없게 된 경우에 채무자의 총 재산을 강제적으로 관리, 환가하여 모든 채권자에게 공평하게 변제하는 것을 목적으로 하는 재판상의 절차를 말합니다. 모든 파산절차는 채무자 회생 및 파산에 관한 법률에 의하여 규율되며 법원의 감독을 받게 됩니다.
>
> 법원의 파산선고와 동시에 채무자가 보유한 국내외 모든 자산으로 파산재단이 구성되고, 파산채권자는 채권의 개별행사가 금지되며 법원은 파산절차를 총괄할 파산관재인을 선임하여 파산재단 자산에 대한 관리 처분 권한을 채무자 본인에게서 파산관재인에게로 이전합니다.
>
> 파산관재인은 파산재단 자산을 조기에 최대한 환가하여 파산채권자들에 분배하는 임무를 맡고 있기 때문에 파산 선고일을 기준으로 파산재단 자산을 조사하여 누락되는 자산이 없도록 각별한 주의를 기울이게 됩니다. 구체적으로 파산재단의 현금, 예금통장, 권리증, 금고 등을 확보하고 장부를 폐쇄하여 파산재단 자산이 실질적으로 파산관재인의 점유가 될 수 있도록 조치합니다.
>
> 이후, 파산관재인은 파산채권자로 하여금 채권을 일정기간 내에 법원에 신고하게 하여 파산채권을 확정하고 확정된 채권의 우선순위에 따라 배당을 실시하여야 합니다. 즉, 파산재단의 자산을 자산별 특성에 따라 빠른 시간 내에 최대한 환가, 매각하여 현금화한 후 파산채권자들에게 파산배당 절차를 통하여 분배하게 됩니다. 파산관재인은 더 이상 현금화할 자산이 사라질 때까지 자산환가업무를 계속하여 환가를 종료한 시점에 최후배당을 실시하고 법원에 파산종결 선고를 요청하게 되며, 법원은 잔여자산 유무 등을 확인한 후 파산종결 선고를 통하여 파산절차를 종결하게 됩니다.

① 파산관재인은 채권자에 대한 변제를 위해 파산재단의 자산을 점유한다.
② 채무자의 자산으로 파산재단이 구성된 후에 법원의 파산선고가 이루어진다.
③ 채무자의 파산재단이 구성된 이후 파산채권자는 채권의 개별행사가 가능하다.
④ 채무자의 파산재단 자산을 조사하는 것은 파산관재인의 업무가 아니다.

27 다음은 I은행의 A직원이 판매하는 보험 상품 안내서의 내용 일부이다. 2024년 5월 1일 이 상품에 가입한 B고객과의 상담 내용 중 옳지 않은 것은?(단, 보험 증권은 5월 2일 고객이 수령하였고, 상담일은 2024년 5월 18일이다)

■ **상품 가입 시 알아두실 사항**
- 계약 전 알릴 의무를 준수하여야 하며 반드시 자필 서명을 하셔야 합니다.
- 청약 시에는 보험 계약의 기본 사항을 반드시 확인하시기 바랍니다.
- 계약자는 보험 증권을 받은 날부터 15일 이내에 청약을 철회할 수 있으며, 이 경우 회사는 철회 접수일로부터 3일 이내에 납입한 보험료를 돌려드리나, 청약을 한 날부터 30일을 초과한 경우 청약을 철회할 수 없습니다.
- 이 보험 계약은 예금자보호법에 따라 예금보험공사가 보호하되, 1인당 최고 5천만 원이며, 이를 초과하는 금액은 보호하지 않습니다.
- 이 보험의 보험료 산출 시 적용되는 이율은 연 복리 3%이며, 이 이율이 적립액 및 해지환급금을 보증하는 이율은 아닙니다. 보험료 산출기초가 되는 이율, 위험률, 계약체결 및 관리비용은 상품 요약서에 보다 자세히 나와 있습니다.
- 청약서상에 자필 서명, 계약자 보관용 청약서 및 약관 전달과 약관의 주요 내용 설명 등을 이행하지 않은 계약에 대하여는 계약자가 계약이 성립한 날부터 3개월 이내에 계약을 취소할 수 있습니다.
- 이 보험의 보험료는 세액공제혜택이 없으며, 보험차익에 대한 이자소득세는 관련 세법에서 정하는 요건에 부합하는 경우에 비과세가 가능합니다.

---

① B : 이 보험 상품은 예금자보호법이 적용되나요?

   A : 네, 적용됩니다. 하지만 적용 한도는 1인당 최고 5천만 원이며, 이를 초과하는 금액은 제외됩니다.

② B : 제가 보험 증권을 수령했는데, 약관이 동봉되어 있지 않네요. 계약을 취소하고 싶습니다.

   A : 죄송하지만 보험 청약의 철회는 증권을 받아보신 날로부터 15일 이내에만 가능합니다.

③ B : 계약할 때 받은 보험료 산출 금액은 금리 변동에 영향을 받지 않나요?

   A : 보험료는 연 복리 3%의 이율을 적용하여 산출한 것으로, 이 이율은 실제 적립액 및 해지환급금을 보증하는 것이 아닙니다.

④ B : 그렇다면 보험료 산출에 대한 추가 자료는 어디서 확인하면 되나요?

   A : 네, 문의하신 내용은 고객님께 보내드린 상품 요약서를 확인하시면 자세히 설명되어 있습니다.

28 다음 글의 밑줄 친 A에 해당하는 것만을 〈보기〉에서 모두 고르면?

(가) 어떤 사람의 행동이 제3자에게 의도하지 않은 혜택이나 손해를 가져다 주면서 이에 대해 대가를 받지도 지불하지도 않을 때 발생하는 것을 외부효과라 한다. 이에는 부정적 외부효과와 긍정적 외부효과가 있다. 부정적 외부효과란 한 쪽의 행동이 다른 쪽에 비용을 발생시키는 것이고, 긍정적 외부효과란 한 쪽의 행동이 다른 쪽에 혜택을 발생시키는 것을 말한다.

(나) 정부는 직접 규제를 통해 사람들의 행동을 규제하기보다는 시장기능을 활용하는 간접 규제를 통해 민간의 사적 이익 동기와 사회적 효율이 일치되도록 한다. 예를 들어 부정적 외부효과에 대해서는 세금을 부과하고, 긍정적 외부효과에 대해서는 보조금을 지급할 수 있다. 부정적 외부효과를 시정하기 위한 과세를 _____A_____라고 한다. _____A_____의 이상적인 금액은 부정적 외부효과를 일으키는 행위에서 비롯되는 외부효과 비용과 같아야 한다. 정부가 직접 규제보다 _____A_____를 선호하는 이유는 민간에게 경제적 유인을 제공하여 낮은 비용으로 같은 수준의 결과를 얻을 수 있기 때문이다.

보기

㉠ 인체에 해로운 유기물질을 함유하고 있는 농약의 과용을 억제하기 위해 이러한 농약에 대한 세금을 인상하였다.
㉡ 특정 제품에 세금을 부과해도 수요가 변하지 않을 것이므로 재정 확충을 목적으로 그 제품에 대한 세금을 인상하였다.
㉢ 쓰레기 배출량을 줄이기 위해 쓰레기 배출량에 따라 오물세를 징수하였다.
㉣ 신기술 개발을 위해 새로 시설투자를 한 기업체에게 경비 보전을 위한 보조금을 지급하였다.

① ㉠, ㉡   ② ㉠, ㉣
③ ㉡, ㉢   ④ ㉡, ㉣

29 다음 제시된 국내 대학(원) 재학생 학자금 대출 조건을 근거로 판단할 때, 〈보기〉에서 옳은 것을 모두 고르면?[단, 갑 ~ 병은 국내 대학(원)의 재학생이다]

<국내 대학(원) 재학생 학자금 대출 조건>

구분		X학자금 대출	Y학자금 대출
신청 대상	신청 연령	35세 이하	55세 이하
	성적 기준	직전 학기 12학점 이상 이수 및 평균 C학점 이상(단, 장애인, 졸업학년인 경우 이수학점 기준 면제)	직전 학기 12학점 이상 이수 및 평균 C학점 이상(단, 대학원생, 장애인, 졸업학년인 경우 이수학점 기준 면제)
	가구소득 기준	소득 1 ~ 8분위	소득 9 ~ 10분위
	신용 요건	제한 없음	금융채무불이행자, 저신용자 대출 불가
대출한도	등록금	학기당 소요액 전액	학기당 소요액 전액
	생활비	학기당 150만 원	학기당 100만 원
상환사항	상환방식 (졸업 후)	• 기준소득을 초과하는 소득 발생 이전 : 유예 • 기준소득을 초과하는 소득 발생 이후 : 기준소득 초과분의 20%를 원천 징수 ※ 기준소득 : 연 n 천만 원	• 졸업 직후 매월 상환 • 원금균등분할상환과 원리금균등분할상환 중 선택

보기

㉠ 34세로 소득 7분위인 대학생 갑이 직전 학기에 14학점을 이수하여 평균 B학점을 받았을 경우 X학자금 대출을 받을 수 있다.

㉡ X학자금 대출 대상이 된 을의 한 학기 등록금이 300만 원일 때, 한 학기당 총 450만 원을 대출받을 수 있다.

㉢ 50세로 소득 9분위인 대학원생 병(장애인)은 신용 요건에 관계없이 Y학자금 대출을 받을 수 있다.

㉣ 대출금액이 동일하고 졸업 후 소득이 발생하지 않았다면, X학자금 대출과 Y학자금 대출의 매월 상환금액은 같다.

① ㉠, ㉡

② ㉠, ㉢

③ ㉢, ㉣

④ ㉠, ㉡, ㉣

30 I은행의 연금 상품에 가입한 C고객은 올해부터 10년 동안 연초에 물가상승률이 연 10%가 적용되는 연금을 받기로 하였으며, 올해 말에는 $500(1+0.1)$만 원이 나온다고 한다. 갑자기 사정이 생겨 목돈이 필요한 C고객이 해당 연금을 올해 초에 일시불로 받으려고 은행을 찾았다면, C고객이 일시불로 받을 수 있는 금액은 얼마인가?(단, 만의 자리 미만은 버리고 $1.1^{10}=2.5$로 계산한다)

① 2,300만 원 ② 2,800만 원
③ 3,000만 원 ④ 3,300만 원

31 다음은 I사의 금융구조조정자금 총지원 현황이다. 이에 대한 설명으로 〈보기〉 중 옳은 것을 모두 고르면?

〈금융구조조정자금 총지원 현황〉

(단위 : 억 원)

구분	은행	증권사	보험사	제2금융	저축은행	농협	소계
출자	222,039	99,769	159,198	26,931	1	0	507,938
출연	139,189	4,143	31,192	7,431	4,161	0	186,116
부실자산 매입	81,064	21,239	3,495	0	0	0	105,798
보험금 지급	0	113	0	182,718	72,892	47,402	303,125
대출	0	0	0	0	5,969	0	5,969
총계	442,292	125,264	193,885	217,080	83,023	47,402	1,108,946

보기

㉠ 출자 부문에서 은행이 지원받은 금융구조조정자금은 증권사가 지원받은 금융구조조정자금의 3배 이상이다.
㉡ 보험금 지급 부문에서 지원된 금융구조조정자금 중 저축은행이 지원받은 금액의 비중은 20%를 초과한다.
㉢ 제2금융에서 지원받은 금융구조조정자금 중 보험금 지급 부문으로 지원받은 금액이 차지하는 비중은 80% 이상이다.
㉣ 부실자산 매입 부문에서 지원된 금융구조조정자금 중 은행이 지급받은 금액의 비중은 보험사가 지급받은 금액 비중의 20배 이상이다.

① ㉠ ② ㉡, ㉣
③ ㉠, ㉡, ㉢ ④ ㉡, ㉢, ㉣

※ 다음은 I은행의 전세금안심대출에 대한 자료이다. 이어지는 질문에 답하시오. [32~33]

〈전세금안심대출〉

구분	내용
상품특징	전세계약 만료 시 임차보증금을 안전하게 보장받고 대출금 지원도 가능한 전세자금대출 상품
신청자격	• 부동산 중개업소를 통하여 임차보증금의 5% 이상을 계약금으로 지급하고 주택임대차계약을 체결한 민법상 성년인 세대주 • 본인과 배우자(결혼예정자 포함)가 합산한 주택보유수가 무주택 또는 1주택(부부합산소득 1억 원 이하) 이내인 고객(주택보유수가 1주택인 경우 보유주택가액이 9억 원 초과하는 주택이거나 2020.7.10. 이후 투기지역 또는 투기과열지구 내 취득시점 시가 3억 원 초과 아파트를 구입한 경우는 제외)
대출금액	최소 5백만 원 이상 최대 4억 원 이하로 아래 세 가지 조건 중 적은 금액 기준 – 임차보증액의 80% 이내 – 전세반환금 반환 보증금액의 80% – 부부합산(결혼예정자 포함) 1주택인 경우 최대 2억 원
대출기간	10개월 이상 25개월 이내(대출만기일은 임대차계약만기일 후 1개월 경과 해당일)
상환방법	만기일시상환
대상주택	아파트(주상복합 포함), 연립, 다세대, 주거용 오피스텔, 단독주택, 다가구주택
신청시기	• 임대차계약서상 입주일 또는 주민등록전입일로부터 3개월 이내 • 갱신계약 체결일로부터 3개월 이내

대출금리

신용등급 3등급 기준

(단위 : %)

기준금리		가산금리	우대금리	최종금리
당행기준금리 (12개월 이내)	0.90	2.95	1.20	2.65 ~ 3.85
당행기준금리 (24개월 이상)	0.90	2.70	1.20	2.40 ~ 3.60

우대금리 (최고 연 1.2%p)

• 실적연동 우대금리 : 최고 연 0.9%p
  – 기업은행카드(신용) 이용실적 우대 : 연 0.1 ~ 0.3%p
    (결제계좌를 당행으로 지정하고, 최근 3개월간 30 / 60 / 90만 원 이상 이용실적이 있는 경우)
  – 급여 이체 실적 우대 : 최고 연 0.1 ~ 0.3%p
  – 자동이체 거래실적 우대(3건 이상) : 연 0.1%p
  – i-ONE 이용실적 우대 : 연 0.1%p
  – 적립식예금 30만 원 이상 계좌 보유 우대 : 연 0.1%p
  ※ 실적연동 우대금리는 각 항목의 우대조건 충족 여부에 따라 대출신규 3개월 이후 매월 재산정되어 적용됨
• 부동산 전자계약 우대(연 0.2%p), 주택자금대출에 대한 장애인 고객 우대(연 0.1%p)
  ※ 대출신규 시에만 적용 가능하며, 적용된 우대금리는 대출기간 만료일까지 적용됨

32 다음 중 고객의 문의에 대한 행원의 대답으로 적절하지 않은 것은?

> 고객 : 안녕하세요. 제가 전세자금을 대출받으려고 전세금안심대출 상품을 보고 있는데요. 혹시 일반 대출 상품과 다른 점이 무엇인지 알 수 있을까요?
>
> 행원 : ① 네, 고객님. 해당 상품을 통해서 전세자금 대출뿐만 아니라 전세계약 만료 시에 임차보증금을 안전하게 보장받으실 수 있습니다.
>
> 고객 : 음. 그런데 사실 제 명의로 된 아파트가 한 채 있는데, 현재 부모님이 거주하고 있습니다. 혹시 대출받는 데 문제가 없을까요?
>
> 행원 : ② 네, 고객님. 보유 주택과 관계없이 임차보증금액이나 전세반환금 반환 보증금액의 80% 이내에서 최고 4억 원까지 대출 가능합니다.
>
> 고객 : 아, 정말 다행이네요. 그러면 언제까지 대출 신청을 완료해야 하나요?
>
> 행원 : ③ 고객님, 계약서상의 입주일이나 전입일로부터 3개월 이내 또는 갱신계약 체결일로부터 3개월 이내에 신청해주셔야 합니다.
>
> 고객 : 네, 잘 알겠습니다. 만약 제가 해당 상품을 통해서 대출을 받는다면 상환 방법은 선택할 수 있을까요?
>
> 행원 : ④ 아, 해당 상품의 상환 방법은 만기일시상환 방식으로 정해져 있으므로 만기일에 반드시 원금을 상환해주셔야 합니다.

33 전세금안심대출 상품을 통해 24개월간 대출을 받으려는 고객의 정보가 다음과 같을 때, 고객의 최대 대출 가능 금액에 대한 적용 금리와 그에 따른 첫 달의 지불 금액으로 옳은 것은?

> 〈고객 정보〉
>
> • 신용등급 : 3등급
> • 임차보증금액 : 4억 8천만 원
> • 일반 지역 내 5억 원 상당의 1주택 보유
> • 부부합산소득 : 8천만 원
> • 급여 이체 실적을 통한 최고 우대금리
> • 가입 기간 중 50만 원의 적립식예금 계좌 보유 예정
> • 전자계약을 통한 부동산 계약

	적용 금리	지불 금액
①	연 3.6%	1,152,000원
②	연 3.6%	600,000원
③	연 3.0%	960,000원
④	연 3.0%	500,000원

34 다음은 I은행 홈페이지의 로그인 과정에 대한 순서도이다. A사원은 송금을 하기 위해 로그인 정보를 입력했으나, 로그인이 되지 않고 [2번 알림창]을 보게 되었다. 그 이유로 가장 적절한 것은?

〈순서도 기호〉

기호	설명	기호	설명
(타원)	시작과 끝을 나타낸다.	(마름모)	어느 것을 택할 것인지를 판단한다.
(직사각형)	데이터를 입력하거나 계산하는 등의 처리를 한다.	(출력기호)	선택한 값을 출력한다.

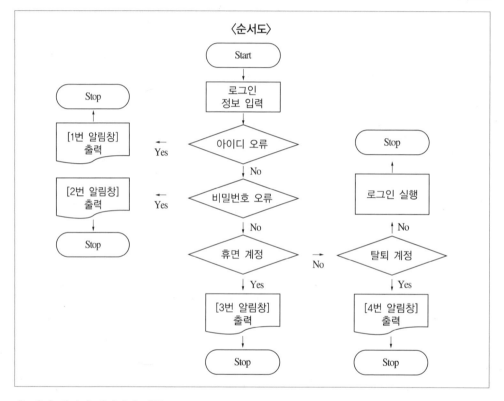

〈순서도〉

① 탈퇴 처리된 계정이기 때문
② 아이디와 비밀번호를 잘못 입력했기 때문
③ 아이디는 맞지만, 비밀번호를 잘못 입력했기 때문
④ 비밀번호는 맞지만, 아이디를 잘못 입력했기 때문

35 I공장에서 제조하는 화장품 용기의 일련번호는 다음과 같이 구성된다. 일련번호는 '형태 – 용량 – 용기 높이 – 용기 재질 – 용도' 순서로 표시할 때, 다음 중 제시된 제품 정보의 일련번호로 가능하지 않은 것은?

〈일련번호 구성요소〉

형태	기본형		단지형		튜브형
	CR		SX		TB
용량	100mL 이하		150mL 이하		150mL 초과
	K		Q		Z
용기 높이	4cm 미만	8cm 미만	15cm 미만		15cm 이상
	040	080	150		151
용기 재질	유리		플라스틱A		플라스틱B
	G1		P1		P2
용도	스킨	토너	에멀전		크림
	S77	T78	E85		C26

〈제품 정보〉

ㄱ. A화장품 토너 기본형 용기로 높이는 14cm이며, 유리로 만들어졌다.
ㄴ. 용량이 100mL인 플라스틱 튜브형 크림은 용기 높이가 약 17cm이다.
ㄷ. 특별 프로모션으로 나온 K회사 화장품 에멀전은 150mL의 유리 용기에 담겨있다.
ㄹ. B코스메틱의 스킨은 200mL로 플라스틱B 기본형 용기에 들어있다.

① TBK151P2C26
② CRZ150P1S77
③ CRQ080G1E85
④ CRZ150G1T78

36 다음 엑셀 시트에서 [A8] 셀에 수식 「=A$1+$A5」를 입력한 후 [A8] 셀을 복사하여 [C7] 셀에 붙여넣기를 하였다. 계속해서 [C7]을 다시 복사하여 [B8] 셀에 붙여넣기를 하였을 때 나타나는 결괏값은?

	A	B	C
1	62	23	34
2	3	56	5
3	45	4	45
4	34	56	67
5	23	76	3
6			
7			
8			
9			

① 68
② 46
③ 85
④ 90

37 I빌딩의 경비원 김갑돌과 이을동 중 김갑돌은 청력이 좋지 않아 특정 날씨 조건에 따라 '삼'과 '천'을 바꾸어 알아듣는다. 예를 들면 '301호'를 '천일호'라고, '1101호'를 '삼백일호'라고 알아듣는다. 한편 이 빌딩 ○○○호 직원은 전화 통화로 경비원에게 맡겨진 자신의 물건을 가져다 줄 것을 부탁하였다. 11월 1일에서 11월 7일까지의 상황이 다음과 같다고 할 때, 경비원 김갑돌과 이을동이 7일간 301호와 1101호에 전달한 내용물은?

〈통화 내용〉

○○○호 직원 : 여기 ○○○호 직원인데요, 관리실에 맡겨져 있는 △△(주인과 호수가 표시되어 있지 않음)를 저희 사무실에 갖다 주시면 고맙겠습니다.

경비원 : 알겠습니다.

〈상황〉

• 근무 일정 및 날씨

일자 / 날씨	11월 1일 / 종일 맑음	11월 2일 / 종일 비	11월 3일 / 종일 맑음	11월 4일 / 종일 맑음	11월 5일 / 종일 맑음	11월 6일 / 종일 흐림	11월 7일 / 종일 비
근무자	김갑돌	이을동	김갑돌	이을동	김갑돌	이을동	김갑돌
발신자	1101호 직원	1101호 직원	–	–	301호 직원	301호 직원	–
요청사항	천 묶음 전달	삼 묶음 전달	–	–	천백 원 봉투 전달	삼백 원 봉투 전달	–

• 김갑돌과 이을동은 1일씩 근무하고 밤 12시 정각에 교대한다.
• 이 경비실에는 상기 기간 동안 천 2묶음, 삼 2묶음, 천백 원 봉투 2개, 삼백 원 봉투 2개가 맡겨져 있다.
• 청력 상태
 – 김갑돌 : 날씨가 맑지 않으면 위와 같이 '삼'과 '천'을 바꾸어 알아듣는다.
 – 이을동 : 날씨에 아무런 영향을 받지 않고, 정상적으로 알아듣는다.
• 특이사항 : 이을동은 11월 2일에 전화받은 내용을 미처 실행에 옮기지 못하여 김갑돌에게 교대하기 10분 전에 "삼 묶음을 1101호에 내일 전달해 주세요."라고 말하였고, 김갑돌은 알아들었다고 했다.

	301호	1101호
①	천 묶음, 삼백 원 봉투, 천백 원 봉투	천 묶음
②	삼 묶음, 천 묶음	삼백 원 봉투, 천백 원 봉투
③	천 묶음, 삼백 원 봉투	천 묶음, 삼 묶음
④	삼백 원 봉투, 천백 원 봉투	천 묶음, 삼백 원 봉투

〈사내 복지정책 및 대출제도〉

구분	내용	혜택	세부사항
복지	경조사	• 생일 : 10만 원	
		• 결혼 : 50만 원	• 입사 후 만 1년 이상, 본인이나 배우자 모두 I은행 직원일 경우, 1.5배씩 지원
		• 출산(등본상 기준) - 첫째 100만 원 - 둘째 150만 원 - 셋째 이상 200만 원	• 입사 후 만 2년 이상, 본인, 배우자 중 한 사람 이상 결혼 축하금을 받았을 경우, 20만 원씩 추가 지원 • 다태아일 경우, 등본상 순서로 지원
		• 부모님 경조사 : 20만 원	
	학자금	• 본인 대학교 학자금	• 입사 후 만 1년 이상, 잔여 대출원금의 50% 지원
		• 본인 대학원 학자금	• 입사 후 만 2년 이상, 잔여 대출원금의 80% 지원
		• 초·중학생 자녀 학자금	• 입사 후 만 2년 이상, 자녀 1인당 연 50만 원 지원
		• 고등학생 자녀 학자금	• 입사 후 만 3년 이상, 자녀 1인당 연 100만 원 지원(3년 차 미만일 경우 50만 원)
		• 대학생 자녀 학자금	• 입사 후 만 4년 이상, 자녀 1인당 연 200만 원 지원(4년 차 미만일 경우 100만 원)
대출	주택	• 저금리 주택 지원 대출	• 입사 후 만 1년 이상, 최대 2,000만 원, 연이율 2.7% • 입사 후 만 2년 이상, 최대 3,000만 원, 연이율 2.3% • 입사 후 만 3년 이상, 최대 5,000만 원, 연이율 2.1% • 입사 후 만 5년 이상, 최대 10,000만 원, 연이율 1.8%

※ 별도의 사항이 명시되지 않은 경우, 입사 연차 제한이 없음
※ 현재 날짜는 2024년 9월 1일임

38 A대리가 복지부서에 문의한 내용이 다음과 같을 때, A대리가 받을 수 있는 사내 복지 혜택 총 금액은 얼마인가?

〈문의 내용〉

안녕하세요, 영업부서에 근무 중인 A대리입니다. 올해 직원복지 지원금을 신청하고 싶은데요, 얼마나 받을 수 있는지 몰라서 문의드려요. 저는 2021년 11월에 입사해, 올해 1월 □□사에서 일하는 아내와 결혼을 했고요, 아내는 현재 중학생인 딸아이가 한 명 있어요. 제 등본으로 들어와서 이제 제 딸아이이기도 하고요. 그리고 지난 달 말 제 생일에 저희 아이가 태어났어요. 올해 들어와서는 지원금 신청을 아직 못했는데, 총 얼마를 받을 수 있을까요?

① 160만 원 ② 180만 원
③ 210만 원 ④ 280만 원

39 다음은 B직원과 복지부서 담당자가 대화한 내용이다. B직원이 지원받을 금액은 총 얼마인가?

> B직원 : 안녕하세요. 사내 학자금 지원금과 주택 지원 대출을 받고 싶어서요.
> 복지팀 : 안녕하세요. 입사 연차에 따라 지원받을 수 있는 내용이 달라 혹시 입사일이 언제인가요?
> B직원 : 작년 3월 초에 입사했어요.
> 복지팀 : 아 그러시면, 입사하신 지 2년이 좀 안되신 거군요. 일단, 만 1년 이상이므로 학자금 지원금은 경우에 따라서 신청이 가능할 것 같고요. 주택 지원 대출은 한도 내에서 연이율 2.7%로 가능해요.
> B직원 : 대학교 학자금은 다 상환했는데, 대학원 학자금이 1,500만 원 남아있어요. 농어촌 학자금이라 무이자이고요. 주택은 지금 전세를 알아봤는데 5,000만 원이라 절반만 대출받으면 될 것 같아요.

① 1,500만 원   ② 2,000만 원
③ 2,500만 원   ④ 4,000만 원

40 39번의 B직원이 재작년 3월 초에 입사했다면, B직원이 지원받을 총금액은 얼마인가?

① 3,700만 원   ② 4,000만 원
③ 4,200만 원   ④ 4,500만 원

| 금융일반 - 객관식 |

01 다음 빈칸 안에 들어갈 내용으로 적절한 것은?

> 원유수입가격 상승 시 원유수입국의 소비자물가지수는 ___가___ 하고, 생산자물가지수는 ___나___ 하며,
> GDP 디플레이터는 ___다___ 한다.

	가	나	다
①	불변	불변	상승
②	상승	불변	상승
③	불변	상승	상승
④	상승	상승	상승

02 토지 공급의 가격탄력성이 완전히 비탄력적일 때, 다음 중 토지 공급에 세금을 부과할 경우 미치는 영향에 대한 설명으로 옳은 것은?(단, 토지 수요의 가격탄력성은 단위탄력적이다)

① 토지의 수요자가 실질적으로 세금을 모두 부담한다.

② 토지의 공급자가 실질적으로 세금을 모두 부담한다.

③ 토지의 수요자와 공급자가 모두 세금을 부담하지 않는다.

④ 토지의 수요자와 공급자가 모두 세금을 부담하지만 수요자가 더 많이 부담한다.

03 A국에서 중앙은행이 최초로 100 단위의 본원통화를 공급하였다. 민간현금보유비율이 0.1이고, 은행의 지급준비율이 0.2일 때, A국의 통화량은?(단, 소수점 첫째 자리에서 반올림하여 정수 단위까지 구한다)

① 333

② 357

③ 500

④ 833

04 다음 〈보기〉 중 유상증자, 무상증자 청약방법에 대한 설명으로 옳지 않은 것을 모두 고르면?

> **보기**
> ㉠ 무상증자는 별도의 청약절차가 필요 없다.
> ㉡ 유상증자 청약 시 거래하고 있는 증권사 지점 방문으로만 신청이 가능하다.
> ㉢ 주주배정 유상증자는 신주배정기준일까지 해당 주식을 보유한 주주를 대상으로 한다.
> ㉣ 유상증자를 청약할 때 청약금액의 50%를 청약증거금으로 계좌에 입금해야 한다.

① ㉠, ㉡
② ㉠, ㉢
③ ㉡, ㉢
④ ㉡, ㉣

05 다음 중 마케팅믹스의 4P에 해당하지 않는 것은?

① Product
② Price
③ Promotion
④ Path

06 다음 중 테일러(F. Taylor)의 과학적 관리의 특징으로 옳지 않은 것은?

① 컨베이어 시스템
② 작업지도표 제도
③ 차별적 성과급제
④ 기능식 직장제도

07 최근 3개월 자료로 가중이동평균법을 적용할 때, 5월의 예측 생산량은?(단, 가중치는 0.5, 0.3, 0.2를 적용한다)

<월별 생산량>

구분	1월	2월	3월	4월
제품생산량(개)	90만	70만	90만	110만

① 87만 개
② 90만 개
③ 93만 개
④ 96만 개

08 다음 중 허시와 블랜차드(P. Hersey & K. H. Blanchard)의 상황적 리더십 이론에 대한 설명으로 옳은 것은?

① 구성원의 성과에 따른 리더의 보상에 초점을 맞춘다.

② 리더는 구성원의 성숙도에 맞는 리더십을 행사함으로써 리더십 유효성을 높일 수 있다.

③ 리더가 구성원을 섬기고 봉사함으로써 조직을 이끈다.

④ 리더십 유형은 지시형, 설득형, 거래형, 희생형의 4가지로 구분된다.

09 해외 원자재 가격 상승과 이상기온 현상 등의 문제로 국내 물가가 치솟고 있는 상황이다. 다음 중 국내 물가를 안정시키기 위한 정책으로 적절하지 않은 것은?

① 기준금리를 인상하여 인플레이션을 억제시킨다.

② 한국은행은 통화안정증권을 시중은행에 매각한다.

③ 정부가 재정지출을 축소한다.

④ 원화가치의 하락세를 유도한다.

10 재무비율 분석을 분류할 때 활동성비율, 안정성비율, 수익성비율의 순서로 알맞은 것은?

① 토빈의 Q 비율 – 유동비율 – 순이익증가율

② 매출액증가율 – 유동비율 – 재고자산회전율

③ 재고자산회전율 – 주가순자산비율 – 매출액순이익률

④ 재고자산회전율 – 자기자본비율 – 주당순이익

11 다음 중 생산관리에 대한 설명으로 옳지 않은 것은?

① 메이요는 표준시간 설정에 따른 과학적 관리 및 과업관리를 주창하여 현대생산관리가 나타나게 되었다.

② 생산관리는 생산과 생산시스템을 연구의 대상으로 하고 있다.

③ 생산활동에 대한 이론은 스미스의 분업이론, 바비지의 시간연구 및 공정분석에 의한 분업 실천화 방안에 기초하고 있다.

④ 생산관리론은 SA, OR, 컴퓨터 과학 등 현대 과학기술의 발전으로 팽창되었다.

12 다음은 제품들을 제품의 관여도와 브랜드 차이에 따라 네 영역으로 구분한 것이다. 이에 대한 〈보기〉의 설명 중 옳은 것을 모두 고르면?

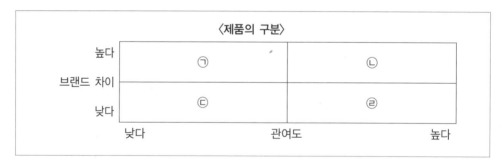

보기
㉠ 자동차와 같이 가격이 높고 상표 간의 차이가 큰 제품을 오랜 기간 고민하여 구매함
㉡ 샴푸와 같이 제품 품질에 크게 불만을 가지고 있지는 않지만 쉽게 싫증을 내고 변화를 추구함
㉢ 식용유, 소금과 같이 제품별로 차이가 크지 않아 익숙한 제품들을 중심으로 구매함
㉣ 냉장고, TV와 같이 제품을 선택할 때 확신을 가지기 어려워 결정에 어려움을 느낌

① ㉠, ㉡
② ㉠, ㉢
③ ㉡, ㉢
④ ㉢, ㉣

13 인플레이션은 경제에 여러 영향을 끼치므로 통화당국은 과도한 인플레이션이 생기지 않도록 노력한다. 다음 중 인플레이션의 해악으로 보기 어려운 것은?

① 인플레이션은 기업의 가격조정 비용을 야기한다.
② 기대한 인플레이션은 채무자와 채권자 사이에 부를 재분배시킨다.
③ 인플레이션은 상대가격을 혼란시켜 자원의 효율적 배분을 저해한다.
④ 인플레이션이 심하면 정상적인 거래를 방해해 거래를 감소시킨다.

14 어떤 한 가지를 선택했기 때문에 포기해야 하는 다른 선택의 가치를 기회비용이라고 한다. 다음 중 기회비용의 예에 해당하지 않는 것은?

① 영화관람을 위해 포기해야 하는 공부시간
② 돈이 부족하여 구입을 포기한 자동차
③ 점심식사 메뉴로 자장면을 주문하면서 포기한 짬뽕
④ 주차장으로 사용하는 공터의 다른 이용 가능성

15 두 개의 지역 A와 B로 나누어진 I시는 도심공원을 건설할 계획이다. 두 지역에 거주하는 지역주민의 공원에 대한 수요곡선과 공원 건설의 한계비용곡선이 다음과 같을 때 사회적으로 최적인 (Socially Optimal) 도심공원의 면적은?(단, P_A는 A지역 주민이 지불하고자 하는 가격, P_B는 B지역 주민이 지불하고자 하는 가격, Q는 공원면적, MC는 한계비용이다)

- A지역 주민의 수요곡선 : $P_A = 10 - Q$
- B지역 주민의 수요곡선 : $P_B = 10 - \frac{1}{2}Q$
- 한계비용곡선 : $MC = 5$

① 4
② 5
③ 6
④ 10

16 다음 중 수요의 탄력성에 대한 설명으로 옳은 것은?

① 재화가 기펜재라면 수요의 소득탄력성은 양(+)의 값을 갖는다.

② 두 재화가 서로 대체재의 관계에 있다면 수요의 교차탄력성은 음(−)의 값을 갖는다.

③ 우하향하는 직선의 수요곡선상에 위치한 두 점에서 수요의 가격탄력성은 동일하다.

④ 수요곡선이 수직선일 때 모든 점에서 수요의 가격탄력성은 '0'이다.

17 다음 중 독점기업의 가격전략에 대한 설명으로 옳지 않은 것은?

① 독점기업이 시장에서 한계수입보다 높은 수준으로 가격을 책정하는 것은 가격차별전략이다.

② 1급 가격차별의 경우 생산량은 완전경쟁시장과 같다.

③ 2급 가격차별은 소비자들의 구매수량과 같이 구매 특성에 따라서 다른 가격을 책정하는 경우 발생한다.

④ 3급 가격차별의 경우 재판매가 불가능해야 가격차별이 성립한다.

18 다음 중 생산물에 물품세가 부과될 경우 상품시장과 노동시장에서 발생하는 현상으로 옳은 것은? (단, 상품시장과 노동시장은 완전경쟁시장이며, 생산에서 자본은 고정되어 있다)

① 고용은 감소한다.

② 임금은 상승한다.

③ 구매자가 내는 상품가격이 하락한다.

④ 노동공급곡선이 왼쪽으로 이동한다.

19 쿠르노(Cournot) 경쟁을 하는 복점시장에서 역수요함수는 $P = 18 - q_1 - q_2$이다. 두 기업의 비용구조는 동일하며 고정비용 없이 한 단위당 생산비용은 6일 때, 기업 1의 균형가격과 균형생산량은?(단, P는 가격, q_1은 기업 1의 생산량, q_2는 기업 2의 생산량이다)

① $P = 10$, $q_1 = 2$

② $P = 10$, $q_1 = 4$

③ $P = 14$, $q_1 = 4$

④ $P = 14$, $q_1 = 8$

20 다음 중 확장적 통화정책이 미치는 영향으로 옳은 것은?

① 건강보험료가 인상되어 정부의 세금수입이 늘어난다.

② 이자율이 하락하고, 소비 및 투자가 감소한다.

③ 이자율이 상승하고, 환율이 하락한다.

④ 은행이 채무불이행 위험을 줄이기 위해 더 높은 이자율과 담보비율을 요구한다.

21 다음 빈칸에 들어갈 내용이 순서대로 바르게 짝지어진 것은?

> 농산물은 ___㉠___ 이므로 수요의 가격탄력성이 '비탄력적'이다. 이 경우 농산물의 공급이 증가하면 가격이 상대적으로 ___㉡___ 폭으로 하락할 뿐 아니라 가격 하락에도 불구하고 수요가 크게 늘지 않기 때문에 전체적으로 ___㉢___ 한다.

	㉠	㉡	㉢
①	사치재	큰	수입이 감소
②	필수재	큰	비용이 증가
③	사치재	작은	수입이 감소
④	필수재	큰	수입이 감소

22 다음 내용을 참고할 때, 한계소비성향(MPC) 변화에 따른 현재 소비자들의 소비 변화폭을 구하면?

> • 기존 소비자들의 연간 소득은 3,000만 원이며, 한계소비성향은 0.6을 나타내었다.
> • 현재 소비자들의 연간 소득은 4,000만 원이며, 한계소비성향은 0.7을 나타내었다.

① 700만 원   ② 1,100만 원

③ 1,800만 원   ④ 2,500만 원

23 다음 중 케인스 소비함수에 대한 설명으로 옳지 않은 것은?

① 한계소비성향은 0보다 크고 1보다 작다.

② 소비는 현재 소득의 함수이다.

③ 소득이 없어도 기본적인 소비는 있다.

④ 소득이 증가할수록 평균소비성향은 증가한다.

24 I사원은 로또 1등에 당첨되어 세금을 제외한 10억 원을 지급받게 되었다. 복권위원회가 다음과 같은 방식으로 당첨금을 지급하기로 했을 때, 다음 표를 참고하여 I사원이 가장 많은 돈을 지급받을 수 있는 경우는?(단, 이자율은 매년 5%이며 복리로 계산되고, 현금지급은 매년 말에 이루어진다)

<당첨금 현재가치>

기간	현재가치	연금의 현재가치
5년	0.78원	4.33원
10년	0.61원	7.72원

※ 위의 표는 이자율이 5%일 때 해당 1원의 현재가치와 해당 기간 중 매년 1원씩 연금을 받을 경우 연금합계액의 현재가치를 나타낸 것임

① 현재 10억 원

② 5년 후 13억 원

③ 10년간 매년 1억 5천만 원

④ 현재 3억 원, 5년 후 5억 원, 10년 후 8억 원

25 다음 중 우리나라 고용통계에 대한 설명으로 옳은 것은?

① 부모가 경영하는 가게에서 무급으로 하루 5시간씩 주 5일 배달 일을 도와주는 아들은 취업자이다.

② 학생은 유급 파트타임 노동을 하더라도 주로 하는 활동이 취업이 아니므로 취업자가 될 수 없다.

③ 다른 조건이 모두 동일한 상태에서 고교 졸업생 중 취업자는 줄고 대학진학자가 증가하였다면, 취업률은 감소하지만 고용률은 변화가 없다.

④ 실업률은 '(100% - 고용률)'이다.

26 다음 중 수요의 가격탄력성이 가장 높은 경우는?

① 대체재나 경쟁자가 거의 없을 때

② 구매자들이 높은 가격을 쉽게 지각하지 못할 때

③ 구매자들이 대체품의 가격을 쉽게 비교할 수 있을 때

④ 구매자들이 구매습관을 바꾸기 어려울 때

27 다음 〈보기〉 중 총수요곡선을 우측으로 이동시키는 요인으로 옳은 것을 모두 고르면?

> **보기**
>
> ㉠ 주택담보대출의 이자율 인하
> ㉡ 종합소득세율 인상
> ㉢ 기업에 대한 투자세액공제 확대
> ㉣ 물가수준 하락으로 가계의 실질자산가치 증대
> ㉤ 해외경기 호조로 순수출 증대

① ㉠, ㉡, ㉣   ② ㉠, ㉢, ㉤

③ ㉠, ㉣, ㉤   ④ ㉡, ㉢, ㉣

28 다음 중 선물거래에 대한 설명으로 옳은 것은?

① 계약당사자 간 직접거래가 이루어진다.

② 계약조건이 표준화되어 있지 않다.

③ 결제소에 의해 일일정산이 이루어진다.

④ 장외시장에서 거래가 이루어진다.

29 투자안 A와 B의 현금흐름이 다음과 같고, 자본비용이 10%라고 가정할 때, 서로 독립적인 두 투자안을 평가 시 회수기간법을 적용할 때와 순현재가치법을 적용할 때의 결과로 바르게 연결된 것은? (단, 회수기간법을 적용할 때 목표회수기간은 1.6년이라고 가정한다)

〈투자안별 현금흐름〉

투자안	투자액	1년째 수익	2년째 수익
A	−1,000	500	800
B	−200	100	200

	회수기간법	순현재가치법
①	A : 기각, B : 채택	A, B : 채택
②	A, B : 채택	A : 채택, B : 기각
③	A : 기각, B : 채택	A : 채택, B : 기각
④	A, B : 채택	A : 기각, B : 채택

30 기업 투자가 매우 부진하여 경기가 회복되고 있지 않다고 한다. 다음 〈보기〉 중 투자이론 관점에서 기업이 투자를 늘리지 않는 이유를 모두 고르면?

> **보기**
> ㉠ 금리가 충분히 낮지 않다.
> ㉡ 경제 내의 불확실성이 크다.
> ㉢ 토빈(Tobin)의 q가 충분히 높지 않다.
> ㉣ 기업의 경기회복에 대한 기대가 크지 않다.
> ㉤ 금융시장에서 투자자금을 조달하기에 애로사항이 있다.

① ㉠, ㉡, ㉣
② ㉡, ㉢, ㉤
③ ㉠, ㉡, ㉣, ㉤
④ ㉠, ㉡, ㉢, ㉣, ㉤

01 다른 조건이 일정할 때, 〈보기〉 중 통화승수의 증가를 가져오는 요인으로 옳은 것을 모두 고르면?

> **보기**
>
> ㉠ 법정지급준비율 증가
> ㉡ 법정지급준비율 하락
> ㉢ 초과지급준비율 증가
> ㉣ 초과지급준비율 하락
> ㉤ 현금통화비율 증가
> ㉥ 현금통화비율 하락

(   )

02 한계소비성향이 0.8이라면 국민소득을 500만큼 증가시키기 위해서는 정부지출을 어느 정도 늘려야 하는가?

(   )

03 다음 빈칸 A, B에 들어갈 용어로 알맞은 것을 〈보기〉에서 모두 고르면?

> 최종가격 선정 전략의 심리적 가격결정 방법 중 ___A___ 전략은 시장에서 경쟁이 치열할 때 소비자에게 심리적으로 저렴하다고 느끼게 하여 판매량을 늘리는 가격 전략이며, ___B___ 은/는 일용품처럼 장기간 소비자의 수요로 형성되는 가격이다.

> **보기**
>
> ㉠ 명성가격   ㉡ 준거가격   ㉢ 단수가격   ㉣ 관습가격
> ㉤ 기점가격   ㉥ 균일운송가격   ㉦ 구역가격   ㉧ 운송비 흡수가격

(   )

04 주식회사 I기업의 2024년 재무상태 및 영업성과 관련 자료가 다음과 같을 때 기말부채는?

• 기초자산	400원	• 총수익	200원
• 기초부채	300원	• 총비용	150원
• 기말자산	600원	• 유상증자	40원
• 기말부채	?	• 주주에 대한 현금 배당	60원

(원)

05 다음 〈보기〉 중 EOQ의 가정에 대한 설명으로 옳은 것을 모두 고르면?

> **보기**
> ㉠ 해당 품목에 대한 단위기간 중 수요는 정확하게 예측할 수 있다.
> ㉡ 주문량은 주문 순서대로 입고된다.
> ㉢ 재고 부족 현상이 발생하지 않는다.
> ㉣ 대량구매 시 일정 부분 할인을 적용한다.

(   )

01 다음 중 IPv6의 주소체계에 해당하지 않는 것은?

① Broadcast
② Unicast
③ Anycast
④ Multicast

02 다음 중 특정 필드의 검색 결과를 순서대로 출력하기 위한 SQL 명령은?

① ORDER BY
② SEQUENCE TO
③ GROUP BY
④ HAVING

03 SQL문의 DROP 명령문에서 사용되는 RESTRICT 옵션에 대한 설명으로 옳은 것은?

① 중첩된 질의를 수행한 결과로 구한 튜플들 중에 같은 값을 모두 삭제
② 제거될 테이블을 참조하는 모든 제약과 뷰가 자동적으로 삭제
③ 제거할 요소가 다른 개체에서 참조되지 않는 경우에만 삭제
④ 데이터베이스 스키마뿐만 아니라 테이블, 도메인 등 모든 원소 삭제

04 다음 프로그램의 실행 결과로 나타나는 값은?

```c
#include <stdio.h>
void main( ) {
  int array[10]={ 1, 2, 3, 4, 5, 6, 7, 8, 9, 10 };
  int i;
  int num=0;

  for (i=0; i < 10; i+=2) {
    num+=array[i];
  }
  printf("%d", num);
}
```

① 55   ② 45

③ 35   ④ 25

05 다음의 Java 프로그램에서 사용되지 않은 기법은?

```java
class Adder {
    public int add(int a, int b) { return a+b;}
    public double add(double a, double b) { return a+b;}
}
class Computer extends Adder {
    private int x;
    public int calc(int a, int b, int c) { if (a==1) return add(b, c);
    else return x;
    }
    Computer( ) { x = 0;}
}

public class Adder_Main {
    public static void main(String args[ ]) {
        Computer c = new Computer( );
        System.out.println("100 + 200 =" + c.calc(1, 100, 200));
        System.out.println("5.7 + 9.8 =" + c.add(5.7, 9.8));
    }
}
```

① 캡슐화(Encapsulation)   ② 상속(Inheritance)

③ 오버라이딩(Overriding)   ④ 오버로딩(Overloading)

06 다음 프로그램을 실행하면 [10보다 작다]로 결과가 나오도록 작성하려고 한다. 빈칸에 들어갈 알맞은 연산자를 순서대로 나열한 것은?

```
#include 〈stdio.h〉
main( )
{
    int num = 7;

    if (num   ㉠   10)
    {       printf("10보다 작다.₩n");      }

    if (num   ㉡   10)
    {       printf("10이다.₩n");          }

    if (num   ㉢   10)
    {       printf("10보다 크다.₩n"); }

}
```

① >, <, ==   ② >, ==, <
③ <, ==, >   ④ <, >, ==

07 다음 파이썬 프로그램의 실행 결과로 옳은 것은?

```
>>> data = ["A", "b", "C", "d"]
>>> print(data[::-1])
```

① ['A', 'b', 'C', 'd']
② ['d', 'C', 'b', 'A']
③ ['a', 'B', 'c', 'D']
④ ['A', 'B', 'C', 'D']

08 정보검색 엔진에서 AND, OR, NOT과 같은 연산자가 사용된다. 이 연산자를 무슨 연산자라 하는가?

① 키워드 연산자
② 우선 연산자
③ 드모르간 연산자
④ 부울 연산자

09 다음 중 데이터베이스 관리자시스템(DBMS)의 운용 시 고려사항으로 거리가 먼 것은?

① 다수 사용자의 이용에 따른 시스템의 보안 기능 확보
② 효율적 운영 및 성능 최적화를 위한 관련 전문가의 확보 요구
③ 다양한 장애에 대비한 백업 파일의 확보
④ 효율적 검색지원을 위해 데이터 구조의 비표준화를 적극 추진

10 다음 중 유닉스에 대한 설명으로 옳지 않은 것은?

① 상당 부분 C 언어를 사용하여 작성되었으며, 이식성이 우수하다.
② 사용자는 하나 이상의 작업을 백그라운드에서 수행할 수 있어 여러 개의 작업을 병행 처리할 수 있다.
③ 쉘(Shell)은 프로세스 관리, 기억장치 관리, 입출력 관리 등의 기능을 수행한다.
④ 두 사람 이상의 사용자가 동시에 시스템을 사용할 수 있어 정보와 유틸리티들을 공유하는 편리한 작업 환경을 제공한다.

11 다음 중 색인 순차 파일의 인덱스에 포함되지 않는 것은?

① 오버플로 인덱스(Overflow Index)

② 마스터 인덱스(Master Index)

③ 트랙 인덱스(Track Index)

④ 실린더 인덱스(Cylinder Index)

12 주기억장치 배치 전략 기법으로 최적 적합을 사용할 때 다음과 같은 기억 장소 리스트에서 10K 크기의 작업은 어느 기억 공간에 할당되는가?

영역 기호	운영체제
A	사용 중
B	5K
C	사용 중
D	15K
E	사용 중
F	25K

① B

② C

③ D

④ F

13 주기억장치의 관리 기법인 First Fit, Best Fit, Worst Fit 방법을 각각 적용할 경우 9K의 프로그램이 할당될 영역이 순서대로 바르게 짝지어진 것은?

영역 1	9K
영역 2	15K
영역 3	10K
영역 4	30K

① 1, 1, 4

② 1, 4, 2

③ 4, 3, 4

④ 4, 3, 2

14 다음 표는 고정 분할에서의 기억장치 단편화(Fragmentation) 현상을 보이고 있다. 외부단편화 (External Fragmentation)의 크기는 모두 얼마인가?(단, 페이지 크기의 단위는 K를 사용한다)

	분할의 크기		작업의 크기
A	20K	←	10K
B	50K	←	60K
C	120K	←	160K
D	200K	←	100K
E	300K	←	150K

① 480K ② 430K
③ 260K ④ 170K

15 다음 중 운영체제의 발전 과정을 순서대로 바르게 나열한 것은?

① 다중 처리 → 일괄 처리 → 분산 처리
② 일괄 처리 → 다중 처리 → 분산 처리
③ 다중 처리 → 분산 처리 → 일괄 처리
④ 일괄 처리 → 분산 처리 → 다중 처리

16 다음 중 분산 데이터베이스 시스템의 장점으로 옳지 않은 것은?

① 중앙식 데이터베이스 시스템에 비해 설계 및 구축 비용을 절약할 수 있다.
② 데이터베이스 구축 이후에 점차적으로 새로운 사이트를 추가할 수 있다.
③ 특정한 사이트에서 장애가 발생하더라도 다른 사이트는 계속 운용할 수 있다.
④ 해당 지역에 필요한 데이터를 지역적으로 관리할 수 있다.

17 입교 지원현황을 조회하고자 할 때 다음 SQL 구문으로 알 수 없는 것은?

> SELECT 지원, 지원학과, 전화번호 FROM 지원자
> WHERE 점수>59 ORDER BY 지원학과, 점수 DESC

① 지원자 테이블을 검색한다.
② 점수가 60점 이상인 지원자만을 검색한다.
③ 지원자 전체에 대해 점수순(내림차순)으로 정렬된다.
④ 지원학과별 점수 순위를 알 수 있다.

18 데이터베이스 설계 단계 중 저장 레코드 양식 설계, 레코드 집중의 분석 및 설계, 접근 경로 설계와 관계되는 것은?

① 논리적 설계   ② 요구 조건 분석
③ 개념적 설계   ④ 물리적 설계

19 기본 키에 속해 있는 애트리뷰트는 항상 널(Null) 값을 가질 수 없는 제약을 무엇이라고 하는가?

① 개체 무결성   ② 참조 무결성
③ 키 무결성   ④ 널 무결성

20 다음 중 자료(Data)와 정보(Information)에 대한 설명으로 옳은 것은?

① 정보란 자료를 처리해서 얻을 수 있는 결과이다.

② 자료란 적절한 의사결정의 수단으로 사용할 수 있는 시작이다.

③ 정보란 현실 세계에 존재하는 가능하지 않은 그대로의 모습을 의미한다.

④ 자료와 정보는 같은 의미이다.

21 다음 중 데이터베이스의 특성으로 옳지 않은 것은?

① 실시간 접근성(Real - Time Accessibility)

② 내용에 의한 참조(Content Reference)

③ 동시 공유(Concurrent Sharing)

④ 이산적 변화(Discrete Evolution)

22 모든 응용 프로그램이나 사용자들이 필요로 하는 데이터를 통합한 조직 전체의 데이터베이스 구조를 논리적으로 정의하는 스키마는?

① 개념 스키마   ② 외부 스키마

③ 내부 스키마   ④ 처리 스키마

23 다음 중 암호화 기법인 RSA의 특징으로 옳지 않은 것은?

① 암호키와 복호키 값이 서로 다르다.

② 키의 크기가 작고 알고리즘이 간단하여 경제적이다.

③ 적은 수의 키만으로 보안 유지가 가능하다.

④ 데이터 통신 시 암호키를 전송할 필요가 없고, 메시지 부인 방지 기능이 있다.

PART 3

24 다음 중 IP(Internet Protocol)에 대한 설명으로 옳지 않은 것은?

① 신뢰성이 부족한 비연결형 서비스를 제공하기 때문에 상위 프로토콜에서 이러한 단점을 보완해야 한다.

② IP 프로토콜은 직접 전송과 간접 전송으로 나누어지며, 직접 전송은 패킷의 최종 목적지와 같은 물리적인 네트워크에 연결된 라우터에 도달할 때까지를 말한다.

③ 송신자가 여러 개인 데이터 그램을 보내면서 순서가 뒤바뀌어 도달할 수 있다.

④ 각 데이터 그램이 독립적으로 처리되고 목적지까지 다른 경로를 통해 전송될 수 있다.

25 다음 중 정보보안 기술에 대한 설명으로 옳지 않은 것은?

① FIDO : 암호화된 키, 패스워드, 디지털 인증서 등을 저장할 수 있는 안전한 저장 공간을 제공하는 보안 모듈

② FDS : 결제자의 정보를 토대로 패턴을 만들어 의심 거래 등을 차단하는 시스템

③ 양자 암호 : 양자의 복사 불가능 등 양자역학의 원리를 응용한 암호방식

④ 재식별화 : 비식별화된 개인정보를 다른 정보와 조합·분석하거나 처리하여 특정 개인을 다시 식별할 수 있게 하는 방법

26 다음 대화에 나타난 정보보안을 위협하는 공격으로 옳은 것은?

> A대리 : 그동안 무서운 해킹이 있었지. 해커들이 우리 기업의 네트워크를 1년 이상 지속적으로 공격해서 중요 정보가 유출될 뻔했대.
>
> B대리 : 아! 저도 들었어요. 직원들 PC에 악성코드를 감염시키고, 이를 통해 우리 기업의 네트워크에 침투하였죠.
>
> C대리 : 네. 이를 방지하기 위해서는 여러 취약점을 분석하여 종합적인 보안체계를 정비해야 하고, 엔드포인트 보안, 접근 권한 관리, 중요정보의 암호화 등이 필요해요. 저는 DLP 솔루션을 도입하는 방법도 괜찮은 것 같아요.

① APT 공격　　　　　　　　　　② 큐싱(Qshing)
③ 랜섬웨어(Ransom Ware)　　　　④ Drive by Download 공격

27 다음 중 프로토콜의 기본 구성 요소가 아닌 것은?

① 인터페이스　　　　　　　　　　② 구문
③ 의미　　　　　　　　　　　　　④ 타이밍

28 다음 중 정보시스템의 규모 산정 절차에 대한 설명으로 옳지 않은 것은?

① ㉠ : 사용자와의 협의를 통해 기초적 업무 분석과 구축방향을 설정한다.
② ㉡ : 각 업무의 예상 부하를 합산하여 기준 부하를 선정한다.
③ ㉢ : 기초자료 및 업무분석 내용에 대한 검증을 수행한다.
④ ㉣ : 아키텍처 형태에 따라 서버별 가중치를 적용한다.

29 ARQ(Automatic Repeat reQuest) 기법 중 오류가 검출된 해당 블록만을 재전송하는 방식으로 재전송 블록 수가 적은 반면, 수신측에서 큰 버퍼와 복잡한 논리회로를 요구하는 기법은?

① Selective Repeat ARQ ② Stop and Wait ARQ
③ Go-Back-N ARQ ④ Adaptive ARQ

30 다음 C 프로그램의 실행 결과로 옳은 것은?

```
#include <stdio.h>
int main()
{
    int sum=95;
    sum+=3;
    printf("95+3=%d\n", sum);
     return 0;
}
```

① 98 ② 92
③ 0 ④ 95

01   다음 빈칸 A, B에 들어갈 용어로 알맞은 것을 〈보기〉에서 모두 고르면?

> ___A___ 은/는 영리를 목적으로 유명 기업이나 단체 등의 이름과 동일한 인터넷 도메인 네임을 선점하는 행위를 말하고, ___B___ 은/는 사이트 접속 시 주소를 잘못 입력하는 실수를 이용하기 위해 이와 유사한 유명 도메인을 미리 등록하는 행위를 말한다.

> **보기**
>
> ㉠ 사이버 리터러시(Cyber Literacy)　　　　㉡ 폴리스패머(Polispamer)
> ㉢ 타이포스쿼팅(Typo-squatting)　　　　　㉣ 넷스케이프(Netscape)
> ㉤ 사이버스쿼팅(Cyber-squatting)　　　　　㉥ 트래픽 패딩(Traffic Padding)
> ㉦ 스마트몹(Smart Mob)

(　　　　　　　　　　　　　　　)

02   다음 〈보기〉 중 DRAM에 대한 설명으로 옳은 것을 모두 고르면?

> **보기**
>
> ㉠ 주기적인 재충전(Refresh)이 필요하며, CPU에 적합
> ㉡ 재충전이 필요 없고, 액세스 속도가 빨라 캐시(Cache) 메모리에 적합
> ㉢ 소비 전력이 높은 반면, 구성 회로가 복잡하여 집적도가 낮음
> ㉣ 소비 전력이 낮은 반면, 구성 회로가 간단하여 집적도가 높음
> ㉤ 가격이 저렴하고, 콘덴서에서 사용
> ㉥ 가격이 비싸고, 플립플롭(Flip-Flop)으로 구성

(　　　　　　　　　　　　　　　)

03   다음 〈보기〉 중 파이썬 함수에 대한 설명으로 옳은 것을 모두 고르면?

> **보기**
>
> ㉠ str( )함수는 객체를 문자열로 변환한다.
> ㉡ ord( )함수는 문자의 코드 값을 구한다.
> ㉢ dir( )함수는 객체의 애트리뷰트(함수, 변수 등)를 리턴한다.
> ㉣ hex( )함수는 10진수에서 16진수로 변환한다.
> ㉤ oct( )함수는 자료 순서를 역순으로 정렬한다.

(　　　　　　　　　　　　　　　)

04 어떤 프로젝트를 완성하기 위해 작업 분할(Work Breakdown)을 통해 파악된 다음 소작업(Activity) 목록을 AOE(Activity On Edge) 네트워크로 표현하였을 때, 이 프로젝트가 끝날 수 있는 가장 빠른 소요시간은?

소작업 이름	소요시간	선행 소작업
a	5	없음
b	5	없음
c	8	a, b
d	2	c
e	3	b, c
f	4	d
g	5	e, f

(   )

05 다음 프로그램의 실행 결과로 나타나는 값은?

```
#include 〈stdio.h〉
int main( )
{
    int i,tot=0;
    int a[10]={10,37,23,4,8,71,23,9,52,41};
    for(i=0;i〈10;i++){
        tot+=a[i];
        if(tot〉=100){
            break;
        }
    }
    printf("%d\n",tot);
}
```

(   )

합 격 의
공 식
시대에듀
SDEDU

얼마나 많은 사람들이 책 한 권을 읽음으로써
인생에 새로운 전기를 맞이했던가.

– 헨리 데이비드 소로 –

PART 4

면접

01 | 면접 유형 및 실전 대책

01 면접 주요사항

면접의 사전적 정의는 면접관이 지원자를 직접 만나보고 인품(人品)이나 언행(言行) 따위를 시험하는 일로, 흔히 필기시험 후에 최종적으로 심사하는 방법이다.

최근 주요 기업의 인사담당자들을 대상으로 채용 시 면접이 차지하는 비중을 설문조사했을 때, 50 ~ 80% 이상이라고 답한 사람이 전체 응답자의 80%를 넘었다. 이와 대조적으로 지원자들을 대상으로 취업 시험에서 면접을 준비하는 기간을 물었을 때, 대부분의 응답자가 2 ~ 3일 정도라고 대답했다.

지원자가 일정 수준의 스펙을 갖추기 위해 자격증 시험과 토익을 치르고 이력서와 자기소개서까지 쓰다 보면 면접까지 챙길 여유가 없는 것이 사실이다. 그리고 서류전형과 인적성검사를 통과해야만 면접을 볼 수 있기 때문에 자연스럽게 면접은 취업시험 과정에서 그 비중이 작아질 수밖에 없다. 하지만 아이러니하게도 실제 채용 과정에서 면접이 차지하는 비중은 절대적이라고 해도 과언이 아니다.

기업들은 채용 과정에서 토론 면접, 인성 면접, 프레젠테이션 면접, 역량 면접 등의 다양한 면접을 실시한다. 1차 커트라인이라고 할 수 있는 서류전형을 통과한 지원자들의 스펙이나 능력은 서로 엇비슷하다고 판단되기 때문에 서류상 보이는 자격증이나 토익 성적보다는 지원자의 인성을 파악하기 위해 면접을 더욱 강화하는 것이다. 일부 기업은 의도적으로 압박 면접을 실시하기도 한다. 지원자가 당황할 수 있는 질문을 던져서 그것에 대한 지원자의 반응을 살펴보는 것이다.

면접은 다르게 생각한다면 '나는 누구인가'에 대한 물음에 해답을 줄 수 있는 가장 현실적이고 미래적인 경험이 될 수 있다. 취업난 속에서 자격증을 취득하고 토익 성적을 올리기 위해 앞만 보고 달려온 지원자들은 자신에 대해서 고민하고 탐구할 수 있는 시간을 평소 쉽게 가질 수 없었을 것이다. 자신을 잘 알고 있어야 자신에 대해서 자신감 있게 말할 수 있다. 대체로 사람들은 자신에게 관대한 편이기 때문에 자신에 대해서 어떤 기대와 환상을 가지고 있는 경우가 많다. 하지만 면접은 제삼자에 의해 개인의 능력을 객관적으로 평가받는 시험이다. 어떤 지원자들은 다른 사람에게 자신을 표현하는 것을 어려워한다. 평소에 잘 사용하지 않는 용어를 내뱉으면서 거창하게 자신을 포장하는 지원자도 많다. 면접에서 가장 기본은 자기 자신을 면접관에게 알기 쉽게 표현하는 것이다.

이러한 표현을 바탕으로 자신이 앞으로 하고자 하는 것과 그에 대한 이유를 설명해야 한다. 최근에는 자신감을 향상시키거나 말하는 능력을 높이는 학원도 많기 때문에 얼마든지 자신의 단점을 극복할 수 있다.

1. 자기소개의 기술

자기소개를 시키는 이유는 면접자가 지원자의 자기소개서를 압축해서 듣고, 지원자의 첫인상을 평가할 시간을 가질 수 있기 때문이다. 면접을 위한 워밍업이라고 할 수 있으며, 첫인상을 결정하는 과정이므로 매우 중요한 순간이다.

(1) 정해진 시간에 자기소개를 마쳐야 한다.

쉬워 보이지만 의외로 지원자들이 정해진 시간을 넘기거나 혹은 빨리 끝내서 면접관에게 지적을 받는 경우가 많다. 본인이 면접을 받는 마지막 지원자가 아닌 이상, 정해진 시간을 지키지 않는 것은 수많은 지원자를 상대하기에 바쁜 면접관과 대기 시간에 지친 다른 지원자들에게 불쾌감을 줄 수 있다.
또한 회사에서 시간관념은 절대적인 것이므로 반드시 자기소개 시간을 지켜야 한다. 말하기는 1분에 200자 원고지 2장 분량의 글을 읽는 만큼의 속도가 가장 적당하다. 이를 A4 용지에 10point 글자 크기로 작성하면 반 장 분량이 된다.

(2) 간단하지만 신선한 문구로 자기소개를 시작하자.

요즈음 많은 지원자가 이 방법을 사용하고 있기 때문에 웬만한 소재의 문구가 아니면 면접관의 관심을 받을 수 없다. 이러한 문구는 시대적으로 유행하는 광고 카피를 패러디하는 경우와 격언 등을 인용하는 경우, 그리고 지원한 회사의 CI나 경영이념, 인재상 등을 사용하는 경우 등이 있다. 지원자는 이러한 여러 문구 중에 자신의 첫인상을 북돋아 줄 수 있는 것을 선택해서 말해야 한다. 자신의 이름을 문구 속에 적절하게 넣어서 말한다면 좀 더 효과적인 자기소개가 될 것이다.

(3) 무엇을 먼저 말할 것인지 고민하자.

면접관이 많이 던지는 질문 중 하나가 지원동기이다. 그래서 성장기를 바로 건너뛰고, 지원한 회사에 들어오기 위해 대학에서 어떻게 준비했는지를 설명하는 자기소개가 대세이다.

(4) 면접관의 호기심을 자극해 관심을 불러일으킬 수 있게 말하라.

면접관에게 질문을 많이 받는 지원자의 합격률이 반드시 높은 것은 아니지만, 질문을 전혀 안 받는 것보다는 좋은 평가를 기대할 수 있다. 질문을 받기 위해 면접관의 호기심을 자극할 수 있는 가장 좋은 방법은 대학생활을 이야기하면서 자신의 장기를 잠깐 넣는 것이다. 물론 장기자랑에 자신감이 있어야 한다 (최근에는 장기자랑을 개인별로 시키는 곳이 많아졌다).
지원한 분야와 관련된 수상 경력이나 프로젝트 등을 말하는 것도 좋다. 이는 지원자의 업무 능력과 직접 연결되는 것이므로 효과적인 자기 홍보가 될 수 있다. 일부 지원자들은 자신만의 특별한 경험을 이야기하는데, 이때는 그 경험이 보편적으로 사람들의 공감대를 얻을 수 있는 것인지 다시 생각해봐야 한다.

(5) 마지막 고개를 넘기가 가장 힘들다.

첫 단추도 중요하지만, 마지막 단추도 중요하다. 하지만 왠지 격식을 따지는 인사말은 지나가는 인사말 같고, 다르게 하자니 예의에 어긋나는 것 같은 기분이 든다. 이때는 처음에 했던 자신만의 문구를 다시 한 번 말하는 것도 좋은 방법이다. 자연스러운 끝맺음이 될 수 있도록 적절한 연습이 필요하다.

2. 1분 자기소개 시 주의사항

(1) 자기소개서와 자기소개가 똑같다면 감점일까?

아무리 자기소개서를 외워서 말한다 해도 자기소개가 자기소개서와 완전히 똑같을 수는 없다. 자기소개서의 분량이 더 많고 회사마다 요구하는 필수 항목들이 있기 때문에 굳이 고민할 필요는 없다. 오히려 자기소개서의 내용을 잘 정리한 자기소개가 더 좋은 결과를 만들 수 있다. 하지만 자기소개서와 상반된 내용을 말하는 것은 적절하지 않다. 지원자의 신뢰성이 떨어진다는 것은 곧 불합격을 의미하기 때문이다.

(2) 말하는 자세를 바르게 익혀라.

지원자가 자기소개를 하는 동안 면접관은 지원자의 동작 하나하나를 관찰한다. 그렇기 때문에 바른 자세가 중요하다는 것은 우리가 익히 알고 있다. 하지만 문제는 무의식적으로 나오는 습관 때문에 자세가 흐트러져 나쁜 인상을 줄 수 있다는 것이다. 이러한 습관을 고칠 수 있는 가장 좋은 방법은 캠코더 등으로 자신의 모습을 담는 것이다. 거울을 사용할 경우에는 시선이 자꾸 자기 눈과 마주치기 때문에 집중하기 힘들다. 하지만 촬영된 동영상은 제삼자의 입장에서 자신을 볼 수 있기 때문에 많은 도움이 된다.

(3) 정확한 발음과 억양으로 자신 있게 말하라.

지원자의 모양새가 아무리 뛰어나도, 목소리가 작고 발음이 부정확하면 큰 감점을 받는다. 이러한 모습은 지원자의 좋은 점에까지 악영향을 끼칠 수 있다. 직장을 흔히 사회생활의 시작이라고 말하는 시대적 정서에서 사람들과 의사소통을 하는 데 문제가 있다고 판단되는 지원자는 부적절한 인재로 평가될 수밖에 없다.

3. 대화법

전문가들이 말하는 대화법의 핵심은 '상대방을 배려하면서 이야기하라.'는 것이다. 대화는 나와 다른 사람의 소통이다. 내용에 대한 공감이나 이해가 없다면 대화는 더 진전되지 않는다.

베스트셀러 『카네기 인간관계론』의 작가인 철학자 카네기가 말하는 최상의 대화법은 자신의 경험을 토대로 이야기하는 것이다. 즉, 살아오면서 직접 겪은 경험이 상대방의 관심을 끌 수 있는 가장 좋은 이야깃거리인 것이다. 특히, 어떤 일을 이루기 위해 노력하는 과정에서 겪은 실패나 희망에 대해 진솔하게 얘기한다면 상대방은 어느새 당신의 편에 서서 그 이야기에 동조할 것이다.

독일의 사업가이자, 동기부여 트레이너인 위르겐 힐러의 연설법 중 가장 유명한 것은 '시즐(Sizzle)'을 잡는 것이다. 시즐이란, 새우튀김이나 돈가스가 기름에서 지글지글 튀겨질 때 나는 소리이다. 즉, 자신의 말을 듣고 시즐처럼 반응하는 상대방의 감정에 적절하게 대응하라는 것이다.

말을 시작한 지 10 ~ 15초 안에 상대방의 '시즐'을 알아차려야 한다. 자신의 이야기에 대한 상대방의 첫 반응에 따라 말하기 전략도 달라져야 한다. 첫 이야기의 반응이 미지근하다면 가능한 한 그 이야기를 빨리 마무리하고 새로운 이야깃거리를 생각해내야 한다. 길지 않은 면접 시간 내에 몇 번 오지 않는 대답의 기회를 살리기 위해서 보다 전략적이고 냉철해야 하는 것이다.

4. 차림새

(1) 구두

면접에 어떤 옷을 입어야 할지를 며칠 동안 고민하면서 정작 구두는 면접 보는 날 현관을 나서면서 즉흥적으로 신고 가는 지원자들이 많다. 특히, 남자 지원자들이 이러한 실수를 많이 한다. 구두를 보면 그 사람의 됨됨이를 알 수 있다고 한다. 면접관 역시 이러한 것을 놓치지 않기 때문에 지원자는 자신의 구두에 더욱 신경을 써야 한다. 스타일의 마무리는 발끝에서 이루어지는 것이다. 아무리 멋진 옷을 입고 있어도 구두가 어울리지 않는다면 전체 스타일이 흐트러지기 때문이다.

정장용 구두는 디자인이 깔끔하고, 에나멜 가공처리를 하여 광택이 도는 페이턴트 가죽 소재 제품이 무난하다. 검정 계열 구두는 회색과 감색 정장에, 브라운 계열의 구두는 베이지나 갈색 정장에 어울린다. 참고로 구두는 오전에 사는 것보다 발이 충분히 부은 상태인 저녁에 사는 것이 좋다. 마지막으로 당연한 일이지만 반드시 면접을 보는 전날 구두 뒤축이 닳지는 않았는지 확인하고 구두에 광을 내 둔다.

(2) 양말

양말은 정장과 구두의 색상을 비교해서 골라야 한다. 특히 검정이나 감색의 진한 색상의 바지에 흰 양말을 신는 것은 시대에 뒤처지는 일이다. 일반적으로 양말의 색깔은 바지의 색깔과 같아야 한다. 또한 양말의 길이도 신경 써야 한다. 바지를 입을 경우, 의자에 바르게 앉거나 다리를 꼬아서 앉을 때 다리털이 보여서는 안 된다. 반드시 긴 정장 양말을 신어야 한다.

(3) 정장

지원자는 평소에 정장을 입을 기회가 많지 않기 때문에 면접을 볼 때 본인 스스로도 옷을 어색하게 느끼는 경우가 많다. 옷을 불편하게 느끼기 때문에 자세마저 불안정한 지원자도 볼 수 있다. 그러므로 면접 전에 정장을 입고 생활해 보는 것도 나쁘지는 않다.

일반적으로 면접을 볼 때는 상대방에게 신뢰감을 줄 수 있는 남색 계열의 옷이나 어떤 계절이든 무난하고 깔끔해 보이는 회색 계열의 정장을 많이 입는다. 정장은 유행에 따라서 재킷의 디자인이나 버튼의 개수가 바뀌기 때문에 너무 오래된 옷을 입어서 다른 사람의 옷을 빌려 입고 나온 듯한 인상을 주어서는 안 된다.

(4) 헤어스타일과 메이크업

헤어스타일에 자신이 없다면 미용실에 다녀오는 것도 좋은 방법이다. 그리고 자신에게 어울리는 메이크업을 하는 것도 괜찮다. 지나치게 화려한 메이크업이 아니라면 보다 준비된 지원자처럼 보일 수 있다.

5. 첫인상

취업을 위해 성형수술을 받는 사람들에 대한 이야기는 더 이상 뉴스거리가 되지 않는다. 그만큼 많은 사람이 좁은 취업문을 뚫기 위해 이미지 향상에 신경을 쓰고 있다. 이는 면접관에게 좋은 첫인상을 주기 위한 것으로, 지원서에 올리는 증명사진을 이미지 프로그램을 통해 수정하는 이른바 '사이버 성형'이 유행하는 것과 같은 맥락이다. 실제로 외모가 채용 과정에서 영향을 끼치는가에 대한 설문조사에서도 60% 이상의 인사담당자들이 그렇다고 답변했다.

하지만 외모와 첫인상을 절대적인 관계로 이해하는 것은 잘못된 판단이다. 외모가 첫인상에서 많은 부분을 차지하지만, 외모 외에 다른 결점이 발견된다면 그로 인해 장점들이 가려질 수도 있다. 이러한 현상은 아래에서 다시 논하겠다.

첫인상은 말 그대로 한 번밖에 기회가 주어지지 않으며 몇 초 안에 결정된다. 첫인상을 결정짓는 요소 중 시각적인 요소가 80% 이상을 차지한다. 첫눈에 들어오는 생김새나 복장, 표정 등에 의해서 결정되는 것이다. 면접을 시작할 때 자기소개를 시키는 것도 지원자별로 첫인상을 평가하기 위해서이다. 첫인상이 중요한 이유는 만약 첫인상이 부정적으로 인지될 경우, 지원자의 다른 좋은 면까지 거부당하기 때문이다. 이러한 현상을 심리학에서는 초두효과(Primacy Effect)라고 한다.

한 번 형성된 첫인상은 여간해서 바꾸기 힘들다. 이는 첫인상이 나중에 들어오는 정보까지 영향을 주기 때문이다. 첫인상의 정보가 나중에 들어오는 정보 처리의 지침이 되는 것을 심리학에서는 맥락효과(Context Effect)라고 한다. 따라서 평소에 첫인상을 좋게 만들기 위한 노력을 꾸준히 해야만 하는 것이다.

좋은 첫인상이 반드시 외모에만 집중되는 것은 아니다. 오히려 깔끔한 옷차림과 부드러운 표정 그리고 말과 행동 등에 의해 전반적인 이미지가 만들어진다. 누구나 이러한 것 중에 한두 가지 단점을 가지고 있다. 요즈음은 이미지 컨설팅을 통해서 자신의 단점들을 보완하는 지원자도 있다. 특히, 표정이 밝지 않은 지원자는 평소 웃는 연습을 의식적으로 하여 면접을 받는 동안 계속해서 여유 있는 표정을 짓는 것이 중요하다. 성공한 사람들은 인상이 좋다는 것을 명심하자.

1. 면접의 유형

과거 천편일률적인 일대일 면접과 달리 면접에는 다양한 유형이 도입되어 현재는 "면접은 이렇게 보는 것이다."라고 말할 수 있는 정해진 유형이 없어졌다. 그러나 현재까지는 집단 면접과 다대일 면접이 진행되고 있으므로 어느 정도 유형을 파악하여 사전에 대비가 가능하다. 면접의 기본인 단독 면접부터, 다대일 면접, 집단 면접의 유형과 그 대책에 대해 알아보자.

(1) 단독 면접

단독 면접이란 응시자와 면접관이 1대1로 마주하는 형식을 말한다. 면접위원 한 사람과 응시자 한 사람이 마주 앉아 자유로운 화제를 가지고 질의응답을 되풀이하는 방식이다. 이 방식은 면접의 가장 기본적인 방법으로 소요시간은 10 ~ 20분 정도가 일반적이다.

① 장점

필기시험 등으로 판단할 수 없는 성품이나 능력을 알아내는 데 가장 적합하다고 평가받아 온 면접방식으로 응시자 한 사람 한 사람에 대해 여러 면에서 비교적 폭넓게 파악할 수 있다. 응시자의 입장에서는 한 사람의 면접관만을 대하는 것이므로 상대방에게 집중할 수 있으며, 긴장감도 다른 면접방식에 비해서는 적은 편이다.

② 단점

면접관의 주관이 강하게 작용해 객관성을 저해할 소지가 있으며, 면접 평가표를 활용한다 하더라도 일면적인 평가에 그칠 가능성을 배제할 수 없다. 또한 시간이 많이 소요되는 것도 단점이다.

> **단독 면접 준비 Point**
>
> 단독 면접에 대비하기 위해서는 평소 1대1로 논리 정연하게 대화를 나눌 수 있는 능력을 기르는 것이 중요하다. 그리고 면접장에서는 면접관을 선배나 선생님 혹은 아버지를 대하는 기분으로 면접에 임하는 것이 부담도 훨씬 적고 실력을 발휘할 수 있는 방법이 될 것이다.

(2) 다대일 면접

다대일 면접은 일반적으로 가장 많이 사용되는 면접방법으로 보통 2 ~ 5명의 면접관이 1명의 응시자에게 질문하는 형태의 면접방법이다. 면접관이 여러 명이므로 다각도에서 질문을 하여 응시자에 대한 정보를 많이 알아낼 수 있다는 점 때문에 선호하는 면접방법이다.

하지만 응시자의 입장에서는 질문도 면접관에 따라 각양각색이고 동료 응시자가 없으므로 숨 돌릴 틈도 없게 느껴진다. 또한 관찰하는 눈도 많아서 조그만 실수라도 지나치는 법이 없기 때문에 정신적 압박과 긴장감이 높은 면접방법이다. 따라서 응시자는 긴장을 풀고 한 시험관이 묻더라도 면접관 전원을 향해 대답한다는 기분으로 또박또박 대답하는 자세가 필요하다.

① 장점

면접관이 집중적인 질문과 다양한 관찰을 통해 응시자가 과연 조직에 필요한 인물인가를 완벽히 검증할 수 있다.

② 단점

면접시간이 보통 10 ~ 30분 정도로 좀 긴 편이고 응시자에게 지나친 긴장감을 조성하는 면접방법이다.

다대일 면접 준비 Point

질문을 들을 때 시선은 면접위원을 향하고 다른 데로 돌리지 말아야 하며, 대답할 때에도 고개를 숙이거나 입속에서 우물거리는 소극적인 태도는 피하도록 한다. 면접위원과 대등하다는 마음가짐으로 편안한 태도를 유지하면 대답도 자연스러운 상태에서 좀 더 충실히 할 수 있고, 이에 따라 면접위원이 받는 인상도 달라진다.

(3) 집단 면접

집단 면접은 다수의 면접관이 여러 명의 응시자를 한꺼번에 평가하는 방식으로 짧은 시간에 능률적으로 면접을 진행할 수 있다. 각 응시자에 대한 질문내용, 질문횟수, 시간배분이 똑같지는 않으며, 모두에게 같은 질문이 주어지기도 하고, 각각 다른 질문을 받기도 한다.

또한 어떤 응시자가 한 대답에 대한 의견을 묻는 등 그때그때의 분위기나 면접관의 의향에 따라 변수가 많다. 집단 면접은 응시자의 입장에서는 개별 면접에 비해 긴장감은 다소 덜한 반면에 다른 응시자들과의 비교가 확실하게 나타나므로 응시자는 몸가짐이나 표현력·논리성 등이 결여되지 않도록 자신의 생각이나 의견을 솔직하게 발표하여 집단 속에 묻히거나 밀려나지 않도록 주의해야 한다.

① 장점

집단 면접의 장점은 면접관이 응시자 한 사람에 대한 관찰시간이 상대적으로 길고, 비교 평가가 가능하기 때문에 결과적으로 평가의 객관성과 신뢰성을 높일 수 있다는 점이며, 응시자는 동료들과 함께 면접을 받기 때문에 긴장감이 다소 덜하다는 것을 들 수 있다. 또한 동료가 답변하는 것을 들으며, 자신의 답변 방식이나 자세를 조정할 수 있다는 것도 큰 이점이다.

② 단점

응답하는 순서에 따라 응시자마다 유리하고 불리한 점이 있고, 면접위원의 입장에서는 각각의 개인적인 문제를 깊게 다루기가 곤란하다는 것이 단점이다.

집단 면접 준비 Point

너무 자기 과시를 하지 않는 것이 좋다. 대답은 자신이 말하고 싶은 내용을 간단명료하게 말해야 한다. 내용이 없는 발언을 한다거나 대답을 질질 끄는 태도는 좋지 않다. 또 말하는 중에 내용이 주제에서 벗어나거나 자기중심적으로만 말하는 것도 피해야 한다. 집단 면접에 대비하기 위해서는 평소에 설득력을 지닌 자신의 논리력을 계발하는 데 힘써야 하며, 다른 사람 앞에서 자신의 의견을 조리 있게 개진할 수 있는 발표력을 갖추는 데에도 많은 노력을 기울여야 한다.

• 실력에는 큰 차이가 없다는 것을 기억하라.
• 동료 응시자들과 서로 협조하라.
• 답변하지 않을 때의 자세가 중요하다.
• 개성 표현은 좋지만 튀는 것은 위험하다.

(4) 집단 토론식 면접

집단 토론식 면접은 집단 면접과 형태는 유사하지만 질의응답이 아니라 응시자들끼리의 토론이 중심이 되는 면접방법으로 최근 들어 급증세를 보이고 있다. 이는 공통의 주제에 대해 다양한 견해들이 개진되고 결론을 도출하는 과정, 즉 토론을 통해 응시자의 다양한 면에 대한 평가가 가능하다는 집단 토론식 면접의 장점이 널리 확산된 데 따른 것으로 보인다. 사실 집단 토론식 면접을 활용하면 주제와 관련된 지식 정도와 이해력, 판단력, 설득력, 협동성은 물론 리더십, 조직 적응력, 적극성과 대인관계 능력 등을 쉽게 파악할 수 있다.

토론식 면접에서는 자신의 의견을 명확히 제시하면서도 상대방의 의견을 경청하는 토론의 기본자세가 필수적이며, 지나친 경쟁심이나 자기 과시욕은 접어두는 것이 좋다. 또한 집단 토론의 목적이 결론을 도출해 나가는 과정에 있다는 것을 감안하여 무리하게 자신의 주장을 관철시키기보다 오히려 토론의 질을 높이는 데 기여하는 것이 좋은 인상을 줄 수 있다는 점을 알아야 한다. 취업 희망자들은 토론식 면접이 급속도로 확산되는 추세임을 감안해 특히 철저한 준비를 해야 한다. 평소에 신문의 사설이나 매스컴 등의 토론 프로그램을 주의 깊게 보면서 논리 전개방식을 비롯한 토론 과정을 익히도록 하고, 친구들과 함께 간단한 주제를 놓고 토론을 진행해 볼 필요가 있다. 또한 사회·시사문제에 대해 자기 나름대로의 관점을 정립해 두는 것도 꼭 필요하다.

(5) PT 면접

PT 면접, 즉 프레젠테이션 면접은 최근 들어 집단 토론 면접과 더불어 그 활용도가 점차 커지고 있다. PT 면접은 기업마다 특성이 다르고 인재상이 다른 만큼 인성 면접만으로는 알 수 없는 지원자의 문제해결 능력, 전문성, 창의성, 기본 실무능력, 논리성 등을 관찰하는 데 중점을 두는 면접으로, 지원자 간의 변별력이 높아 대부분의 기업에서 적용하고 있으며, 확산되는 추세이다.

면접 시간은 기업별로 차이가 있지만, 전문지식, 시사성 관련 주제를 제시한 다음, 보통 20~50분 정도 준비하여 5분가량 발표할 시간을 준다. 면접관과 지원자의 단순한 질의응답식이 아닌, 주제에 대해 일정 시간 동안 지원자의 발언과 발표하는 모습 등을 관찰하게 된다. 정확한 답이나 지식보다는 논리적 사고와 의사표현력이 더 중시되기 때문에 자신의 생각을 어떻게 설명하느냐가 매우 중요하다.

PT 면접에서 같은 주제라도 직무별로 평가요소가 달리 나타난다. 예를 들어, 영업직은 설득력과 의사소통 능력에 중점을 둘 수 있겠고, 관리직은 신뢰성과 창의성 등을 더 중요하게 평가한다.

> **PT 면접 준비 Point**
> - 면접관의 관심과 주의를 집중시키고, 발표 태도에 유의한다.
> - 모의 면접이나 거울 면접으로 미리 점검한다.
> - PT 내용은 세 가지 정도로 정리해서 말한다.
> - PT 내용에는 자신의 생각이 담겨 있어야 한다.
> - PT 중간에 자문자답 방식을 활용한다.
> - 평소 지원하는 업계의 동향이나 직무에 대한 전문지식을 쌓아둔다.
> - 부적절한 용어 사용이나 무리한 주장 등은 하지 않는다.

(6) 합숙 면접

합숙 면접은 대체로 1박 2일이나 2박 3일 동안 해당 기업의 연수원이나 수련원 등에서 이루어지는 면접으로, 평가 항목으로는 PT 면접, 토론 면접, 인성 면접 등을 기본으로 새벽등산, 레크리에이션, 게임 등 다양한 형태로 진행된다. 경쟁자들과 함께 생활하고 협동해야 하는 만큼 스트레스도 많이 받는 경우가 허다하다.

모든 지원자를 하루 동안 평가하게 되므로 지원자 1명을 평가하는 데 걸리는 시간은 짧게는 5분에서 길게는 1시간 이상 정도인데, 이 시간으로는 지원자를 제대로 평가하기에는 한계가 있다. 합숙 면접은 24시간 이상을 지원자와 면접관이 함께 생활하면서 다양한 프로그램을 통해 지원자의 역량을 폭넓게 평가할 수 있기 때문에 기업에서는 합숙 면접을 선호한다. 대체로 은행, 증권 등 금융권에서 합숙 면접을 통해 지원자의 의도되고 꾸며진 모습 외에 창의력, 의사소통 능력, 협동심, 책임감, 리더십 등 다양한 모습을 평가하였지만, 최근에는 기업에서도 많이 실시되고 있다.

합숙 면접에서 좋은 점수를 얻기 위해서는 무엇보다 팀워크를 중시하는 모습을 보여야 한다. 합숙 면접은 일반 면접과는 달리 개인보다는 그룹별로 과제가 주어지고 해결해야 하므로 조원 또는 동료와 얼마나 잘 어울리느냐가 중요한 평가기준이 된다. 장시간에 걸쳐 평가하기 때문에 힘든 부분도 있지만, 지원자들이 지쳐 있거나 당황하고 있는 사이에도 면접관들은 지원자들의 조직 적응력, 적극성, 사회성, 친화력 등을 꼼꼼하게 체크하기 때문에 잠시도 긴장을 늦춰서는 안 된다.

합숙 면접 준비 Point

- 합숙 기간 동안 평가되기 때문에 긴장을 늦춰서는 안 된다.
- 다른 지원자와 협동할 수 있는 자세를 보여줘야 한다.
- 장시간 지원자들과 경쟁해야 하므로 평소 체력관리를 잘 해두자.
- 전공과 함께 지원한 직무, 사회경제 전반에 걸친 상식을 준비해 두자.
- 해당 기업의 기출문제를 통해 어떤 방식의 면접이 진행되는지 미리 알아두자.

2. 면접의 실전 대책

(1) 면접 대비사항

① 지원 회사에 대한 사전지식을 충분히 준비한다.

필기시험에서 합격 또는 서류전형에서의 합격통지가 온 후 면접시험 날짜가 정해지는 것이 보통이다. 이때 수험자는 면접시험을 대비해 사전에 자기가 지원한 계열사 또는 부서에 대해 폭넓은 지식을 준비할 필요가 있다.

지원 회사에 대해 알아두어야 할 사항

- 회사의 연혁
- 회장 또는 사장의 이름, 출신학교, 관심사
- 회장 또는 사장이 요구하는 신입사원의 인재상
- 회사의 사훈, 사시, 경영이념, 창업정신
- 회사의 대표적 상품, 특색
- 업종별 계열회사의 수
- 해외지사의 수와 그 위치
- 신 개발품에 대한 기획 여부
- 자기가 생각하는 회사의 장단점
- 회사의 잠재적 능력개발에 대한 제언

② 충분한 수면을 취한다.

충분한 수면으로 안정감을 유지하고 첫 출발의 상쾌한 마음가짐을 갖는다.

③ 얼굴을 생기 있게 한다.

첫인상은 면접에 있어서 가장 결정적인 당락요인이다. 면접관에게 좋은 인상을 줄 수 있도록 화장하는 것도 필요하다. 면접관들이 가장 좋아하는 인상은 얼굴에 생기가 있고 눈동자가 살아 있는 사람, 즉 기가 살아 있는 사람이다.

④ 아침에 인터넷 뉴스를 읽고 간다.

그날의 뉴스가 질문 대상에 오를 수가 있다. 특히 경제면, 정치면, 문화면 등을 유의해서 볼 필요가 있다.

출발 전 확인할 사항

이력서, 자기소개서, 성적증명서, 졸업(예정)증명서, 지갑, 신분증(주민등록증), 휴지, 볼펜, 예비스타킹 등을 준비하자.

(2) 면접 시 옷차림

면접에서 옷차림은 간결하고 단정한 느낌을 주는 것이 가장 중요하다. 색상과 디자인 면에서 지나치게 화려한 색상이나, 노출이 심한 디자인은 자칫 면접관의 눈살을 찌푸리게 할 수 있다. 단정한 차림을 유지하면서 자신만의 독특한 멋을 연출하는 것, 지원하는 회사의 분위기를 파악했다는 센스를 보여주는 것 또한 코디네이션의 포인트이다.

복장 점검

- 구두는 잘 닦여 있는가?
- 옷은 깨끗이 다려져 있으며 스커트 길이는 적당한가?
- 손톱은 길지 않고 깨끗한가?
- 머리는 흐트러짐 없이 단정한가?

(3) 면접요령

① 첫인상을 중요시한다.

상대에게 인상을 좋게 주지 않으면 어떠한 얘기를 해도 이쪽의 기분이 충분히 전달되지 않을 수 있다. 예를 들어, '저 친구는 표정이 없고 무엇을 생각하고 있는지 전혀 알 길이 없다.'처럼 생각되면 최악의 상태이다. 우선 청결한 복장, 바른 자세로 침착하게 들어가야 한다. 건강하고 신선한 이미지를 주어야 하기 때문이다.

② 좋은 표정을 짓는다.

얘기를 할 때의 표정은 중요한 사항의 하나다. 거울 앞에서 웃는 연습을 해본다. 웃는 얼굴은 상대를 편안하게 하고, 특히 면접 등 긴박한 분위기에서는 천금의 값이 있다 할 것이다. 그렇다고 하여 항상 웃고만 있어서는 안 된다. 자기의 할 얘기를 진정으로 전하고 싶을 때는 진지한 얼굴로 상대의 눈을 바라보며 얘기한다. 면접을 볼 때 눈을 감고 있으면 마이너스 이미지를 주게 된다.

③ 결론부터 이야기한다.

자기의 의사나 생각을 상대에게 정확하게 전달하기 위해서 먼저 무엇을 말하고자 하는가를 명확히 결정해 두어야 한다. 대답을 할 경우에는 결론을 먼저 이야기하고 나서 그에 따른 설명과 이유를 덧붙이면 논지(論旨)가 명확해지고 이야기가 깔끔하게 정리된다.

한 가지 사실을 이야기하거나 설명하는 데는 3분이면 충분하다. 복잡한 이야기라도 어느 정도의 길이로 요약해서 이야기하면 상대도 이해하기 쉽고 자기도 정리할 수 있다. 긴 이야기는 오히려 상대를 불쾌하게 할 수가 있다.

④ 질문의 요지를 파악한다.

면접 때의 이야기는 간결성만으로는 부족하다. 상대의 질문이나 이야기에 대해 적절하고 필요한 대답을 하지 않으면 대화는 끊어지고 자기의 생각도 제대로 표현하지 못하여 면접자로 하여금 수험생의 인품이나 사고방식 등을 명확히 파악할 수 없게 한다. 무엇을 묻고 있는지, 무슨 이야기를 하고 있는지 그 요점을 정확히 알아내야 한다.

면접에서 고득점을 받을 수 있는 성공요령

1. 자기 자신을 겸허하게 판단하라.
2. 지원한 회사에 대해 100% 이해하라.
3. 실전과 같은 연습으로 감각을 익히라.
4. 단답형 답변보다는 구체적으로 이야기를 풀어나가라.
5. 거짓말을 하지 말라.
6. 면접하는 동안 대화의 흐름을 유지하라.
7. 친밀감과 신뢰를 구축하라.
8. 상대방의 말을 성실하게 들으라.
9. 근로조건에 대한 이야기를 풀어나갈 준비를 하라.
10. 끝까지 긴장을 풀지 말라.

02 | IBK기업은행 실제 면접

'인재를 중시하는 IBK기업은행'은 세계인·책임인·창조인·도전인을 갖춘 전문인을 인재상으로 하여 시장 경쟁력을 갖추고, 고객을 감동시키게 하며 성과를 창출하는 인재를 추구한다. IBK기업은행 면접은 원래 합숙 면접을 본 후 최종적으로 임원 면접을 보았으나, 2020년 상반기부터는 코로나19의 영향으로 합숙 없이 하루 동안 면접을 진행했다. 면접 프로그램은 협상 면접, 팀 프로젝트(PT), 세일즈 면접, 마인드맵 PT 면접, 인성 면접 등이 있는데 이는 최근 변화한 면접에도 적용되었다.

1. 1차 면접

(1) 아이스 브레이킹 & IBK 챌린지

처음 만난 조원들과 어색함을 없애고 친목을 도모하는 등 팀워크를 위해 여러 가지 게임을 진행하는 면접이다. 조별로 지정된 좌석에 앉아서 조장, 진행보조자, 구호 등을 정한 다음 자기 소개, 난센스와 퀴즈 맞히기, 볼바운딩, 풍선 릴레이 등의 IBK 챌린지를 진행한다. 조원과의 협동심과 순발력이 있어야 하는 것들로 구성되며, 리더십과 적극성으로 조원들의 호응을 끌어내는 것이 중요하다.

(2) 팀 프로젝트(PT 면접)

스케치북에 하나의 주제를 주고 팀이 한마음이 되어 문제를 해결하는 형식으로 팀원끼리 토론하고, 스케치북에 키워드 등을 적어 PT를 준비한다. 면접 시간은 약 1시간 30분으로 준비가 끝나면 10분 휴식 후 발표(20분)한다. 팀별로 발표한 후에 2 ~ 3개의 질의응답을 갖는다.

> **Tip**
>
> 결과물을 만드는 과정에서 적극적인 모습과 팀과 융화되는 모습이 중요하며 리더의 기질을 보여주는 것도 좋다.

- 금융권 동의의결제 도입 찬성 / 반대
- 법무 AI 도입 활성화 찬성 / 반대
- AI로봇 법인격 부여 찬성 / 반대
- 지방 공공은행 설립 및 확대 찬성 / 반대
- 사회신용 시스템 찬성 / 반대
- IT기술을 은행에 도입할 수 있는 아이디어
- IBK기업은행이 대중친화적이고, 이미지 상승 효과를 얻을 수 있는 광고나 시나리오를 작성
- 제조업 경기하락과 고비용 저효율로 어려운 중소기업에 대한 기업은행의 전략방안 작성
- 복합점포 개발 방안 작성
- IBK기업은행이 인구통계학적으로 고객을 유치할 수 있는 방안
- IBK기업은행 동반자금융이 나아가야 할 방향
- 3.0의 방향성과 전략
- MICE 산업 활성화 방안
- 기업은행을 흥(興)하게 만드는 전략
- 기업은행의 아시아 또는 아프리카 진출 전략
- 외국인 노동자와 다문화가정을 위한 상품 및 서비스 개발
- 30 ~ 40대 독신남녀를 유치할 수 있는 방안
- 고객기반을 확충할 수 있는 상품 개발
- 현재 은행의 이동통신사 또는 유통업체와의 전략적 제휴를 효율적으로 하기 위한 방안
- 신개념 영업점을 만들기 위한 아이디어와 마케팅 전략 도출
- IBK가 스마트폰 시장에서 우위를 점하기 위한 제품, 서비스, 채널 아이디어
- 40 ~ 50대를 위한 신상품 개발
- MZ세대의 수요와 니즈에 맞춘 상품 개발
- 기업은행의 글로벌화 전략
- 비대면 채널
- 솔로이코노미를 겨냥한 기업은행의 전략
- 새내기 직장인을 위한 상품과 마케팅 방안
- 우리나라에서 노벨과학상을 받기 위한 방안
- IT 기업이 금융권에 진출하고 있는데 우리나라가 IT, 금융 모두 글로벌 선두자가 되기 위한 상품, 서비스, 제휴 방안
- 가치소비를 활용한 MZ세대 유입방안

(3) The 콜라보레이션

단체 미션과 그룹 미션의 두 가지 미션이 진행된다. 먼저 단체 미션은 20분간 진행되며 조의 이름·구호·노래 등을 정한다. 그룹 미션은 한 조가 두 팀이 되어 팀 PT를 진행한다.

> **Tip**
>
> 단체 미션, 그룹 미션 각각 발표자가 있으므로 팀에서 돌아가면서 발표를 하는 것이 보기에 좋다.

기출 질문

• IBK기업은행이 100년 기업이 되기 위한 조건과 경쟁력
• IBK기업은행에 합격하기 위해 우리들이 포기한 것
• IBK기업은행 면접에 새로운 프로그램 제안

2. 2차 면접

(1) 협상면접

같은 조를 반으로 나누어 각 팀의 입장에서 원하는 결과를 도출하는 면접이다. 1시간 10분 정도 진행하며 협상에 들어가기 전에 팀원과 논의할 시간이 주어지며 이 과정 역시 면접 진행하는 곳에서 같이 진행한다.

Tip

협상력뿐 아니라 태도 역시 중요하기 때문에 차분하게 자신의 생각 또는 의견을 상대 팀에게 어필하는 것이 중요하며, 협상결과가 한쪽에 치우치지 않는 것이 좋다.

기출 질문

• 월 임대료
• 행사 횟수
• 수수료
• 계약기간

(2) 세일즈 면접

2017년까지 시행된 후 마인드 맵 PT 면접으로 대체되었던 세일즈 면접이 2019년 하반기에 다시 부활하였다. 세일즈 면접은 영업 역량 테스트 면접으로, 무작위로 3가지 상품명과 각 상품에 대한 정보가 적혀있는 종이를 뽑아 해당 상품을 면접을 보조하는 서포터즈에게 판매해야 한다. 발표 전 9분간 준비할 수 있으며, 3분 동안 발표가 진행된다.

Tip

일방적인 정보전달보다는 대화를 통해 고객이 무엇을 원하는지를 도출해 나가는 것이 중요하다. 강매하거나 감정에 호소하는 느낌을 주는 방식은 마이너스 요인이 된다.

기출 질문

프리랜서를 위한 상품, 1인가구를 위한 상품, 챌린지형 상품, 여행상품, 냉장고, 정수기, 족발, 씨름, 백지, 무리지어 가는 아주머니들, 와인글라스, 가래떡, 새우, 아기, 과일 깎는 기계, 자동차, 보쌈, 헬스운동기구, 소화기, 열기구, 기관총, 화초, 카드, 팝콘기계, 연탄과 자원 봉사자, 국가대표 사진, 장구, 알람시계, 석굴암, 뱀, 사자, 김연아, 로봇, 반기문, 박지성, 딸기, 북극곰, 우산 등을 서포터즈에게 판매하기

(3) 인성 면접

다른 조의 면접관과 본인 조의 면접관과 옆 조 면접관이 진행하며, 각 조의 1명씩 2명이서 2 : 2로 면접을 진행한다. 보통 제출했던 자소서를 바탕으로 4 ~ 5개의 질문을 한다.

Tip

긴장하지 않고, 자기 생각을 솔직하고 자신 있게 전달하는 것이 좋다.

기출 질문

• 자기소개를 해 보시오.
• 본인을 다섯 글자나 세 글자로 표현해 보시오.
• 원하지 않는 직무나 지역으로 배치되면 어떻게 할 것인가?
• 디지털 플랫폼이 강점을 띄고 있는데 이와 관련하여 입행해서 하고 싶은 일은 무엇인가?
• 다른 시중은행이 아닌 IBK기업은행이어만 하는 이유는 무엇인가?
• 가장 존경하는 인물과 그 이유는 무엇인가?
• 본인이 잘한 면접과 못한 면접이 무엇인가?
• 대학생들이 보는 기업은행의 이미지는 어떠한가?
• 전공이 다른데 은행에 왜 지원했는가?
• 기업은행의 장단점은 무엇인가?
• 오늘 조원들 중 누가 가장 잘했다고 생각하는가?
• 은행원이 안 된다면 무엇을 할 것인가?
• 가장 기억에 남은 면접 프로그램은 무엇인가?
• 오늘 면접 프로그램 중에서 어떤 점이 아쉬웠는가?
• 자신의 성격 중 장점은 무엇인가?
• 오늘 남에게 배울 점은 무엇이 있었는가?
• 은행에 오기 위한 자신의 열정에는 무엇이 있는가?
• 자신의 실패경험은 무엇인가?
• 자신이 생각하는 최고의 직장은 어디인가?
• 오후 근무 시간이 오프라면, 어디서 무엇을 하며 시간을 보낼 것인가?
• 왜 기업은행인가(지원동기)?
• 봉사를 좋아하는가?
• 영업에서 중요한 것은 무엇인가?
• 자신이 남들보다 뛰어난 점은 무엇인가?
• 인턴을 한 후에 기업은행에 대한 이미지가 어떻게 달라졌는지 말해 보시오.
• 단점을 고치기 위해 했던 노력을 말해 보시오.
• 행원에게 가장 필요한 역량이 뭐라고 생각하는지, 본인은 해당 역량을 갖추고 있는지 말해 보시오.

3. 임원면접

임원들이 면접관으로 들어오고, 여러 명이 한 조가 되어 면접을 본다. 임원 중 인사 담당자 1명만이 지금까지 전형들의 점수를 알고 있으며, 다른 면접관들은 블라인드 면접으로 이루어진다. 인성 질문이 주를 이룬다.

> **Tip**
>
> 학과나 대외활동의 경험, 인턴을 한 사람들은 인턴을 하면서 무엇을 느꼈는지는 반드시 물어보는 질문이므로 이 부분을 준비를 해두어야 한다. 자기소개서의 내용도 종종 질문하기 때문에 어떤 내용을 썼는지 체크해 두는 것도 중요하다. 또한 질문에 답하려고 노력하기보다는 임원들과 편안히 대화한다는 마음가짐으로 임하는 것이 좋은 결과를 가져올 수 있다.

인성 기출 질문

- 요즘 취업난을 해결하기 위해 기업의 입장에서 어떤 방법이 있을지 개인의 의견을 말해 보시오.
- 입행이 결정되고 한 달의 시간이 주어진다면 어떤 것을 해보고 싶은가?
- 은행원으로서 가장 중요하게 생각하는 덕목은 무엇인가?
- K은행의 나라사랑카드와 기업은행의 나라사랑카드의 장단점은 무엇인가?
- 은행원이 되고 싶은 이유는 무엇인가?
- 이 자격증을 취득한 이유는 무엇인가?
- 어떤 은행원이 되고 싶은가?
- 전공이 이쪽이 아닌데 왜 은행에 관심을 가지게 되었나?
- 인턴은 왜 지원하였나?
- 학점에 비해 대외활동의 흔적이 적은데 학교 수업에 치중하였나?
- 면접을 하면서 느낀 점은 무엇인가?
- 취미는 무엇인가?
- 졸업하고 난 후 기간이 있는 편이다. 무엇을 하였는가?
- 이전 직장을 그만둔 이유는 무엇인가?
- 어학연수를 가서 어떤 점이 좋았고, 어떤 점이 싫었는가?
- 인턴활동을 했던 곳은 어떤 곳이었나?
- 어떤 은행들에 지원을 했나?
- 만약 다른 은행에서 합격발표가 난다면 어디를 갈 것인가?
- 전에 다니던 회사의 건물과 기업은행의 건물을 비교해 보시오.
- 특기가 무엇인가?
- 이 면접이 끝나고 무엇을 할 것인가?
- 언제부터 은행원을 준비해왔는가?
- 본인의 친구들이 본인을 뭐라고 부르는가?
- 자격증이 없는데, 왜 준비를 안 했는가?
- 자신의 단점은 무엇이고, 단점과 관련된 사례나 경험에 대해서 말해 보시오.
- 최근에 읽은 책에 대해서 말해 보시오.

- 은행에 들어오면 어떤 일을 하고 싶은가?
- 인생의 좌우명이 있는가? 있다면 설명해 보시오.
- 어떤 점이 자신의 매력 포인트라고 생각하는가?
- 취득한 자격증은 무엇이며, 그 자격증에 대한 특징과 이를 은행 업무에 어떻게 적용할 것인지 말해 보시오.
- 기업은행의 예금상품을 설명해 보시오.
- 기업은행에 대해 얼마나 알고 있는가? 자산규모가 얼마인지 아는가? 영업점의 수가 몇 개인지 아는가?
- 기업은행과 자신이 어떤 점에서 어울린다고 생각하는가?
- 기업은행에 필요한 인재는 어떤 인재라고 생각하는가?
- 기업은행에 어떻게 이바지할 것인가?
- 기업은행과 자신과의 연결점을 찾아서 설명해 보시오.
- 수업 중 가장 흥미롭거나 기억에 남았던 수업에 대해서 말해 보시오.
- 인턴 당시 무슨 일을 주로 했는지, 기억에 남는 경험이 있는지 말해 보시오.
- 자신의 차별화된 역량은 무엇이며, 왜 기업은행에 지원하였는지 말해 보시오.

시사상식 기출 질문

- 크라우드 펀딩이란?
- 골디락스 경제란?
- 글로벌 위기가 왜 진행되었는가?
- 달러 캐리 트레이드란?
- 최근 경제 성장의 모멘텀 약화 중 기업은행의 극복방안은?
- 하우스푸어가 무엇인지 아는가?
- 경제와 환율의 관계에 대해 말해 보시오.
- CP와 RP란?
- CMA란 무엇인가?
- 가계부채 문제와 해결법은?
- 토빈세란 무엇인가?
- 기준금리 인상에 대한 자신의 의견은?
- 반 월가 시위란?
- 은행세란 무엇인가?

현재 나의 실력을 객관적으로 파악해 보자!

모바일 OMR
답안채점 / 성적분석 서비스

도서에 수록된 모의고사에 대한 객관적인 결과(정답률, 순위)를 종합적으로 분석하여 제공합니다.

OMR 입력

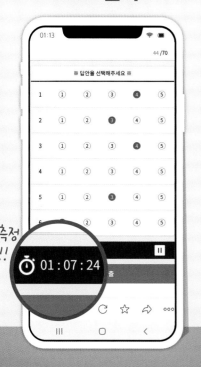

시간측정
가능!!

성적분석

채점결과

※OMR 답안채점 / 성적분석 서비스는 등록 후 30일간 사용 가능합니다.

도서 내 모의고사
우측 상단에 위치한
QR코드 찍기 → 로그인
하기 → '시작하기'
클릭 → '응시하기'
클릭 → 나의 답안을
모바일 OMR
카드에 입력 → '성적분석 & 채점결과'
클릭 → 현재 내 실력
확인하기

시대에듀

금융권 필기시험
시리즈

알차다!
꼭 알아야 할 내용을
담고 있으니까

친절하다!
핵심내용을 쉽게
설명하고 있으니까

명쾌하다!
상세한 풀이로 완벽하게
익힐 수 있으니까

핵심을 뚫는다!
시험 유형과 흡사한
문제를 다루니까

"신뢰와 책임의 마음으로 수험생 여러분에게 다가갑니다."

"농협" 합격을 위한 시리즈

농협 계열사 취업의 문을 여는
Master Key!

※도서의 이미지 및 구성은 변동될 수 있습니다.

2025 최신판 All-New

| 모바일 OMR 답안채점 / 성적분석 서비스 · NCS 핵심이론 및 대표유형 무료 PDF · 온라인 모의고사 무료쿠폰

IBK 기업은행

정답 및 해설

편저 | SDC(Sidae Data Center)

SDC

SDC는 시대에듀 데이터 센터의 약자로 약 30만 개의 NCS · 적성 문제 데이터를
바탕으로 최신 출제경향을 반영하여 문제를 출제합니다.

최신기출유형 ✛ 모의고사 6회 ✛ 무료 NCS 특강

대표기출유형 및 기출응용문제로 필기시험 대비!

2024년 하반기 객관식+주관식 출제경향 완벽 반영!

시대에듀

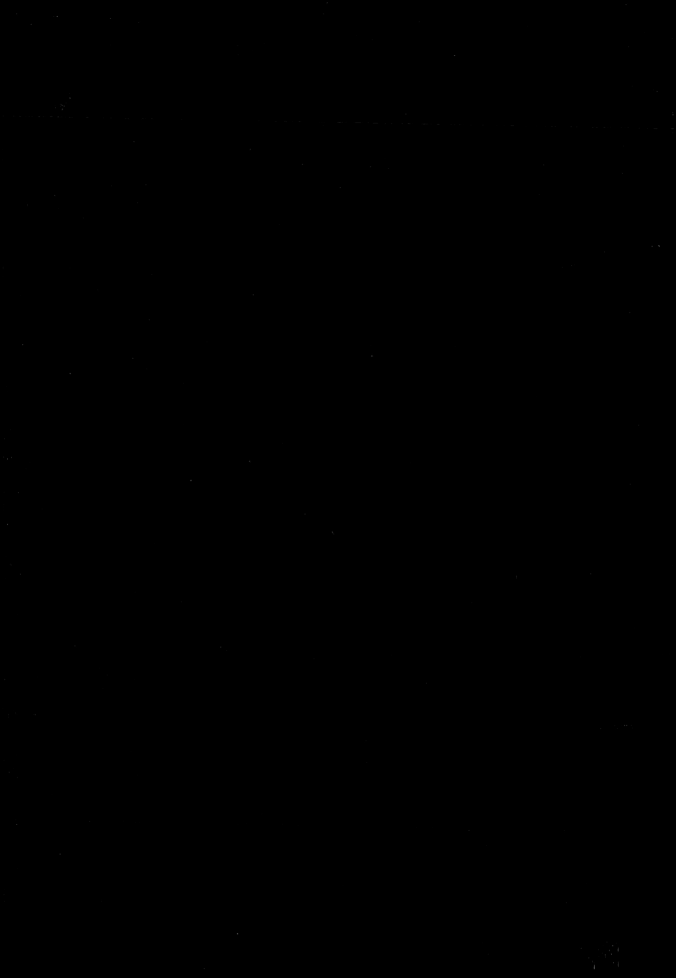

PART 1

NCS 직업기초능력

끝까지 책임진다! 시대에듀!

QR코드를 통해 도서 출간 이후 발견된 오류나 개정법령, 변경된 시험 정보, 최신기출문제, 도서 업데이트 자료 등이 있는지 확인해 보세요! **시대에듀 합격 스마트 앱**을 통해서도 알려 드리고 있으니 구글 플레이나 앱 스토어에서 다운받아 사용하세요. 또한, 파본 도서인 경우에는 구입하신 곳에서 교환해 드립니다.

01 | 의사소통능력

대표기출유형 01 | 기출응용문제

01
정답 ③

보기는 욕망의 확대가 힘의 확대로 이루어지지 않고 도리어 역효과가 나타날 수 있으므로 우리의 힘이 미치는 반경을 생각해 보아야 한다고 한다. 이는 (다) 바로 앞의 문단에서 인간이 만족할 때 강해지고 불만족할 때 약해진다는 내용과 함께, (다) 뒤의 내용인 '그 범위'에 대응되는 것이다. 따라서 (다)에 들어가는 것이 가장 적절하다.

02
정답 ②

제시문은 베토벤의 9번 교향곡에 대해 설명하고 있으며, 보기는 9번 교향곡이 '합창 교향곡'이라는 명칭이 붙은 이유에 대해 말하고 있다. 제시문의 세 번째 문장까지는 교향곡에 대해 설명하고 있으며, 네 번째 문장부터는 교향곡에 대한 현대의 평가 및 가치에 대해 설명하고 있다. 따라서 보기는 교향곡에 대한 설명과 교향곡에 성악이 도입되었다는 설명을 한 다음 문장인 (나)에 들어가는 것이 가장 적절하다.

03
정답 ③

보기의 문장은 미첼이 찾아낸 '탈출 속도'의 계산법과 공식에 대한 것이다. 따라서 탈출 속도에 대한 언급이 제시문의 어디서 시작되는지 살펴봐야 한다. 제시문의 경우 영국의 자연 철학자 존 미첼이 제시한 이론에 대한 소개 – 해당 이론에 대한 가정과 탈출 속도의 소개 – 임계 둘레에 대한 소개와 사고 실험 – 앞선 임계 둘레 사고 실험의 결과 – 사고 실험을 통한 미첼의 추측의 순서로 쓰여 있으므로 보기의 문장은 탈출 속도가 언급된 부분의 다음이자 탈출 속도를 바탕으로 임계 둘레를 추론해 낸 내용의 앞인 (다)에 위치하는 것이 가장 적절하다.

04
정답 ④

(라)의 앞 문단에서는 정보와 지식이 커뮤니케이션 속에서 살아 움직이며 진화함을 말하고 있다. 따라서 정보의 순환 속에서 새로운 정보로 거듭나는 역동성에 대한 설명의 사례로 보기의 내용이 이어질 수 있다. 한 나라의 관광 안내 책자 속 정보가 섬세하고 정확한 것은 소비자들에 의해 오류가 수정되고 개정되는 것, 즉 정보와 지식이 커뮤니케이션 속에서 새로운 정보로 거듭나는 것을 잘 나타내고 있기 때문이다.

01

정답 ③

빈칸 앞뒤 문맥에 따라 제시문의 내용을 추론하면 기업주의 이익추구에 따른 병폐가 우리 소비자에게 간접적으로 전해진다는 것이다. 따라서 빈칸에 들어갈 문장으로 ③이 가장 적절하다.

02

정답 ③

제시문은 절차의 정당성을 근거로 한 과도한 권력, 즉 무제한적 민주주의에 대해 비판적인 논조를 취하고 있다. 빈칸에는 무제한적 민주주의의 문제점을 보완할 수 있는 해결책이 제시되어야 하므로 ③이 가장 적절하다.

오답분석

① 다수의 의견을 그대로 수용하는 것은 필자의 견해가 아니다.
② 사회적 불안의 해소는 언급되지 않았다.
④ 무제한적 민주주의를 제한적으로 수용하자는 견해도 아니다.

03

정답 ③

개별존재로서 생명의 권리를 갖기 위해서는 개별존재로서 생존을 지속시키고자 하는 욕망을 가질 수 있어야 하며, 이를 위해서 자신을 일정한 시기에 걸쳐 존재하는 개별존재로서 파악해야 한다. 따라서 '자신을 일정한 시기에 걸쳐 존재하는 개별존재로서 파악할 수 있는 존재만이 생명에 대한 권리를 가질 수 있다.'는 빈칸 앞의 결론을 도출하기 위해서는 개별존재로서 생존을 지속시키고자 하는 욕망이 개별존재로서의 인식을 가능하게 한다는 내용이 있어야 하므로 빈칸에는 ③이 가장 적절하다.

04

정답 ①

빈칸의 다음 문장에서 '외래어가 넘쳐나는 것은 그간 우리나라의 고도성장과 절대 무관하지 않다.'라고 했다. 즉, '사회의 성장과 외래어의 증가는 관계가 있다.'는 의미이므로 이를 포함하는 일반적 진술인 ①이 빈칸에 위치해야 한다.

05

정답 ④

제시문은 미국 대통령 후보 선거제도 중 하나인 '코커스'에 대한 설명과 아이오와주에서 코커스 개최시기가 변경된 아이오와주, 그리고 아이오와주 선거 운영 방식의 변화에 대하여 서술하고 있다. 빈칸 앞에서는 개최시기를 1월로 옮긴 아이오와주 공화당의 이야기를, 빈칸 뒤에서는 아이오와주 선거 운영 방식의 변화와 같은 다른 주제에 대해서 다루고 있으므로, 빈칸 앞의 내용과 이어지는 ④ '아이오와주는 미국의 대선후보 선출 과정에서 민주당과 공화당 모두 가장 먼저 코커스를 실시하는 주가 되었다.'가 오는 것이 가장 적절하다.

오답분석

① 선거 운영 방식이 달라진 것이 아니라 코커스를 실시하는 시기가 달라진 것이다.
② 제시문에서는 민주당과 공화당 사이가 악화될 계기가 언급되어 있지 않다.
③ 제시문에서는 아이오와주에서 코커스의 개정을 요구했다는 근거를 찾을 수 없다.

01

정답 ③

실재론은 세계가 정신과 독립적으로 존재함을, 반실재론은 세계가 감각적으로 인식될 때만 존재함을 주장하므로 두 이론 모두 세계는 존재한다는 전제를 깔고 있다.

오답분석

① 세 번째 문단에서 어떤 사람이 버클리의 주장을 반박하기 위해 돌을 발로 차서 날아간 돌이 존재한다는 사실을 증명하려고 하였으나, 반실재론을 제대로 반박한 것은 아니라고 하였다. 따라서 실재론자의 주장이 옳다는 사실을 증명하는 것은 아니다.

② 세계가 감각으로 인식될 때만 존재한다는 것은 반실재론자의 입장이다.

④ 버클리는 객관적 성질이라고 여겨지는 것들도 우리가 감각할 수 있을 때만 존재하는 주관적 속성이라고 하였다.

02

정답 ①

네 번째 문단에 따르면 2000년대 초 연준의 금리 인하는 국공채에 투자했던 퇴직자들의 소득을 감소시켰고, 노년층에서 정부로, 정부에서 금융업으로 부의 대규모 이동이 이루어져 불평등을 심화시켰다. 따라서 금융업으로부터 정부로 부가 이동하였다는 ①은 제시문의 내용과 부합하지 않는다.

오답분석

② 마지막 문단에 따르면 2000년대 초 연준이 고용 증대를 기대하고 시행한 저금리 정책은 노동을 자본으로 대체하는 투자를 증대시킴으로써 오히려 실업률이 떨어지지 않는 구조를 만들었다.

③ 세 번째 문단에 따르면 2000년대 초는 대부분의 부문에서 설비 가동률이 낮은 상황이었기 때문에 당시의 저금리 정책이 오히려 주택 시장의 거품을 초래하였다.

④ 2000년대 초 연준의 저금리 정책으로 주택 가격이 상승하여 주택 시장의 거품을 초래하였고, 주식 가격 역시 상승하였지만 이에 대한 이득은 대체로 부유층에 집중되었다.

03

정답 ④

브랜다이스는 독점 규제를 통해 소비자의 이익이 아닌 독립적 소생산자의 경제를 보호함으로써 시민 자치를 지키고자 하였다.

오답분석

① 첫 번째 문단과 두 번째 문단에 따르면 셔먼과 브랜다이스의 견해는 모두 시민 자치를 중시하는 공화주의 전통에 기반을 두고 있음을 알 수 있다.

② 브랜다이스는 집중된 부와 권력이 시민 자치를 위협한다고 보고 반독점법이 경제와 권력의 집중을 막는 데 초점을 맞추어야 한다고 주장하였으나, 아놀드는 시민 자치권을 근거로 하는 반독점 주장을 거부하고 독점 규제의 목적이 권력 집중에 대한 싸움이 아닌 경제적 효율성의 향상에 맞춰져야 한다고 주장하였다.

③ 반독점법의 목적을 셔먼은 소비자의 이익 보호와 소생산자의 탈집중화된 경제 보호로, 아놀드는 소비자 복지 증진으로 보았다. 따라서 셔먼과 아놀드는 소비자 이익을 보호한다는 점에서 반독점법을 지지했다는 것을 알 수 있다.

04

정답 ④

제5항 기타 4)에는 법인카드에 속하는 업무 편의를 위한 클린카드는 일반 공공 구매카드와 분리하여 발급받아 사용하여야 한다는 내용이 나와 있다.

오답분석

① 제1항 사업비 1)에 따르면 일회적 사업이 아닌 반복적 추진사업에 대한 성과 관리를 강화함으로써 합리적 절감방안을 강구해야 한다는 내용이 나와 있다.

② 총사업비가 1,200억 원으로 제1항 사업비 2)에 나온 기준인 1,000억 원 이상이지만, 당사 부담금은 기준 미달이므로 반드시 본사 투자심의위원회의 심의를 거쳐야 하는 것은 아니다.

③ 제5항 기타 2)에 따르면 회계부서는 구매 및 배부대장을 통합적으로 관리하여 투명성을 제고하여야 한다.

05

우대금리는 최고 연 1.0%p 이내이다. 따라서 B씨의 우대금리는 1.1%p가 될 수 없다.

오답분석
① 대출신청자격에서 확인 가능하다.
② 대출한도에서 확인 가능하다.
④ 가입방법에서 확인 가능하다.

대표기출유형 04 기출응용문제

01

정답 ④

제시문은 임베디드 금융에 대한 정의, 장점 및 단점 그리고 이에 대한 개선 방안을 설명하는 글이다. 따라서 (라) 임베디드 금융의 정의 – (나) 임베디드 금융의 장점 – (다) 임베디드 금융의 단점 – (가) 단점에 대한 개선 방안 순으로 나열하는 것이 적절하다.

02

정답 ④

제시문은 현대 건축가 르 코르뷔지에의 업적에 대해 설명하고 있다. 먼저 현대 건축의 거장으로 불리는 르 코르뷔지에를 소개하는 (라) 문단이 나오고, 르 코르뷔지에가 만든 도미노 이론의 정의를 설명하는 (가) 문단이 와야 한다. 다음으로 도미노 이론을 설명하는 (다) 문단이 오고 마지막으로 도미노 이론의 연구와 적용되고 있는 다양한 건물을 설명하는 (나) 문단이 이어지는 것이 적절하다. 따라서 (라) – (가) – (다) – (나) 순으로 나열하는 것이 적절하다.

03

정답 ③

제시문은 지구 온난화의 위협을 비교적 덜 받는 것으로 여겨졌던 동남극의 덴먼 빙하가 지구 온난화의 위협을 받고 있다는 연구 결과를 이야기한다. 따라서 (나) 비교적 지구 온난화의 위협을 덜 받는 것으로 생각되어 온 동남극 – (다) 동남극 덴먼 빙하에 대한 조사를 통해 드러난 지구 온난화 위협의 증거 – (가) 한 연구팀의 덴먼 빙하 누적 얼음 손실량 조사와 지반선 측정 – (마) 비대칭성을 보이는 빙상의 육지와 바다 접점 지반선 후퇴 – (라) 빙하의 동쪽 측면과 서쪽 측면의 다른 역할에 따른 결과의 순으로 나열하는 것이 적절하다.

04

정답 ④

제시문은 정신과 물질의 관계에 대해 이야기하며 관련된 이론을 설명하는 글이다. 먼저 정신과 물질의 관계에 관한 이원론과 동일론을 언급하며 동일론의 문제점을 이야기하는 (다) 문단이 오는 것이 적절하다. 다음으로는 그러한 동일론의 문제점을 해결할 수 있는 기능론에 관해 설명하는 (나) 문단이 오는 것이 적절하고, 그 뒤를 이어 기능론을 비판하는 이원론의 입장에서 감각질과 관련한 사고 실험에 대해 설명하는 (라) 문단이 오는 것이 적절하다. 마지막으로 그러한 사고 실험에서 감각질이 뒤집혀도 겉으로 드러난 행동과 말이 똑같은 이유를 설명하는 (가) 문단의 순으로 나열하는 것이 적절하다.

CHAPTER 01 의사소통능력 • 5

01

정답 ①

제시문은 대출을 받아 내집을 마련한 사람들이 대출금리 인상으로 인한 경제적 부담을 감당하지 못해 어렵게 마련한 집이 다시 경매로 나가는 상황에 대해 다루고 있다. 따라서 주제로 가장 적절한 것은 '대출금리 인상으로 무너지는 내집 마련'이다.

오답분석

② 마지막 문단에 따르면 대출금리 인상으로 인해 부동산 매수자가 줄어든 것은 맞지만, 전반적인 제시문의 내용은 대출금리 인상으로 집을 사지 못하는 것이 아닌 대출금리 인상으로 이미 산 집을 포기할 수밖에 없는 상황에 대해 다루고 있으므로, 주제로 적절하지 않다.

③ 마지막 문단에 따르면 매도량은 늘어나지만 매수량이 없어 이전보다 고를 수 있는 부동산의 선택지가 늘어난 것은 맞지만, 전반적인 제시문의 내용은 단순히 늘어난 부동산 매물이 아닌 대출금리 인상으로 인해 어쩔 수 없이 시장으로 나온 부동산 매물에 대해 다루고 있으므로, 주제로 적절하지 않다.

④ 제시문에 따르면 부동산 경기 침체로 인해 매물로 나온 부동산은 늘어나고 있지만 매수량은 없으므로, 부동산 경매시장이 활발해 졌다고 보기 어렵다.

02

정답 ③

제시문은 세계 대공황의 원인으로 작용한 '보이지 않는 손'과 그에 대한 해결책으로 새롭게 등장한 케인스의 '유효수요이론'을 설명하고 있다. 따라서 주제로 '세계 대공황의 원인과 해결책'이 가장 적절하다.

오답분석

①·② 유효수요이론은 해결책 중 하나로 언급되었으며, 일부에 지나지 않으므로 글 전체의 주제가 될 수 없다.

④ 고전학파 경제학자들이 주장한 '보이지 않는 손'은 세계 대공황의 원인에 해당하는 부분이므로, 글 전체의 주제가 될 수 없다.

03

정답 ③

제시문은 우리나라가 지식 기반 산업 위주의 사회로 바뀌면서 내부 노동시장에 의존하던 인력 관리 방식이 외부 노동시장에서의 채용으로 변화함에 따라 지식 격차에 의한 소득 불평등과 국가 간 경제적 불평등 현상이 심화되고 있다고 말하고 있다.

오답분석

① 정보통신 기술을 통해 전 지구적 노동시장이 탄생하여 기업을 비롯한 사회 조직들이 국경을 넘어 인력을 충원하고 재화와 용역을 구매하고 있다고 언급했다. 하지만 이러한 국가 간 노동 인력의 이동이 가져오는 폐해에 대해서는 언급하고 있지 않다.

② 지식 기반 경제로의 이행은 지식 격차에 의한 소득 불평등 심화 현상을 일으킨다. 하지만 이것에 대한 해결책은 언급하고 있지 않다.

④ 생산 기능은 저개발국으로 이전되고 연구 개발 기능은 선진국으로 모여들어 정보 격차가 확대되고 있다. 하지만 국가 간의 격차 축소 정책의 필요성은 언급하고 있지 않다.

04

정답 ④

태학의 명륜당은 종학으로 만들어 국자, 즉 종실의 자제 및 공경의 적자가 다니게 하고, 비천당은 백성들이 다니는 학교로 만들어 별도로 운영해야 한다고 하였다. 즉, 제시문에서는 국자와 서민들을 나누어 가르치던『주례』의 전통을 따르는 것이 바람직하다고 주장한다.

오답분석

① 태학의 명륜당은 종학으로 만들어 종실의 자제 및 공경의 적자가 다니게 하고, 비천당은 백성들이 다니는 학교로 만들어 별도로 운영하는 것이 합당할 것이라고 하였다.
② 옛날 태학에서 사람들에게 풍악을 가르쳤기 때문에 명칭을 성균관이라 하였다는 것은 언급되어 있지만, 이러한 전통을 회복해야 한다는 내용은 언급되어 있지 않다.
③ 옛날에 사람을 가르치는 법들 중 하나인 향학이 서민들을 교육하기 위한 기관이라는 것은 언급되어 있지만, 이 내용만으로 향학의 설립을 통해 백성에 대한 교육을 강화해야 한다는 내용을 추론하기는 어렵다.

05

정답 ④

제시문은 과거 상류층의 과시소비 행태를 설명한 후, 현대 대중사회에서는 더 이상 명품 소비가 아닌 소박한 소비, 소비하지 않기를 통해 과시한다고 하였다. 다만 사치품은 처한 상황에 따라 소비의 여부가 달라진다고 하였다. 따라서 ④가 제시문의 논지로 가장 적절하다.

06

정답 ④

마지막 문단의 '기다리지 못함도 삼가고 아무것도 안 함도 삼가야 한다. 작동 중에 있는 자연스러운 성향이 발휘되도록 기다리면서도 전력을 다할 수 있도록 돕는 노력도 멈추지 말아야 한다.'를 통해 '잠재력을 발휘하도록 하려면 의도적 개입과 방관적 태도 모두를 경계해야 한다.'가 제시문의 중심 내용이 됨을 알 수 있다.

오답분석

① 인위적 노력을 가하는 것은 일을 '조장(助長)'하지 말라고 한 맹자의 말과 반대된다.
② 싹이 성장하도록 기다리는 것도 중요하지만 '전력을 다할 수 있도록 돕는 노력'도 해야 한다.
③ 명확한 목적성을 강조하는 부분은 제시문에 나와 있지 않다.

01

제시문은 사회복지의 역할을 긍정하며 사회복지 찬성론자의 입장을 설명하고 있다. 따라서 사회 발전을 위한 사회복지가 오히려 장애가 될 수 있다는 점을 주장하며 반박하는 것이 적절하다.

오답분석
①·②·④ 제시문의 주장에 대한 반박으로 볼 수 없다.

02

제시문은 창조 도시가 가져올 경제적인 효과를 언급하며 창조 도시의 동력을 무엇으로 볼 것이냐에 따라 창조 산업과 창조 계층으로 나누어 각각의 입장을 설명하고 있다. 따라서 창조 도시가 무조건적으로 경제적인 효과를 가져오지 않을 것이라는 논지의 반박을 제시할 수 있다.

오답분석
② 창조 도시에 대한 설명이다.
③·④ 창조 산업을 동력으로 삼는 입장이다.

03

제시문의 첫 번째 문단의 끝에서 '제로섬(Zero-sum)적인 요소를 지니는 경제 문제'와 두 번째 문단의 끝에서 '우리 자신의 수입을 보호하기 위해 경제적 변화가 일어나는 것을 막거나 혹은 사회가 우리에게 손해를 입히는 공공정책이 강제로 시행되는 것을 막기 위해 싸울 것'에 대한 것이 핵심 주장임을 알 수 있다. 따라서 제시문은 사회경제적인 총합이 많아지는 정책, 즉 '사회의 총생산량이 많아지게 하는 정책이 좋은 정책'이라는 주장에 대한 비판이라고 할 수 있다.

04

벤담(ⓒ)은 걸인의 자유를 고려하지 않은 채 대다수의 사람을 위해 그들을 모두 강제 수용소에서 생활하도록 해야 한다고 주장하고 있다. 따라서 개인의 자유를 중시한 롤스(㉠)는 벤담의 주장에 대해 개인의 자유를 침해하는 것은 정의롭지 않다고 비판할 수 있다.

오답분석
① 벤담은 최대 다수의 최대 행복을 정의로운 것으로 보았으므로 벤담의 입장과 동일하다.
②·③ 벤담은 개인의 이익보다 최대 다수의 이익을 정의로운 것으로 보았으므로 벤담의 입장과 동일하다.

05

세 번째 문단에서 혜자(㉠)는 장자(ⓒ)의 말이 '쓸데없다'고 하였다. 장자는 이에 대한 대답으로 무용하다고 생각했던 것이 유용하게 쓰일 수 있는 상대적인 진리를 역설하면서 혜자의 단면적인 시각을 비판하고 있다. 이를 통해 볼 때, 혜자는 자신이 생각하기에 본질에서 거리가 먼 것(無用)까지 진리의 가치(有用)를 부여하는 장자가 답답하게 여겨졌을 것이다.

오답분석
①·② 장자의 입장이다.
③ 제시문과 관련 없는 내용이다.

대표기출유형 07 　 기출응용문제

01
정답 ②

제시문에 따르면 똑같은 일을 똑같은 노력으로 했을 때 돈을 많이 받으면 과도한 보상을 받아 부담을 느낀다. 또한 적게 받으면 충분히 받지 못했다고 느끼므로 만족하지 못한다. 따라서 인간은 공평한 대우를 받을 때 더 행복함을 느낀다는 것을 추론할 수 있다.

02
정답 ④

제시문은 좌뇌형 인간과 우뇌형 인간이라는 개념이 지닌 허점에 대하여 지적할 뿐, 브로카 영역과 베르니케 영역이 존재하는 좌반구가 손상을 받으면 언어 장애가 생긴다는 사실에 대해서는 긍정하고 있다. 실제로 베르니케 영역이 손상되면 '베르니케 실어증'이 생기며, 청각이나 시각은 정상이지만 말을 듣거나 읽었을 경우 그 내용을 이해할 수 없게 된다.

오답분석

① 일상에서 흔히 좌뇌형 인간을 남성적, 우뇌형 인간을 여성적이라고 평가하지만, 좌뇌와 우뇌의 활용도 차이는 사후해석에 가까운 근거 없는 개념이다.
② 2014년 미국 펜실베이니아 연구팀의 연구결과에 따르면 여성의 경우 좌뇌와 우뇌의 상호 연결이 주로 발달하며, 남성의 경우 좌뇌와 우뇌 각각의 내부 연결이 주로 발달한다고 하였다. 따라서 여성의 경우 상대적으로 양쪽의 뇌가 골고루 활성화될 것이며, 남성의 경우 안쪽의 뇌가 집중적으로 활성화될 것이다.
③ 1998년 미국 듀크대학 연구팀의 실험에 따르면 남성은 공간 정보의 절대적 위치를, 여성은 공간 정보의 상대적 위치를 주로 활용하므로 남성에게 길을 물을 때 수치화된 답변이 나올 가능성이 여성에 비해 상대적으로 높을 것이다.

03
정답 ④

자유 위임 방식(ⓒ)은 대표자가 소신에 따라 자유롭게 결정할 수 있다. 따라서 지역구 주민들의 우려가 타당하더라도 A는 법안 X에 찬성할 수 있다.

04
정답 ②

물가 상승으로 인해 화폐가치는 급락하지만, 풍년으로 인해 쌀값이 하락하면 오히려 화폐가치가 상승하는 결과를 낳는다. 따라서 쌀값이 하락할 때, 화폐가치가 떨어진다는 내용인 ②는 적절하지 않다.

05
정답 ③

(나)의 설립 목적은 신발을 신지 못한 채 살아가는 아이들을 돕기 위한 것이었고, 이러한 설립 목적은 가난으로 고통받는 제3세계의 아이들이라는 코즈(Cause)와 연계되어 소비자들은 제품 구매 시 만족감과 충족감을 얻을 수 있었다.

오답분석

① 코즈 마케팅은 기업이 추구하는 사익과 사회가 추구하는 공익을 동시에 얻는 것을 목표로 하므로 기업의 실익을 얻으면서 공익과의 접점을 찾는 마케팅 기법으로 볼 수 있다.
②·④ 코즈 마케팅은 기업의 노력에 대한 소비자의 호의적인 반응과 그로 인한 기업의 이미지가 제품 구매에 영향을 미친다. 즉, 기업과 소비자의 관계가 중요한 역할을 하므로 소비자의 공감을 얻어낼 수 있어야 성공적으로 적용할 수 있다.

02 | 문제해결능력

대표기출유형 01 | 기출응용문제

01
정답 ④

'채소를 좋아한다.'를 A, '해산물을 싫어한다.'를 B, '디저트를 싫어한다.'를 C라고 할 때, 첫 번째 명제는 A → B이다. 마지막 명제는 ~C → ~A이고, 대우 명제는 A → C이다. 따라서 빈칸에는 B → C가 들어가야 하므로, 이의 대우 명제인 ④가 적절하다.

02
정답 ③

'환율이 하락하다.'를 A, '수출이 감소한다.'를 B, 'GDP가 감소한다.'를 C, '국가 경쟁력이 떨어진다.'를 D라고 할 때, 첫 번째 명제는 A → D, 세 번째 명제는 B → C, 마지막 명제는 B → D이므로, 마지막 명제가 참이 되기 위해서 빈칸에는 C → A가 들어가야 한다. 따라서 이의 대우 명제인 ③이 적절하다.

03
정답 ④

창조적인 기업은 융통성이 있고, 융통성이 있는 기업 중의 일부는 오래간다. 따라서 '창조적인 기업이 오래갈지 아닐지 알 수 없다.'는 반드시 참이다.

04
정답 ③

가장 큰 B종 공룡보다 A종 공룡은 모두 크다. 일부의 C종 공룡은 가장 큰 B종 공룡보다 작으므로, 일부의 C종 공룡은 A종 공룡보다 작다. 따라서 '어떤 C종 공룡은 가장 작은 A종 공룡보다 작다.'는 반드시 참이다.

05
정답 ①

C사원과 D사원의 항공 마일리지를 비교할 수 없으므로 순서대로 나열하면 'A – D – C – B' 또는 'A – C – D – B' 모두 가능하다.

06
정답 ④

D가 산악회 회원인 경우와 아닌 경우로 나누어보면 다음과 같다.
ⅰ) D가 산악회 회원인 경우
    네 번째 조건에 따라 D가 산악회 회원이면 B와 C도 산악회 회원이 되며, A는 두 번째 조건의 대우에 따라 산악회 회원이 될 수 없다. 따라서 B, C, D가 산악회 회원이다.
ⅱ) D가 산악회 회원이 아닌 경우
    세 번째 조건에 따라 D가 산악회 회원이 아니면 B가 산악회 회원이 아니거나 C가 산악회 회원이어야 한다. 그러나 첫 번째 조건의 대우에 따라 C는 산악회 회원이 될 수 없으므로 B가 산악회 회원이 아님을 알 수 있다. 따라서 B, C, D 모두 산악회 회원이 아니다. 이때 최소 1명 이상은 산악회 회원이어야 하므로 A는 산악회 회원이다.
따라서 항상 옳은 것은 ④이다.

07

정답 ①

C사원과 E사원의 근무 연수를 정확히 알 수 없으므로 근무 연수가 높은 순서대로 나열하면 'B - A - C - E - D' 또는 'B - A - E - C - D'가 된다. 따라서 근무 연수가 가장 높은 B사원의 경우 주어진 조건에 따라 최대 근무 연수인 4년 차에 해당한다.

대표기출유형 02 · 기출응용문제

01

정답 ③

A와 E의 진술이 상반되므로 둘 중 1명이 거짓을 말하고 있음을 알 수 있다.
ⅰ) E의 진술이 거짓인 경우 : 지각한 사람이 D와 E 2명이 되므로 성립하지 않는다.
ⅱ) A의 진술이 거짓인 경우 : B, C, D, E의 진술이 모두 참이 되며, 지각한 사람은 D이다.
따라서 거짓을 말하는 사람은 A이며, 지각한 사람은 D이다.

02

정답 ②

A대리와 E대리의 진술이 서로 모순이므로, 둘 중 1명은 거짓을 말하고 있다.
ⅰ) A대리의 진술이 거짓인 경우
　A대리의 말이 거짓이라면 B사원의 말도 거짓이 되고, D사원의 말도 거짓이 되므로 모순이다.
ⅱ) A대리의 진술이 진실인 경우
　A대리, B사원, D사원의 말이 진실이 되고, C사원과 E대리의 말이 거짓이 된다.
　• 진실
　　- A대리 : A대리・E대리 출근, 결근 사유 모름
　　- B사원 : C사원 출근, A대리 진술은 진실
　　- D사원 : B사원 진술은 진실
　　• 거짓
　　- C사원 : D사원 결근 거짓 → D사원 출근
　　- E대리 : D사원 결근, D사원이 A대리한테 결근 사유 전함 거짓 → D사원 출근, A대리는 결근 사유 듣지 못함
따라서 B사원이 출근하지 않았다.

03

정답 ④

우선 지원자 4의 진술이 거짓이면 지원자 5의 진술도 거짓이고, 지원자 4의 진술이 참이면 지원자 5의 진술도 참이다.
즉, 1명의 진술만 거짓이므로 지원자 4, 5의 진술은 참이다. 이에 따라 나머지 지원자들의 진술을 정리하면 다음과 같다.
ⅰ) 지원자 1의 진술이 거짓인 경우
　지원자 3은 A부서에 선발되었고, 지원자 2는 B부서 또는 C부서에 선발되었다. 이때, 지원자 3의 진술에 따라 지원자 4가 B부서, 지원자 2가 C부서에 선발되었다.
　∴ A부서 : 지원자 3, B부서 : 지원자 4, C부서 : 지원자 2, D부서 : 지원자 5
ⅱ) 지원자 2의 진술이 거짓인 경우
　지원자 2는 A부서에 선발되었고, 지원자 3은 B부서 또는 C부서에 선발되었다. 이때, 지원자 3의 진술에 따라 지원자 4가 B부서, 지원자 3이 C부서에 선발되었다.
　∴ A부서 : 지원자 2, B부서 : 지원자 4, C부서 : 지원자 3, D부서 : 지원자 5
ⅲ) 지원자 3의 진술이 거짓인 경우
　지원자 4는 C부서에 선발되었고, 지원자 2는 A부서, 지원자 3은 D부서에 선발되는데, 이때 지원자 4의 진술과 모순이 발생하므로 지원자 3의 진술은 거짓이 아니다.
따라서 지원자 1과 지원자 2 중 1명의 진술이 거짓이며, 항상 참인 것은 ④이다.

04

정답 ②

A ~ E의 진술에 따르면 C와 E는 반드시 동시에 참 또는 거짓이 되어야 하며, B와 C는 동시에 참이나 거짓이 될 수 없다.
 i) A와 B의 진술이 거짓인 경우
    B의 진술이 거짓이 되므로 이번 주 수요일 당직은 B이다. 그러나 D의 진술에 따르면 B는 목요일 당직이므로 이는 성립하지 않는다.
 ii) B와 D의 진술이 거짓인 경우
    B의 진술이 거짓이 되므로 이번 주 수요일 당직은 B이다. 또한 A, E의 진술에 따르면 E는 월요일, A는 화요일에 각각 당직을 선다. 이때 C는 수요일과 금요일에 당직을 서지 않으므로 목요일 당직이 되며, 남은 금요일 당직은 자연스럽게 D가 된다.
 iii) C와 E의 진술이 거짓인 경우
    A, B, D의 진술에 따르면 A는 화요일, D는 수요일, B는 목요일, C는 금요일 당직이 되어 남은 월요일 당직은 E가 된다. 이때 E의 진술이 참이 되므로 이는 성립하지 않는다.
따라서 이번 주 수요일에 당직을 서는 사람은 B이다.

05

정답 ②

피아노를 잘하는 사람의 경우 진실을 말할 수도 있고, 거짓을 말할 수도 있다는 점에 유의한다.
 i) 갑이 진실을 말했을 경우 :
    병의 말과 모순된다.
 ii) 을이 진실을 말했을 경우 :
    병과 갑이 모두 거짓을 말한 것이 된다. 따라서 을이 조각, 병이 피아노(거짓을 말함), 갑이 테니스를 잘하는 사람이다.
 iii) 병이 피아노를 잘하면서 거짓을 말했을 경우 :
    을이 조각, 갑이 테니스이다. 반대의 경우는 병의 말 자체가 모순되어 성립되지 않는다.
따라서 바르게 연결된 것은 ②이다.

06

정답 ①

 i) 수민이의 말이 참인 경우
    수민이와 한별이는 농구장, 영수는 극장에 갔다. 수영장에 간 사람이 없으므로 모순이다.
 ii) 한별이의 말이 참인 경우
    수민이와 한별이는 수영장 또는 극장에 갈 수 있고, 영수는 극장에 갔다. 농구장에 간 사람이 없으므로 모순이다.
 iii) 영수의 말이 참인 경우
    수민이는 수영장 또는 극장, 영수는 수영장 또는 농구장에 갈 수 있고, 한별이는 농구장에 갔다.
따라서 수민이는 극장, 한별이는 농구장, 영수는 수영장에 갔다.

01

정답 ④

B와 D는 동일하게 A보다 낮은 표를 얻고 C보다는 높은 표를 얻었으나, B와 D를 서로 비교할 수 없으므로 득표수가 높은 순서대로 나열하면 'A−B−D−C−E' 또는 'A−D−B−C−E'가 된다. 어느 경우라도 A의 득표수가 가장 높으므로 A가 학급 대표로 선출된다.

02

정답 ③

D는 102동 또는 104동에 살며, A와 B가 서로 인접한 동에 살고 있으므로 E는 101동 또는 105동에 산다. 이를 통해 101동부터 (A, B, C, D, E), (B, A, C, D, E), (E, D, C, A, B), (E, D, C, B, A)의 네 가지 경우를 추론할 수 있다. 따라서 'A가 102동에 산다면 E는 105동에 산다.'는 반드시 참이다.

03

정답 ①

첫 번째 조건에서 원탁 의자에 임의로 번호를 적고 회의 참석자들을 앉혀 본다.

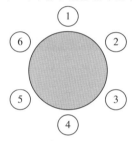

네 번째 조건에서 A와 B 사이에 2명이 앉으므로 임의로 1번 자리에 A가 앉으면 4번 자리에 B가 앉는다. 그리고 B자리 바로 왼쪽에 F가 앉기 때문에 F는 5번 자리에 앉는다. 만약 6번 자리에 C 또는 E가 앉게 되면 2번과 3번 자리에 D와 E 또는 D와 C가 나란히 앉게 되어 세 번째 조건에 부합하지 않는다. 그러므로 6번 자리에 D가 앉아야 하고 두 번째 조건에서 C가 A 옆자리에 앉아야 하므로 2번 자리에 C가, 나머지 3번 자리에는 E가 앉게 된다. 이를 정리하면 다음 그림과 같다.

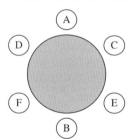

따라서 나란히 앉게 되는 참석자들은 선택지 중 A와 D이다.

04

정답 ①

B사원은 2층에 묵는 A사원보다 높은 층에 묵지만, C사원보다는 낮은 층에 묵으므로 3층 또는 4층에 묵을 수 있다. 그러나 D사원이 C사원 바로 아래층에 묵는다고 하였으므로 D사원이 4층, B사원은 3층에 묵는 것을 알 수 있다. 따라서 A ~ D를 높은 층에 묵는 순서대로 나열하면 'C−D−B−A'가 되며, E사원은 남은 1층에 묵는 것을 알 수 있다.

05

두 번째 조건에 의해 B는 항상 1과 5 사이에 앉는다. 따라서 E가 4와 5 사이에 앉으면 2와 3 사이에는 A, C, D 중 누구나 앉을 수 있다.

오답분석

① A가 1과 2 사이에 앉으면 네 번째 조건에 의해 E는 4와 5 사이에 앉는다. 그러면 C는 3 옆에 앉고 D는 1 옆에 앉게 된다. 이는 세 번째 조건과 모순이 된다. 따라서 A는 1과 2 사이에 앉을 수 없다.
③ C가 2와 3 사이에 앉으면 세 번째 조건에 의해 D는 1과 2 사이에 앉는다. 또한 네 번째 조건에 의해 E는 3과 4 사이에 앉을 수 없다. 따라서 A는 반드시 3과 4 사이에 앉는다.
④ E가 1과 2 사이에 앉으면 세 번째 조건의 대우 명제에 의해 C는 반드시 4와 5 사이에 앉는다.

06

먼저 C는 첫 번째, 세 번째 결과에 따라 A 바로 전 또는 바로 뒤의 순서로 출근한 E보다 먼저 출근하였으므로 A보다도 먼저 출근한 것을 알 수 있다. 마찬가지로 D 역시 두 번째, 다섯 번째 결과에 따라 F 바로 뒤에 출근한 B보다 먼저 출근하였으므로 F보다도 먼저 출근한 것을 알 수 있다.
또한 E는 네 번째 결과에 따라 F보다 늦게 출근하였으므로 결국 C, D, B보다도 늦게 출근하였음을 알 수 있다. 그러므로 E가 다섯 번째 또는 마지막 순서로 출근하였음을 알 수 있으나, 꼴찌에는 해당하지 않으므로 결국 E는 다섯 번째로 출근하였고, A가 마지막 여섯 번째로 출근하였음을 알 수 있다.
이때 주어진 결과만으로는 C와 D의 순서를 비교할 수 없으므로 A~F의 출근 순서는 다음과 같이 나타낼 수 있다.

구분	첫 번째	두 번째	세 번째	네 번째	다섯 번째	여섯 번째
경우 1	D	F	B	C	E	A
경우 2	D	C	F	B	E	A
경우 3	C	D	F	B	E	A

따라서 D가 C보다 먼저 출근했다면, D는 반드시 첫 번째로 출근하므로 자신을 포함한 A~F의 출근 순서를 알 수 있다.

오답분석

① A는 마지막에 출근하므로 B의 출근 시각을 알 수 없다.
② 경우 2와 경우 3에서 B가 C보다 나중에 출근하므로 C의 출근 시각을 알 수 없다.
③ 경우 1에서 C는 자신과 E, A의 출근 순서를 알 수 있으나, D, F, B의 출근 순서는 알 수 없다.

대표기출유형 04 기출응용문제

01

I은행 카드 모바일 간편 결제는 29일 16시부터 30일 02시까지 일시적으로 제한되므로, 29일에 I은행 카드로 모바일 간편 결제를 이용하려면 16시 이전에 결제를 마쳐야 한다.

오답분석

① 카드업무 중 체크카드의 이용은 29일부터 30일까지 제한되지만, 신용카드의 경우 물품 구매, 대금 결제 등의 승인은 언제나 가능하다.
② 신용카드의 이용은 제한되지 않으나 I은행 카드 포인트 사용과 같은 승인 외 부수 업무는 28일부터 30일까지 제한되므로, 포인트를 사용할 수 없다.
④ 은행업무가 일시 중단될 경우 타 금융기관을 이용한 I은행 계좌의 입금·출금·계좌이체 및 조회도 불가하므로 입금확인을 할 수 없다.

02

정답 ④

예산이 가장 많이 드는 B사업과 E사업은 사업기간이 3년이므로 최소 1년은 겹쳐야 한다는 것을 기반으로 정리하면 다음과 같다.

연도 사업명　예산	1년 20조 원	2년 24조 원	3년 28.8조 원	4년 34.5조 원	5년 41.5조 원
A		1조 원	4조 원		
B		15조 원	18조 원	21조 원	
C					15조 원
D	15조 원	8조 원			
E			6조 원	12조 원	24조 원
실질사용 예산 합계	15조 원	24조 원	28조 원	33조 원	39조 원

따라서 D사업을 첫해에 시작해야 한다.

03

정답 ③

주어진 내용을 표로 정리하면 다음과 같다.

여행 상품	1인당 비용(원)	총무팀	영업팀	개발팀	홍보팀	공장1	공장2	합계
A	500,000	2	1	2	0	15	6	26
B	750,000	1	2	1	1	20	5	30
C	600,000	3	1	0	1	10	4	19
D	1,000,000	3	4	2	1	30	10	50
E	850,000	1	2	0	2	5	5	15
합계		10	10	5	5	80	30	140

㉠ 가장 인기 높은 상품은 D이지만 공장1의 고려사항은 회사에 손해를 줄 수 있으므로, 2박 3일 상품이 아닌 1박 2일 상품 중 가장 인기 있는 B상품이 선택된다. 따라서 750,000×140=105,000,000원이 필요하므로 옳다.
㉢ 공장1의 A, B 투표 결과가 바뀐다면 여행상품 A, B의 투표수가 각각 31, 25표가 되어 선택되는 여행 상품이 A로 변경된다.

오답분석
㉡ 가장 인기가 좋은 상품은 D이다.

04

정답 ①

갑 ~ 정의 아이돌봄 서비스 이용요금을 표로 정리하면 다음과 같다.

구분	이용시간(시간)		소득기준별 본인부담금(원)		비고
	일반	야간	A형	B형	
갑	6	–	7,800	–	–
을	5	–	3,900	–	33.3% 할인
병	4	1	–	7,800	–
정	7	2	1,560	2,340	15% 할인

• 갑 : 7,800×6=46,800원
• 을 : 3,900×5×3×0.667≒39,010원(∵ 원 단위 이하 절사)
• 병 : (7,800×4)+{(7,800+3,900)×1}=42,900원
• 정
　– A형 아동 1명 : (1,560×7)+{(1,560+3,900)×2}=21,840원
　– B형 아동 1명 : (2,340×7)+{(2,340+3,900)×2}=28,860원
　∴ 서비스 이용요금 : (21,840+28,860)×0.85≒43,090원(∵ 원 단위 이하 절사)
따라서 가장 많은 본인부담금을 납부하는 사람은 갑이다.

01

ⓒ 언택트 대출 프로세스 개발로 수익원을 발굴하는 등 국내 최정상의 ICT 역량이라는 강점(S)을 활용해 후발주자와 기존 은행과의 경쟁이라는 위협(T)을 극복하려는 방안은 강점을 활용하며 위협을 극복하는 ST전략으로 적절하다.

ⓔ 가계 부문에 편중된 여신 구조라는 약점(W)과 정부의 가계부채 규제 강화라는 위협(T)에 대응하기 위해 SOHO(개인사업자) 대출, 주택담보 대출 비율을 끌어올리려는 방안은 약점을 보완하고 위협을 극복하는 WT전략으로 적절하다.

[오답분석]

ⓐ 국내 금융 앱 MAU 1위의 플랫폼 비즈니스 경쟁력이라는 강점(S)을 활용해 오프라인 점포 부재로 인한 영업 채널상의 제약이라는 약점(W)을 최소화하려는 대응 전략이다. 그러나 이러한 SW전략은 SWOT 분석에 의한 경영전략의 4가지 유형에 포함되지 않는다.

ⓒ 'K톡 – A뱅크'의 연계라는 강점(S)을 강화해 MZ 세대의 부상이라는 기회(O)를 선점함으로써 대출을 촉진하려는 전략이다. 따라서 이러한 방안은 약점을 보완하고 기회를 활용하는 WO전략이 아니라, 강점을 활용하고 기회를 잡는 SO전략으로 적절하다.

02

ⓐ LNG 구매력이 우수하다는 강점을 이용해 북아시아 가스관 사업이라는 기회를 활용하는 것은 SO전략에 해당된다.

ⓒ 수소 자원 개발이 고도화되고 있는 기회를 이용하여 높은 공급단가라는 약점을 보완하는 것은 WO전략에 해당된다.

[오답분석]

ⓒ 북아시아 가스관 사업은 강점이 아닌 기회에 해당되므로 ST전략에 해당된다고 볼 수 없다.

ⓔ 높은 LNG 확보 능력이라는 강점을 이용해 높은 가스 공급단가라는 약점을 보완하려는 것은 WT전략에 해당된다고 볼 수 없다.

03

(가) : 외부의 기회를 활용하면서 내부의 강점을 더욱 강화시키는 SO전략
(나) : 외부의 기회를 활용하여 내부의 약점을 보완하는 WO전략
(다) : 외부의 위협을 회피하며 내부의 강점을 적극 활용하는 ST전략
(라) : 외부의 위협을 회피하고 내부의 약점을 보완하는 WT전략
따라서 바르게 나열되어 있는 것은 ③이다.

04

ⓒ WO전략은 약점을 보완하여 기회를 포착하는 전략이다. ⓒ에서 말하는 원전 운영 기술력은 강점에 해당되므로 적절하지 않다.

ⓒ ST전략은 강점을 살려 위협을 회피하는 전략이다. ⓒ은 위협 회피와 관련하여 정부의 탈원전 정책 기조를 고려하지 않았으므로 적절하지 않다.

[오답분석]

ⓐ SO전략은 강점을 살려 기회를 포착하는 전략이다. 강점인 기술력을 활용해 해외 시장에서 우위를 점하려는 ⓐ은 적절한 SO전략으로 볼 수 있다.

ⓔ WT전략은 약점을 보완하여 위협을 회피하는 전략이다. 안전우려를 고려하여 안전점검을 강화하고, 정부의 탈원전 정책 기조에 협조하는 것은 적절한 WT전략으로 볼 수 있다.

03 | 조직이해능력

대표기출유형 01 기출응용문제

01
정답 ②

민츠버그의 경영자 역할
• 대인적 역할 : 상징자 혹은 지도자로서 대외적으로 조직을 대표하고, 대내적으로 조직을 이끄는 리더로서 역할을 의미한다.
• 정보적 역할 : 조직을 둘러싼 외부 환경의 변화를 모니터링하고, 이를 조직에 전달하는 정보전달자의 역할을 의미한다.
• 의사결정적 역할 : 조직 내 문제를 해결하고 대외적 협상을 주도하는 협상가, 분쟁조정자, 자원배분자로서의 역할을 의미한다.

02
정답 ②

경영활동을 구성하는 요소는 경영목적, 인적자원, 자금, 경영전략이다. ⓒ의 경우와 같이 봉사활동을 수행하는 일은 목적과 인력, 자금 등이 필요한 일이지만, 정해진 목표를 달성하기 위한 조직의 관리, 전략, 운영활동이라고 볼 수 없으므로 경영활동이 아니다.

03
정답 ①

스톡옵션제도에 대한 설명으로 자본참가 유형에 해당한다.

오답분석
② 스캔론플랜에 대한 설명으로 성과참가 유형에 해당한다.
③ 럭커플랜에 대한 설명으로 성과참가 유형에 해당한다.
④ 노사협의제도에 대한 설명으로 의사결정참가 유형에 해당한다.

01

정답 ④

조직의 유형

• 공식성 : 공식화 정도에 따라 공식조직과 비공식조직으로 구분할 수 있다. 공식조직은 조직의 구조·기능·규정 등이 조직화되어 있는 조직을 의미하며, 비공식조직은 개인들의 협동과 상호작용에 따라 형성된 자발적인 집단조직 이다.

• 영리성 : 영리성을 기준으로 영리조직과 비영리조직으로 구분할 수 있다. 영리조직은 기업과 같이 이윤을 목적으로 하는 조직이며, 비영리조직은 정부조직을 비롯하여 공익을 추구하는 병원, 대학, 시민단체, 종교단체 등이 있다.

• 조직 규모 : 조직 규모를 중심으로 소규모 조직과 대규모 조직으로 구분할 수 있다. 소규모 조직에는 가족 소유의 상점 등이 있고 대규모 조직에는 대기업 등이 있다.

02

정답 ③

비영리조직이며 대규모 조직인 학교와 시민단체에서 7시간 있었다.

• 학교 : 공식조직, 비영리조직, 대규모 조직
• 편의점 : 공식조직, 영리조직, 소규모 조직
• 스터디 : 비공식조직, 비영리조직, 소규모 조직
• 시민단체 : 비공식조직, 비영리조직, 대규모 조직

[오답분석]
① 비공식적이면서 소규모 조직인 스터디에서 3시간 있었다.
② 공식조직인 학교와 편의점에서 8시간 있었다.
④ 영리조직인 편의점에서 2시간 있었다.

03

정답 ①

I은행의 사내 봉사 동아리이기 때문에 공식이 아닌 비공식조직에 해당한다. 비공식조직의 특징에는 인간관계에 따라 형성된 자발적인 조직, 내면적·비가시적·비제도적·감정적, 사적 목적 추구, 부분적 질서를 위한 활동 등이 있다.

[오답분석]
② 영리조직에 대한 설명이다.
③ 공식조직에 대한 설명이다.
④ 공식조직에 대한 설명이다.

대표기출유형 03   기출응용문제

01   정답 ③

가장 먼저 처리해야 할 일은 오늘 점심에 있을 중요한 미팅으로 인해 오후 미팅을 연기하는 것이다. 따라서 대화가 끝난 후 바로 오후 미팅 시간을 변경해야 한다.

02   정답 ②

영업의 주요 업무로는 견적 작성 및 제출, 시장분석, 판매 등을 들 수 있다. 금일 업무 내용 중 전사 공채 진행은 인사 업무이며, 명일 업무 내용 중 전사 소모품 관리는 총무 업무, 사원 급여 정산은 인사 업무로 볼 수 있다.

03   정답 ④

일반적으로 기획부의 업무는 제시된 표처럼 사업계획이나 경영점검 등 경영활동 전반에 걸친 기획 업무가 주를 이룬다. 사옥 이전 관련 발생 비용 산출은 회계부, 대내외 홍보는 총무부에서 담당한다.

04   정답 ③

오전반차를 사용한 이후 14시부터 16시까지 미팅 업무가 있는 J대리는 택배 접수 마감 시간인 16시 이전에 행사용품 오배송 건 반품 업무를 진행할 수 없다.

오답분석

① K부장은 G과장에게 부서장 대리로서 회의에 참석해 달라고 하였다.
② ○○프로젝트 보고서 초안 작성 업무는 해당 프로젝트 회의에 참석한 G과장이 담당하는 것이 적절하다.
④ 사내 교육 프로그램 참여 이후 17시 전까지 주요 업무가 없는 L사원과 O사원은 우체국 방문 및 등기 발송 업무나 사무용품 주문서 작성 업무를 담당할 수 있다.

04 | 자원관리능력

대표기출유형 01 | 기출응용문제

01
정답 ①

화상회의 진행 시각(한국 기준 오후 4 ~ 5시)을 각국 현지 시각으로 변환하면 다음과 같다.
- 파키스탄 지사(-4시간) : 오후 12 ~ 1시, 점심시간이므로 회의에 참석 불가능하다.
- 불가리아 지사 (-6시간) : 오전 10 ~ 11시이므로 회의에 참석 가능하다.
- 호주 지사(+1시간) : 오후 5 ~ 6시이므로 회의에 참석 가능하다.
- 영국 지사(-8시간) : 오전 8 ~ 9시이므로 회의에 참석 가능하다(시차는 -9시간 나지만, 서머타임을 적용한다).

따라서 파키스탄 지사는 화상회의에 참석할 수 없다.

02
정답 ②

각국에서 출발한 직원들이 국내(대한민국)에 도착하는 시간을 계산하기 위해서는 먼저 시차를 구해야 한다. 동일 시점에서의 각국의 현지 시각을 살펴보면 국내의 시각이 가장 빠르다는 점을 알 수 있다. 즉, 국내의 현지 시각을 기준으로 각국의 현지 시각을 빼면 시차를 구할 수 있다. 시차는 계산 편의상 24시를 기준으로 한다.

구분	계산식	시차
대한민국 ~ 독일	6일 06:20-5일 23:20	7시간
대한민국 ~ 인도	6일 06:20-6일 03:50	2시간 30분
대한민국 ~ 미국	6일 06:20-5일 17:20	13시간

각국의 직원들이 국내에 도착하는 시간은 출발지 기준 이륙 시각에서 비행 시간과 시차를 더하여 구할 수 있다. 계산 편의상 24시 기준으로 한다.

구분	계산식	대한민국 도착 시각
독일	6일 16:20+11:30+7:00	7일 10:50
인도	6일 22:10+08:30+2:30	7일 09:10
미국	6일 07:40+14:00+13:00	7일 10:40

따라서 인도에서 출발하는 직원이 가장 먼저 도착하고, 미국, 독일 순서로 도착하는 것을 알 수 있다.

03
정답 ③

A씨가 쓸 수 있는 항공료는 최대 450,000원이다. 항공료 지원율을 반영해 A씨와 아내의 왕복 항공료를 계산하면 다음과 같다.
- 중국 : $130,000 \times 2 \times 2 \times 0.9 = 468,000$원
- 일본 : $125,000 \times 2 \times 2 \times 0.7 = 350,000$원
- 싱가포르 : $180,000 \times 2 \times 2 \times 0.65 = 468,000$원

따라서 A씨는 일본여행만 가능하다.
제시된 자료에서 8월 3 ~ 4일은 휴가가 불가능하다고 하였으므로, A씨가 선택할 여행기간은 16 ~ 19일이다.

04

주어진 조건에 따르면 1팀, 2팀, 3팀은 팀별로 번갈아 가며 모내기 작업을 하며, 팀별로 시간은 겹칠 수 없으며 한번 일을 하면 2시간 연속으로 해야 한다. 2팀의 경우 오전 9시 ~ 오후 12시, 오후 3 ~ 6시 중에서 일손을 도울 수 있는데, 오전 10시에서 오후 12시에는 1팀이, 오후 2시에서 4시는 3팀이 일을 하기 때문에 2팀이 일손을 도울 수 있는 시간은 오후 4시에서 6시(16:00 ~ 18:00)이다.

시간	팀별 스케줄		
	1팀	2팀	3팀
09:00 ~ 10:00	상품기획 회의		시장조사
10:00 ~ 11:00	일손 돕기		
11:00 ~ 12:00			비품 요청
12:00 ~ 13:00	점심시간		
13:00 ~ 14:00			사무실 청소
14:00 ~ 15:00	업무지원	상품기획 회의	일손 돕기
15:00 ~ 16:00			
16:00 ~ 17:00	경력직 면접	일손 돕기	마케팅 전략 회의
17:00 ~ 18:00			

대표기출유형 02 기출응용문제

01

총인원은 황사원을 포함해 5명이며, 편도로 2시간 45분이 걸리는 고속버스 L여객을 제외한 나머지 3개의 편도 비용을 구하면 다음과 같다.

구분		편도 비용	할인율	총 편도 비용
기차	G호	18,000원/인	×	18,000×5=90,000원
	T호	15,000원/인	×	15,000×5=75,000원
고속버스	P여객	16,000원/인	×	16,000×5=80,000원

따라서 기차 T호를 이용할 때 편도 비용은 총 75,000원으로 가장 저렴하다.

02

• 월 수령액 및 시급
  연봉 3,600만 원인 H사원의 월 수령액은 3,600만÷12=3,000,000원이다.
  월평균 근무시간은 200시간이므로 시급은 300만÷200=15,000원/시간이다.
• 야근 수당
  H사원이 평일에 야근한 시간은 2+3+1+3+2=11시간이므로 야근 수당은 15,000×11×1.2=198,000원이다.
• 특근 수당
  H사원이 주말에 특근한 시간은 2+3=5시간이므로 특근 수당은 15,000×5×1.5=112,500원이다.
따라서 식대는 야근·특근 수당에 포함되지 않으므로 H사원의 이번 달 야근·특근 근무 수당 총액은 198,000+112,500=310,500원이다.

CHAPTER 04 자원관리능력 • 21

03

I카드 골드 등급인 영희의 4월 사용내역에 대하여 내용별로 멤버십 혜택을 받은 금액을 정리하면 다음과 같다.
- B미디어 이용 : 200,000×15%=30,000원
- B피자 구매 : 35,000×10%=3,500원
- A마트 이용 : 72,000×5%=3,600원
- B영화관(VIP석) 이용 : 일반석이 아니므로 혜택 대상이 아니다.
- 자몽주스 1잔(A카페) 구매 : 6,000×15%=900원
- 커피 2잔(B카페) 구매 : 10,000×10%=1,000원
- B마트 이용 : 53,000÷1,000×50원=2,650원
- 영화표 2매(A영화관) 구매 : 2,000×2=4,000원
- 도서(A교육) 구매 : 동영상 과정이 아니므로 혜택 대상이 아니다.
- 동영상 과정(A교육) 구매 : 150,000×50%=75,000원
- A피자 구매 : 22,000×20%=4,400원

이를 모두 합한 총 혜택 금액은 125,050원이다.

대표기출유형 03 기출응용문제

01

3월 14일이 화요일이므로 3월 31일은 13일 후인 금요일이다.
4월 1일, 4월 2일은 근무를 하지 않으므로 4월 3일이 4월의 첫 근무일이다.
4월 3일까지 비품은 14일간 사용했으므로 4월 1일까지 소비한 양을 정리한 표는 다음과 같다.

구분	3월 14일 재고량	3월 31일까지 소비량	4월 3일 재고량	여유량	(여유량)×0.3
갑티슈	15	1×14=14	15−14=1	45	45×0.3=13.5
물티슈	18	1.2×14=16.8	18−16.8=1.2	60	60×0.3=18
흑색 볼펜	20	0.8×14=11.2	20−11.2=8.8	40	40×0.3=12
적색 볼펜	25	0.5×14=7	25−7=18	40	40×0.3=12
종이컵	450	30×14=420	450−420=30	1,200	1,200×0.3=360
스틱커피	400	25×14=350	400−350=50	1,500	1,500×0.3=450
클립	80	2×14=28	80−28=52	100	100×0.3=30

4월 3일 재고량이 (여유량)×0.3보다 적은 물품은 갑티슈, 물티슈, 흑색 볼펜, 종이컵, 스틱커피이다.
따라서 구매하는 비품의 종류는 5가지이다.

02

C안마의자는 가격이 최대 예산을 초과하였을 뿐만 아니라 온열기능이 없으므로 제외하고, B안마의자는 색상이 블랙이 아니므로 고려 대상에서 제외한다. 남은 A안마의자와 D안마의자 중 프로그램 개수가 많을수록 좋다고 하였으므로 I기업은 D안마의자를 구매할 것이다.

03

자기계발 과목에 따라 해당되는 지원 금액과 신청 인원은 다음과 같다.

구분	영어회화	컴퓨터 활용능력	세무회계
지원 금액	70,000×0.5=35,000원	50,000×0.4=20,000원	60,000×0.8=48,000원
신청 인원	3명	3명	3명

교육프로그램마다 3명씩 지원했으므로, 지원비는 총 (35,000+20,000+48,000)×3=309,000원이다.

04

선정방식에 따라 업체별 경영건전성 점수, 시공실적 점수, 전력절감 점수, 친환경 점수를 합산한 값의 평균에 가점을 가산하여 최종점수를 구하면 다음과 같다.

(단위 : 점)

구분	A업체	B업체	C업체	D업체
경영건전성 점수	85	91	79	88
시공실적 점수	79	82	81	71
전력절감 점수	71	74	72	77
친환경 점수	88	75	85	89
평균	80.75	80.5	79.25	81.25
가점	수상 2점	무사고 1점, 수상 2점	입찰가격 2점	무사고 1점, 입찰가격 2점
최종점수	82.75	83.5	81.25	84.25

따라서 선정될 업체는 최종점수가 84.25점으로 가장 높은 D업체이다.

01

면접평가 결과를 점수로 변환하면 다음과 같다.

구분	A	B	C	D	E
의사소통능력	100	100	100	80	50
문제해결능력	80	75	100	75	95
조직이해능력	95	90	60	100	90
대인관계능력	50	100	80	60	85

변환된 점수에 최종 합격자 선발기준에 따른 평가비중을 곱하여 최종점수를 도출하면 다음과 같다.
- A : $(100 \times 0.4) + (80 \times 0.3) + (95 \times 0.2) + (50 \times 0.1) = 88$점
- B : $(100 \times 0.4) + (75 \times 0.3) + (90 \times 0.2) + (100 \times 0.1) = 90.5$점
- C : $(100 \times 0.4) + (100 \times 0.3) + (60 \times 0.2) + (80 \times 0.1) = 90$점
- D : $(80 \times 0.4) + (75 \times 0.3) + (100 \times 0.2) + (60 \times 0.1) = 80.5$점
- E : $(50 \times 0.4) + (95 \times 0.3) + (90 \times 0.2) + (85 \times 0.1) = 75$점

따라서 최종 합격자는 상위자 2명이므로 B, C가 선발된다.

02

승진시험 성적은 100점 만점이므로 제시된 점수를 그대로 반영하고 영어 성적은 5를 나누어서 반영한다. 성과 평가의 경우는 2를 나누어서 합산해, 그 합산점수가 가장 큰 사람을 선발한다. 이때, 합산점수가 높은 E와 I는 동료평가에서 하를 받았으므로 승진대상에서 제외된다. 합산점수는 다음과 같다.

(단위 : 점)

구분	A	B	C	D	E	F	G	H	I	J	K
합산점수	220	225	225	200	동료 평가 '하'로 제외	235	245	220	동료 평가 '하'로 제외	225	230

따라서 합산점수 상위자 2명인 F, G가 승진한다.

03

2번 이상 같은 지역을 신청할 수 없고 D는 1년 차와 2년 차 모두 수도권 지역에서 근무하였으므로 3년 차에는 지방으로 가야 한다. D는 자신의 신청지인 여의도에 배정받지 못할 것이다.

[오답분석]
① B는 E와 함께 영등포를 신청하였으나 B의 전년도 평가 점수가 더 높아 B가 영등포로 이동한다.
② 3년 차에 제주에서 근무한 E는 A가 이동할 종로와 B가 이동할 영등포를 제외한 수도권 지역인 여의도로 이동하게 된다. 또한 C는 이미 근무한 종로, 여의도로는 갈 수 없으므로 지방 지역 중 본인이 근무했던 대구가 아닌 광주 또는 제주로 이동하게 될 것이다.
③ 1년 차 신입은 전년도 평가 점수를 100점으로 보므로 신청한 근무지에서 근무할 수 있다. 따라서 1년 차에 대구에서 근무한 A는 입사 시 대구를 근무지로 신청하였을 것임을 알 수 있다. 또한 1년 차 근무를 마쳤으므로 우선 반영되어 종로로 이동하게 된다.

05 | 수리능력

대표기출유형 01 | 기출응용문제

01

정답 ②

집에서 I은행까지의 거리를 $x$km라고 하면, (집에서 I은행까지 걸은 시간)+(금융 업무를 보는 시간)+(I은행에서 집까지 걸은 시간)=2시간 30분이다.

$$\frac{x}{6}+\frac{2}{3}+\frac{x}{4}=\frac{5}{2}$$

$$\rightarrow \frac{5}{12}x=\frac{11}{6}$$

$$\therefore x=\frac{22}{5}=4.4$$

따라서 집에서 I은행까지의 거리는 4.4km이다.

02

정답 ②

집으로 다시 돌아갈 때 거리 2.5km를 시속 5km로 걸었기 때문에 이때 걸린 시간은 $\frac{2.5}{5}=0.5$시간(30분)이고, 회사로 자전거를 타고 출근하는 데 걸린 시간은 $\frac{5}{15}=\frac{20}{60}$ 시간(20분)이다.

따라서 총 50분이 소요되어 회사에 도착한 시각은 오전 7시 10분+50분=오전 8시이다.

03

정답 ②

나래가 자전거를 탈 때의 속력을 $x$km/h, 진혁이가 걷는 속력을 $y$km/h라고 하자.

$1.5x-1.5y=6 \cdots$ ㉠

$x+y=6 \cdots$ ㉡

㉠과 ㉡을 연립하면

$\therefore x=5, \ y=1$

따라서 나래의 속력은 5km/h이다.

01

정답 ③

처음 설탕물의 농도를 $x\%$라고 하면 다음 식이 성립한다.

$$\dfrac{\dfrac{x}{100}\times 200+5}{200-50+5}\times 100=3x$$

$$\rightarrow 200x+500=465x$$

$$\therefore x=\dfrac{100}{53}\fallingdotseq 1.9$$

따라서 처음 설탕물의 농도는 약 1.9%이다.

02

정답 ④

세제 1스푼의 양을 xg이라고 하면 다음 식이 성립한다.

$$\left(\dfrac{5}{1,000}\times 2,000\right)+4x=\dfrac{9}{1,000}\times(2,000+4x)$$

$$\therefore x=\dfrac{2,000}{991}$$

물 3kg에 들어갈 세제의 양을 yg이라고 하면 다음 식이 성립한다.

$$y=\dfrac{9}{1,000}\times(3,000+y)$$

$$\rightarrow 1,000y=27,000+9y$$

$$\therefore y=\dfrac{27,000}{991}$$

따라서 물 3kg에 $\dfrac{\dfrac{27,000}{991}}{\dfrac{2,000}{991}}=13.5$스푼을 넣으면 농도가 0.9%인 세제 용액이 된다.

03

정답 ④

농도 11%인 소금물의 양은 $(100-x)+x+y=300 \rightarrow y=200$이다.
덜어낸 소금물의 양은 다음과 같다.

$$\dfrac{20}{100}\times(100-x)+x+\dfrac{11}{100}\times 200=\dfrac{26}{100}\times 300$$

$$\rightarrow 2,000-20x+100x+2,200=7,800$$

$$\therefore x=45$$

따라서 $x+y=245$이다.

대표기출유형 03   기출응용문제

01

전체 작업량을 1로 둘 때, 6명이 5시간 만에 청소를 완료하므로 직원 1명의 시간당 작업량은 $\frac{1}{30}$ 이다.

이때 3시간 만에 일을 끝마치기 위한 직원의 수를 x명이라 하면 $\frac{x}{30} \times 3 = 1 \rightarrow x = 10$이다.

따라서 총 10명의 직원이 필요하며, 추가로 필요한 직원의 수는 4명이다.

02

물통에 물을 가득 채웠을 때의 물의 양을 X, A호스와 B호스로 1분간 채울 수 있는 물의 양을 각각 x, y라 하면 다음 식이 성립한다.

$5(x+y)+3x=\text{X} \cdots \bigcirc$

$4(x+y)+6y=\text{X} \cdots \bigcirc$

㉠, ㉡을 정리하면 다음과 같다.

$8x+5y=\text{X} \cdots \bigcirc'$

$4x+10y=\text{X} \cdots \bigcirc'$

㉠´, ㉡´을 연립하면 다음과 같다.

$15y=\text{X} \rightarrow y=\frac{X}{15}$, $x=\text{X} \times (1-\frac{5}{15}) \times \frac{1}{8} = \frac{X}{12}$

따라서 A호스로만 물통을 가득 채우는 데 걸리는 시간은 12분이다.

03

A프린터 1대당 1분 동안 프린트할 수 있는 용지매수를 x장, B프린터의 경우 y장이라 가정하고, 100장을 프린트하는 데 걸리는 시간에 대한 식은 다음과 같다.

$(3x+2y) \times 4 = 100 \rightarrow 3x+2y=25 \cdots \bigcirc$

$(4x+y) \times 5 = 100 \rightarrow 4x+y=20 \cdots \bigcirc$

㉠과 ㉡을 연립하면 $x=3$, $y=8$이 나오므로 A프린터는 1대당 1분에 3장, B프린터는 8장을 프린트할 수 있다.

따라서 A프린터 2대와 B프린터 3대를 동시에 사용할 때 1분 동안 프린트되는 용지는 $2 \times 3 + 8 \times 3 = 30$장이므로 100장을 프린트하는 데 걸리는 시간은 3분 20초 $\left(= \frac{100}{30} \text{분} \right)$이다.

대표기출유형 04   기출응용문제

01

A종목에서 상을 받은 사람의 수를 P(A), B종목에서 상을 받은 사람의 수를 P(B), A종목과 B종목 모두 상을 받은 사람의 수를 P(A∩B)라고 하면 다음과 같은 두 방정식이 성립한다.

$\text{P(A)}+\text{P(B)}-\text{P(A} \cap \text{B)}=30 \cdots \bigcirc$

$\text{P(A)}=\text{P(B)}+8 \cdots \bigcirc$

P(A∩B)=10이므로

$\text{P(A)}+\text{P(B)}=40 \cdots \bigcirc'$

㉠´과 ㉡을 연립하면 P(A)=24, P(B)=16이다.

따라서 A종목에서 상을 받은 사람의 상금의 합은 $24 \times 50,000 = 1,200,000$원이다.

02

정답 ②

- 산지에서 구매한 가격을 a라 하면 협동조합이 도매상에 판매한 가격 : $\left(1+\dfrac{20}{100}\right)\times a=1.2a$

- 도매상의 판매가를 x라 하면 $\dfrac{80}{100}x=1.2a \rightarrow x=1.5a$

- 소매상의 판매가 : $\left(1+\dfrac{20}{100}\right)\times1.5a=1.8a$

따라서 협동조합의 최초 구매가격 대비 80% 상승했다.

03

정답 ②

A, B, C, D의 투자액의 비를 $a:b:c:d$라고 하자.

$\dfrac{b+c}{a+b+c+d}\times3=1 \rightarrow 2(b+c)=a+d \rightarrow 2b+2c=a+d \cdots \bigcirc$

$\dfrac{a+2c}{a+b+c+d}\times3=\dfrac{28}{9} \cdots \bigcirc\!\!\!\bigcirc$

$2c=a \cdots \bigcirc\!\!\!\bigcirc\!\!\!\bigcirc$

$\bigcirc$과 $\bigcirc\!\!\!\bigcirc\!\!\!\bigcirc$을 연립하면 $d=2b \cdots$ ㉢

$\bigcirc\!\!\!\bigcirc\!\!\!\bigcirc$과 ㉢을 $\bigcirc\!\!\!\bigcirc$에 대입하면 $\dfrac{4c}{2c+b+c+2b}\times3=\dfrac{28}{9} \rightarrow \dfrac{4c}{b+c}=\dfrac{28}{9} \rightarrow 2c=7b$

4명의 투자자들의 투자액 비율을 b로 나타내면

$a=2\times\dfrac{7}{2}b,\ b,\ c=\dfrac{7}{2}b,\ d=2b \rightarrow a:b:c:d=14:2:7:4$

따라서 B가 받을 하반기 배당금은 $\dfrac{2}{14+2+7+4}\times2.7=\dfrac{2}{27}\times2.7=0.2$억이다.

대표기출유형 05   기출응용문제

01

정답 ④

제시된 연차 계산법에 따라 I씨의 연차를 구하는 식은 다음과 같다.
- 기간제 : $(6\times365)\div365\times15=90$일
- 시간제 : $(8\times30\times6)\div365\fallingdotseq4$일
따라서 I씨의 연차는 $90+4=94$일이다.

02

정답 ④

한 신호등은 $6+4=10$초마다 다시 점등되고 다른 신호등은 $8+6=14$초마다 다시 점등된다.
따라서 두 신호등은 10과 14의 최소공배수인 70초마다 동시에 점등된다.

03

정답 ①

A와 B의 근속연수는 각각 x년, y년이므로 주어진 정보를 정리하면 다음과 같다.
$x+y=21 \cdots \bigcirc$
$4(x-3)=(y-3) \rightarrow 4x-12=y-3 \rightarrow 4x-y=9 \cdots \bigcirc\!\!\!\bigcirc$

㉠, ㉡을 연립하면

∴ $x=6$, $y=15$

B의 근속연수가 A의 근속연수의 2배가 되는 것을 z년 후라고 하면 다음과 같다.

$2(6+z)=15+z$

→ $12+2z=15+z$

∴ $z=3$

따라서 B의 근속연수가 A의 근속연수의 2배가 되는 것은 3년 후이다.

01

정답 ②

총 9장의 손수건을 구매했으므로 B손수건 3장을 제외한 나머지 A, C, D손수건은 각각 $\dfrac{9-3}{3}=2$장씩 구매하였다.

먼저 3명의 친구들에게 서로 다른 손수건을 3장씩 나눠줘야 하므로 B손수건을 1장씩 나눠준다. 나머지 A, C, D손수건을 서로 다른 손수건으로 2장씩 나누면 (A, C), (A, D), (C, D)로 묶을 수 있다. 이 세 묶음을 3명에게 나눠주는 방법은 3!=3×2×1=6가지가 나온다.

따라서 친구 3명에게 종류가 다른 손수건을 3장씩 나눠주는 경우의 수는 6가지이다.

02

정답 ④

각 대표가 설 수 있는 경우의 수는 1~6학년까지 총 6명이므로 6!=6×5×4×3×2×1=720가지이다.

모든 경우의 수에서 제시된 조건에 해당하는 경우의 수를 빼주는 여사건으로 풀면 빠르게 풀 수 있다.

• 1학년 대표 다음에 2학년 대표가 서는 경우

  1학년 대표와 2학년 대표를 한 묶음으로 두면 5!=5×4×3×2×1=120가지

• 2학년 대표 다음에 3학년 대표가 서는 경우

  2학년 대표와 3학년 대표를 한 묶음으로 두면 5!=5×4×3×2×1=120가지

두 경우 모두 1, 2, 3학년 대표가 차례대로 서는 경우가 각각 포함되어 있기 때문에 1, 2, 3학년 대표가 차례대로 서는 경우를 한 번 더해준다. 따라서 줄 서는 방법은 720−(120+120)+4!=504가지이다.

03

정답 ④

B를 거치는 A에서 C까지의 최단 경로는 A와 B 사이의 경로와 B와 C 사이의 경로를 나눠서 구할 수 있다.

ⅰ) A와 B의 최단 경로의 경우의 수 : $\dfrac{5!}{3!\times 2!}=10$가지

ⅱ) B와 C의 최단 경로의 경우의 수 : $\dfrac{3!}{1!\times 2!}=3$가지

따라서 B를 거치는 A에서 C까지의 최단 경로의 경우의 수는 10×3=30가지이다.

01

정답 ①

9개의 숫자에서 4개의 숫자를 뽑아 나열할 수 있는 방법은 $_9P_4=9\times8\times7\times6=3{,}024$가지이다.

여기서 5와 6을 제외하고, 1과 8이 포함된 4자리 숫자를 만들 수 있는 방법은 9개의 숫자에서 제외할 숫자와 포함될 숫자를 빼고, 남은 숫자 중에서 2개의 숫자를 뽑아 1과 8을 포함한 4개 숫자를 나열하는 것이다.

$$_{(9-4)}C_2\times4!=_5C_2\times4!=\frac{5\times4}{2}\times4\times3\times2\times1=240$$

따라서 한별이가 5와 6을 제외하고 1과 8을 포함하여 비밀번호를 만들 확률은 $\dfrac{240}{3{,}024}=\dfrac{5}{63}$이다.

02

정답 ④

ⅰ) 4번째 시합에서 홍보부서가 우승할 경우 : 4경기 모두 홍보부서가 이겨야 하므로 확률은 $\dfrac{1}{2}\times\dfrac{1}{2}\times\dfrac{1}{2}\times\dfrac{1}{2}=\dfrac{1}{16}$이다.

ⅱ) 5번째 시합에서 홍보부서가 우승할 경우 : 홍보부서는 4번째 시합까지 3승 1패를 하고, 5번째 시합에서 이겨야 한다. 홍보부서가 4번째 시합까지 한 번 졌을 경우는 총 4가지이므로 확률은 $4\times\left(\dfrac{1}{2}\times\dfrac{1}{2}\times\dfrac{1}{2}\times\dfrac{1}{2}\right)=\dfrac{1}{4}$이고, 5번째 시합에서 홍보부서가 이겨야 하므로 확률은 $\dfrac{1}{4}\times\dfrac{1}{2}=\dfrac{1}{8}$이다.

따라서 홍보부서가 4번째 시합 또는 5번째 시합에서 결승에 우승할 확률은 $\dfrac{1}{16}+\dfrac{1}{8}=\dfrac{1+2}{16}=\dfrac{3}{16}$임을 알 수 있다.

03

정답 ④

10명의 동아리 회원 중 3명이 당첨되는 경우는 $_{10}C_3=\dfrac{10\times9\times8}{3\times2\times1}=120$가지이고, 3명 중 남자가 여자보다 당첨자가 많을 경우는 다음과 같다.

ⅰ) 남자 3명이 모두 당첨자가 되는 경우 : $_4C_3=_4C_1=4$가지

ⅱ) 남자 2명, 여자 1명이 당첨자가 되는 경우 : $_4C_2\times_6C_1=\dfrac{4\times3}{2\times1}\times6=36$가지

따라서 당첨자 중 남자가 여자보다 많을 확률은 $\dfrac{4+36}{120}\times100=\dfrac{1}{3}\times100\fallingdotseq33.33\%$이다.

대표기출유형 08 기출응용문제

01

정답 ②

A씨가 태국에서 구매한 기념품 금액은 환율과 해외서비스 수수료까지 적용하여 구하면 $15,000 \times 38.1 \times 1.002 = 572,643$원이다. 십 원 미만은 절사하므로 카드 금액으로 내야 할 기념품 비용은 572,640원이다.

02

정답 ②

파운드화를 유로화로 환전할 때 이중환전을 해야 하므로 파운드화에서 원화, 원화에서 유로화로 두 번 환전해야 한다.
• 파운드화를 원화로 환전 : 1,400파운드×1,500원/파운드＝2,100,000원
• 원화를 유로화로 환전 : 2,100,000원÷1,200원/유로＝1,750유로
따라서 I씨가 환전한 유로는 1,750유로이다.

03

정답 ②

대만의 매매기준율은 40원/TWD이고 환전 수수료는 9%이므로 1TWD를 원화로 환전할 때 받을 수 있는 원화는 $40 \times 0.91 = 36.4$원이다.
따라서 받을 수 있는 원화는 600,000TWD×36.4원/TWD＝21,840,000원이다.

대표기출유형 09 기출응용문제

01

정답 ④

• 우대금리 : a+b＝0.7%p
• 만기 시 적용되는 금리 : 2.3+0.7＝3.0%
• 만기 시 이자수령액(단리 적용) : $100,000 \times \dfrac{24 \times 25}{2} \times \dfrac{0.03}{12} = 75,000$원
• 만기 시 원리금수령액 : 100,000×24+75,000＝2,475,000원
따라서 I고객에게 안내할 금액은 2,475,000원이다.

02

정답 ②

단리적금의 경우 n은 가입기간 개월 수이고, r은 연 이자율인 이자 계산 공식 (월 납입액)$\times \dfrac{n \times (n+1)}{2} \times \dfrac{r}{12}$에 넣으면

$400,000 \times \dfrac{36 \times 37}{2} \times \dfrac{0.022}{12} = 488,400$원이 나오고, 적금 원금은 400,000×36＝1,440만 원이다.

따라서 만기 시 받는 총액은 14,400,000+488,400＝14,888,400원이다.

03

정답 ①

단리예금에서 이자는 예치금에 대해서만 발생하므로 이자 공식은 다음과 같다.

(단리예금 이자)$=a \times r \times n$ (a는 예치금, r은 월 이자율, n은 기간)

따라서 공식에 대입하여 구하면 은경이가 받을 이자는 $5,000 \times \dfrac{0.6}{100} \times 15 = 450$만 원이다.

04

정답 ①

작년과 올해 공제받은 금액의 1,200만 원 초과금을 각각 x, y만 원이라고 하자.

• 작년 : $72 + 0.15 \times x = 4,000 \times 0.05 \rightarrow 0.15 \times x = 200 - 72 \rightarrow x = \dfrac{128}{0.15} ≒ 853$

• 올해 : $72 + 0.15 \times y = 4,000 \times 0.1 \rightarrow 0.15 \times y = 400 - 72 \rightarrow y = \dfrac{328}{0.15} ≒ 2,187$

따라서 작년 대비 올해 증가한 소비 금액은 $(2,187 + 1,200) - (853 + 1,200) = 1,334$만 원이다.

대표기출유형 10 기출응용문제

01

정답 ②

첫 번째 조건에서 2024년 11월 요가 회원은 $a = 50 \times 1.2 = 60$명이고, 세 번째 조건에서 2025년 1월 필라테스 예상 회원 수는 올해 4분기 월 평균 회원 수가 되어야 하므로 내년 1월 필라테스 예상 회원 수 $d = \dfrac{106 + 110 + 126}{3} = \dfrac{342}{3} = 114$명이다.

두 번째 조건에 따라 2024년 12월 G.X 회원 수 c를 구하면 $(90 + 98 + c) + 37 = 106 + 110 + 126 \rightarrow c = 342 - 225 = 117$명이 된다.

b를 구하기 위한 방정식 $2a + b = c + d$에 a, c, d에 해당되는 수를 대입하면 $2 \times 60 + b = 117 + 114 \rightarrow b = 231 - 120 \rightarrow b = 111$이다.

따라서 2024년 12월에 요가 회원 수는 111명이다.

02

정답 ②

2022년 대비 2024년에 가장 눈에 띄는 증가율을 보인 면세점과 편의점, 무점포 소매점의 증가율을 계산하면 다음과 같다.

• 2022년 대비 2024년 면세점 판매액의 증가율 : $\dfrac{14,465 - 9,198}{9,198} \times 100 ≒ 57\%$

• 2022년 대비 2024년 편의점 판매액의 증가율 : $\dfrac{22,237 - 16,455}{16,455} \times 100 ≒ 35\%$

• 2022년 대비 2024년 무점포 소매점 판매액의 증가율 : $\dfrac{61,240 - 46,788}{46,788} \times 100 ≒ 31\%$

따라서 2024년 두 번째로 높은 비율의 판매액 증가를 보인 소매 업태는 편의점이고, 증가율은 35%이다.

03

정답 ①

(ㄱ)은 2021년 대비 2022년 의료 폐기물의 증감율로 $\dfrac{48,934 - 49,159}{49,159} \times 100 ≒ -0.5\%$이고,

(ㄴ)은 2019년 대비 2020년 사업장 배출시설계 폐기물의 증감율로 $\dfrac{123,604 - 130,777}{130,777} \times 100 ≒ -5.5\%$이다.

04

정답 ②

- 공연음악 시장 규모
  : 2024년의 예상 후원 시장 규모는 6,305+118=6,423백만 달러이고, 티켓 판매 시장 규모는 22,324+740=23,064백만 달러이다. 따라서 2024년 공연음악 시장 규모는 6,423+23,064=29,487백만 달러이다.
- 스트리밍 시장 규모
  : 2019년 스트리밍 시장의 규모가 1,530백만 달러이므로, 2024년의 스트리밍 시장 규모는 1,530×2.5=3,825백만 달러이다.
- 오프라인 음반 시장 규모
  : 2024년 오프라인 음반 시장 규모를 x백만 달러라고 하면, $\dfrac{x-8,551}{8,551}\times100=-6\%$이다. 따라서 x는 $-\dfrac{6}{100}\times8,551+8,551$ ≒8,037.9백만 달러이다.

대표기출유형 11 　기출응용문제

01

정답 ②

L사의 가습기 B와 H의 경우 모두 표시지 정보와 시험 결과에서 아파트 적용 바닥면적이 주택 적용 바닥면적보다 넓다.

[오답분석]
① W사의 G가습기 소음은 33.5dB(A)로, C사의 C가습기와 E가습기보다 소음이 더 크다.
③ D가습기와 G가습기의 실제 가습능력은 표시지 정보보다 더 나음을 알 수 있다.
④ W사의 D가습기는 시험 결과, 표시지 정보보다 미생물 오염도가 덜함을 알 수 있다.

02

정답 ③

삶의 만족도가 한국보다 낮은 국가는 에스토니아, 포르투갈, 헝가리이다.

세 국가의 장시간 근로자 비율 산술평균은 $\dfrac{3.6+9.3+2.7}{3}=5.2\%$이다. 이탈리아의 장시간 근로자 비율은 이보다 높은 5.4%이므로 옳지 않다.

[오답분석]
① 삶의 만족도가 가장 높은 국가는 덴마크이며, 덴마크의 장시간 근로자 비율이 가장 낮음을 자료에서 확인할 수 있다.
② 삶의 만족도가 가장 낮은 국가는 헝가리이며, 헝가리의 장시간 근로자 비율은 2.7%이다. 2.7×10=27<28.1이므로 한국의 장시간 근로자 비율은 헝가리의 장시간 근로자 비율의 10배 이상이다.
④ 여가·개인 돌봄시간이 가장 긴 국가는 16.1시간인 덴마크이고, 가장 짧은 국가는 13.9시간인 멕시코이다. 덴마크의 삶의 만족도는 7.6점이고, 멕시코의 삶의 만족도는 7.4점이다. 둘의 차이는 7.6－7.4=0.2점으로 0.3점 이하이다.

03

2020 ~ 2024년까지 전체 이혼건수 증감 추이는 계속적으로 증가했으며, 이와 같은 추이를 보이는 지역은 경기 지역 한 곳이다.

오답분석

① 2022 ~ 2024년까지의 인천 이혼 건수는 35＋32＋39＝106천 건, 서울 이혼건수는 34＋33＋38＝105천 건으로 인천이 많다.
② 2020 ~ 2024년까지 전체 이혼건수가 가장 적은 해는 2020년이고, 2024년에는 이혼건수가 가장 많은 해이다.
③ 수도권(서울, 인천, 경기)의 이혼건수를 계산하면 다음과 같다.

(단위 : 천 건)

구분	2020년	2021년	2022년	2023년	2024년
서울	28	29	34	33	38
인천	22	24	35	32	39
경기	19	21	22	28	33
수도권	69	74	91	93	110

따라서 수도권(서울, 인천, 경기)의 이혼건수가 가장 많은 해는 2024년이다.

04

합계 출산율은 2015년에 최저치를 기록했다.

오답분석

① 2015년 출생아 수(435천 명)는 2013년 출생아 수(490.5천 명)의 약 0.88배로 감소하였다.
② 합계 출산율이 일정하게 증가하는 추세는 나타나지 않는다.
④ 2020년에 비해 2021년에는 합계 출산율이 0.014명 증가했다.

대표기출유형 12   기출응용문제

01

오답분석

② 2024년 성비가 자료와 다르다.
③ 남성과 여성의 자료가 전체적으로 바뀌었다.
④ 자료에 따르면 남성의 경우 진료인원이 계속 증가하는데 그래프는 계속 감소하고 있다.

02

당해연도 초과수익률은 수익률에서 연평균 수익률인 23.9%를 뺀 값이다. 연도별로 이를 계산하면 다음과 같다.

(단위 : %p)

연도	2014년	2015년	2016년	2017년	2018년	2019년	2020년	2021년	2022년	2023년
초과수익률	25.6	58.9	−74.8	13.5	−33.4	5.2	−13.4	30	−19.9	8.4

따라서 바르게 나타낸 것은 ①이다.

06 | 정보능력

대표기출유형 01 기출응용문제

01

정답 ②

본인의 컴퓨터가 32bit 운영체제인지 64bit 운영체제인지 확인하는 방법은 다음과 같다.
- [시작] − [컴퓨터] − [바로 가기 메뉴] − [속성]에서 확인
- [시작] − [제어판] − [시스템]을 통해 확인

02

정답 ①

숫자와 문자가 혼합된 데이터는 문자열로 입력되며, 문자 데이터와 같이 왼쪽으로 정렬된다.

[오답분석]

② 문자 데이터는 기본적으로 왼쪽으로 정렬된다.
③ 날짜 데이터는 자동으로 셀의 오른쪽으로 정렬된다.
④ 수치 데이터는 셀의 오른쪽으로 정렬된다.

03

정답 ③

ⓒ 데이터베이스를 이용하면 다량의 데이터를 정렬해 저장하게 되므로 검색 효율이 개선된다.
ⓒ 데이터가 중복되지 않고 한 곳에만 기록되어 있으므로 오류 발견 시 그 부분만 수정하면 되기 때문에 데이터의 무결성을 높일 수 있다.

[오답분석]

㉠ 대부분의 데이터베이스 관리 시스템은 사용자가 정보에 대한 보안등급을 정할 수 있게 해 준다. 따라서 부서별로 읽기 권한, 읽기와 쓰기 권한 등을 구분해 부여하여 안정성을 높일 수 있다.
㉣ 데이터베이스를 형성하여 중복된 데이터를 제거하면 데이터 유지비를 감축할 수 있다.

01

정답 ②

MOD 함수를 통해 「=MOD(숫자,2)=1」이면 홀수, 「=MOD(숫자,2)=0」이면 짝수와 같이 홀수와 짝수를 구분할 수 있다.
ROW 함수는 현재 위치한 '행'의 번호를 COLUMN 함수는 현재 위치한 '열'의 번호를 출력한다.

02

정답 ③

SUM은 인수들의 합을 구하는 함수, CHOOSE는 원하는 값을 선택해 다른 값으로 바꾸는 함수이다.
제시된 함수식의 계산절차를 살펴보면 다음과 같다.
=SUM(B2:CHOOSE(2,B3,B4,B5))
=SUM(B2:B4)
=SUM(23,45,12)
=80

01

정답 ②

p는 포인터, *p는 p가 가리키는 변수 a이다.

오답분석
(마) &a는 변수 a의 시작 주소값이므로 주소 상수이다.

02

정답 ④

for 반복문은 i값이 0부터 9보다 작을 때까지 1씩 증가하면서 배열의 요소를 순회한다.
조건문에 의해 배열의 요소가 B, D, F, H인 경우는 continue문에 의해 그 이후 코드의 실행을 무시하고 for 반복문의 조건을 검사하게 된다.
따라서 B, D, F, H의 경우에는 printf 출력문이 수행되지 않아 ACEGI만 출력된다.

PART 2

합격의 공식 시대에듀 www.sdedu.co.kr

직무수행능력

01 | 경제 · 경영 · 금융

01 경제

| 객관식 |

01	02	03	04	05	06	07	08	09	10	11									
③	②	②	①	①	④	③	①	②	①	②									

01

정답 ③

ㄴ. 경제적 후생이란 사회구성원이 느끼는 행복을 물질적 이익 또는 소득으로 측정한 것을 말한다.

ㄷ. 가격이 하락하면 수요곡선상 가격의 이동으로 신규 또는 추가의 소비자잉여가 발생한다.

[오답분석]

ㄱ. 완전경쟁시장은 외부효과가 없는 것으로 가정한다.

ㄹ. 생산자잉여는 생산자가 수취하는 금액에서 생산비용을 뺀 것을 말한다.

02

정답 ②

화폐의 공급이 고정되어 있는 상태에서 소득이 증가할 경우, 화폐수요가 증가하게 되고 이에 따라 초과수요가 발생하여 이자율이 상승한다.

[오답분석]

① 케인스 학파는 이자율이 화폐의 수요와 공급에 의해 결정되는 화폐적 현상이라고 주장하였으며, 화폐의 공급곡선과 수요곡선이 일치하는 점에서 균형이자율이 결정된다고 보았다.

③ 총 화폐수요는 경제 참가자들의 모든 화폐수요를 합한 것으로 이자율, 물가수준, 실질국민소득에 의하여 결정된다.

④ 이자율이 상승하면 그만큼 화폐를 보유하는 데 따른 기회비용이 증가하므로 화폐 수요가 감소한다.

03

정답 ②

[오답분석]

ㄴ. 케인스 모형에서 재정정책의 효과는 강력한 반면 금융정책의 효과가 미약하다. 따라서 (A)의 $Y_0 \rightarrow Y_1$의 크기는 (B)의 $Y_a \rightarrow Y_b$의 크기보다 크다.

ㄹ. 케인스는 승수효과를 통해 정부가 지출을 조금만 늘리면 국민의 소득은 지출에 비해 기하급수적으로 늘어난다고 주장하였다. 또한 케인스 학파에서는 소비를 미덕으로 여기므로 소득이 증가하면 소비 또한 증가하여 정부지출의 증가는 재고의 감소를 가져온다.

04

정답 ①

이 마을 사람들은 오렌지보다 사과를 더 선호한다. 따라서 재화의 희소성은 절대적인 양이 부족함을 의미하는 것이 아니라 욕망에 비해 상대적으로 부족하다는 의미이다.

05

정답 ①

리카도 대등정리는 정부지출수준이 일정할 때, 정부지출의 재원조달 방법(조세 또는 채권)의 변화는 민간의 경제활동에 아무 영향도
주지 못한다는 것을 보여주는 이론이다.

> **리카도 대등정리의 가정**
> • 저축과 차입이 자유롭고 저축 이자율과 차입 이자율이 동일해야 한다.
> • 경제활동인구 증가율이 0%이어야 한다.
> • 합리적이고 미래지향적인 소비자이어야 한다.
> • 정부지출수준이 일정해야 한다.

06

정답 ④

솔로우 성장모형에서 기술진보가 이루어지면 경제성장률이 높아지므로 균형성장경로가 바뀌게 되는데, 기술진보는 외생적으로
주어진 것으로 가정할 뿐 모형 내에서는 기술진보의 원인을 설명하지 못한다.

[오답분석]
① 솔로우의 성장모형은 생산요소간 대체가 가능한 콥 – 더글라스 생산함수를 가정한다.
② 솔로우 성장모형에서 인구증가율이 높아지면 1인당 자본량이 감소하므로 새로운 정상상태에서 1인당 산출량은 감소한다.
③ 솔로우 성장모형에서는 저축률이 높을수록 투자가 증가하여 1인당 자본량과 1인당 소득은 증가하지만 저축률이 황금률의 균제
　상태보다 더 높다면 저축을 감소시켜야 1인당 소비가 증가하게 된다. 따라서 저축률이 높다고 해서 항상 좋은 것은 아니다.

07

정답 ③

구축효과란 정부가 확대적인 재정정책을 실시하면 이자율이 상승하여 민간투자가 감소하는 효과를 말한다. 고전학파는 100%의
구축효과가 나타나므로 재정정책을 실시하더라도 국민소득은 전혀 증가하지 않는다고 주장한 데 반해 케인스학파는 구축효과가
그리 크지 않기 때문에 재정정책이 매우 효과적이라고 주장한다.

08

정답 ①

IS곡선 혹은 LM곡선이 오른쪽으로 이동하면 총수요곡선도 우측으로 이동한다.
개별소득세가 인하되면 투자가 증가하며, 장래경기에 대한 낙관적인 전망은 미래소득 및 미래소비심리의 상승에 영향을 미치기
때문에 소비가 증가하여 IS곡선이 오른쪽으로 이동한다.
• IS곡선의 우측이동 요인 : 소비증가, 투자증가, 정부지출증가, 수출증가
• LM곡선의 우측이동 요인 : 통화량 증가

[오답분석]
ㄷ. 통화량이 감소하여 이자율이 상승하면 LM곡선이 좌측으로 이동한다.
ㄹ. 해외경기 침체에 의해 순수출이 감소하면 IS곡선이 좌측으로 이동한다.

09

정답 ②

개별기업의 수요곡선을 수평으로 합한 시장 전체의 수요곡선은 우하향하는 형태이다. 그러나 완전경쟁기업은 시장에서 결정된
시장가격으로 원하는 만큼 판매하는 것이 가능하므로 개별기업이 직면하는 수요곡선은 수평선으로 도출된다.

10

정답 ①

가격차별(Price discrimination)이란 동일한 상품에 대하여 서로 다른 가격을 설정하는 것을 의미한다. 가격차별이 가능하기 위해
서는 소비자를 특성에 따라 구분할 수 있어야 하며, 다른 시장 간에는 재판매가 불가능해야 하고, 시장분리에 드는 비용보다 시장의

분리를 통해 얻을 수 있는 수입이 많아야 한다. 한편, 경쟁시장에서는 기업이 시장가격보다 높은 가격을 받으면 소비자는 다른 기업의 상품을 구매할 것이므로 기업들은 가격차별을 할 수 없다. 따라서 가격차별이 가능하다는 것은 기업이 시장지배력이 있다는 의미이다.

11

정답 ②

전기요금의 변화는 전력에 대한 수요곡선의 이동요인이 아니라 수요곡선상의 이동을 가져오는 요인이다. 해당 재화 가격의 변화로 인한 수요곡선상에서의 변동을 '수요량의 변화'라고 한다. 또한 해당 재화의 가격 이외의 변수들(소득수준, 다른 재화의 가격, 인구수, 소비자의 선호, 광고 등)의 변화로 수요곡선 자체가 이동하는 것을 '수요의 변화'라고 한다.

오답분석
①·③·④ 수요의 변화에 해당한다.

| 주관식 |

01	02	03	04	05
20	ⓒ, ⓔ, ⓗ	ⓒ	80	ⓒ, ⓒ, ⓔ

01

정답 20

- (실업률)=(실업자)÷(경제활동인구)×100
- (경제활동인구)=(취업자)+(실업자)
∴ $5,000 ÷ (20,000+5,000) × 100 = 20$
따라서 구하고자 하는 실업률은 20%이다.

02

정답 ⓒ, ⓔ, ⓗ

IS-LM 곡선은 거시경제에서의 이자율과 국민소득을 분석하는 모형으로 경제가 IS곡선의 왼쪽에 있는 경우, 이자율의 감소로 저축보다 투자가 많아져 초과수요가 발생하게 된다. LM곡선은 화폐시장의 균형이 달성되는 이자율과 국민소득의 조합을 나타낸 선이다.

03

정답 ⓒ

디노미네이션(Denomination)은 한 국가 내에서 통용되는 모든 화폐의 가치는 그대로이고, 액면가를 낮추는 것을 의미하며 이를 위해서는 국회의 동의가 필요하다.

오답분석
ⓐ 스태그플레이션(Stagflation) : 경제불황 속에서 물가 상승이 동시에 발생하고 있는 상태
ⓒ 리디노미네이션(Redenomination) : 화폐의 가치를 비율에 따라 조정하는 화폐개혁으로 국회의 동의 없이 정부와 중앙은행의 독단적 집행이 가능
ⓔ 카니벌라이제이션(Cannibalization) : 기능이나 디자인이 탁월한 후속 제품이 나오면서 해당 기업이 먼저 내놓은 비슷한 제품의 시장점유율이 하락하거나, 해외의 값싼 노동력으로 제작한 저가 상품이 국내 시장에 들어와 해당 기업이 만든 고가의 제품을 밀어내는 현상
ⓜ 통화스왑 : 두 거래 당사자가 계약일에 약정된 환율에 따라 해당 통화를 일정시점에 상호 교환하는 외환거래
ⓗ 젠트리피케이션(Gentrification) : 낙후된 구도심 지역이 활성화되면 중산층의 이상 계층의 유입으로 기존 저소득 거주자가 살던 지역에서 쫓겨나 이주하는 현상
ⓢ 하이브리드 : 이질적인 요소가 서로 섞인 것으로 이종, 혼합, 혼성, 혼혈을 의미함
ⓞ 밸류에이션(Valuation) : 특정 자산 혹은 특정 기업의 가치를 평가하는 프로세스

04

정답 80

총수입 TR은 다음과 같이 나타낼 수 있다.

TR＝P×Q＝(100−2Q)×Q＝100Q−2Q²

이윤극대화의 조건은 한계수입과 한계비용이 같아야 하기 때문에 MR＝MC가 된다.

한계비용은 1단위당 60원이므로 MC＝60이 된다.

$MR=\dfrac{\varDelta TR}{\varDelta Q}=100-4Q$이므로 $100-4Q=60 \rightarrow 4Q=40$

∴ Q＝10

이 값을 시장수요곡선식인 P＝100−2Q에 대입하면 P＝80이다.

따라서 이 독점기업의 이윤극대화 가격은 80원이고, 생산량은 10개이다.

05

정답 ㉡, ㉢, ㉣

A는 비경제활동인구로 일할 능력은 있지만 일할 의사가 없거나 아예 일할 능력이 없는 사람들을 의미한다. 가정주부, 학생, 취업준비생, 고령자, 심신장애자, 실망노동자 등이 비경제활동인구에 해당한다. B는 취업자로 수입을 목적으로 1주일에 1시간 이상 일을 하는 사람, 가족이 경영하는 사업체에서 일하는 사람, 일시적으로 휴직하는 사람 등이 취업자에 해당한다.

02 경영

| 객관식 |

01	02	03	04	05	06	07	08	09	10	11	12	13						
③	①	③	③	①	④	②	④	④	②	③	①	④						

01

정답 ③

오답분석

① 비용편익비율 : 편익과 비용의 할인된 금액의 비율로써 미래에 발생할 것으로 예상되는 비용과 편익을 현재가치로 환산한 값이다.

② 순현재가치 : 비용과 편익을 기준년도의 현재가치로 할인하여 편익에서 비용을 차감한 값이다.

④ 손익분기점 : 일정 기간의 편익과 비용이 같아 편익과 비용의 차가 0인 매출액이다.

02

정답 ①

시장 세분화 단계에서는 시장을 기준에 따라 세분화하고, 각 세분시장의 고객 프로필을 개발하여 차별화된 마케팅을 실행한다.

오답분석

②·③ 표적시장 선정 단계에서는 각 세분시장의 매력도를 평가하여 표적시장을 선정한다.

④ 포지셔닝 단계에서는 각각의 시장에 대응하는 포지셔닝을 개발하고 전달한다.

03

정답 ③

• (당기순이익)＝(총수익)−(총비용)＝35억 원−20억 원＝15억 원
• (기초자본)＝(기말자본)−(당기순이익)＝65억 원−15억 원＝50억 원
• (기초부채)＝(기초자산)−(기초자본)＝100억 원−50억 원＝50억 원

04

정답 ③

'직무분석 → 직무기술서 / 직무명세서 → 직무평가 → 직무설계' 순서로 직무관리를 진행하며, 직무분석을 통해 업무특성과 업무담당자의 특성을 각각 파악하고, 이를 토대로 어떤 직무가 적합할지 평가하여 대상자의 최종직무를 설계한다.

05

정답 ①

사업 다각화는 무리하게 추진할 경우 수익성에 악영향을 줄 수 있는 단점이 있다.

[오답분석]

② 기업이 한 가지 사업만 영위하는 데 따르는 위험에 대비할 수 있다.
③ 보유자원 중 남는 자원을 활용하여 범위의 경제를 실현할 수 있다.
④ 사업 다각화를 통해 공동으로 대규모 딜 또는 자금을 조달하거나 유통망을 장악하여 시장을 지배할 수 있다.

06

정답 ④

- (매출액)−(매출원가)=(매출총이익) → 10억 원−6.5억 원=3.5억 원
- (매출총이익)−(판관비)=(영업이익) → 3.5억 원−0.5억 원=3억 원
- (영업이익)+(영업외이익)−(영업외비용)=(경상이익) → 3억 원+1억 원−0.4억 원=3.6억 원
∴ (경상이익)+(특별이익)−(특별손실)−(법인세비용)=(당기순이익)
  → 3.6억 원+0.4억 원−0.6억 원−0.2억 원=3.2억 원

07

정답 ②

소비자의 구매의사결정과정
문제인식(Problem Recognition) → 정보탐색(Information Search) → 대안의 평가(Evaluation of Alternatives) → 구매의사결정(Purchase Decision) → 구매 후 행동(Post − Purchase Behavior)

08

정답 ④

자재소요계획은 생산 일정계획의 완제품 생산일정(MPS)과 자재명세서(BOM), 재고기록철(IR)에 대한 정보를 근거로 MRP를 수립하여 재고 관리를 모색한다.

[오답분석]

① MRP는 Push System 방식이다.
② MRP는 종속수요를 갖는 부품들의 생산수량과 생산시기를 결정하는 방법이다.
③ 부품별 계획 주문 발주시기는 MRP의 결과물이다.

09

정답 ④

$$EOQ = \sqrt{\frac{2 \times (연간\ 수요량) \times (1회\ 주문비)}{(재고유지비용)}} = \sqrt{\frac{2 \times 1,000 \times 200}{40}} = 100$$

$$(연간\ 재고유지비용) = \frac{EOQ}{2} \times (단위당\ 연간\ 재고유지비) = \frac{100}{2} \times 40 = ₩2,000$$

$$(연간\ 주문비용) = \frac{(연간수요)}{EOQ} \times (단위당\ 주문비) = \frac{1,000}{100} \times 200 = ₩2,000$$

(총재고비용)=(연간 주문비용)+(연간 재고유지비용)
→ ₩2,000+₩2,000=₩4,000
따라서 총재고비용은 4,000원이다.

10

②

교환과정에서 A회사가 지급한 현금을 구하는 식은 다음과 같다.

₩470,000(기계장치)+₩340,000(감가상각누계액)+₩10,000(처분손실)−₩800,000(취득원가)=₩20,000

따라서 A회사가 지급한 현금은 20,000원이다.

11

정답 ③

• 지방자치단체로부터 차입한 자금의 공정가치=₩100,000×0.7350=₩73,500

• 지방자치단체로부터 ₩100,000을 차입하였으므로 공정가치보다 초과 지급한 금액이 정부보조금이 된다.

그러므로 정부보조금은 ₩26,500이다.

따라서 2022년 말 장부금액은 ₩100,000−₩25,000(감가상각누계액)−₩19,875(정부보조금 잔액)=₩55,125이다.

12

정답 ①

• $P_0 = D_1 \div (k-g)$에서 $g = b \times r = 0.3 \times 0.1 = 0.03$

• $D_0 = ($주당순이익$) \times [1-($사내유보율$)] = 3,000 \times (1-0.3) = 2,100$원

• $D_1 = D_0 \times (1+g) = 2,100 \times (1+0.03) = 2,163$원

• $P = 2,163 \div (0.2-0.03) = 12,723$원

따라서 회사의 주식가치는 12,723원이다.

13

정답 ④

오답분석

① 자기자본이 아닌 타인자본이 차지하는 비율이다.

② 주당순자산이 아닌 주당순이익의 변동폭이 확대되어 나타난다.

③ 보통주배당이 아닌 우선주배당이다.

| 주관식 |

01	02	03	04	05
㉠, ㉡, ㉢, ㉣	㉠, ㉢	160,000	95,000	㉢, ㉥, ㉦

01

정답 ㉠, ㉡, ㉢, ㉣

모두 불공정성 해소방법에 해당한다.

애덤스의 공정성이론 중 불공정성 해소방법
• 투입의 변경 : 직무에 투입하는 시간, 노력, 기술, 경험 등을 줄인다.
• 산출의 변경 : 임금인상이나 작업조건의 개선 등을 요구한다.
• 준거대상의 변경 : 자신과 비교대상이 되는 인물, 집단 등을 비슷한 수준의 대상으로 변경한다.
• 현장 또는 조직으로부터의 이탈 : 직무환경에 불평등을 느낀 사람은 직무를 전환하거나 조직을 이탈한다.

CHAPTER 01 경제·경영·금융 • **43**

02

오답분석

ⓒ 당좌자산 : 유동자산 중 판매하지 않더라도 1년 이내 현금화가 가능한 자산을 의미한다. 기업이 판매하기 위하여 또는 판매를 목적으로 제조 과정 중에 있는 자산은 재고자산이다.

ⓔ 자본잉여금 : 영업이익 중 배당금을 제외한 사내 유보금을 의미한다. 기업의 법정자본금을 초과하는 순자산금액 중 이익을 원천으로 하는 잉여금은 이익잉여금이다.

03

정답 160,000

- (당기 제조원가)=(당기 총 제조원가)+[(기초 재공품 재고액)-(기말 재공품 재고액)]
- (당기 총 제조원가)=(재료비)+(노무비)+(제조비)=140,000원

따라서 당기 제조원가는 140,000+(40,000-20,000)=160,000원이다.

04

정답 95,000

매출원가는 재고자산과 당기매입액을 더한 값에 기말재고를 뺀 값이다.

- 유동비율(110%) : 77,000(유동자산)÷70,000(유동부채)×100
- 당좌비율(80%) : 56,000(당좌자산)÷70,000(유동부채)×100
- 기말재고자산 : 77,000(유동자산)-56,000(당좌자산)=21,000원

따라서 20,000(기초재고)+96,000(당기매입)-21,000(기말재고자산)=95,000원이다.

05

정답 ⑩, ⒜, ⊙

매파는 긴축정책과 금리인상을 주장하며 경제적으로 진보성향을 주장하는 강경파이며, 비둘기파는 양적완화와 금리인하를 주장하며 경제적으로 보수성향을 띠는 온건파이다. 올빼미파는 양측의 의견을 지지하지 않고 상황을 지켜보는 중립파이다.

---

03 금융

| 객관식 |

01	02	03	04	05	06	07	08	09	10
③	③	①	③	①	②	①	③	④	②

01

정답 ③

ㄴ. IRA는 개인퇴직계좌로, 근로자가 퇴직 혹은 퇴직금 중간정산 시 일시적으로 자금을 보관하는 저축계좌의 기능을 수행하였다. 이러한 IRA의 운용이 사실상 경직적이었던 점을 보완하며 근로자퇴직급여보장법에 따라 등장한 것이 IRP이다.

ㄷ. 근로자의 퇴직금을 회사가 운용한 후 근로자에게 지정 금액을 지급하는 것은 DB형(확정급여형)에 대한 설명이다.

02

정답 ③

ETF의 경우, 채권형 ETF, 상품형 ETF 등의 경우 배당소득세를 면제받지 못한다.

오답분석

① ETF는 실시간 매매 및 원하는 매매가에 대한 설정이 가능하므로, 주식형 펀드에 비해 매매시기 및 매매가에 대한 투자자의 의사결정이 자유롭다.

② ETF는 주식투자 혹은 펀드투자와 달리, 매도 시 증권거래세를 전면 면제받는다.

④ 인버스 ETF에 투자하는 경우, 추종하는 지수가 하락하더라도 수익을 얻을 수 있다.

03
정답 ①

미국의 재테크 전문가 데이비드 바흐(David Bach)가 쓴 책에서 처음 소개되어 알려진 개념으로, 하루에 카페라테 한 잔씩 마시는 돈을 절약하여 목돈을 마련한다는 의미를 담고 있다. 데이비드 바흐에 따르면 카페라테 한 잔의 가격을 약 4달러(약 4,200원)로 가정하고 이를 30년 이상 저축하면 약 18만 달러(약 2억 원) 이상의 목돈을 마련할 수 있다.

오답분석

② 딤섬본드 : 외국계기업이 홍콩 채권시장에서 발행하는 위안화가 표시된 채권을 지칭하는 용어이다.
③ 치킨게임 : 두 명의 경기자들 중에 어느 한쪽이 포기하면 다른 쪽이 이득을 보게 되며, 각자의 최적 선택이 다른 쪽 경기자의 행위에 의존하는 게임을 말한다.
④ 스타벅스 효과 : 스타벅스가 입점한 건물은 건물의 가치가 향상되어 건물 값이 오른다는 의미를 가진 부동산 시장의 은어이다.

04
정답 ③

오답분석

① 안정형 펀드 : 주식편입비율 30% 이내의 상품으로 원금손실 가능성이 거의 없거나 확정금리를 지급하는 상품을 말한다.
② 안정성장형 펀드 : 주식편입비율 50% 내외인 상품으로 성장형에 비해 주가 상승 시 수익률 상승 폭은 작지만 주가 하락 시 급격한 수익률 하락을 방지할 수 있다.
④ 자산배분형 펀드 : 주식, 채권, 파생상품, 인프라 등 여러 자산에 분산투자하는 상품으로 시장 변동성의 영향을 덜 받으면서도 안정적인 수익을 낼 수 있다.

05
정답 ①

펀드런이란 주식형 펀드 투자자들이 펀드의 수익률이 떨어지거나 부실해질 것을 우려해 펀드를 일시에 대량으로 환매함으로써 펀드들이 주식을 투매하는 현상을 말한다. 이는 은행이 부실해지면 돈을 찾기 위해 은행으로 달려가는 뱅크런과 유사하다.

06
정답 ②

금융상품의 위험은 수익률의 분산 또는 표준편차로 측정할 수 있으며, 동일한 위험의 금융상품은 유동성 높을수록 수익률이 낮다.

오답분석

• 해영 : 위험도의 상관관계가 낮은 금융상품에 투자해야 투자 위험을 줄일 수 있다.
• 진상 : 모든 주식에 공통적으로 영향을 미치기 때문에 여러 주식으로 포트폴리오를 구성해서 투자해도 제거할 수 없는 위험을 체계적 위험이라 한다. 비체계적 위험에는 주식을 발행한 기업의 경영성과, 경영진의 교체, 신제품개발의 성패 등의 요인으로 인한 위험 등이 해당한다.

07
정답 ①

VI(Volatility Interruption, 변동성 완화 장치)는 2014년 9월부터 도입된 개별종목 주가의 급격한 변동을 막는 가격 안정화 제도이며, 개별 종목의 체결 가격이 일정 범위를 벗어날 경우 주가 급변 등을 완화하기 위해 VI가 발동된다. 또한, VI는 일반 매매가 정지된 후 2 ~ 10분간 단일가 매매 및 임의 연장 30초의 냉각 시간을 진행하며, 특정 종목에 대한 가격 안정화 장치라는 점에서 주식시장 전체에 적용되는 서킷 브레이커, 사이드카와는 차이가 있다.

08
정답 ③

핫머니는 장기간 이동이 아니라 국제금융시장에서의 단기적 이동을 말한다. 따라서 핫머니는 국제금융시장에서 유리한 금융시장을 찾아 투기적으로 유동하는 단기 자금으로 사회적, 정치적 이슈나 환율 변동, 국제정세의 급격한 변화에 맞춰 금리 차익을 노리며 이동하여 국가의 경제균형을 파괴하는 결과를 낳기도 한다.

09

인도네시아, 말레이시아, 아랍에미리트 등과 원화를 활용한 통화스왑을 체결한 것은 원화의 위상이 높아졌기 때문이다.

10

토빈세는 캐리 트레이드를 제한하기 위해 단기 외환거래에 부과하는 세금이다.

캐리 트레이드란 저금리로 조달된 자금을 다른 국가의 고금리 상품에 투자함으로써 수익을 내는 거래이기 때문에 재정거래 (Arbitrage)와 관련이 깊다. 재정거래란 동일한 상품에 대해 두 시장에서 서로 가격이 다른 경우 가격이 저렴한 시장에서 그 상품을 매입하고 가격이 비싼 시장에서 그 상품을 매도해 이익을 얻고자 하는 거래를 말한다. 캐리 트레이드의 대상이 되는 주요 사례에는 미국에서 돈을 빌려 다른 국가에 투자할 때 조달된 달러 – 캐리 트레이드 자금, 일본에서 돈을 빌려 다른 국가에 투자할 때 조달된 엔 – 캐리 트레이드 자금 등이 있다. 특히 세계 최대의 채권국인 일본은 그간 세계의 대출 금고라 불리며 장기간 제로 수준의 금리를 유지하여 엔 – 캐리 트레이드 자금이 다른 국가에 투자되어 왔다. 예를 들어 기준금리가 사실상 제로인 일본에서 엔화 자금을 연 1%의 조건으로 차입하여 1년 만기 금리가 연 4%인 한국의 채권에 투자하면 환전 비용을 제외할 경우 연 3%의 이자 수익을 얻을 수 있게 된다.

| 주관식 |

01	02	03	04	05
㉠, ㉡, ㉢, ㉤	㉠, ㉡, ㉢, ㉣	㉢	㉢	㉠, ㉣

01

[오답분석]
㉣ 액면가는 주권표면에 적힌 금액을 말한다.

02

저축예금은 가계우대예금제도의 하나로 MMF, MMDA, 가계당좌예금처럼 입출금이 자유로운 예금이다.

03

구리는 전기 및 전자 부품에서부터 건설, 선박, 운송 등 산업 전반에 걸쳐 사용되는 대표적인 원자재다. 또한 구리는 경제학자보다도 실물 경제를 잘 예측한다고 해서 닥터 코퍼(Dr. Copper)라고 불리기도 한다.

04

팻 핑거(Fat Finger)는 굵은 손가락이라는 뜻으로, 손가락이 두꺼워 컴퓨터 키보드 등으로 주문하는 과정에서 거래량이나 가격 등을 잘못 입력하는 것을 뜻한다. 우리나라에서는 2013년 당시 한맥투자증권 직원이 가격 계산 프로그램 만기일을 잘못 입력하면서 약 460억 원의 손실을 보고 파산한 사례가 있다.

05

[오답분석]
㉡ 사모펀드는 공모펀드보다 규모가 작기 때문에 시장 환경에 보다 기민하게 반응할 수 있다.
㉢ 사모펀드의 펀드매니저들은 사전에 정해진 수수료만 받는 공모펀드와 달리 투자자가 올린 수익에 일정 비율에 해당하는 금액을 성과보수로 받을 수 있기 때문에 실력 있는 펀드매니저들이 사모펀드 시장으로 몰리는 추세이다.

02 | 시사상식

01	02	03	04	05	06	07	08	09	10	11	12	13	14	15				
②	②	③	①	③	③	③	③	③	②	②	②	①	③	④				

01

맵리듀스란 막대한 양의 데이터를 병행 처리함은 물론, 데이터가 독립적으로 저장되어 있어 데이터 복사 시 변형가능성이 낮다는 장점이 있다.

[오답분석]

ㄴ. 막대한 양의 데이터를 나누어 처리하는 맵(Map) 과정을 거친 후, 다시 합치는 리듀스(Reduce) 과정을 거쳐 진행된다.

ㄷ. 맵리듀스는 간단한 방식으로 인해 사용이 쉬울뿐만 아니라 확장 또한 쉬워 데이터 분석에 용이한 측면이 있다.

02

정답 ②

소셜 미디어 마이닝이란 온라인상의 누적된 소비자의 데이터를 해석하여 대중적인 경향이나 흐름을 파악하는 것으로 마케팅 등의 다분야 영역에서 사용되는 기술이다.

03

정답 ③

딥러닝(Deep Learning)은 컴퓨터가 다양한 데이터를 이용해 마치 사람처럼 스스로 학습할 수 있도록 만든 인공신경망(ANN; Artificial Neural Network)을 기반으로 하는 기계 학습 기술이다. 이는 컴퓨터가 이미지, 소리, 텍스트 등의 방대한 데이터를 이해하고 스스로 학습할 수 있게 돕는다. 딥러닝의 고안으로 인공지능이 획기적으로 도약하게 되었으며, 딥러닝은 기존 머신러닝의 한계를 넘어선 것으로 평가된다.

04

정답 ①

[오답분석]

② 사회활동을 하지 않는 중년의 주부들이 느끼는 공허함을 의미한다.

③ 부정적인 사고방식으로 행동하는 부정 중독증을 의미한다.

④ 가정의 화목을 돈, 명예, 일보다 더 중요하게 생각하는 사람들을 가리킨다.

05

휘슬블로어(Whistle-blower)는 부정행위를 봐주지 않고 호루라기를 불어 지적한다는 것에서 유래한 것으로 '내부고발자'를 의미한다. 우리나라는 휘슬블로어를 보호하기 위한 법률로 2011년 공익신고자보호법을 제정한 바 있다.

06

ㄷ. 정부실패는 시장에 대한 정부(규제자)의 정보 부족, 규제 수단의 불완전성, 규제의 경직성, 근시안적인 규제, 규제자의 개인적 편견이나 권한 확보 욕구, 관료주의적 폐단과 정치적 제약, 지나치게 무거운 세금, 정책 효과가 나타나는 시차, 이익단체의 압력에 의한 공공 지출의 확대, 정경 유착, 공기업의 방만한 운영, 정책의 수립과 집행 과정의 비효율성 등 여러 가지 원인 때문에 발생할 수 있다.

07

정답 ③

경기침체가 두 번 연달아 오는 '더블딥(Double Dip)'에 대한 설명이다.

① 디레버레이징(Deleveraging) : 부채를 축소하는 것을 말한다.
② 디커플링(Decoupling) : 탈동조화라고 번역할 수 있는데, 어떤 나라나 지역의 경제가 인접한 다른 국가나 전반적인 세계 경제의 흐름과는 다른 모습을 보이는 현상을 말한다.
④ 디플레이션(Deflation) : 물가가 지속적으로 하락하는 현상을 말한다.

08

정답 ③

화재가 발생했을 때 불이 번지지 않게 하기 위해서 차단막을 만드는 것처럼, 네트워크 환경에서도 기업의 네트워크를 보호해주는 시스템을 방화벽이라 한다.

09

정답 ③

프로젝트 파이낸싱은 수익성이 높은 만큼 실패 위험도 높기 때문에 금융기관은 자금 투자뿐만 아니라 사업성 검토, 입찰 준비 등의 제반 업무에 관여한다.

10

정답 ②

링겔만 효과는 집단에 참여하는 구성원의 수와 성과가 정비례할 것이라는 예상과 달리 도리어 전체 성과에서 차지하는 1인당 공헌도가 떨어지는 현상을 뜻한다. 즉, 혼자서 일할 때보다 단체 속에서 함께 일할 때 노력을 덜 기울이는 것이다. 자신이 노력하지 않아도 다른 구성원이 노력할 것이라는 '무임승차' 의식, 자신이 최대한으로 노력하지 않는 것을 타인이 모른다고 생각하는 '익명성' 등도 링겔만 효과를 초래하는 것으로 분석된다.

① 마태 효과 : 자본주의 사회에서 부(富)가 한쪽으로 쏠리는 부익부빈익빈(富益富貧益貧) 현상으로서, '무릇있는 자는 받아 풍족하게 되고 없는 자는 그 있는 것까지 빼앗길 것이다'라는 마태복음에서 유래했다.
③ 앵커링 효과 : 최초의 숫자가 기준점 역할을 해 합리적인 사고를 하지 못하고 이후의 판단에 영향을 받는 배가 닻을 내리면 더 이상 움직이지 못하듯이, 인간의 사고가 처음에 제시된 하나의 이미지, 숫자, 자료, 기억에 얽매여 어떤 판단도 그 영향을 받아 새로운 정보를 수용하지 못하거나 이를 부분적으로만 수정하는 현상을 뜻한다.
④ 기니피그 효과 : 실험 참여자들이 자신의 행동을 실험의 의도, 연구자의 기대에 적합하게 수정하는 경향을 뜻한다. 흔히 실험용 쥐를 뜻하는 '모르모트'가 프랑스어로 기니피그를 뜻하는 데서 유래한 것으로 추정된다.

11

정답 ②

ㄱ. 와이어링 자동차 1대에는 약 1,500 ~ 2,000개의 전선이 필요하다.

ㄹ. 전기차나 자율주행차 등은 더 많은 센서가 필요해 와이어링 하니스도 점점 더 복잡해지고 있다.

12

정답 ②

제로 트러스트는 사이버 보안 전문가이자 포레스터 리서치 수석연구원인 존 킨더버그가 2010년에 제시한 사이버 보안모델이며, '신뢰가 곧 보안 취약점'이라는 원칙을 내세워 내부에서 접속한 사용자에 대해서도 검증을 거치는 것을 기본으로 한다.

13

정답 ①

AI 콘택트센터(AICC)는 인공지능(AI)을 통해 콜봇이나 챗봇이 고객의 질문에 답변하는 지능형 고객센터를 말한다. 음성인식, 문장분석, 대화엔진 등의 각종 AI 기술이 동시 적용되어 인간과 유사한 목소리로 일상적인 언어를 구사해 고객의 질문에 적절하게 대응하며, 실시간으로 상담내용을 파악해 상담사에게 관련 정보를 찾아주는 기능도 한다.

14

정답 ③

비트코인 도미넌스는 전 세계 가상자산에서 비트코인 시가총액이 차지하는 비율을 뜻하며, 전반적으로 가상자산 시장이 불(Bull)장일 때 하락하는 경향을 보인다.

[오답분석]

ㄱ. 비트코인 등장 이후 새로운 알트코인들이 연이어 등장하면서 하락했다.

ㄴ. 비트코인은 정부나 중앙은행, 금융회사의 개입 없이 온라인상에서 개인과 개인이 직접 돈을 주고받는 암호화된 가상자산이다.

15

정답 ④

ㄷ. 대표적으로 버려진 의류나 폐기물을 재활용한 의류나 물을 사용하지 않는 염색법으로 염색한 의류, 합성섬유가 아닌 천연소재로 만든 의류, 중고 의류의 공유 및 재활용 등이 있다.

ㄹ. 컨셔스 패션은 패스트 패션이 유행하면서 자원낭비 및 환경문제가 대두된 데 따른 자성의 움직임에서 시작했다.

03 | IT · 디지털

| 객관식 |

01	02	03	04	05	06	07	08	09	10	11	12	13	14	15					
②	③	③	①	④	④	①	①	④	③	③	④	④	①	③					

01
정답 ②

데이터 정의어(DDL)로는 CREATE, ALTER, DROP 등이 있다.

02
정답 ③

오답분석

① ODD(Optical Disc Drive) : 데이터를 읽고 저장하는 주변기기를 말하며, CD 드라이브, DVD 드라이브가 대표적인 예이다.
② ROM(Read Only Memory) : 한번 기록한 데이터를 빠른 속도로 읽을 수 있지만, 다시 기록할 수 없는 메모리를 말하며, 전원이 끊어져도 정보가 없어지지 않는 비휘발성(Non-volatile) 기억장치이다.
④ HDD(Hard Disk Drive) : 컴퓨터의 정보와 문서, 자료 등을 저장하고 읽을 수 있는 장치를 말하며, 고속으로 디스크를 회전시켜 저장하는 방식이라 충격에 약하며 소음이 다소 발생한다.

03
정답 ③

오답분석

① 슈퍼 컴퓨터(Super Computer) : 현재 사용되는 PC보다 계산 속도가 수백, 수천 배 빠르고 많은 자료를 오랜 시간 동안 꾸준히 처리할 수 있는 컴퓨터이다. 과학기술 계산을 초고속으로 처리하여 1970년대 이후 상업용으로 활발히 개발되고 있다.
② 양자 컴퓨터(Quantum Computer) : 양자역학의 원리에 따라 작동되는 미래형 첨단 컴퓨터이다.
④ 데이터 마이닝(Data Mining) : 대용량의 데이터 속에서 유용한 정보를 발견하는 과정이며, 기대했던 정보뿐만 아니라 기대하지 못했던 정보를 찾을 수 있는 기술을 의미한다.

04
정답 ①

패킷(Packet)은 본디 우편 용어로 화물(Package)과 덩어리(Bucket)의 합성어이다. 전송될 때 서로 교환되는 실제의 내용물로, 조각조각 분할된 파일 데이터에 주소와 에러 데이터 등이 기록된다. 따라서 양측 단말의 길만 정해지면 언제든지 우회가 가능하며 중간에 분실된 패킷에 대한 대응도 간편해 인터넷은 물론 허브 역시 패킷 방식을 사용한다.

05

오답분석

① 에이전트 방식 : DB 서버 자체에 접근통제 및 로깅 기능을 포함하는 에이전트를 설치하고, DB에 접근하기 위한 전용 클라이언트를 사용하여 접근하는 방식
② 하이브리드 방식 : DB 접근통제 구축을 위해 각 방식의 단점을 보완하도록 다른 방식을 혼합하는 방식
③ 네트워크 스니핑 방식 : 네트워크 패킷들에 대해 TAP 방지 등을 통해 패킷 분석 및 로깅하는 방식

06

데이터베이스는 중복된 데이터를 한 군데 집약시켜 최대한 중복을 배제한 상태에서 관리한다.

> **데이터베이스의 특징**
> • 실시간 접근성 : 프로그래밍 언어를 통해 수시적이고 비정형적인 질의에 대하여 실시간으로 응답한다.
> • 계속적 변화 : 입력, 수정, 삭제를 통해 지속적으로 변화한다.
> • 동시 공용 : 여러 명의 사용자가 동시에 접근하여 사용이 가능하다.
> • 내용에 의한 참조 : 사용자가 요구하는 데이터의 내용에 따라 참조할 수 있다.

07

데이터 모델링 특징
㉠ 추상화 : 현실 세계를 일정한 형식에 맞추어 표현
㉡ 단순화 : 현실 세계를 약속된 규약이나 제한된 표기법과 언어로 표현
㉢ 명확화 : 누구나 이해하기 쉽도록 모호함을 제거하고 정확하게 현상을 기술

08

오답분석

② 하나의 개체는 보통 여러 개의 속성을 갖는다.
③ 데이터베이스가 표현하는 유형과 무형의 정보 객체로 서로 연관된 몇 개의 속성들로 구성된다.
④ 단독으로 존재할 수 있으며, 정보로서의 역할을 수행한다.

09

NoSQL은 기존 관계형 데이터베이스의 SQL과 같은 질의 언어를 제공하지 않고, 간단한 API Call 또는 HTTP를 통한 단순한 접근 인터페이스의 CLI(Call Level Interface)를 제공한다.

> **NoSQL의 특징**
> • 유연한 스키마 사용
> • 저렴한 클러스터 구성
> • 높은 가용성 제공

10

정답 ③

자료에 나타난 데이터웨어하우스 모델링 기법은 스타 스키마 기법이다. 스타 스키마 기법은 팩트 테이블과 차원 테이블로 데이터를 분리하여 설계하는 모델링 기법으로, 이해하기 쉽고 조인 수가 적어 질의 성능이 좋다. 그러나 차원 테이블의 데이터가 정규화되어 있지 않아 데이터 중복이 발생하며, 이로 인한 데이터 일관성의 문제가 발생할 수 있다.

11

정답 ③

예측 부호화 방식은 압축률을 높이기 위해 중복되거나 불필요한 정보가 손실되는 것을 허용하는 손실 압축방식에 해당한다.

[오답분석]
①・②・④ 데이터의 무결성이 보존되어 어떤 부분도 손실되지 않는 무손실 압축방식에 해당한다.

12

정답 ④

그리드 컴퓨팅은 상호 접속성을 중시하는 반면, 클라우드 컴퓨팅은 상호 접속성을 고려하지 않는다.

13

정답 ④

레지스터(Register)는 중앙처리장치 내부에서 처리할 명령어나 연산의 중간 결괏값 등을 일시적으로 기억하는 임시 기억 장소이다.

[오답분석]
① 리피터(Repeater) : LAN 접속점 사이의 신호를 강화
② 브리지(Bridge) : 2개의 LAN을 연결
③ 스위치(Switch) : MAC 주소 기반 네트워크 분리 장치

14

정답 ①

상위층으로 갈수록 비트당 가격이 높아지고, 저장 용량이 감소하며, 액세스 시간은 짧아지고, CPU에 의한 액세스 빈도는 높아진다.

15

정답 ③

TOS 필드는 네트워크에서 처리량, 지연, 신뢰성, 비용 간에 균형을 유지하는지를 나타내며, 0010의 TOS 필드 값은 신뢰성을 가장 우선한다는 의미를 나타낸다.

| 주관식 |

01	02	03	04	
㉠, ㉢, ㉣, ㉤	㉠, ㉢	18	30	

01
정답 ㉠, ㉢, ㉣, ㉤

소프트웨어 재사용은 기존에 인정받은 소프트웨어를 다시 사용하여 사용할 소프트웨어의 품질 및 신뢰성을 높이고 비용을 감소시켜 주는 것으로 범용성, 모듈성 등의 원칙을 지켜야 한다. 또한 소프트웨어 재사용 시 OS 또는 DBMS와 무관하게 운영할 수 있는 소프트웨어 독립성의 원칙도 지켜야 한다.

02
정답 ㉠, ㉢

관계 데이터베이스 언어의 종류
- 데이터 정의어(DDL) : 데이터와 데이터 간의 관계 정의를 위한 언어
  - CREATE : 객체 정의 및 생성
  - ALTER : 객체의 변경
- 데이터 제어어(DCL) : 데이터에 대한 접근을 제어하기 위한 언어
  - GRANT : 객체에 대한 권한 부여
  - COMMIT : 트랜잭션 종료, 데이터의 변경 확정
- 데이터 조작어(DML) : 데이터베이스 사용자 또는 응용 프로그램의 데이터 검색, 등록, 삭제 갱신 등의 처리를 위한 언어
  - INSERT : 테이블의 전체 또는 일부 칼럼에 값을 입력
  - SELECT : 테이블에 저장된 데이터 값 조회

03
정답 18

sum=num1+num2; : sum은 17이 된다.
sum+=num3; : sum=sum+num3을 의미하므로 sum은 18이 된다.
prinft("%d₩n",sum); : sum 을 출력하기 때문에 결과는 18이 된다.

04
정답 30

객체 C는 q와 p로 접근하게 되므로 p와 q가 같고, q는 30이다. 따라서 처리되는 a의 값은 30이다.

Java 언어의 명령어	
public	접근 제한자, 내부 및 외부 어디서든 참조할 수 있는 가장 넓은 범위를 지님
static	자바는 main 메소드로 시작하므로 main 메소드는 인스턴스의 생성과 상관없이 JVM에 의해 호출되므로 main 메소드 앞에 static을 붙여야 함(static은 메모리에 제일 먼저 로딩)
void	리턴(반환) 값을 의미하며 main 메소드는 리턴해야 하는 값이 없으므로 void를 표기
main	메소드 이름인데 반드시 main이라는 이름을 사용해야 함(프로그램이 시작되면 JVM이 가장 먼저 호출되는 것이 main 메소드이기 때문에 main이라는 메소드가 존재해야 함)
String [ ] args	메인 메소드로 시작할 때 메소드에서 인자 값으로 배열을 받을 수 있다는 의미(args : 배열 이름)
private	외부 클래스에서 사용 시 정보 보호를 위해 쓰이며, private 접근자는 같은 클래스 내부에서는 접근이 가능(메소드를 통해 private의 변수를 매개 변수로 받아 저장하고, 메소드 값을 public으로 지정함으로써 메서드 접근을 가능하게 하여 return값을 통해 전달되는 값을 받음)

합 격 의
공 식
시대에듀
S D E D U

인생이란 결코 공평하지 않다. 이 사실에 익숙해져라.

- 빌 게이츠 -

PART 3

최종점검 모의고사

최종점검 모의고사

01	02	03	04	05	06	07	08	09	10	11	12	13	14	15	16	17	18	19	20
③	①	④	④	④	④	④	②	③	②	①	③	③	①	④	④	④	③	①	④
21	22	23	24	25	26	27	28	29	30	31	32	33	34	35	36	37	38	39	40
①	④	①	④	④	①	②	①	①	④	④	②	④	③	②	②	①	④	②	①

01

정답 ③

A대리는 가입기간에 따른 기본금리 연 1.50%에 월급이체 우대 연 0.20%p, 제휴보험사 보험상품 가입 우대 연 0.20%p 우대금리를 적용받아 총 연 1.50+0.20+0.20=1.90%를 적용받는다.

A대리가 문제의 정보에 따라 별빛적금에 가입하였을 때, 만기 시 받을 수 있는 이자액을 계산하면 다음과 같다.

$1,000,000 \times \dfrac{36 \times 37}{2} \times \dfrac{0.019}{12} = 1,054,500$원

A대리가 가입기간 동안 납입할 원금은 다음과 같다.

$1,000,000 \times 36 = 36,000,000$원

따라서 A대리의 만기 수령액은 $1,054,500 + 36,000,000 = 37,054,500$원이다.

02

정답 ①

A대리는 가입기간에 따른 기본금리 연 1.20%에 제휴통신사 우대 연 0.15%p, 우수거래 고객 우대 연 0.20%p 우대금리를 적용받아 총 연 1.20+0.15+0.20=1.55%를 적용받는다.

A대리가 문제의 정보에 따라 별빛적금에 가입하였을 때, 만기 시 받을 수 있는 이자액을 계산하면 다음과 같다.

$1,500,000 \times \dfrac{24 \times 25}{2} \times \dfrac{0.0155}{12} = 581,250$원

따라서 A대리가 만기 시 받을 수 있는 이자액은 581,250원이다.

03

정답 ④

각각 적용받는 금리를 계산하면 다음과 같다.

㉠ 예금 가입 후 2주 뒤 본인 명의의 Y카드 결제실적이 있는 갑 : 기본금리 1.9%에 0.2%p를 더하여 2.1%의 금리
㉡ 비대면 채널을 통해 예금에 가입한 을 : 기본금리 1.9%에 0.1%p를 더하여 2.0%의 금리
㉢ 예금 가입 후 8개월 차에 해지한 만 70세인 병 : 기본금리의 1/2인 0.95%의 금리
㉣ 비대면 채널을 통해 예금에 가입한 직후 H카드 결제하고 4개월 뒤에 해지한 정 : 0.5%의 금리

따라서 적용 금리가 낮은 가입자들의 순서는 ㉣-㉢-㉡-㉠이다.

04

국고금 취급기관 마지막 부분에 따르면 국고금 관리법에서는 국가회계 사무의 투명성을 확보하기 위하여 출납기관과 결정기관 간 겸직을 원칙적으로 금지하고 있으므로 적절하지 않은 설명이다.

오답분석

① 국고금의 범위 부분에 따르면 공공기관이 부과하는 공과금은 국고금에 포함되지 않으므로 적절한 설명이다.
② 국고금의 종류 부분에 따르면 계획적 수입 및 지출을 위해 국고금을 수입금과 지출금, 자금관리용 국고금, 기타의 국고금으로 구분하여 관리하고 있으므로 적절한 설명이다.
③ 국고금의 종류 부분 중 자금관리용 국고금에 따르면 자금관리용 국고금에는 일시차입 등 수입금과 지출금 관리를 위한 부수적 자금관리 거래로 인한 자금이 포함되므로 적절한 설명이다.

05

저축하는 개월 수를 x개월이라고 하면, x개월 후에는 $(1+0.03x)$억 원이 모이게 된다.
10억 원 이상이 되기 위한 x는 $1+0.03x \geq 10 \rightarrow 0.03x \geq 9 \rightarrow x \geq 300$이다.
1년은 12개월이므로 $300 \div 12 = 25$년 이상이 걸린다.
따라서 원금 10억 원 이상을 모으기 위해 최소 25년이 필요하다.

06

ⓒ 최종학력이 석사 또는 박사인 B기업 지원자는 $21+42=63$명이고, 관련 업무 경력이 20년 이상인 지원자는 25명이다. 만약 이들이 모두 독립적인 집단이라면 B기업 전체 지원자 수는 최소 88명이 되어야 하나 실제 지원자 수는 81명에 불과하므로 적어도 7명은 두 집단 모두에 속할 것이라는 것을 알 수 있다.

ⓔ A, B기업 전체 지원자 수는 155명이고, 40대 지원자는 51명이므로 전체 지원자 중 40대 지원자의 비율은 $\frac{51}{155} \times 100 \fallingdotseq 33\%$이다. 따라서 옳은 내용이다.

오답분석

ⓐ 동일한 집단 내에서의 비교이므로 실수치의 비교를 통해 판단 가능하다. A기업 지원자 중 남성 지원자는 53명이고, 관련 업무 경력이 10년 이상인 지원자 역시 $18+16+19=53$명이므로 둘은 같다는 것을 알 수 있다. 따라서 옳지 않은 내용이다.

ⓒ A기업 지원자 중 여성 지원자의 비율은 $\frac{21}{74} \times 100 \fallingdotseq 28.4\%$이고, B기업 지원자 중 여성 지원자의 비율은 $\frac{24}{81} \times 100 \fallingdotseq 29.6\%$이다. 따라서 옳지 않은 내용이다.

07

ⓒ 청팀의 최종점수는 6,867점, 백팀의 최종점수는 5,862점으로 백팀은 청팀의 $\frac{5,862}{6,867} \times 100 \fallingdotseq 85.4\%$이다.

ⓔ 백팀이 구기종목에서 획득한 승점은 육상종목에서 획득한 승점의 $\frac{2,780}{3,082} \times 100 \fallingdotseq 90.2\%$이므로 85% 이상이다.

오답분석

ⓐ 전 종목에서 가장 높은 승점을 획득한 부서는 운영팀(2,752점)이나, 가장 낮은 승점을 획득한 부서는 기술팀(1,859점)이 아닌 지원팀(1,362점)이다.

ⓑ 청팀이 축구에서 획득한 승점은 청팀이 구기종목에서 획득한 승점의 $\frac{1,942}{4,038} \times 100 \fallingdotseq 48.1\%$이므로 45% 이상이다.

08

정답 ②

우선 기본금리(1.1%)에 우대금리 조건을 살펴보면, 50만 원 이상 입출금통장을 이용하고 있기 때문에 기본거래에 따른 우대이자율 0.4%p를 가산하고 비대면 채널 0.2%p, I-BANK 가입 후 로그인 0.1%p를 가산한다. 증권거래는 월 1일이고, ISA는 I은행이 아니기 때문에 가산되지 않는다. 따라서 총금리는 1.1+0.4+0.2+0.1=1.8%이다.

원금은 40×24=960만 원이고, 단리 적금의 이자는 단리식 이자를 구하는 식에서 n은 개월 수, r은 이자율로 이자=(월 납입액)×$n \times \frac{(n+1)}{2} \times \frac{r}{12}$ 에 따라, $40 \times 24 \times \frac{25}{2} \times \frac{0.018}{12}=18$만 원이다. 또한 이자소득세는 18×0.08=1.44만 원이 나온다.

따라서 만기에 K씨가 받을 세후 금액은 960+18-1.44=976.56만 원이다.

09

정답 ③

R씨는 중도에 해지하였기 때문에 중도해지금리에 따른다.

3개월 이상이기 때문에 공식 (기본 연 이자율)×(1-차감률)×(경과월수)÷(계약월수)를 사용한다.

기본금리는 1.25%이고, 차감률 40%, 경과월수는 15개월, 계약월수는 36개월이다.

즉, 적용된 중도해지금리는 $0.0125 \times (1-0.4) \times \frac{15}{36} \times 100=0.3125$%이다.

주의할 점은 중도해지 시 우대금리는 가산되지 않는다는 것이다. 3년제 18개월 이상이 안 되므로 우대금리 적용이 불가하며 ISA 추가 거래에 대한 우대이자율은 예금만기 시에만 적용된다.

따라서 원금은 36×15=540만 원, 이자는 $36 \times 15 \times \frac{16}{2} \times \frac{0.003125}{12}=1.125$만 원으로, 해지 시 R씨가 받을 금액은 5,411,250원이다.

10

정답 ②

국방 서비스에 대한 비용을 지불하지 않았더라도 누군가의 소비가 다른 사람의 소비 가능성을 줄어들게 하지 않으므로 비경합적으로 소비될 수 있다.

[오답분석]
① 배제적이라는 것은 재화나 용역의 이용 가능 여부를 대가의 지불 여부에 따라 달리하는 것이다.
③ 여객기 좌석 수가 한정되어 있다면 원하는 모든 사람들이 그 여객기를 이용할 수 없으므로 경합적으로 소비될 수 있다.
④ 국방 서비스의 사례를 통해 무임승차가 가능한 재화 또는 용역이 과소 생산되는 문제가 발생함을 알 수 있다.

11

정답 ①

B기업에서 오후 회의실 사용을 취소한다고 하였으므로, 오전 회의실 사용에 대해서는 고려하지 않아도 된다.
• B기업에서 오후에 예약한 회의실

조건에서 예약 시 최소 인원은 수용 인원의 $\frac{1}{2}$ 이상이어야 한다고 하였으므로 충족하는 회의실은 세미나 3·4이다. 또한, 예약 가능한 회의실 중 비용이 저렴한 쪽을 선택한다고 하였으므로 세미나 3과 세미나 4의 사용료를 구하면 다음과 같다.
 - 세미나 3 : 74,000(∵ 기본임대료)+37,000(∵ 추가임대료)+20,000(∵ 노트북 대여료)+50,000(∵ 빔프로젝터 대여료)=181,000원이다.
 - 세미나 4 : 110,000(∵ 기본임대료)+55,000(∵ 추가임대료)+20,000(∵ 노트북 대여료)+50,000(∵ 빔프로젝터 대여료)=235,000원이다.
 그러므로 B기업에서 오후에 예약한 회의실은 세미나 3이다.
• B기업이 환불받을 금액

B기업에서는 이용일 4일 전에 사용을 취소했으므로 환불규칙에 의해 취소수수료 10%가 발생한다. 따라서 환불받을 금액을 구하면 181,000×0.9=162,900원이다.

12

정답 ③

서울역에서 출발하는 열차별 세미나 장소에 도착하는 데 소요되는 이동시간은 다음과 같다.

• A380

사무실에서 서울역까지 이동시간이 19분이므로 서울역에 도착하는 시각은 9시 19분이다. 따라서 9시 10분에 출발하는 열차는 탈 수 없다.

• A410

9시 22분에 출발하는 열차에 탑승하면 10시 18분에 대전역에 도착하므로 10시 20분에 출발하는 셔틀버스를 탈 수 있다. 이때, 세미나 장소에 도착하는 데 걸리는 시간은 25분이므로 세미나 장소에 도착하는 시각은 10시 45분이다. 따라서 서울역에서 세미나 장소까지 1시간 23분 걸린다.

• A498

9시 35분에 출발하는 열차에 탑승하면 10시 30분에 대전역에 도착하므로 10시 30분에 출발하는 셔틀버스를 탈 수 있다. 이때, 세미나 장소에 도착하는 데 걸리는 시간은 25분이므로 세미나 장소에 도착하는 시각은 10시 55분이다. 따라서 서울역에서 세미나 장소까지 1시간 20분 걸린다.

• A504

9시 45분에 출발하는 열차에 탑승하면 10시 40분에 대전역에 도착하지만, 셔틀버스를 타면 11시를 넘어 도착하여 세미나에 참석할 수 없다.

따라서 서울역에서 세미나 장소까지 이동시간이 가장 빠른 열차는 1시간 20분 걸리는 A498열차이다.

13

정답 ③

각 항공편에 따른 도착 시각 및 이에 따른 출발 시각은 다음과 같다.

• K110

사무실에서 김포공항까지 이동시간이 38분이므로 9시 정각에 출발하여도 김포공항에 도착하는 시각은 9시 38분이다. 따라서 9시 이후에 출발한다면 9시 28분에 출발하는 비행기에 탑승할 수 없다.

• K138

9시 40분에 출발하는 비행기에 탑승하면 청주공항에 9시 58분에 도착하므로 10시 출발 셔틀버스에 탑승할 수 있다. 이때 도착 시각은 10시 45분이다. 따라서 K138에 탑승하려면 9시 40분보다 38분 전인 9시 2분에 출발하여야 한다.

• K210

9시 45분에 출발하는 비행기에 탑승하면 청주공항 도착 시각은 10시 10분이므로 10시 15분 셔틀버스에 탑승할 수 있다. 이때 도착 시각은 11시이다. 따라서 K210에 탑승하려면 9시 45분보다 38분 전인 9시 7분에 출발하여야 한다.

따라서 늦어도 9시 7분에 출발하여 청주공항에서 K210을 탑승해야 세미나에 늦지 않게 도착할 수 있다.

14

정답 ①

사원별 성과지표의 평균을 구하면 다음과 같다.

• A사원 : (3+3+4+4+4)÷5=3.6
• B사원 : (3+3+3+4+4)÷5=3.4
• C사원 : (5+2+2+3+2)÷5=2.8
• D사원 : (3+3+2+2+5)÷5=3

즉, A사원만 당해 연도 연봉에 1,000,000원이 추가된다.

각 사원의 당해 연도 연봉을 구하면 다음과 같다.

• A사원 : 300만+(3×300만)+(3×200만)+(4×100만)+(4×150만)+(4×100만)+100만=33,000,000원
• B사원 : 300만+(3×300만)+(3×200만)+(3×100만)+(4×150만)+(4×100만)=31,000,000원
• C사원 : 300만+(5×300만)+(2×200만)+(2×100만)+(3×150만)+(2×100만)=30,500,000원
• D사원 : 300만+(3×300만)+(3×200만)+(2×100만)+(2×150만)+(5×100만)=28,000,000원

따라서 가장 많은 연봉을 받는 직원은 A사원이다.

15

임대인이 외국인 또는 해외거주자일 경우에 대출이 불가한데, 질문자의 경우 한국으로 귀화한 임차인이기 때문에 다른 조건이 충족되면 대출이 가능하다.

16

[오답분석]

① 9일 경영지도사 시험은 전문자격시험일이므로 두 번째 조건에 따라 그 주에 책임자 1명은 있어야 한다. 따라서 다음 날인 10일에 직원 모두 출장은 불가능하다.

② 17일은 전문자격시험에 해당되는 기술행정사 합격자 발표일이며, 네 번째 조건에 따라 합격자 발표일에 담당자는 사무실에서 대기해야 한다.

③ 19일은 토요일이며, 일곱 번째 조건에 따라 출장은 주중에만 갈 수 있다.

17

분리과세와 비과세가 80% 이상을 차지하면, 최소 4천만 원 이상은 혜택을 받는 셈이다. '①-(②+③)의 금액 중 2천만 원을 초과하는 금액이 종합과세' 대상인데 분리과세와 비과세를 제외한 금액은 천만 원 이하이므로, 종합과세 대상이 되지 않는다.

[오답분석]

① 금융소득이 연간 2천만 원 이하인 경우, 다음 2가지 요건을 제외하고는 종합과세 대상이 아닌 분리과세 대상이다.
  - 국내에서 원천징수되지 않은 국외 금융소득
  - 자본을 투자한 공동사업에서 분배받은 배당소득

② 대상자 항목에서 '2천만 원까지는 원천징수세율(2005.1.1.부터 소득세 14%, 지방소득세 1.4%)로 분리과세'가 적용된다.

③ 종합소득 확정 신고에서 '퇴직소득만 있는 자'는 예외이다.

18

총금융소득에서 비과세 금융소득과 분리과세 금융소득을 제외한 금액이 2천만 원을 초과하면 종합과세 대상이 된다.

보기에서 비과세 금융소득은 녹색투자신탁, 비과세종합저축 배당액과 개인연금저축 이자가 있으며, 분리과세 금융소득은 해외자원개발투자회사 배당이 있고, 분리과세 금융소득은 따로 세금이 계산된다. 해외자원개발투자회사 배당액의 경우 세율 9%가 적용되어 $1,000 \times 0.09 = 90$만 원의 세금이 발생한다.

다음으로 종합금융소득은 $7,000 - (1,000 + 500 + 500 + 3,000) = 2,000$만 원이며, 2,000만 원 이하이고, 원천징수되지 않은 금액이 없으므로 종합소득세율이 아닌 분리과세 15%를 적용하여 $2,000 \times 0.15 = 300$만 원을 내야 한다.

따라서 I씨가 내년에 내야 할 세금은 $300 + 90 = 390$만 원이다.

19

㉠ 해당 적금은 영업점과 비대면 채널(인터넷 / 스마트뱅킹)에서 모두 판매되고 있다.

㉢ 우대금리를 적용받는 연금의 종류에는 타행의 연금이라도 '연금'이라는 문구가 포함되면 인정되므로, 타행의 연금에 가입한 경우에도 만기 전전월 말 이전의 가입기간 중 2개월 이상 당행 계좌로 연금이 입금되어 우대금리 요건을 충족시킨다면 우대금리를 적용받을 수 있다.

[오답분석]

㉡ 신고는 서류양식을 갖추어 통보만 하면 효력이 발생하는 것을 의미하지만, 약관에 따르면 질권설정을 위해서는 은행이 내용을 실질적으로 검토하여 허락을 하는 승인이 필요하다.

㉣ 우대금리는 만기해지 시에만 적용되므로, 중도에 해지하는 경우에는 요건을 충족하는 항목이 있더라도 우대금리를 적용받을 수 없다.

20

정답 ④

최과장은 가입기간 중 급여에서 입금을 하였으므로 우대금리를 0.2%p 적용받고, 비대면 채널로 가입하였으므로 0.1%p의 우대금리를 적용받는다. 그러므로 기본금리를 포함하여 총 1.0%의 금리를 적용받는다.

따라서 최과장이 만기에 수령할 원리금은 다음과 같다.

$$(200,000 \times 12) + \left(200,000 \times \frac{12 \times 13}{2} \times \frac{0.01}{12}\right) = 2,413,000원$$

21

정답 ①

사원번호 발급체계를 통해 알 수 있다.

[오답분석]

② 입사확정번호는 2006년 이후 입사자부터 적용되므로 2004년도 입사자인 L부장은 사원번호를 알 수 없다.

③ 연수 취소는 가능하나 취소 후에 차주 연수는 듣지 못하기 때문에 적절하지 않다.

④ D사원의 연수 일정은 2024년 3월 10일이다. 일정 변경은 연수 시작 7일 전까지 가능하므로 6일 전인 3월 4일에는 일정 변경 신청을 할 수 없다.

22

정답 ④

C와 G는 부서코드가 틀렸고 이와 함께 오류번호도 틀렸다. C는 마케팅 부서이므로 19<u>25</u>57<u>9</u>, G는 지원 부서이므로 22<u>20</u>37<u>6</u>이 올바른 사원번호이다.

F는 오류번호가 틀렸다. 오류번호 연산법에 따라 사원번호를 더하면 $2+3+1+5+5+6=22$이며, 20보다 크고 30보다 작으므로 $22-20=2$이다. 따라서 231556<u>2</u>가 올바른 사원번호이다.

23

정답 ①

건설업체에서 외국인근로자 신규 1명을 고용하고자 도입위탁과 취업교육을 신청할 때, 도입위탁 신규 60,000원과 건설업 취업교육 224,000원이 든다. 따라서 총수료는 $60,000+224,000=284,000$원이다.

[오답분석]

② 근로자 도입위탁 대행의 신규 입국자 수수료는 1인당 60,000원이므로 2명은 120,000원을 지불해야 한다.

③ 외국인 신규 입국자 2명을 민간대행기관에 각종신청 대행 업무를 맡기려고 할 때, 입국 전·후 행정 대행료 61,000원씩을 내야 한다. 따라서 A씨는 총 $61,000 \times 2 = 122,000$원을 지불할 것이다.

④ 제조업에 종사하는 D씨는 공단에 위탁 업무를 맡겼다고 했으므로 근로자 도입위탁과 취업교육 비용을 모두 지불해야 한다. 1명은 재입국자이고, 2명은 신규 입국자이므로 총비용은 $(119,000+60,000 \times 2)+(195,000 \times 3)=824,000$원이다.

24

정답 ④

• 일비 : 하루에 10만 원씩 지급 → $100,000 \times 3 = 300,000$원

• 숙박비 : 실비 지급 → B호텔 2박 → $250,000 \times 2 = 500,000$원

• 식비 : 8 ~ 9일까지는 3식이고 10일에는 점심 기내식을 제외하여 아침만 포함 → $(10,000 \times 3)+(10,000 \times 3)+(10,000 \times 1)=70,000$원

• 교통비 : $84,000+10,000+16,300+17,000+89,000=216,300$원

따라서 I차장이 받을 수 있는 여비는 $300,000+500,000+70,000+216,300=1,086,300$원이다.

25

오답분석
① 송금 가능 시간은 03:00 ~ 23:00이다.
② 05:00은 영업시간 외로 건당 미화 5만 불 상당액 이하만 송금이 가능하다.
③ 외국인 또는 비거주자 급여 송금은 연간 5만 불 상당액 이하만 가능하다.

26

정답 ①

파산재단의 자산을 이용해 채권자에게 변제하는 것은 파산관재인의 업무이며, 파산관재인은 파산재단 자산이 실질적으로 파산관재인의 점유가 되도록 파산재단의 현금, 예금통장 등을 확보하고 장부를 폐쇄한다.

오답분석
② 파산재단은 법원의 파산선고와 동시에 구성된다.
③ 파산채권자는 채권의 개별행사가 금지된다.
④ 세 번째 문단을 보면 파산관재인은 누락되는 자산이 없도록 파산재단 자산을 조사한다.

27

정답 ②

여섯 번째 설명에 따라 약관 전달이 이루어지지 않은 계약에 대해서는 계약이 성립한 날부터 3개월 이내에 계약을 취소할 수 있다.

28

정답 ①

㉠ 농작물의 재배에 이익을 가져다주기 위해 사용한 농약이 이를 섭취한 사람에게 해로운 영향을 끼치게 되는 것은 부정적 외부효과에 해당하며, 이를 시정하기 위한 과세는 A이다.
㉢ 쓰레기 배출로 인해 제3자에게 의도하지 않은 손해를 발생시키는 것을 방지하기 위한 것이므로 A에 해당한다.

오답분석
㉡ A를 부과하는 이유는 수요에 변화를 가져와 부정적 외부효과를 시정하기 위함인데 수요에 변화가 없는 경우에 A를 부과하는 것은 목표한 효과를 거두지 못하므로 A에 해당하지 않는다.
㉣ A는 부정적 외부효과를 시정하기 위함인데 ㉣은 긍정적 외부효과를 촉진시키기 위한 보조금을 부과하는 것이므로 A에 해당하지 않는다.

29

정답 ①

㉠ 34세로 소득 7분위인 갑의 경우 X학자금의 대출 조건인 신청 연령(35세 이하)과 가구소득 기준(1 ~ 8분위)을 만족하고, 직전 학기에 14학점을 이수하여 평균 B학점을 받았다. 따라서 성적 기준(직전 학기 12학점 이상 이수 및 평균 C학점 이상)까지 모두 만족하여 X학자금 대출을 받을 수 있다.
㉡ X학자금 대출의 한 학기당 대출한도는 소요되는 등록금 전액과 생활비 150만 원이므로 을은 한 학기의 등록금 300만 원과 생활비 150만 원을 더한 총 450만 원을 대출받을 수 있다.

오답분석
㉢ Y학자금 대출 신청 대상의 신용 요건에 따르면 금융채무불이행자나 저신용자는 대출이 불가능하므로 옳지 않다.
㉣ X학자금 대출의 경우 졸업 후 기준소득을 초과하는 소득이 발생하지 않았다면 상환이 유예되나, Y학자금 대출의 경우는 소득과 관계없이 졸업 직후 매월 대출금을 상환해야 한다. 따라서 졸업 후 소득 발행 전, X학자금 대출과 Y학자금 대출의 매월 상환금액이 같다는 ㉣은 옳지 않다.

30

정답 ④

매년 초에 물가상승률(r)이 적용된 연금을 n년 동안 받게 되는 총금액(S)은 다음과 같다(x는 처음 받는 연금액).

$$S = \frac{x(1+r)\{(1+r)^n - 1\}}{r}$$

올해 초에 500만 원을 받고 매년 연 10% 물가상승률이 적용되어 10년 동안 받는 총금액은 다음과 같다.

$$S = \frac{500 \times (1+0.1) \times \{(1+0.1)^{10} - 1\}}{0.1} = \frac{500 \times 1.1 \times (2.5 - 1)}{0.1} = 8,250만 원$$

일시불로 받을 연금을 y만 원이라고 하자.

$$y(1.1)^{10} = 8,250 \rightarrow y = \frac{8,250}{2.5} = 3,300$$

따라서 올해 초에 일시불로 받을 연금은 3,300만 원이다.

31

정답 ④

ⓒ 보험금 지급 부문에서 지원된 금융구조조정자금 중 저축은행이 지원받은 금액의 비중은 $\frac{72,892}{303,125} \times 100 ≒ 24.0\%$로 20%를 초과한다.

ⓒ 제2금융에서 지원받은 금융구조조정자금 중 보험금 지급 부문으로 지원받은 금액이 차지하는 비중은 $\frac{182,718}{217,080} \times 100 ≒ 84.2\%$로 80% 이상이다.

ⓔ 부실자산 매입 부문에서 지원된 금융구조조정자금 중 은행이 지급받은 금액의 비중은 $\frac{81,064}{105,798} \times 100 ≒ 76.6\%$로 보험사가 지급받은 금액의 비중의 20배인 $\frac{3,495}{105,798} \times 100 \times 20 ≒ 66.1\%$ 이상이므로 옳은 설명이다.

[오답분석]

ⓐ 출자 부문에서 은행이 지원받은 금융구조조정자금은 222,039억 원으로, 증권사가 지원받은 금융구조조정자금의 3배인 99,769 ×3=299,307억 원보다 적다.

32

정답 ②

신청자격에 따르면 본인과 배우자가 합산한 주택보유수가 무주택 또는 1주택 이내인 고객만 해당 대출 상품을 신청할 수 있다. 이때, 주택보유수가 1주택인 경우에는 보유주택가액이 9억 원을 초과해서는 안 되며, 2020.7.10. 이후 투기지역 또는 투기과열지구 내에서는 3억 원을 초과해서는 안 된다. 따라서 고객이 보유한 아파트의 금액을 정확히 알 수 없는 상태에서 보유 주택과 관계없이 대출이 가능하다는 행원의 대답은 적절하지 않다.

33

정답 ④

대출금액에 따르면 주어진 조건 중 적은 금액 기준으로 대출금액이 결정되므로 1주택을 보유한 해당 고객의 최대 대출 가능 금액은 2억 원이 된다. 또한 적용 금리의 경우 24개월의 대출기간에 따라 연 3.6%의 금리가 적용되나, 급여 이체 실적을 통한 최고 우대금리와 적립식 예금 계좌 보유, 부동산 전자계약을 통해 0.3+0.1+0.2=0.6%p의 우대금리가 적용되므로 최종 적용 금리는 3.6- 0.6=3.0%가 된다.

한편, 만기일시상환은 약정기간 동안 이자만 부담하고 만기에 대출금을 모두 상환하는 방식의 대출이므로 첫 달 지불해야 하는 금액은 매월 납부해야 하는 이자 금액이 된다. 따라서 첫 달의 지불 금액은 $200,000,000 \times \frac{0.03}{12} = 500,000$원이다.

34

정답 ③

[2번 알림창]은 아이디는 맞게 입력했지만(NO →) 비밀번호를 잘못 입력해서(YES →) 출력되는 알림창이다.

오답분석

① 탈퇴 처리된 계정일 경우 [4번 알림창]이 출력된다.
② 아이디와 비밀번호를 둘 다 잘못 입력했을 경우 아이디 오류가 선행 로그인 과정이므로 [1번 알림창]이 출력된다.
④ 아이디를 잘못 입력한 경우 [1번 알림창]이 출력된다.

35

정답 ②

제품 정보 ㄹ에서 가능한 일련번호는 CR − Z − (040, 080, 150, 151) − P2 − S77이다.
따라서 ②의 일련번호에서 용기 재질의 일련번호가 'P2'가 되어야 한다.

오답분석

① 제품 정보 ㄴ에서 가능한 일련번호는 TB − K − 151 − (P1, P2) − C26이다.
③ 제품 정보 ㄷ에서 가능한 일련번호는 (CR, SX, TB) − Q − (040, 080, 150, 151) − G1 − E85이다.
④ 제품 정보 ㄱ에서 가능한 일련번호는 CR − (K, Q, Z) − 150 − G1 − T78이다.

36

정답 ②

[A8] 셀에 수식 「=A$1+$A5」를 입력하면 결괏값이 85이다. 다시 [A8] 셀을 복사하여 [C7] 셀에 붙여넣으면, 「=C$1+$A4」로 변환된다. 계속해서 [C7] 셀을 다시 복사하여 [B8] 셀에 붙여넣으면, 「=B$1+$A5」로 변환되고 나타나는 결괏값은 46이다.

37

정답 ①

맑은 날에는 김갑돌이 정상적으로 알아들으므로, 11월 1일과 11월 5일에는 각각 1101호, 301호에 천 묶음과 천백 원 봉투를 제대로 전달하였다. 이을동은 날씨에 관계없이 제대로 알아들으므로, 11월 6일에는 301호에 삼백 원 봉투를 전달하였다. 11월 2일은 비가 온 날이므로, "삼 묶음을 1101호에 내일 전달해 주세요."라고 말하는 것을 김갑돌은 "천 묶음을 301호에 내일 전달해 주세요."로 들었을 것이다. 따라서 7일간 301호에는 천 묶음, 삼백 원 봉투, 천백 원 봉투가 전달되었고, 1101호에는 천 묶음이 전달되었다.

38

정답 ④

A대리는 2021년 11월에 입사해 현재 입사한 지 만 2년 이상에 해당한다. 올해 직원 복지 지원금은 한 번도 못 받았으므로 생일, 결혼, 출산, 학자금 모두 신청이 가능한 상황이다.
생일 10만 원, 결혼 50만 원, 출산은 결혼 축하금을 받을 것이고 아이는 등본상 둘째가 되므로 150+20=170만 원이다. 또한 첫째 아이가 중학생이므로 학자금 50만 원을 받아 총 10+50+170+50=280만 원의 혜택을 받을 수 있다.

39

정답 ②

대학원 학자금은 입사 후 만 2년 이상 지원되므로 받을 수 없고, 주택 대출 5,000만 원 중 절반인 2,500만 원은 최대한도 초과이므로 최대한도인 2,000만 원만 대출받을 수 있다.

40

정답 ①

재작년 3월 초에 입사했다면 입사 후 만 2년에 해당하므로, 대학원 학자금 대출원금의 80%인 1,500×0.8=1,200만 원을 지원받을 수 있다. 또한 주택 지원 대출의 한도는 3,000만 원으로 증가하여, 주택 대출 5,000만 원 중 절반인 2,500만 원이 최대한도 내에 해당되므로 2,500만 원 전액 대출이 가능하다. 따라서 B직원이 지원받을 총금액은 1,200+2,500=3,700만 원이다.

| 금융일반 – 객관식 |

01	02	03	04	05	06	07	08	09	10	11	12	13	14	15	16	17	18	19	20
④	②	②	④	④	①	④	②	④	④	①	④	②	②	④	④	①	①	②	①
21	22	23	24	25	26	27	28	29	30										
④	①	④	④	①	③	②	③	①	④										

01

정답 ④

원유수입가격이 상승하면 원유를 원자재로 사용하는 기업들의 생산비용이 상승하게 되므로 생산자물가지수는 상승하게 된다. 생산자물가지수가 상승하면 시차를 두고 소비자물가지수 또한 상승하여 전반적인 물가가 상승하게 되므로 GDP 디플레이터도 상승하게 된다.

02

정답 ②

토지 공급이 완전비탄력적이라면 토지에 세금이 부과될 경우 세금은 전부 조세발표 시점의 토지소유자(토지공급자)가 부담하게 된다.

03

정답 ②

(통화량)=(통화승수)×(본원통화)

$(통화승수) = \dfrac{1}{x+z(1-x)}$ (x : 민간현금보유비율, z : 은행의 지급준비율)

$\qquad\qquad = \dfrac{1}{0.1+0.2(1-0.1)}$

$\qquad\qquad = 3,571$

∴ (통화량)=3,571×100=357.1 ≒ 357

소수점 첫째 자리에서 반올림하여 정수 단위까지 구하므로 통화량은 357이 된다.

04

정답 ④

ⓒ 지점 방문 청약 시 시간이 오래 걸릴 수 있어 온라인(HTS, MTS)으로도 많이 신청한다.
ⓔ 유상증자 청약 시 청약증거금은 청약금액의 100%를 입금해야 한다.

[오답분석]

ⓐ 유상증자와 달리 무상증자는 해당 주주에게 자동으로 신주가 부여되며, 청약이 필요 없다.
ⓒ 신주배정기준일 기준 주식을 보유한 주주가 대상이 되며, 주식은 D+2일 결제이므로 매수는 신주배정기준일 기준 D−2일 이전까지 매수해야 한다.

05

정답 ④

마케팅믹스의 4P는 Product(제품), Price(가격), Promotion(판매촉진), Place(유통채널)이다.

06

정답 ①

컨베이어 시스템은 모든 작업을 단순작업으로 분해하여 분해된 작업의 소요시간을 거의 동일하게 하여 일정한 속도로 이동하는 컨베이어로 전체 공정을 연결하여 작업을 수행하는 방법이며, 포드가 주장한 것이다.

07

정답 ④

가중이동평균법이란 가까운 기간에 더 큰 가중치를 부여함으로써 최근의 변화를 예측하는 것이다. 그래서 가까운 기간에 더 큰 가중치를 부여하게 되므로 4월에 가중치 0.5, 3월에는 0.3, 2월에는 0.2의 가중치를 적용하게 된다.
가중이동평균법을 이용하여 예측한 5월의 생산량은 다음과 같다.
(110만×0.5)+(90만×0.3)+(70만×0.2)=55만+27만+14만=96만 개
따라서 5월의 예측 생산량은 96만 개다.

08

정답 ②

허시와 블랜차드(P. Hersey & K. H. Blanchard)의 상황적 리더십
• 기본가정
  허시와 블랜차드는 리더십의 효과가 구성원의 성숙도라는 상황요인에 의하여 달라질 수 있다는 상황적 리더십 모델을 제안하였다.
• 리더십 모델
  여기서 구성원의 성숙도란 구성원의 업무에 대한 능력과 의지를 뜻하는 것인데, 구체적으로는 달성 가능한 범위 내에서 높은 목표를 세울 수 있는 성취욕구, 자신의 일에 대해서 책임을 지려는 의지와 능력, 과업과 관련된 교육과 경험을 종합적으로 지칭하는 변수가 된다.
  − 지시형 리더십 : 업무의 구체적 지시, 밀착 감독
  − 판매형 리더십 : 의사결정에 대해 구성원이 그 내용을 이해, 납득할 수 있도록 기회 부여
  − 참여형 리더십 : 의사결정에서 정보와 아이디어를 공유
  − 위임형 리더십 : 결정과 실행책임을 구성원에게 위임

09

정답 ④

원화가치 하락, 즉 환율상승은 수출기업의 채산성을 호전시키지만 수입물가 상승으로 인해 전반적으로 물가를 상승시킨다.

10

정답 ④

활동성비율은 분자에 매출액이 고정되고 분모에 무엇이 오느냐에 따라 종류가 나뉜다. 그중 재고자산회전율은 매출액 / 재고자산으로 해당 재고자산이 당좌자산으로 변화하는 속도를 나타낸다.
안정성비율은 장기지급능력을 측정하는 분석 도구이며, 그중 자기자본비율은 총자산 중 자기자본이 차지하는 비중으로 재무구조의 건전성을 판단하는 자료이다.
수익성비율 중 주당순이익은 1주당 이익을 얼마나 창출했는지를 판단하여 수익에 대한 주주의 몫을 파악할 수 있다.

11

정답 ①

표준시간 설정에 따른 과학적 관리 및 과업관리를 주창한 사람은 테일러이다.

12

오답분석

㉠ 해당 영역은 관여도, 즉 소비자가 특정 제품에 대해 중요하게 생각하는 정도는 낮으나 브랜드 차이는 높은 영역으로 해당 영역에 속해 있는 제품군들은 기본적으로 소비자들이 제품 사용에 큰 불만을 느끼지는 않지만 보다 다양한 변화를 추구하려는 태도를 보이며, 가치 중심적 구매활동을 한다. 대표적으로 샴푸나 세제류 제품들을 꼽을 수 있다.

㉡ 해당 영역은 관여도도 높고 브랜드별 차이 또한 큰 영역으로, 제품의 가격과 브랜드 간 차이가 크기 때문에 가장 오래, 그리고 많은 정보탐색과 평가를 거쳐 물건을 구매하게 된다. 대표적으로는 자동차와 스마트폰 등이 있다.

13

인플레이션은 경제에 여러 가지 비용을 야기한다. 인플레이션은 화폐의 실질가치를 떨어뜨리므로 현금보유를 줄이도록 만들고(구두창 비용) 재화 가격이 자주 변동돼 가격조정 비용(메뉴비용)이 든다. 또한 상대가격의 가변성이 커지기 때문에 자원배분의 왜곡을 초래할 수 있다. 화폐의 가치가 하락했을 때 금융자산(현금, 채권 등)을 가진 사람과 채권자는 손해를 보는 반면 실물자산을 가진 사람과 채무자는 이익을 얻는 채무자와 채권자 사이 부의 재분배 효과는 예상치 못한 인플레이션에 따른 비용이다.

14

기회비용이란 하나의 재화를 선택했을 때, 그로 인해 포기한 다른 재화의 가치를 말한다. 자동차를 구입할 돈이 부족한 경우에는 자동차를 선택할 수가 없는 상황이므로 구입을 포기한 자동차는 기회비용이라고 할 수 없다.

15

I시의 도심공원은 공공재이며, 공공재의 시장수요곡선은 각각의 수요곡선의 합이다. 그러므로 I시 공공재의 시장수요곡선은 $P=(10-Q)+(10-0.5Q)=20-1.5Q$이다. 한계비용 $MC=5$이므로 $20-1.5Q=5$이다.
따라서 I시 도심공원의 최적 면적 $Q=10$이다.

16

오답분석

① 기펜재는 열등재에 속하는 것으로 수요의 소득탄력성은 음(−)의 값을 갖는다.

② 두 재화가 서로 대체재의 관계에 있다면 수요의 교차탄력성은 양(+)의 값을 갖는다.

③ 우하향하는 직선의 수요곡선상에 위치한 점에서 수요의 가격탄력성은 다르다. 가격하락 시 소비자 총지출액이 증가하는 점에서는 수요의 가격탄력성이 1보다 크고, 소비자 총지출액이 극대화가 되는 점에서는 수요의 가격탄력성이 1, 가격하락 시 소비자 총지출액이 감소하는 점에서는 수요의 가격탄력성은 1보다 작다.

17

독점기업의 가격차별전략

• 1급 가격차별 : 각 단위의 재화에 대하여 소비자들이 지불할 용의가 있는 최대금액을 설정하는 것(한계수입과 가격이 같은 점에서 생산량 결정)

• 2급 가격차별 : 재화 구입량에 따라 각각 다른 가격을 설정하는 것

• 3급 가격차별 : 소비자들의 특징에 따라 시장을 몇 개로 분할하여 각 시장에서 서로 다른 가격을 설정하는 것

18

정답 ①

물품세가 부과될 경우 상품시장에서 공급곡선이 물품세 부과 크기만큼 상향이동하므로 상품의 가격은 상승하고 공급량은 줄어든다. 또한, 일정액의 물품세가 부과되면 MC곡선이 상향으로 이동하므로 재화의 생산량이 감소하고, 재화의 생산량이 감소하면 파생수요인 노동수요도 감소한다. 노동수요가 감소하면 임금이 하락하고, 고용량도 감소한다.

19

정답 ②

$q_1 + q_2 = Q$라고 하면, $P = 18 - Q$이다.

쿠르노 모형에서의 생산량은 완전경쟁일 때의 생산량의 $\frac{2}{3}$만큼이고, 완전경쟁의 균형은 $P = MC$인 점에서 이루어지므로 완전경쟁에서의 생산량은 $18 - Q = 6 \rightarrow Q = 12$이다.

그러므로 쿠르노 모형에서의 생산량은 $12 \times \frac{2}{3} = 8$이며, 가격은 $18 - 8 = 10$이다.

기업 1의 한계수입을 구하면 $P = 18 - q_1 - q_2$이므로 $MR = 18 - 2q_1 - q_2$, $MC = 6$이다.

기업 1의 반응함수는 $MR = MC$에서 결정되므로 $18 - 2q_1 - q_2 = 6$이고, 앞에서 쿠르노 모형에서의 생산량은 $q_1 + q_2 = 8$이므로 두 식을 연립하여 풀면 $q_1 = 4$이다.

따라서 $P = 10$이고, $q_1 = 4$이다.

20

정답 ①

확장적 통화정책은 국민소득을 증가시켜 이에 따른 보험료 인상 등 세수확대 요인으로 작용한다.

[오답분석]
② 이자율이 하락하고, 소비 및 투자가 증가한다.
③·④ 긴축적 통화정책이 미치는 영향이다.

21

정답 ④

농산물은 필수재이므로 수요의 가격탄력성이 낮다. 수요의 가격탄력성이 낮으면 공급이 증가할 때 가격이 상대적으로 큰 폭으로 하락하게 된다. 하지만 가격이 하락하더라도 수요가 크게 증가하지 않으므로 수입은 감소하게 된다.

22

정답 ①

한계소비성향은 소비의 증가분을 소득의 증가분으로 나눈 값으로 소득이 1,000만 원 늘었을 때, 현재 소비자들의 한계소비성향이 0.7이므로 소비는 700만 원이 늘었다고 할 수 있다. 즉, 소비의 변화폭은 700만 원이 된다.

23

정답 ④

케인스는 소득이 증가할수록 평균소비성향은 감소한다고 가정하였다. 소비와 가처분소득 사이의 관계를 1차 함수로 표현한 것을 케인스의 소비함수라고 부른다. 이 소비함수는 케인스가 가정한 다음의 세 가지 속성을 보여준다.
• 한계소비성향은 0과 1 사이이므로 소득이 증대하면 소비가 증가하고 또한 저축도 증가한다.
• 소득이 증가함에 따라 평균소비성향이 하락한다.
• 케인스는 이자율이 특별한 역할을 하지 않는다고 보았다.

24

화폐의 시간가치를 구하는 문제이므로 각각의 금액를 현재가치로 계산하여 비교해야 한다. 가장 많은 돈을 지급받을 수 있는 경우는 5년 후와 10년 후 금액의 현재가치를 계산한 후 현재의 3억 원을 더하는 ④이다.

이때 금액은 3억+5억×0.78+8억×0.61=3억+3억 9천만+4억 8천 8백만=11억 7천 8백만 원이 된다.

[오답분석]

② 13억×0.78=10억 1천 4백만 원

③ 1억 5천만×7.72=11억 5천 8백만 원

25

정답 ①

[오답분석]

② 수입을 목적으로 1주일에 1시간 이상 일하는 경우에도 취업자가 될 수 있다.

③ ・ (취업률)$=\dfrac{(\text{취업자 수})}{(\text{경제활동인구})}\times100$

・ (고용률)$=\dfrac{(\text{취업자})}{(15\text{세 이상 생산가능인구})}$

・ (경제활동인구)=(취업자)+(실업자)

15세 이상 생산가능인구는 경제활동인구에 15세 이상의 주부, 학생, 환자, 군복무자를 포함한 인구이다.

따라서 취업자가 줄고 대학진학자가 증가하였다면 취업률과 고용률 모두 감소한다.

④ (실업률)$=\dfrac{(\text{실업자 수})}{(\text{경제활동인구})}\times100=\dfrac{(\text{실업자})}{(\text{취업자})+(\text{실업자})}\times100$

26

정답 ③

수요의 가격탄력성이 높다는 것은 가격의 변화에 따라 수요량이 쉽게 변할 수 있다는 의미이다. 구매자들이 대체품의 가격을 쉽게 비교할 수 있을 때에는 대체품의 가격에 따라 수요량이 쉽게 변할 수 있다.

27

정답 ②

IS곡선 혹은 LM곡선이 우측으로 이동하면 AD곡선도 우측으로 이동한다.

IS곡선	우측 이동요인	소비증가, 투자증가, 정부지출증가, 수출증가
	좌측 이동요인	조세증가, 수입증가, 저축증가
LM곡선	우측 이동요인	통화량증가
	좌측 이동요인	화폐수요증가, 물가상승, 실질통화량감소

㉠ 주택담보대출의 이자율 인하 → 투자증가 → IS곡선 우측 이동

㉢ 기업에 대한 투자세액공제 확대 → 투자증가 → IS곡선 우측 이동

㉺ 해외경기 호조로 순수출 증대 → 수출증가 → IS곡선 우측 이동

[오답분석]

㉡ 종합소득세율 인상 → 조세증가 → IS곡선 좌측 이동

㉣ 물가의 변화는 LM곡선의 이동요인이나 AD곡선의 이동요인은 아니다(AD곡선상에서의 이동요인임).

PART 3 최종점검 모의고사 • **69**

28

정답 ③

선물거래의 개념과 특징
• 선물거래의 개념 : 장래의 일정한 기일에 현품을 인수·인도할 것을 조건으로 하여 매매 약정을 맺는 거래이다.
• 선물거래의 특징
  – 거래조건이 표준화되어 있다.
  – 공인된 선물거래소에서 거래가 이루어진다.
  – 결제소에 의해 일일정산이 이루어진다.
  – 결제소가 계약이행을 보증해주므로 계약불이행의 위험이 없다.
  – 시장상황의 변화에 따라 자유로이 중도청산이 가능하다.

29

정답 ①

평가기법	계산	투자안 평가 기준	투자안 평가
회수기간법	$\text{회수기간법}_A = 1 + \dfrac{(1,000-500)}{800} = 1.625$년	투자액을 모두 회수하는 데 걸리는 기간이 목표회수기간보다 적으면 채택 (문제에서는 1.6년보다 짧으면 채택)	A : 기각
	$\text{회수기간법}_B = 1 + \dfrac{(200-100)}{200} = 1.5$년		B : 채택
순현재가치법	$\text{NPV}_A = \dfrac{500}{1.1} + \dfrac{800}{1.1^2} - 1,000 = 116$	NPV>0이면 채택	A : 채택
	$\text{NPV}_B = \dfrac{100}{1.1} + \dfrac{200}{1.1^2} - 200 = 56$		B : 채택

30

정답 ④

토빈의 q 비율은 일정한 기업 주식의 총시장가치(시가총액)를 당해 기업 보유 물적자산의 총대체비용(순자산가치)으로 나누어 계산한다. 토빈의 q값이 1보다 크면 기업은 적은 비용을 들여 높은 가치를 만들 수 있기 때문에 투자를 늘리고, 1보다 작으면 투자를 멈춘다.

| 금융일반 - 주관식 |

01	02	03	04	05
ⓛ, ②, ⓗ	100	ⓒ, ②	470	ⓐ, ⓒ

01

정답 ⓛ, ②, ⓗ

통화승수는 통화량을 본원통화로 나눈 값이다.

통화승수 $m = \dfrac{1}{c+z(1-c)}$ 이므로, 현금통화비율(c)이 하락하거나 지급준비율(z)이 낮아지면 통화승수가 커진다.

02

정답 100

승수효과란 정부가 지출을 늘리면 가계나 기업의 소득과 수입이 증가하고 총수요가 증가하게 되는데, 이때 총수요가 정부의 지출액 이상으로 증가하는 것을 말한다. 일반적으로 한계소비성향을 c라고 가정할 경우 정부지출이 △G만큼 증가할 때의 국민소득 증가분 △Y는 다음과 같이 산출한다.

$$\triangle Y = \triangle G + c\triangle G + c^2 \triangle G + c^3 \triangle G + \cdots = (1+c+c^2+c^3+\cdots)\triangle G = \frac{1}{1-c}\triangle G$$

위 식에 $\triangle Y=500$, $c=0.8$을 대입해보면

$$\triangle Y = \frac{1}{1-c}\triangle G$$

$$\triangle G = (1-c)\triangle Y = (1-0.8)\times 500 = 100$$

즉, 한계소비성향이 0.8일 경우 국민소득을 500만큼 증가시키기 위해서는 정부지출을 100만큼 늘려야 한다.

03

정답 ⓒ, ⓔ

A는 단수가격, B는 관습가격이다.

오답분석

㉠ 명성가격 : 가격 결정 시 해당 제품군의 주 소비자층이 지불할 수 있는 가장 높은 가격이나 시장에서 제시된 가격 중 가장 높은 가격

ⓛ 준거가격 : 소비자가 제품의 구매를 결정할 때 기준이 되는 가격

ⓜ 기점가격 : 공급자가 특정한 도시나 지역을 하나의 기준점으로 하여 그곳의 모든 고객에게 동일한 운송비를 부과하는 방법

ⓗ 균일운송가격 : 지역과 관계없이 모든 고객에게 동일한 운송비를 부과하는 방법

ⓢ 구역가격 : 구역을 정하여 같은 구역에 같은 수송비를 부과하는 방법

ⓞ 운송비 흡수가격 : 특정 지역이나 고객을 대상으로 공급자가 운송비를 흡수하는 방법

04

정답 470

- 기초자본 : 400(기초자산)−300(기초부채)=100원
- 자본증가 : 200(총수익)−150(총비용)+40(유상증자)−60(현금배당)=30원
- 기말자본 : 100(기초자본)+30(자본증가)=130원
- ∴ 기말부채 : 600(기말자산)−130(기말자본)=470원

05

정답 ㉠, ⓒ

㉠ 연간수요는 일정하게 발생하고, 주문량에 따라 재고유지비도 선형적으로 증가한다.

ⓒ 각 주문은 끊임없이 공급되어 품절 등이 발생하지 않는다.

오답분석

ⓛ 주문량은 전량 일시에 입고된다.

ⓔ 단위당 구매비, 생산비 등이 일정하며, 할인은 적용하지 않는다.

01	02	03	04	05	06	07	08	09	10	11	12	13	14	15	16	17	18	19	20
①	①	③	④	③	③	②	④	④	③	①	③	①	④	②	①	③	④	①	①
21	22	23	24	25	26	27	28	29	30										
④	①	②	③	①	①	①	③	①	①										

01

정답 ①

IP 주소체계 통신 방식
• IPv4 : Unicast, Multicast, Broadcast
• IPv6 : Unicast, Multicast, Anycast

02

정답 ①

ORDER BY(정렬을 위한 옵션)
• ASC : 오름차순 정렬
• DESC : 내림차순 정렬

03

정답 ③

구조적 질의어(SQL; Structured Query Language)의 DROP TABLE 명령문을 사용한 RESTRICT는 제거할 요소가 다른 개체에 참조되지 않은 경우에만 삭제한다.

04

정답 ④

for 반복문은 i값이 0부터 2씩 증가하면서 10보다 작을 때까지 수행하므로 i값은 각 배열의 인덱스(0, 2, 4, 6, 8)를 가리키게 된다. num에는 i가 가리키는 배열 요소들에 대한 합이 저장되므로 i값에 해당하는 배열 인덱스의 각 요소(1, 3, 5, 7, 9)의 합인 25가 출력된다.

05

정답 ③

오버라이딩은 서로 다른 클래스에서 정의된 동일한 함수의 형태를 우선권을 부여하여 한 함수를 가리고 사용하는 기법을 말한다. 제시된 자바 언어에서는 사용되지 않았다.

오답분석

① 캡슐화는 멤버 변수와 상관 관계에 있는 멤버 함수를 하나로 묶어 클래스로 정의한 것이다.
```
class Computer extends Adder {
private int x;
public int calc(int a, int b, int c) { if (a==1) return add(b, c);
else return x;
}
Computer( ) { x=0;}
```
② 상속은 하위 클래스 Computer가 상위 클래스 Adder를 포함하는 것이다.
```
class Computer extends Adder
```
④ 오버로딩은 동일한 함수를 사용하고 있고, 인수의 타입과 개수가 서로 다른 형태이다.
```
public int add(int a, int b) { return a+b;}
public double add(double a, double b) { return a+b;}
```

06

정답 ③

num 값에 7이 저장된다. num과 10을 비교하여 값이 출력되어야 한다. 10보다 작게 나오려면 ㉠에 '<'연산자가 입력되어야 하고, num이 10으로 나오려면 ㉡에 '=='연산자가 입력되어야 하고, num이 10보다 크게 나오려면 ㉢에 '>'연산자가 입력되어야 한다.

07

정답 ②

[::−1]은 슬라이싱을 사용하여 리스트에 입력된 데이터를 역방향으로 출력한다.

08

정답 ④

부울 연산자는 특정 연산값이 참인지, 거짓인지를 구별하기 위해 사용하는 연산자로 논리식에서 많이 사용한다.

09

정답 ④

데이터베이스 시스템의 특징 및 장점
• 데이터의 중복을 최소화한다.
• 데이터베이스의 구조가 변해도 영향을 받지 않는다는 데이터의 물리적, 논리적 독립성을 유지한다.
• 서로 다른 여러 사용자가 데이터베이스를 동시에 함께 사용할 수 있는 데이터의 공유성을 가진다.
• 허용된 사용자에게만 데이터 접근을 허용하여 다른 사용자로부터 데이터를 보호할 수 있는 데이터의 보안성이 유지된다.
• 정의된 데이터베이스와 구축된 데이터베이스는 갱신과 유지를 통해 항상 일치하도록 정확성을 보장하는 데이터의 무결성이 유지된다.
• 일부 데이터가 변경되어도 관련있는 데이터가 함께 변경되는 데이터의 일관성이 유지된다.

10

정답 ③

프로세스 관리, 기억장치 관리, 입출력 관리 등의 기능을 수행하는 것은 커널(Kernel)이다. 유닉스에서 셸은 사용자와 커널을 연결시켜주는 기능을 수행하는 특별한 프로그램이다.

11

정답 ①

색인 순차 파일은 데이터베이스의 순차 처리와 랜덤 처리가 모두 가능하도록 레코드들을 키 값 순서로 정렬(Sort)시켜 기록하고, 레코드의 키 항목만을 모은 색인을 구성하여 편성하는 방식이다.
오버플로(Overflow Area)는 기본 데이터의 영역이 가득 찬 상황에서 더 저장하고자 할 때 사용하는 영역이다. 색인 처리된 파일에서 기본 구역과 더불어 몇 개의 트랙을 비워 놓아 삽입되는 추가 레코드를 저장할 수 있도록 한 구역이다.

오답분석

② 마스터 인덱스(Master Index) : 색인된 순차 파일(Indexed Sequential File)에 있어 가장 레벨이 높은 색인이다.
③ 트랙 인덱스(Track Index) : 색인 순서 편성 데이터 세트에 있어서 가장 수준 낮은 색인으로, 프라임 영역의 각 실린더의 선두 트랙 영역에 존재하고, 기본 데이터 영역 내의 각 트랙을 색인한다.
④ 실린더 인덱스(Cylinder Index) : 인덱스 순차 접근 방식의 인덱스 구조의 한 계층을 의미한다. 각 실린더에 보관된 레코드들의 키 값 중 가장 큰 값과 그 실린더의 트랙 인덱스를 가리키는 포인터의 짝들로 구성된다.

12

정답 ③

최적 적합은 사용 가능한 공간들 중에서 가장 적합한 또는 작은 공간에 할당하므로 10K 이상의 공간을 가진 기억 장소 중 남은 공간이 가장 작은 D에 할당된다.

13

9K의 프로그램이므로 최초 적합의 경우와 최적 적합의 경우 모두 9K인 영역 1에 할당되고, 최악 적합인 경우는 30K로 메모리가 가장 큰 영역 4에 할당된다.

14

정답 ④

A, D, E의 경우 작업이 모두 할당 가능하므로 외부단편화는 발생하지 않는다. B, C는 작업의 크기가 더 커서 작업이 할당되지 못하므로 분할의 크기가 외부단편화의 크기가 된다. 따라서 외부단편화의 크기는 50+120=170K이다.

15

정답 ②

운영체제의 발전 과정
일괄 처리 시스템(제1세대) → 실시간 처리 시스템(제2세대) → 다중 모드 시스템(제3세대) → 분산 처리 시스템(제4세대)의 순이다.

16

정답 ①

중앙 집중식 데이터베이스 시스템에 비해 추가로 고려할 사항이 많아서 설계 및 구축 비용이 더 많이 들어간다.

17

정답 ③

점수가 59점보다 큰 경우만 지원학과별 점수를 내림차순으로 정렬하라는 의미로 '지원자 전체'에 대해서가 아니라 '지원학과'별로 점수를 정렬한다.

18

정답 ④

물리적 설계(데이터 구조화)는 데이터베이스 파일의 저장 구조, 레코드 형식, 접근 경로와 같은 정보를 사용하여 데이터가 컴퓨터에 저장되는 방법을 묘사하며, 반드시 포함되어야 할 것은 저장 레코드의 양식 설계, 레코드 집중(Record Clustering)의 분석 및 설계, 접근 경로 설계 등이다.

19

정답 ①

개체 무결성(Entity Integrity)은 한 릴레이션의 기본 키를 구성하는 어떠한 속성 값도 널(NULL) 값이나 중복 값을 가질 수 없다는 것이다(정확성 유지). 또한, 하나의 릴레이션으로 삽입되거나 변경되는 튜플들에 대하여 정확한 값을 유지하는 성질로 하나의 릴레이션에 있는 튜플은 중복된 튜플이 있어서는 안 된다.

20

정답 ①

- 자료(Data) : 현실 세계에서 어떤 측정을 통해 얻은 단순한 값이나 현실 세계에 대한 관찰을 통해 얻은 사실이다(가공 처리되지 않은 데이터).
- 정보(Information) : 자료를 가공 처리하여 어떤 의사결정에 필요한 지식을 추출한다.

21

정답 ④

데이터베이스의 특성
- 실시간 접근성(Real – Time Accessibility)
- 내용에 의한 참조(Content Reference)

- 동시 공유(Concurrent Sharing)
- 계속적 변화(Continuous Evolution)

22

정답 ①

개념 스키마(Conceptual Schema)는 데이터베이스의 전체적인 논리적 구조로서, 모든 응용 프로그램이나 사용자들이 필요로 하는 데이터를 통합한 조직 전체의 데이터베이스이다.

[오답분석]

② 외부 스키마(External Schema) : 사용자나 응용 프로그래머가 각 개인의 입장에서 필요로 하는 전체 데이터베이스의 한 논리적 부분
③ 내부 스키마(Internal Schema) : 물리적 저장장치의 입장에서 전체 데이터베이스가 저장되는 방법을 명세한 것

23

정답 ②

DES에 대한 설명이다.

DES(대칭키)
- 암호키와 복호키 값이 서로 동일하며, 암호문 작성과 해독 과정에서 개인키를 사용한다.
- 여러 사람과 정보 교환 시 다수의 키를 유지하며, 사용자 증가에 따른 키의 수가 많다.
- 알고리즘이 간단하여 암호화 속도가 빠르고, 파일의 크기가 작아 경제적이다.

24

정답 ③

[오답분석]

① IP 프로토콜에서 라우터 간의 패킷을 중개할 때는 Best Effort라는 원칙에 따라 전송하는데, 이 방식은 전송 패킷이 수신 호스트에게 100% 도착하는 것을 보장하지 않는다.
② IP 프로토콜은 직접 전송과 간접 전송으로 나누어지며, 직접 전송에서 송신자는 목적지 IP 주소를 이용하여 목적지 물리 주소를 찾아서 데이터 링크를 보내어 패킷을 전달한다.
④ 최종 목적지와 같은 네트워크에 연결된 라우터에 도착할 때까지 여러 라우터를 거쳐서 전달한다.

25

정답 ①

암호화된 키, 패스워드, 디지털 인증서 등을 저장할 수 있는 안전한 저장 공간을 제공하는 보안 모듈은 신뢰 플랫폼 모듈(Trusted Platform Module)에 대한 설명이다. FIDO(Fast Identity Online)는 온라인 환경에서 바이오 인식 기술을 활용한 인증 시스템으로 홍채인식, 지문인식 등이 있다.

26

정답 ①

APT(Advanced Persistent Threat) 공격은 해커가 여러 보안 위협을 만들어 특정 기업 등의 네트워크에 지속적으로 공격을 가하는 것으로 기업 내 직원의 PC를 감염시키고 이를 통해 기업의 데이터베이스 등에 접근하여 정보를 빼간다.

[오답분석]

② 큐싱(Qshing) : QR코드(Quick Response Code)를 통해 악성 앱을 내려받도록 유도하거나 악성 프로그램을 설치하게 하여 직접 악성코드를 감염시키는 기법
③ 랜섬웨어(Ransom Ware) : 컴퓨터에 잠입하여 특정 파일을 암호화해 열지 못하게 하고, 이를 인질로 돈을 요구하는 기법
④ Drive by Download 공격 : 보안이 취약한 웹 사이트에 악성코드를 심어놓고 보안패치가 없는 컴퓨터가 웹 서핑만으로도 악성코드에 감염되게 하는 악성코드 유포 방법

27

프로토콜의 기본 구성 요소에는 구문(Syntax), 의미(Semantic), 타이밍(Timing, 순서)이 있다.

28

정답 ③

기초자료 및 업무분석 내용에 대한 검증은 ⓒ 기초자료 및 업무분석 단계에서 수행한다. ⓒ 단계에서는 산정 대상 시스템의 아키텍처 형태에 따라 적절한 참조모델을 선택하고, 참조모델을 구성하는 서버에 대해서 구성 요소별로 규모를 산정한다.

29

정답 ①

Selective Repeat ARQ는 오류가 발생하여 손상 / 분실된 부분만 재전송하는 기법이다.

[오답분석]

② Stop and Wait ARQ : 수신측으로부터 응답이 오기를 대기하다가 ACK나 NAK에 따라 전송하는 방식
③ Go-Back-N ARQ : 오류가 난 지점부터 전송한 지점까지 모두 재전송하는 방식
④ Adaptive ARQ : 전송 효율을 최대로 높이기 위해 데이터 블록의 길이를 동적으로 변경하는 방식

30

정답 ①

프로그램에서 대입 연산자 sum=sum+3;은 sum+=3;으로 표현하므로 같은 결과가 나타난다. 즉, 95+3=98이다.

| 디지털 - 주관식 |

01	02	03	04	05
ⓒ, ⓓ	⊙, ⓔ, ⓓ	⊙, ⓛ, ⓒ, ⓔ	24	153

01

정답 ⓒ, ⓓ

A는 사이버스쿼팅(Cyber-squatting), B는 타이포스쿼팅(Typo-squatting)이다.

[오답분석]

⊙ 사이버 리터러시(Cyber Literacy) : 사이버 시대의 질서를 창출해 나갈 수 있는 정보 해독력
ⓛ 폴리스패머(Polispamer) : 정치적 홍보나 선동을 목적으로 인터넷과 SNS 등을 활용해 무차별적으로 정보를 배포하는 사람들을 일컫는 말
ⓔ 넷스케이프(Netscape) : 월드 와이드 웹에서 정보를 검색하는 브라우저
ⓗ 트래픽 패딩(Traffic Padding) : 실제의 데이터가 아닌 임의의 데이터를 네트워크에 흘림으로써 트래픽 분석을 통한 정보 유출을 방지하는 방법
ⓢ 스마트몹(Smart Mob) : 휴대전화·인터넷 등 첨단 정보통신 기술을 바탕으로 긴밀한 네트워크를 이루어 정치·경제·사회 등의 제반 문제에 참여하는 사람들의 집단

02

정답 ㉠, ㉣, ㉤

DRAM과 SRAM의 비교

종류	특징
DRAM (동적램)	• 주기적인 재충전(Refresh)이 필요하며, CPU에 적합 • 소비 전력이 낮은 반면, 구성 회로가 간단하여 집적도가 높음 • 가격이 저렴하고, 콘덴서에서 사용
SRAM (정적램)	• 재충전이 필요 없고, 액세스 속도가 빨라 캐시(Cache) 메모리에 적합 • 소비 전력이 높은 반면, 구성 회로가 복잡하여 집적도가 낮음 • 가격이 비싸고, 플립플롭(Flip-Flop)으로 구성

03

정답 ㉠, ㉡, ㉢, ㉣

오답분석

oct( ) 함수는 10진수에서 8진수로 변환하는 함수다. 자료의 순서를 역순으로 정렬하는 함수는 reverse( )함수이다.

04

정답 24

해당 문제는 임계경로를 구하는 문제이다(단, g 작업이 소요시간이 0이 아닌 5이므로 포함해서 계산해야 함).

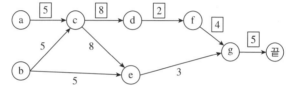

• 작업 : a − c − d − f − g − 끝
• 시간 : 5+8+2+4+5=24

> **임계경로**
> 작업개시에서 종료까지의 모든 경로 중 가장 작업 시간이 오래 걸리는 경로를 의미한다.
>
> AOE
> • 정점(노드)은 작업, 간선은 작업들의 선후관계와 작업에 필요한 시간을 의미한다.
> • 프로젝트에 대한 성능 평가 방법으로 프로젝트에 필요한 최소 시간을 결정한다.
> • 최소 시간의 의미는 시간이 가장 오래 걸리는 작업의 경우를 의미한다.
> • 프로젝트 완료를 위한 최소 시간은 시작 정점에서 최종 정점까지의 가장 긴 경로를 계산한다.

05

정답 153

반복문을 통해 배열의 요소를 순회하면서 각 요소의 값을 더하여 tot 저장하는 프로그램이다. 요소들의 값이 누적되어 있는 tot의 값이 100보다 크거나 같다면 break문으로 인해 반복문을 종료하고 현재 tot값을 출력한다.

따라서 10+37+23+4+8+71일 때 100보다 커져 반복문이 종료되므로 마지막에 더해진 값은 153이 된다.

합격의 공식
시대에듀
S D E D U

우리 인생의 가장 큰 영광은
절대 넘어지지 않는 데 있는 것이 아니라
넘어질 때마다 일어서는 데 있다.

- 넬슨 만델라 -

IBK기업은행 필기시험 금융일반 직무 최종점검 모의고사 객관식 OMR 답안카드

※ 절취선을 따라 분리하여 실제 시험과 같이 사용하면 더욱 효과적입니다.

NCS 직업기초능력

문번	1	2	3	4	문번	1	2	3	4
1	①	②	③	④	21	①	②	③	④
2	①	②	③	④	22	①	②	③	④
3	①	②	③	④	23	①	②	③	④
4	①	②	③	④	24	①	②	③	④
5	①	②	③	④	25	①	②	③	④
6	①	②	③	④	26	①	②	③	④
7	①	②	③	④	27	①	②	③	④
8	①	②	③	④	28	①	②	③	④
9	①	②	③	④	29	①	②	③	④
10	①	②	③	④	30	①	②	③	④
11	①	②	③	④	31	①	②	③	④
12	①	②	③	④	32	①	②	③	④
13	①	②	③	④	33	①	②	③	④
14	①	②	③	④	34	①	②	③	④
15	①	②	③	④	35	①	②	③	④
16	①	②	③	④	36	①	②	③	④
17	①	②	③	④	37	①	②	③	④
18	①	②	③	④	38	①	②	③	④
19	①	②	③	④	39	①	②	③	④
20	①	②	③	④	40	①	②	③	④

직무수행능력

문번	1	2	3	4	문번	1	2	3	4
1	①	②	③	④	21	①	②	③	④
2	①	②	③	④	22	①	②	③	④
3	①	②	③	④	23	①	②	③	④
4	①	②	③	④	24	①	②	③	④
5	①	②	③	④	25	①	②	③	④
6	①	②	③	④	26	①	②	③	④
7	①	②	③	④	27	①	②	③	④
8	①	②	③	④	28	①	②	③	④
9	①	②	③	④	29	①	②	③	④
10	①	②	③	④	30	①	②	③	④
11	①	②	③	④					
12	①	②	③	④					
13	①	②	③	④					
14	①	②	③	④					
15	①	②	③	④					
16	①	②	③	④					
17	①	②	③	④					
18	①	②	③	④					
19	①	②	③	④					
20	①	②	③	④					

※ 본 답안카드는 마킹연습용 답안카드입니다.

교시장

성 명

수 험 번 호

⓪	⓪	⓪	⓪	⓪	⓪	⓪
①	①	①	①	①	①	①
②	②	②	②	②	②	②
③	③	③	③	③	③	③
④	④	④	④	④	④	④
⑤	⑤	⑤	⑤	⑤	⑤	⑤
⑥	⑥	⑥	⑥	⑥	⑥	⑥
⑦	⑦	⑦	⑦	⑦	⑦	⑦
⑧	⑧	⑧	⑧	⑧	⑧	⑧
⑨	⑨	⑨	⑨	⑨	⑨	⑨

감독위원 확인

(인)

※ 절취선을 따라 분리하여 실제 시험과 같이 사용하면 더욱 효과적입니다.

IBK기업은행 필기시험 금융일반 직무 최종점검 모의고사 주관식 OMR 답안카드

고사장	
성 명	

수험번호	⓪	①	②	③	④	⑤	⑥	⑦	⑧	⑨	
	⓪	①	②	③	④	⑤	⑥	⑦	⑧	⑨	
	⓪	①	②	③	④	⑤	⑥	⑦	⑧	⑨	
	⓪	①	②	③	④	⑤	⑥	⑦	⑧	⑨	
	⓪	①	②	③	④	⑤	⑥	⑦	⑧	⑨	
	⓪	①	②	③	④	⑤	⑥	⑦	⑧	⑨	
	⓪	①	②	③	④	⑤	⑥	⑦	⑧	⑨	

감독위원 확인
(인)

직무수행능력

01		㉠	㉡	㉢	㉣	㉤	㉥	㉦
02	백	⓪	①	②	③	④	⑤	⑥	⑦	⑧	⑨
	십	⓪	①	②	③	④	⑤	⑥	⑦	⑧	⑨
	일	⓪	①	②	③	④	⑤	⑥	⑦	⑧	⑨
03		㉠	㉡	㉢	㉣	㉤	㉥	㉦	㉧	㉨
04	백	⓪	①	②	③	④	⑤	⑥	⑦	⑧	⑨
	십	⓪	①	②	③	④	⑤	⑥	⑦	⑧	⑨
	일	⓪	①	②	③	④	⑤	⑥	⑦	⑧	⑨
05		㉠	㉡	㉢	㉣	㉤

※ 본 답안카드는 마킹연습용 답안카드입니다.

IBK기업은행 필기시험 금융일반 직무 최종점검 모의고사 객관식 OMR 답안카드

NCS 직업기초능력

문번	1	2	3	4	문번	1	2	3	4
1	①	②	③	④	21	①	②	③	④
2	①	②	③	④	22	①	②	③	④
3	①	②	③	④	23	①	②	③	④
4	①	②	③	④	24	①	②	③	④
5	①	②	③	④	25	①	②	③	④
6	①	②	③	④	26	①	②	③	④
7	①	②	③	④	27	①	②	③	④
8	①	②	③	④	28	①	②	③	④
9	①	②	③	④	29	①	②	③	④
10	①	②	③	④	30	①	②	③	④
11	①	②	③	④	31	①	②	③	④
12	①	②	③	④	32	①	②	③	④
13	①	②	③	④	33	①	②	③	④
14	①	②	③	④	34	①	②	③	④
15	①	②	③	④	35	①	②	③	④
16	①	②	③	④	36	①	②	③	④
17	①	②	③	④	37	①	②	③	④
18	①	②	③	④	38	①	②	③	④
19	①	②	③	④	39	①	②	③	④
20	①	②	③	④	40	①	②	③	④

직무수행능력

문번	1	2	3	4	문번	1	2	3	4
1	①	②	③	④	21	①	②	③	④
2	①	②	③	④	22	①	②	③	④
3	①	②	③	④	23	①	②	③	④
4	①	②	③	④	24	①	②	③	④
5	①	②	③	④	25	①	②	③	④
6	①	②	③	④	26	①	②	③	④
7	①	②	③	④	27	①	②	③	④
8	①	②	③	④	28	①	②	③	④
9	①	②	③	④	29	①	②	③	④
10	①	②	③	④	30	①	②	③	④
11	①	②	③	④					
12	①	②	③	④					
13	①	②	③	④					
14	①	②	③	④					
15	①	②	③	④					
16	①	②	③	④					
17	①	②	③	④					
18	①	②	③	④					
19	①	②	③	④					
20	①	②	③	④					

교시장

성 명

수 험 번 호

⓪	①	②	③	④	⑤	⑥	⑦	⑧	⑨
⓪	①	②	③	④	⑤	⑥	⑦	⑧	⑨
⓪	①	②	③	④	⑤	⑥	⑦	⑧	⑨
⓪	①	②	③	④	⑤	⑥	⑦	⑧	⑨
⓪	①	②	③	④	⑤	⑥	⑦	⑧	⑨
⓪	①	②	③	④	⑤	⑥	⑦	⑧	⑨
⓪	①	②	③	④	⑤	⑥	⑦	⑧	⑨

감독위원 확인

(인)

※ 절취선을 따라 분리하여 실제 시험과 같이 사용하면 더욱 효과적입니다.

IBK기업은행 필기시험 금융일반 직무 최종점검 모의고사 주관식 OMR 답안카드

고사장	
성 명	

수험번호

⓪	⓪	⓪	⓪	⓪	⓪	⓪
①	①	①	①	①	①	①
②	②	②	②	②	②	②
③	③	③	③	③	③	③
④	④	④	④	④	④	④
⑤	⑤	⑤	⑤	⑤	⑤	⑤
⑥	⑥	⑥	⑥	⑥	⑥	⑥
⑦	⑦	⑦	⑦	⑦	⑦	⑦
⑧	⑧	⑧	⑧	⑧	⑧	⑧
⑨	⑨	⑨	⑨	⑨	⑨	⑨

감독위원 확인
㉮

직무수행능력

		직무수행능력										
01		㉠	㉡	㉢	㉣	㉤	㉥					
02	백	⓪	①	②	③	④	⑤	⑥	⑦	⑧	⑨	
	십	⓪	①	②	③	④	⑤	⑥	⑦	⑧	⑨	
	일	⓪	①	②	③	④	⑤	⑥	⑦	⑧	⑨	
03		㉠	㉡	㉢	㉣	㉤	㉥	㉦	㉧			
04	백	⓪	①	②	③	④	⑤	⑥	⑦	⑧	⑨	
	십	⓪	①	②	③	④	⑤	⑥	⑦	⑧	⑨	
	일	⓪	①	②	③	④	⑤	⑥	⑦	⑧	⑨	
05		㉠		㉡		㉢		㉣				

※ 본 답안카드는 마킹연습용 모의답안카드입니다.

※ 절취선을 따라 분리하여 실제 시험과 같이 사용하면 더욱 효과적입니다.

IBK기업은행 필기시험 디지털 직무 최종점검 모의고사 객관식 OMR 답안카드

NCS 직업기초능력

문번	1	2	3	4		문번	1	2	3	4
1	①	②	③	④		21	①	②	③	④
2	①	②	③	④		22	①	②	③	④
3	①	②	③	④		23	①	②	③	④
4	①	②	③	④		24	①	②	③	④
5	①	②	③	④		25	①	②	③	④
6	①	②	③	④		26	①	②	③	④
7	①	②	③	④		27	①	②	③	④
8	①	②	③	④		28	①	②	③	④
9	①	②	③	④		29	①	②	③	④
10	①	②	③	④		30	①	②	③	④
11	①	②	③	④		31	①	②	③	④
12	①	②	③	④		32	①	②	③	④
13	①	②	③	④		33	①	②	③	④
14	①	②	③	④		34	①	②	③	④
15	①	②	③	④		35	①	②	③	④
16	①	②	③	④		36	①	②	③	④
17	①	②	③	④		37	①	②	③	④
18	①	②	③	④		38	①	②	③	④
19	①	②	③	④		39	①	②	③	④
20	①	②	③	④		40	①	②	③	④

직무수행능력

문번	1	2	3	4		문번	1	2	3	4
1	①	②	③	④		21	①	②	③	④
2	①	②	③	④		22	①	②	③	④
3	①	②	③	④		23	①	②	③	④
4	①	②	③	④		24	①	②	③	④
5	①	②	③	④		25	①	②	③	④
6	①	②	③	④		26	①	②	③	④
7	①	②	③	④		27	①	②	③	④
8	①	②	③	④		28	①	②	③	④
9	①	②	③	④		29	①	②	③	④
10	①	②	③	④		30	①	②	③	④
11	①	②	③	④						
12	①	②	③	④						
13	①	②	③	④						
14	①	②	③	④						
15	①	②	③	④						
16	①	②	③	④						
17	①	②	③	④						
18	①	②	③	④						
19	①	②	③	④						
20	①	②	③	④						

※ 본 답안카드는 마킹연습용 답안카드입니다.

고사장	
성 명	

수 험 번 호

⓪ ① ② ③ ④ ⑤ ⑥ ⑦ ⑧ ⑨
⓪ ① ② ③ ④ ⑤ ⑥ ⑦ ⑧ ⑨
⓪ ① ② ③ ④ ⑤ ⑥ ⑦ ⑧ ⑨
⓪ ① ② ③ ④ ⑤ ⑥ ⑦ ⑧ ⑨
⓪ ① ② ③ ④ ⑤ ⑥ ⑦ ⑧ ⑨
⓪ ① ② ③ ④ ⑤ ⑥ ⑦ ⑧ ⑨
⓪ ① ② ③ ④ ⑤ ⑥ ⑦ ⑧ ⑨

감독위원 확인	인

※ 정답선을 따라 분리하여 실제 시험과 같이 사용하면 더욱 효과적입니다.

IBK기업은행 필기시험 디지털 직무 최종점검 모의고사 주관식 OMR 답안카드

고사장	

성 명	

수험번호

⑩	①	②	③	④	⑤	⑥	⑦	⑧	⑨
⑩	①	②	③	④	⑤	⑥	⑦	⑧	⑨
⑩	①	②	③	④	⑤	⑥	⑦	⑧	⑨
⑩	①	②	③	④	⑤	⑥	⑦	⑧	⑨
⑩	①	②	③	④	⑤	⑥	⑦	⑧	⑨
⑩	①	②	③	④	⑤	⑥	⑦	⑧	⑨
⑩	①	②	③	④	⑤	⑥	⑦	⑧	⑨

감독위원 확인
(인)

직무수행능력

01		㉠	㉡	㉢	㉣	㉤	㉥	㉦	㉧	Ⓐ
02		㉠	㉡	㉢	㉣	㉤	㉥	㉦		
03	십	㉠	㉡	㉢	㉣					
04	십	⓪	①	②	③	④	⑤	⑥	⑦	⑧	⑨
	일	⓪	①	②	③	④	⑤	⑥	⑦	⑧	⑨
05	백	⓪	①	②	③	④	⑤	⑥	⑦	⑧	⑨
	십	⓪	①	②	③	④	⑤	⑥	⑦	⑧	⑨
	일	⓪	①	②	③	④	⑤	⑥	⑦	⑧	⑨

※ 본 답안카드는 마킹연습용 모의 답안카드입니다.

IBK기업은행 필기시험 디지털 직무 최종점검 모의고사 객관식 OMR 답안카드

※ 본 답안카드는 마킹연습용 모의 답안카드입니다.

NCS 직업기초능력

문번	1	2	3	4	문번	1	2	3	4
1	①	②	③	④	21	①	②	③	④
2	①	②	③	④	22	①	②	③	④
3	①	②	③	④	23	①	②	③	④
4	①	②	③	④	24	①	②	③	④
5	①	②	③	④	25	①	②	③	④
6	①	②	③	④	26	①	②	③	④
7	①	②	③	④	27	①	②	③	④
8	①	②	③	④	28	①	②	③	④
9	①	②	③	④	29	①	②	③	④
10	①	②	③	④	30	①	②	③	④
11	①	②	③	④	31	①	②	③	④
12	①	②	③	④	32	①	②	③	④
13	①	②	③	④	33	①	②	③	④
14	①	②	③	④	34	①	②	③	④
15	①	②	③	④	35	①	②	③	④
16	①	②	③	④	36	①	②	③	④
17	①	②	③	④	37	①	②	③	④
18	①	②	③	④	38	①	②	③	④
19	①	②	③	④	39	①	②	③	④
20	①	②	③	④	40	①	②	③	④

직무수행능력

문번	1	2	3	4	문번	1	2	3	4
1	①	②	③	④	21	①	②	③	④
2	①	②	③	④	22	①	②	③	④
3	①	②	③	④	23	①	②	③	④
4	①	②	③	④	24	①	②	③	④
5	①	②	③	④	25	①	②	③	④
6	①	②	③	④	26	①	②	③	④
7	①	②	③	④	27	①	②	③	④
8	①	②	③	④	28	①	②	③	④
9	①	②	③	④	29	①	②	③	④
10	①	②	③	④	30	①	②	③	④
11	①	②	③	④					
12	①	②	③	④					
13	①	②	③	④					
14	①	②	③	④					
15	①	②	③	④					
16	①	②	③	④					
17	①	②	③	④					
18	①	②	③	④					
19	①	②	③	④					
20	①	②	③	④					

교시장

성명

수험번호

⓪	①	②	③	④	⑤	⑥	⑦	⑧	⑨
⓪	①	②	③	④	⑤	⑥	⑦	⑧	⑨
⓪	①	②	③	④	⑤	⑥	⑦	⑧	⑨
⓪	①	②	③	④	⑤	⑥	⑦	⑧	⑨
⓪	①	②	③	④	⑤	⑥	⑦	⑧	⑨
⓪	①	②	③	④	⑤	⑥	⑦	⑧	⑨
⓪	①	②	③	④	⑤	⑥	⑦	⑧	⑨

감독위원 확인

(인)

※ 절취선을 따라 분리하여 실제 시험과 같이 사용하면 더욱 효과적입니다.

IBK기업은행 필기시험 디지털 직무 최종점검 모의고사 주관식 OMR 답안카드

고사장

성 명

수험번호						
⓪	⓪	⓪	⓪	⓪	⓪	
①	①	①	①	①	①	①
②	②	②	②	②	②	②
③	③	③	③	③	③	③
④	④	④	④	④	④	④
⑤	⑤	⑤	⑤	⑤	⑤	⑤
⑥	⑥	⑥	⑥	⑥	⑥	⑥
⑦	⑦	⑦	⑦	⑦	⑦	⑦
⑧	⑧	⑧	⑧	⑧	⑧	⑧
⑨	⑨	⑨	⑨	⑨	⑨	⑨

감독위원 확인

(인)

직무수행능력

01		㉠	㉡	㉢	㉣	㉤	㉥	㉦	㉧	㉨	㉩
02		㉠	㉡	㉢	㉣	㉤	㉥	㉦			
03		㉠	㉡	㉢	㉣						
04	십	⓪	①	②	③	④	⑤	⑥	⑦	⑧	⑨
	일	⓪	①	②	③	④	⑤	⑥	⑦	⑧	⑨
05	백	⓪	①	②	③	④	⑤	⑥	⑦	⑧	⑨
	십	⓪	①	②	③	④	⑤	⑥	⑦	⑧	⑨
	일	⓪	①	②	③	④	⑤	⑥	⑦	⑧	⑨

※ 본 답안카드는 마킹연습용 모의 답안카드입니다.

2025 최신판 시대에듀 All-New IBK기업은행 최신기출유형 + 모의고사 6회 + 무료NCS특강

개정22판1쇄 발행	2025년 02월 20일 (인쇄 2024년 12월 19일)
초 판 발 행	2013년 09월 20일 (인쇄 2013년 08월 30일)
발 행 인	박영일
책 임 편 집	이해욱
편 저	SDC(Sidae Data Center)
편 집 진 행	안희선 · 한성윤
표지디자인	김지수
편집디자인	김경원 · 장성복
발 행 처	(주)시대고시기획
출 판 등 록	제10-1521호
주 소	서울시 마포구 큰우물로 75 [도화동 538 성지 B/D] 9F
전 화	1600-3600
팩 스	02-701-8823
홈 페 이 지	www.sdedu.co.kr
I S B N	979-11-383-8465-0 (13320)
정 가	25,000원

※ 이 책은 저작권법의 보호를 받는 저작물이므로 동영상 제작 및 무단전재와 배포를 금합니다.
※ 잘못된 책은 구입하신 서점에서 바꾸어 드립니다.

IBK기업은행

정답 및 해설

금융권 필기시험 "기본서" 시리즈

최신 기출유형을 반영한 NCS와 직무상식을 한 권에! 합격을 위한
Only Way!

금융권 필기시험 "봉투모의고사" 시리즈

실제 시험과 동일하게 구성된 모의고사로 마무리! 합격으로 가는
Last Spurt!

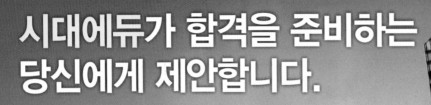

시대에듀가 합격을 준비하는
당신에게 제안합니다.

결심하셨다면 지금 당장 실행하십시오.
시대에듀와 함께라면 문제없습니다.

성공의 기회!
시대에듀를 잡으십시오.

NEXT STEP!

기회란 포착되어 활용되기 전에는 기회인지조차 알 수 없는 것이다.

− 마크 트웨인 −